教育量化研究与SPSS分析技术应用

刘兰英 著

上海科技教育出版社

图书在版编目(CIP)数据

教育量化研究与SPSS分析技术应用/刘兰英著. —上海：上海科技教育出版社,2024.7
ISBN 978-7-5428-8135-9

Ⅰ.①教… Ⅱ.①刘… Ⅲ.①教育统计—统计分析—应用软件 Ⅳ.①G40-051

中国国家版本馆CIP数据核字(2024)第069006号

责任编辑　张　蕊
封面设计　杨　静

教育量化研究与SPSS分析技术应用
刘兰英　著

出版发行	上海科技教育出版社有限公司	
	（上海市闵行区号景路159弄A座8楼　邮政编码201101）	
网　　址	www.sste.com　www.ewen.co	
经　　销	各地新华书店	
印　　刷	常熟市华顺印刷有限公司	
开　　本	787×1092　1/16	
印　　张	28	
版　　次	2024年7月第1版	
印　　次	2024年7月第1次印刷	
书　　号	ISBN 978-7-5428-8135-9/G·4833	
定　　价	118.00元	

序

随着基础教育课程改革的不断深化,越来越多的中小学教师加入教育科研的行列。但他们可能会遇到想做调查研究却又不知如何设计问卷,面对上千份的问卷数据束手无策,看不懂量化研究的统计分析方法等问题。同样地,高校教育专业的研究生也可能会遇到这些问题。教育量化研究是教育科学研究的重要方法之一,它一般通过数据处理和统计分析得出研究结论,因此离不开计算机统计软件的支持。社会科学统计软件包(Statistical Package for the Social Sciences,SPSS),是世界通用、功能强大的数据分析软件,受到非专业统计分析人员的青睐,几乎是教育科研人员开展量化研究的必备工具之一。

2000年金秋,我与忘年之交相聚京城,闲谈中不谋而合,决定共同开启"以浅显易懂的方式,呈现教育统计基本理论和SPSS操作技术"的学术旅程,成书于一年后付梓。由此,在整合教育量化研究与现代分析软件应用方面,我成功地迈出了第一步。

自2008年起,我在上海师范大学开设了教育硕士研究生课程"教育统计与SPSS应用",强调教育统计理论与教育实际问题相结合、统计方法选择与SPSS运用相结合,从问题实例导入、统计方法选用理由解说、SPSS操作技术与结果解读、学生上机操作运用等环节展开教学,旨在提高学生正确运用统计方法和计算机工具解决教育科研问题的能力。课程的强实用性吸引了诸多其他专业的研究生前来旁听。

2019年,我首次开设校内通识课程"量化研究与SPSS分析技术",供人文社科类硕士研究生选修。此课程旨在培养人文社科类研究生的理科思维,帮助他们学会借助数据分析工具,开展实证研究和规范撰写量化研究论文。为此,相较于"教育统计与SPSS应用"课程,"量化研究与SPSS分析技术"课程内容作了较多的扩充,强调将问题驱动与案例教学相结合、将课程学习与实践运用相结合、将教师讲授与学生操作相结合、将课内听讲与课后作业相结合,让学生真正深入量化研究过程。学生可在小组合作中经历量化研究选题设计、调查问卷设计编制、量化数据采集整理、运用SPSS分析数据、解读结果、撰写量化研究论文,乃至发表论文的整个过程。

可喜的是,这门课程先后开设已有13期,单期课程选修学生数高达140余人,深受学生喜爱。多年一线教学的实际成效,让我又萌生了著书的念头,希望新书能凝练课程教学所积累的成果,让更广大的中小学教师受益。

撰写书稿初期,我在对小学教师科研需求的调研中发现,众多教师期盼在如何进行选题设计、如何选用研究方法、如何编制调查问卷、如何分析问卷数据、如何投稿发表论文等方面获得专业指导。这些需求恰好与我撰写本书的初衷十分契合。

这意外的发现更加坚定了我著书的想法,成了我写稿的"加速器"。于是,双休日和节假日便成了我的最爱。在这些日子里,我享受着"码字"的快乐,沉醉于内心的激荡。"十一"黄金周,虽不能像往常一样游历祖国的大好河山,却能任由思绪放飞,享受心灵的自由。近一个月的寒假,让我有完整的一段时间对书稿进行系统梳理。春节前夕,在把完整的书稿交给出版社之后,我充满喜悦与期待,希冀辛劳的孕育能对广大的中小学教师及研究生有所裨益。

本书分为"教育量化研究"与"SPSS分析技术应用"两部分。第一部分"教育量化研究"重点介绍教育量化研究的基本概念和课题设计,教育调查问卷的编制和质量分析,并通过范例解析教育量化研究论文的写作过程。第二部分"SPSS分析技术应用"设计了"问题实例""统计方法""基本理论""统计分析""结果解读"五个栏目,系统展示了描述性统计、t检验、F检验、χ^2检验、相关分析、回归分析等的运用方法。本书内容贯穿教育科研全流程,案例典型、解析翔实、操作步骤清晰,可作为研究生日常学习教育量化研究方法和统计分析技术的课程教材,也可作为各行业人员学习统计方法或SPSS软件应用的实用参考书。

本书的顺利出版,得益于上海市"高水平地方高校建设"项目的资助,离不开广大亲朋好友的帮扶。在此,我衷心感谢上海科技教育出版社的鼎力支持,感谢恩师浙江大学王权教授的教诲,感谢我的研究生谷跃、崔亚贝、赵冰冰、王钰等人的辅助,感谢我先生的关心和默默付出,还要感谢所有为本书提供重要参考资料的作者。由于本人水平有限,拙著谬误或疏漏之处在所难免,恳请各方专家学者不吝指教。

即将为这篇序言画上句号之时,我接到正值生日的儿子打来的视频电话,在祝他生日快乐之余,和他一道分享了著书立说的喜悦。

以此为序。

刘兰英

于幽兰居室

2024 年 2 月 15 日

目 录

第一部分
教育量化研究

第一章　教育量化研究概述 \ 003
　　第一节　教育量化研究的基本概念 \ 004
　　第二节　教育量化研究的一般过程 \ 010
　　第三节　教育量化研究的主要方法 \ 014
　　第四节　教育量化研究的课题选择 \ 019
　　第五节　教育量化研究的课题设计 \ 029

第二章　教育问卷设计与数据采集 \ 045
　　第一节　教育问卷设计的基本要求 \ 046
　　第二节　教育问卷测题的编制技术 \ 054
　　第三节　教育问卷数据的合理采集 \ 065

第三章　教育问卷的质量分析 \ 073
　　第一节　项目质量分析——难度 \ 074
　　第二节　项目质量分析——区分度 \ 080
　　第三节　教育问卷的信度分析 \ 086
　　第四节　教育问卷的效度分析 \ 097

第四章　教育量化研究论文的写作 \ 109
　　第一节　教育量化研究论文的基本结构 \ 110
　　第二节　教育量化研究论文的写作技巧与常见问题 \ 121
　　第三节　教育量化研究论文写作过程的范例解析 \ 130

第二部分
SPSS 分析技术应用

第五章　SPSS 基本操作与数据文件管理 \ 143
　　第一节　SPSS 软件安装与功能简介 \ 144
　　第二节　数据文件的建立 \ 151
　　第三节　数据文件的管理 \ 160

第六章　频数分布与频率分布 \ 173
　　第一节　频数分布表和频率分布表 \ 174
　　第二节　频数分布图和频率分布图 \ 183
　　第三节　频数分布的集中趋势指标 \ 191
　　第四节　频数分布的离散程度指标 \ 198

第七章　地位量数与正态分布 \ 207
　　第一节　百分位数 \ 208
　　第二节　标准分数 \ 213
　　第三节　正态分布 \ 222

第八章　单总体平均数的估计与检验 \ 229
　　第一节　单样本平均数的抽样分布 \ 230
　　第二节　单总体平均数的区间估计 \ 238
　　第三节　单总体平均数的显著性检验 \ 244

第九章　双总体平均数的差异检验：t 检验 \ 257

　　第一节　独立样本和相关样本的区别 \ 258

　　第二节　双独立总体平均数的差异检验 \ 263

　　第三节　双相关总体平均数的差异检验 \ 272

第十章　多总体平均数的方差分析：F 检验 \ 283

　　第一节　方差分析的基本概念与方法 \ 284

　　第二节　独立样本单因子方差分析 \ 291

　　第三节　相关样本单因子方差分析 \ 305

第十一章　计数数据的差异分析：χ^2 检验 \ 317

　　第一节　χ^2 检验的基本概念与方法 \ 318

　　第二节　单因素 χ^2 检验 \ 326

　　第三节　双因素 χ^2 检验 \ 335

第十二章　线性关系分析：相关与回归 \ 353

　　第一节　两变量间的相关分析 \ 354

　　第二节　两个以上变量的偏相关分析 \ 380

　　第三节　简单回归分析 \ 388

附录
统计数值表

附录 A　常见统计数值表的结构与使用方法 \ 403

附录 B　常见统计数值表 \ 409

　　附表 1　正态分布表 \ 409

　　附表 2　t 值表 \ 414

　　附表 3　F 值表 \ 416

附表4　F_{max} 临界值表 \ 423

附表5　q 分布临界值表 \ 424

附表6　积差相关系数临界值表 \ 426

附表7　相关系数 r 的 Z_r 转换表 \ 430

附表8　等级相关系数临界值表 \ 432

附表9　χ^2 分布临界值表 \ 434

参考文献 \ 436

第一部分 教育量化研究

第一章 教育量化研究概述

内容提要

◎ 教育量化研究的概念与特点

◎ 教育测量、教育统计与教育评价的关系

◎ 教育量化研究的一般过程

◎ 教育量化研究的主要方法

◎ 教育量化研究的课题选择

◎ 教育量化研究的课题设计

第一节　教育量化研究的基本概念

一、教育量化研究的概念与特点

社会与行为科学范畴内的任何一项研究都必须符合科学的原则,运用科学的方法,对社会与行为现象进行逻辑性与实证性的分析,并给予合理的解释。教育领域的科学研究旨在对教育现象进行描述、解释、预测和控制:一方面,对教育现象或行为模式的内涵与本质进行清晰而完整的描述,发现现象背后的成因与关系,提出合理的解释;另一方面,运用一定的知识或理论对尚未发生的教育事项作出预测或干预,从而达到提高教育质量的目的。

教育科学研究一般应具有系统性、客观性和实证性三个特征[①]。所谓系统性,是指任何一项教育科学研究都是从一个明确的问题出发,旨在获得可行性的结论。整个研究会经历研究样本选取、核心变量界定、实验操控、测量工具研制、数据收集和得出结论的系统性过程,并且整个过程能为他人所理解,甚至可重复。所谓客观性,是指研究者是在一定标准下进行客观观察、记录和研究的,不受个人主观色彩或其他无关因素的影响,因此不同的研究者可复制该研究。所谓实证性,是指教育科学研究是基于实际观察或数据收集进行的,需要一定的论据支持或循证检验以探究教育现象的本质。

按照研究目的的不同,教育科学研究可分为基础研究、应用研究和开发研究。其中,基础研究目的的指向具有普遍性,它可以为现有的知识体系增添内容;应用研究目的的指向特定的问题解决,旨在解决当下实际或实践问题;开发研究旨在运用研究成果,开辟应用途径,发展现有成果。中小学教师所开展的教育科学研究大多表现为应用研究,大家熟知的行动研究就是应用研究的一种,它强调在行动中研究、对行动进行研究、为行动改进而研究,旨在解决教育教学实践中的问题。

按照研究方法不同,教育科学研究可分为教育量化研究和教育质性研究,或称为

---

① 邱皓政.量化研究与统计分析:SPSS(PASW)数据分析范例解析[M].重庆:重庆大学出版社,2013:4.

教育定量研究和教育定性研究。何谓教育量化研究？学界普遍认为，教育量化研究是一种常见的研究范式，它模仿自然科学，强调适合用数学工具分析的观察，其研究任务在于确定因果关系并作出解释①。也有学者认为，量化研究是一种对事物可以量化的部分进行测量和分析，以检验研究者关于该事物的某些理论假设的研究方法②。我们认为，教育量化研究是指通过样本信息对特定研究对象的总体得出统计结果的研究方法，它将一些不具体的、模糊的因素用具体数据来表示，从而达到分析比较的目的。它常常要借助一套完备的操作技术，包括抽样方法（如随机抽样、分层抽样、系统抽样、整群抽样）、资料收集方法（如问卷法、实验法）、数据统计方法（如描述性统计、推断性统计）等，通过测量、计算和分析，以求达到对事物"本质"的把握。也就是说，量化研究是借用一定的数学方法，通过变换来判断研究对象诸因素的关联，并用数值来表示分析结果的研究方法。

在理解教育量化研究这一概念时，应注意如下几点：第一，教育量化研究对象的可测量性。由于量化研究是借助一定的数学方法对数据进行分析，所以教育量化研究对象必须能够转化为数据或以数据形式呈现，以便于进一步的数据处理和统计分析。第二，获取数据的程序是固化或模式化的。由于量化研究的信息是以某种数据来表示的，为确保数据处理和分析的科学性，首先要明确这些数据信息是依据何种尺度或标准、以何种方式或程序测得的，测量工具或测量程序应符合一定标准化的规范。第三，研究结果是基于数据分析得出的。由于量化研究是运用一定的数学方法基于数据的分析，所以教育现象背后的本质是根据数据统计分析来解释的，研究结果是依靠数据信息处理和事实加以证实的，旨在确定变量之间的关系等。为更好地理解教育量化研究的特点，表1-1-1列出了教育量化研究与教育质性研究的特点比较。

表1-1-1 教育量化研究与教育质性研究的特点比较

研究类型	教育量化研究	教育质性研究
研究性质	基于某种教育理论基础，类似于演绎法，从一般的原理推广到特殊的情境中去	基于描述性分析，本质是一个归纳过程，即从特殊情境中归纳出一般性的教育结论

---

① 瞿葆奎.教育研究方法[M].北京：人民教育出版社，1988：179.
② 谢艳.教育研究的两大研究取向初探[J].云南电大学报，2004，6(3)：31-33.

续表

研究类型	教育量化研究	教育质性研究
理论假设	从研究开始就倾向于以特定的假设为基础,研究过程中理论假设存在于内在形式中	研究开始前不强调对所研究问题有预期的理论假设,理论可以在研究中或研究后逐渐形成
呈现形式	通过数据处理和统计分析来呈现研究结果	通过描述性的说明与解释来呈现研究结果
研究目的	旨在确定变量间的关系等	旨在解释教育现象或社会现象
研究着眼点	更注重结果和产品	更注重过程的影响
常用研究方法	调查研究、实验研究等	课例分析、个案研究等

二、教育测量、教育统计与教育评价的关系

教育量化研究中所涉及的教育测量、教育统计、教育评价这三个概念紧密相关,这里将阐述如何正确理解这三个概念的内涵及其相互之间的关系。

(一)教育测量

桑代克(Thorndike, E. L.)曾提出,"凡是存在的东西必有数量(Whatever exists at all, exists in some amount.)"[1]。麦柯尔(McCall, W. A.)进一步认为,"凡有数量的都可以测量(Anything that exists in amount can be measured.)"[2]。将这两句话合起来,意即一切客观事物都是可测量的。史蒂文斯(Stevens, S. S.)进而指出,测量是依据某个法则给事物指派数字或赋予数量的过程[3]。测量具有三个要素——事物或属性、法则、数字或符号,即依据一定的单位(unit)、参照点(reference point)和量距(scale),对事物或属性以一定的数字或数量来表征。显然,教育测量就是依据某个特定法则对教育事物或属性指派数字或赋予数量的过程,其实质是将教育效果或教育过程数量化,注重对教育效果或教育过程从量的规定性上进行描述。

---

[1] THORNDIKE E L. The seventeenth yearbook of the national society for the study of education, part Ⅱ [M]. Bloomington: Public School Publishing Co., 1918: 16.
[2] MCCALL W A. How to measure in education[M]. New York: The MacMillan Company, 1922: 4.
[3] STEVENS S S. Handbook of experimental psychology[M]. New York: John Wiley & Sons, Inc., 1951: 1.

教育测验和教育问卷是教育测量的主要工具,其实质是对行为样组的客观和标准化的测量。正如布朗(Brown, F. G.)认为,测验是对行为样本进行测量的系统程序[①]。任何一项测验均含有三个基本因素,即行为样本、标准化、客观测量的评价指标,这里的标准化主要指测验在编制、实施、记分和分数解释等方面均要依据一套系统性程序标准化地开展。为此,教育测验和教育问卷的标准化编制、标准化实施、测验分数的标准化记分,以及测验分数的解释与科学使用这四个基本问题,也就构成了教育测量学中的基本理论框架。

例如,体育教师采用身高标尺测量某个高中生的身高为 176 cm,这是测量身高的过程。而英语教师对一个班的高中生进行英语测验,其中学生甲的测验成绩为 89 分,这就是教育测量的过程。

(二)教育统计

统计是对数据作出描述和推断。教育统计则是运用数理统计的原理和方法,对既定的教育数据进行统计处理,寻找一般性的教育规律,并作出教育描述或教育推断。其主要任务是研究如何收集、整理、分析和描述由教育测验、教育调查或教育实验等途径获得的数据资料,并在此基础上作出科学推断,从而揭示蕴含在教育现象中的客观规律。为此,教育统计可分为描述性统计和推断性统计。

例如,体育教师采用身高标尺测量高一 120 名男生的身高,测得身高分别为 176 cm、178 cm、182 cm、170 cm……这是测量的过程。如果对测得的这些身高数据求平均数,得到平均身高为 176 cm,并用一句话表述为"这 120 名高一男生的平均身高为 176 cm",这就是教育统计的过程,即采用求平均数的方法对一组杂乱无章的数据进行统计处理并加以描述的过程。又如,英语教师对一个班的 30 名高中生进行英语水平测试,测得成绩分别为 89 分、88 分、79 分、83 分、90 分……,如果用平均分、标准差来表示这个班学生的英语水平,则也属于教育统计的过程。

(三)教育评价

评价是在量或质的记述的基础上,主体对客体进行价值判断的过程。格朗兰德

---

① BROWN F G. Principles of educational and psychology testing[M]. New York: Holt, Rinehart and Winston. 1982: 7.

(Gronlund N. E.)用公式将其形象地表述为：评价=测量（定量描述）或非测量（定性描述）+价值判断①。教育评价则是指按照一定的价值标准和教育目标，利用测量或非测量的手段系统地收集资料信息，对教育信息作出价值判断并为教育决策提供依据的过程。

"教育评价"这个概念是由美国学者泰勒（Tyler R. W.）在《史密斯—泰勒报告》（又称"八年研究报告"）中首次提出，最初他认为"教育评价过程在本质上是确定课程和教学大纲实现教育目标的程度的过程"，但在1986年他将教育评价界定为"检验教育思想和计划的过程"②。1966年，斯塔弗尔比姆（Stufflebeam D. L.）对泰勒的评价理论提出异议，他主张"教育评价不应局限于评判决策者确定的教育目标所达到预期效果的程度，而应该是收集有关教育方案实施全过程及其成果的资料，为决策提供信息的过程"③。为此，他提出了CIPP模型，即将评价活动的关注成分扩展到对教育对象的背景（context）、输入（input）、过程（process）和产品（product）四个方面。

根据评价目的的不同，教育评价可分为诊断性评价、形成性评价和终结性评价。诊断性评价是在某个教学阶段开始前进行的诊断或摸底性评价，以便于有针对性地进行教学。形成性评价在各教学阶段过程中进行，旨在了解师生在教与学中存在的问题，以便于改进教学模式。终结性评价是在一个单元或一个阶段（如学期或学年）结束后进行的评价，是为了检验教学结果是否达到了某个教学目标要求而进行的全面总结性评价。

例如，体育教师对高一120名男生的身高进行测量，并算出这120名男生的平均身高为176 cm后，他将这一数据与十年前本校高一男生的平均身高（173 cm）进行了对比，得出结论"今年高一年级男生的平均身高比十年前高一男生的平均身高增高了3 cm"。这就是主体（体育教师）对客体（高一男生的平均身高）进行价值判断的过程。

---

① 格朗兰德. 教学测量与评价[M]. 郑军,郭玉英,李登祥,等译. 石家庄：河北教育出版社,1991：4.
② TYLER R W. Changing concepts of educational evaluation[J]. International Journal of Education Research. 1986. 10(1)：1-113.
③ STUFFLEBEAM D L. A depth study of the evaluation requirement[J]. Theory Into Practice. 1966. 5(3)：121-133.

同样,假设高一(1)班学生的英语水平测试的平均分为81分,标准差为3.65;高一(2)班学生的英语水平测试的平均分为85分,标准差为4.38。由此可作如下价值判断:在英语水平测试中,高一(2)班学生平均分高于高一(1)班学生平均分,且高一(2)班学生成绩分布更分散。这就属于教育评价的范畴。

(四)三者的关系

教育测量、教育统计和教育评价这三者密不可分。教育测量是教育统计和教育评价的前提条件,为教育统计和教育评价提供重要依据。教育测量是获得数据的直接手段,教育统计是对测量数据结果进行客观合理的描述或推断,而教育评价则强调在教育测量与教育统计的基础上对教育现象或教育活动作出主观性的价值判断。换言之,教育统计和教育评价都离不开教育测量,教育测量数据的准确性直接决定着教育统计和教育评价的客观性和合理性。

第二节　教育量化研究的一般过程

教育量化研究应包含哪些基本步骤,学术界持有不同观点。有学者认为,量化研究过程包括研究目标的制定、研究对象的选取、研究变量的分析、测量工具的开发、实验过程的设计、实验数据的处理和研究结论的获得七个环节[1]。邱皓政认为,量化研究包括理论文献引导、数据收集和数据分析三个阶段,其中理论文献引导阶段着重通过文献的整理和理论的引导,勾勒出研究问题的内涵和方向,并作为整个研究的逻辑基础和理论内涵;数据收集阶段由一系列的研究活动组成,旨在获取真实世界的观察数据;数据分析阶段是针对观察数据进行分析、比较或检验,以验证研究者所提出的假设命题是否成立,并作出最后的研究结论[2]。还有学者认为,量化研究关键在于数据的收集和电脑统计应用分析,通常包括选择与定义问题、执行研究程序、数据分析、结果探究与结论[3]。

我们认为,教育量化研究的一般过程应包含选题论证、数据采集整理分析和总结成果三个阶段。各阶段及主要环节如图 1-2-1 所示。

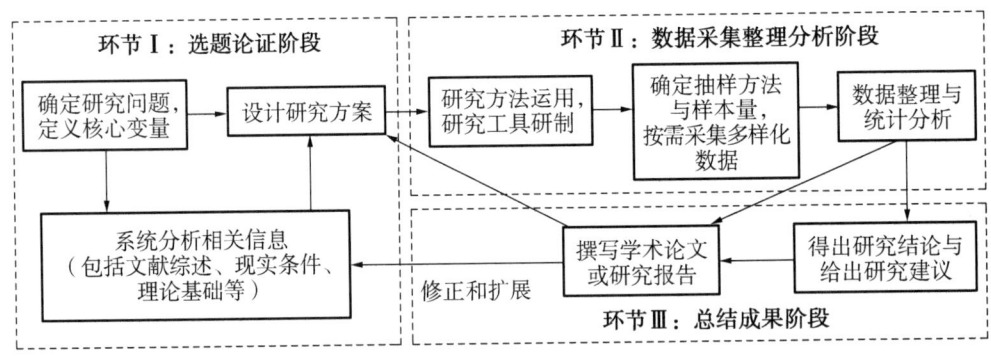

图 1-2-1　教育量化研究的一般过程

---

[1] 陆宏. 量化研究的理论、方法与案例[J]. 现代教育技术,2010,20(4):20-23.
[2] 邱皓政. 量化研究与统计分析:SPSS(PASW)数据分析范例解析[M]. 重庆:重庆大学出版社,2013:15.
[3] 吴明隆. SPSS 统计应用实务[M]. 北京:中国铁道出版社,2000:1-2.

一、选题论证阶段

选题论证是开展教育量化研究的初始阶段,旨在基于现实的或研究者所感兴趣的领域,选择有价值且力所能及的研究问题,逐步聚焦研究主题,形成研究课题的过程。这一阶段要解决的核心任务是确定研究问题、定义核心变量或核心概念、系统分析相关信息和初步设计研究方案。在综合考虑和解决这些核心任务时,彼此之间是相互关联的。

首先,研究者要有问题意识,对教育现象产生好奇和疑问,这是一项研究的起点。研究者平时要善于用慧眼观察,用心质疑,在别人无疑处有疑,善于借用"外脑"与他人交流讨论或头脑风暴,善于选择感兴趣或有重要价值的研究问题,进一步聚焦形成清晰的主题,进而明确真正想要解决的核心问题,提炼课题名称,形成研究课题。其次,研究者需对核心概念或核心变量进行科学界定,提出操作性定义,明确研究变量的内涵与外延。教育量化研究中,准确合理的操作性定义在很大程度上影响甚至决定着量化研究理论假设或分析框架的确立。最后,研究者要系统分析相关信息,包括文献综述、现实条件和理论基础等。既要从国内外文献分析的视角梳理已有相关研究的状况与特点,又要分析学校或自身优势等现实条件,还要从学理上寻求理论支撑,从而初步设计研究方案,包括研究目标、研究假设、研究内容、研究思路、研究对象、研究方法、研究步骤等。对于正式立项的大型课题,还需要举行专门的课题开题论证会,汇聚各方专家,对课题研究意义和研究方案进行深度论证,使课题能在一个更为科学、合理的高起点上开启研究历程。

二、数据采集整理分析阶段

选题论证和研究方案设计为开展教育量化研究提供了施工蓝图,数据采集整理分析阶段则是整个量化研究的核心阶段。这个阶段要解决的重点任务是研究方法运用、研究工具研制、确定抽样方法与样本量、按需采集多样化数据、数据整理与统计分析等。其中,研究方法运用和研究工具研制是前提,确定抽样方法与样本量、按需采集多样化数据是重点,整理数据与统计分析则是关键。

第一,研究方法运用。研究方法的选择直接影响了数据采集的方式与过程,研究方法设计的合理性很大程度上也决定了研究质量的高低。一旦选择了某种研究方法,研究者就必须遵循这种研究方法的要求实施研究,包括被试样本选择、研究工具研制、数据采集方式等。如一项有关课堂教学质量的研究,拟采用课堂观察、问卷调查、教师访谈等研究方法,则需要遵循课堂观察规范、问卷调查和访谈的要求开展研究,提前确定课堂观察学科与课例样本、课堂观察指标与工具、课堂观察方式与手段、调查问卷与样本、访谈对象等内容。

第二,研究工具研制。研究者需要根据研究方法设计和研制相应的研究工具材料。如果运用课堂观察法,则需编制课堂观察指标和编码计分方法,形成课堂观察表或座位表等课堂记录工具。如果运用问卷调查法,则需考虑是否有可直接借用的调查问卷,若暂无则应根据研究需要自编问卷。这就需要依据教育测量学理论,从核心概念的操作性定义出发,编制一份高质量的教育问卷或量表,作为数据采集的重要工具。

第三,确定抽样方法与样本量。量化研究需确定抽样范围、抽样方法和样本大小,需考虑是采用随机抽样还是分层抽样,如何抽取的样本才具有更好的代表性,样本量取多少适宜等问题。如需开展"小学中年级数学学困生学习现状调查与转化策略"研究,首先要确定样本范围是哪个区县或哪个省份,样本对象来自哪些小学,选取三年级还是四年级学生,还要清晰界定数学学困生的选样标准,确定样本总量及各抽样小学的样本量大小。除了选取一定样本量的学生进行问卷调查外,还需选取若干极具代表性的数学学困生作为典型个案进行深度分析。

第四,按需采集多样化数据。一旦确定了研究方法、研究工具、抽样方法和样本量大小这些基本要素后,即可全面实施和采集原始数据资料。根据研究设计需要和各环节的具体要求,仔细、准确、客观地开展样本抽样与问卷发放、回收工作,或选取实验组与对照组实施对比研究,或选取课堂教学或视频实例进行课例分析,确保样本的代表性和典型性,实事求是、准确可靠地采集原始数据资料。数据采集过程中,尽可能从多角度、多方位去采集数据,便于从多个侧面反映同一现象。只有尽力保障研究实施过程的标准化、客观化,才能更好地保证所采集数据资料的真实性,才能使数据分析和研究结论更具有说服力。

第五,数据整理与统计分析。对采集到的各类数据信息,先要进行必要的整理和处理,剔除无效数据后才能分析使用。如在整理数据时发现有缺漏或数量不足,还需重新回到前一步骤进行补充采集,直至满足研究所需为止。对于经过初步筛查后的数据,有必要按一定的规则进行编码并将其输入计算机软件,如 EXCEL、SPSS 等,并进行分组归类、纠错核查或适当转换,作为统计分析的原始数据。之后就可根据研究需要,选用合适的统计方法,对原始数据进行分析比较,计算各种统计量值,呈现统计图表,再依据各种统计假设来检验研究假设是否成立。由于各种统计方法均有其适用的不同条件,所以,根据问题情境和数据类型特点正确选用统计方法,是数据分析的关键。

三、总结成果阶段

对原始数据进行分析后,需要研究者从中提炼有价值的研究结果,得出有关研究问题的结论,给出进一步深入研究或问题改进的建议,并撰写学术论文或研究报告,这就是总结研究成果阶段。这个阶段要解决的核心任务是从大量尝试性的数据分析中洞察和提炼重要的、有价值的研究结果,梳理研究特色与创新观点,形成独特的研究结论,并完成学术论文或研究报告。整个过程中,提炼研究结论和撰写研究论文是对研究者科研素质和科研能力的综合考验,不仅需要研究者富有逻辑论证能力和文字表达能力,还要有基于实践经验和文献综述进行旁征博引、三角互证的论文写作能力。这个阶段所撰写的学术论文或研究报告通常要与研究问题相呼应,会在一定程度上修正和完善原先设计的研究方案,也会在一定程度上补充和扩展原有的相关理论知识。一项课题若有裨益于某领域的已有相关理论知识,正是其价值所在。

第三节 教育量化研究的主要方法

教育量化研究方法很多,几乎每种研究方法都会涉及数据使用,但每种研究方法都有其适用的范畴和规范,因此在实际运用中须慎重选用研究方法,并选用适切的统计分析技术进行数据分析与解读。教育量化研究中,主要的研究方法有抽样调查法、教育测验法、教育实验法三种方法。下面逐一阐述各研究方法的具体特点和运用注意点。

一、抽样调查法

抽样调查法旨在全面了解某群体对某问题的基本态度、看法或某事件所处发展水平的现状,具体形式有问卷调查法、访谈法、座谈法等。抽样调查法一直是教育科学研究最常用的资料收集方法,教育研究者通常会通过发放调查问卷、电话访谈、一对一访谈或集体座谈等方法,就一系列研究者所关心的问题以书面或口头方式向某个特定群体征询答案的过程。随着计算机信息技术的发展,在线调查变得更为普遍。在线调查、面访调查、电话调查和邮寄问卷等多种调查方式各有优劣[1],研究者应根据实际需要有机选择或综合运用。

抽样调查法常用于描述性的或解释性的研究,最大的优势在于能够在最短的时间内收集到尽可能多且严谨规范的量化数据。例如,问卷调查通常是在较短时间内完成上百份甚至成千上万份的调查问卷,类似于通过建立一套标准化的问题或刺激,对一群具有代表性的被试个体进行施测后得到相应的回答或反应,从而来推测或预估符合条件的全部总体对某特定问题的态度或行为反应。对于调查所得的数据,通常会采用百分数(比)、卡方检验等统计方法分析或使用统计图表直观地描述数据特征。抽样调查的实质是从总体中随机抽取一定量的个体构成样本,通过样本统计量特定的抽样分布和概率理论,由样本统计量来推断总体参数的过程(下页图 1-3-1)。所以,抽样

---

[1] 刘凤芹.社会工作量化研究方法[M].北京:中国社会出版社,2020:56-63.

调查结果能否有效并且正确地回推到母群体,才是抽样调查的核心关注点①。

在理解抽样调查法时,还需注意如下三点:首先,抽样调查法是一种事后追溯研究,因为这类研究对研究对象属性特征的描述和因果关系的探索是在事件发生

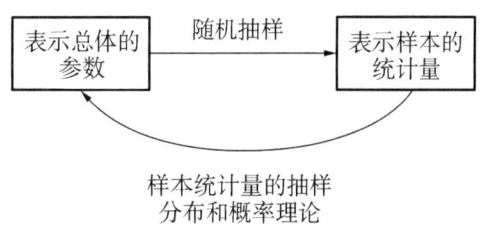

图1-3-1 抽样调查统计推断的一般过程

之后进行的。其次,抽样调查法是对变量之间相关关系的研究,它试图发现两个或多个变量之间是否存在相关或存在怎样的关系,但在严格的教育研究中仅仅确认不同变量(如变量A与变量B)之间存在实质相关关系是不够的,需尽可能地去探究该实质相关关系中可能的因果关系②。最后,抽样调查法是一种比较和因果关系的研究。例如,研究者试图通过比较某种属性的程度差异来确定这种属性的可能结果,或者试图发现某种行为属性的可能原因和可能结果。

二、教育测验法

教育测验法是一种采用标准化的教育测验量表或精密仪器,测量被试有关的教育品质的研究方法。教育测验法与抽样调查法中的问卷调查法类似,两者的区别在于教育测验法所使用的量表及施测过程的标准化程度相对更高。因此,从广义上说,教育测验法也属于抽样调查法。教育测验法测验质量的高低取决于测验本身的质量、测验对象取样的代表性、测验信息的客观可信度及测验结果解释的准确性四个方面。为此,运用教育测验法进行教育研究的过程为:首先,做好测验前的准备工作,包括确定测验对象、测验目标、测验方式、测验进程、测验材料、测验经费预算等;其次,按照预设计划实施测验,收集数据资料;再次,整理测验资料,洞察数据资料背后有用的信息;最后,准确解释测验结果,撰写报告或解读测验结论。运用教育测验法进行教育量化研究,对研究者编制测验和分析测验质量的技术要求比较高。

教育测验编制过程中,研究者首先要确定测验目的是什么,是为了选拔(如高考)还是为了检测达标程度(如会考)。不同教育测验目的决定了测验材料的选择范畴、

---

① 瞿海源,毕恒达,刘长萱,等.社会及行为科学研究法(一):总论与量化研究法[M].北京:社会科学文献出版社,2013:191.
② 徐国兴.问卷设计[M].上海:华东师范大学出版社,2020:6-8.

难度和深度。在编制学科教育测验卷时,研究者往往会依据布卢姆教育目标分类理论,采用双向细目表方式,确定测验目标和内容,选择代表性和普遍性较好且适合学生,并能鉴别其不同学习水平的测验材料来设计测验题目,同时考虑测验形式、时限、题目编排,甚至测验指导手册等,完成整个测验的编制。以编制英语学科高二期末测验卷为例。期末测验是一种以"检测学生是否达到预期学习标准"为目的的标准参照测验,属于达标性测验而非选拔性测验,故编制测验卷前,需建立一份双向细目表,明确测验目标、测验内容及其各自的权重。一方面依据布卢姆教育目标分类理论,认知领域的目标分为知识、理解、运用、分析、综合、评价六类,这六类认知目标即测验目标;另一方面根据普通高中英语课程标准所规定学生应掌握的内容模块,划分相应的内容范围(如听、说、读、看、写五个内容范围),由此测验目标和测验内容这两个维度就构成了一个双向细目表(表1-3-1)。假设测验总分为150分,即可根据课程标准要求,就不同的测验内容,在六类测验目标上进行赋分,为整份英语期末测验卷的编制搭建总体框架。基于此,研究者就可以着手进行具体的测验题目编制工作。

表 1-3-1 教育测验编制的双向细目表与赋分要求

测验内容	测验目标						
	知识	理解	运用	分析	综合	评价	合计
听	2	10	9	4	3	2	30
说	1	5	5	4	3	2	20
读	4	15	8	10	7	6	50
看	3	4	3	4	3	3	20
写	3	5	6	6	6	4	30
合计	13	39	31	28	22	17	150

根据教育测验目的编制测验题目只是第一步,还需要对所编制的测验题目进行小范围测试和质量分析。通过分析每道题的难度、区分度,以及整个测验卷的信度和效度等质量指标,修正和优化测验题目,形成正式的测验卷。然后再选取更大的样本,进行正式测验评价。为此,在运用教育测验法进行研究时,应遵守测验编制、测验实施、测验计分、测验分数解释全过程的程序标准化和一致性原则,以保证教育测验的可信

度和有效性。

三、教育实验法

由于事物之间的关系有不同的层次之分（描述性的、相关性的、因果性的），要发现不同层次的关系就需要选用不同的研究方法：如需描述一组连续变量数据（如成绩）的总体特征，可以用平均数、标准差等描述性统计来解释；如需说明两组连续变量数据（如语文成绩和数学成绩）是否存在密切的相关关系，则可以用皮尔逊积差相关系数来解释；如需证明两个教育变量之间是否存在因果关系时，通常会采用教育实验法来论证。

教育实验法是一种洞察因果关系的研究方法，因为它是在日常生活等自然条件下，有目的、有计划地创设和控制一定的条件来进行研究的一种方法。通过自变量的操控和因变量的测量，研究者可以检验自变量和因变量之间的时序和共变关系是否存在，且通过控制无关变量，研究者才能确认自变量和因变量之间的共变是一种因果关系。控制是寻求因果关系的必要手段，因此实验法是建立因果性知识的终极方法[①]。可见，实验法是一种精密而严谨的控制研究，其特点在于精准地操控研究假设中的变因及严格地控制与此变因无关的其他因素，借由不同的实验设计分离实验操控所造成的变异和其他与实验操控无关的系统性和随机性因素造成的变异，使获得的实验结果可以用合理的因果关系来解释。与其他研究法相似，实验法也探讨多个变量之间的关系，但实验法可以明确地区分出孰因（自变量）孰果（因变量）。

严格意义上的实验法是在良好的实验室里实施的，但教育实验法只能在现实生活情境中进行现场实验研究，然而事实上现场实验研究也不容易进行。一方面由于教育科学研究的对象是活生生的人，而人是有能动性的，不可任由实验者操控，另一方面教育实验的周边环境错综复杂，也不像实验室那样可控。换句话说，在教育实验过程中往往会有诸多与人有关的变量在同时起作用，影响着研究对象，研究者无法同时控制众多无关变量，研究对象身上发生的变异就很难真正确定是由哪个因素引起的，也就无法确切地判断真正的"因"。因此，教育实验法难免会在一定程度上失去测验的内

---

① 瞿海源,毕恒达,刘长萱,等.社会及行为科学研究法（一）：总论与量化研究法[M].北京：社会科学文献出版社,2013：154.

部效度,选用此法进行教育量化研究必须非常慎重。如实在需运用教育实验法,那么就有必要综合考虑自变量、因变量、无关变量、实验情境、实验组与控制组、独立样本与相关样本等诸多因素,对教育实验尽可能做好严密的设计,以最大限度地减少无关变量的影响。

针对教育抽样调查法、教育测验法和教育实验法这些具体的研究方法,每一种研究方法都有很多内容详尽的专门书目,如读者有需要,建议参阅其他相关书籍,在此因篇幅限制不再赘述。当然,作为教育量化研究,除了上述提到的这三种主要方法外,还可借用现成的统计资料或数据进行研究。例如,研究者可与某教育考试院合作,借用大量现成的某省中考或高考数学成绩数据加以统计分析来研判某一阶段初中或高中毕业生的数学水平。研究者还可以运用某些特定的编码规则,采用内容分析法来检验书面或符号资料(如图画或电影)中的信息内容,或采用课堂观察法来比较分析不同水平数学教师在课堂提问有效性方面的差异情况,这些研究方法均可通过编码数字来呈现,并用数字定量分析对研究内容作出描述性、探索性和解释性的解释。

第四节　教育量化研究的课题选择

假如你是某学校的科研主任或数学大组长,正逢区(或市)教育科研课题申报期,校长请你在梳理已有经验基础上,代表学校申报一个课题。这时的你应该选择哪一类教育课题进行申报?

针对上述问题,首先要正确认识中小学教师做教育课题研究的价值取向,了解中小学开展教育科研的基本模式是什么,有哪些课题选择的视角和可遵循的选题原则;其次要系统梳理学校已有的前期积累,遴选基础条件较好、特色鲜明且具有潜在研究价值的研究问题,进而聚焦成一个明确的研究主题,经多角度论证后形成切实可行的研究课题,并准确恰当地陈述课题名称予以申报。

一、正确认识中小学教师开展课题研究

中小学教师开展教育课题研究,有其自身的独特性。它不同于大学教师开展课题研究,也不等于"写论文",更不等同于写"总结报告"。中小学教师开展教育课题研究,需要基于实践对教育问题进行反思性研究,强调行动研究,即在行动中、对行动和为了行动所进行的研究,旨在解决教育教学实践中的各种问题。中小学教师开展教育课题研究,可以个人名义或团队共同体方式,在总结经验的基础上提炼理论和改进实践,使整个课题研究基于实践、源于实践、高于实践并反哺实践。

中小学教师开展教育课题研究,有以下四种基本模式。

(一)教师个体的小型专题研究

这种模式是中小学教师基于自身学科特点,就个人感兴趣的教育教学热点或难点问题而开展的专题研究,这是一种比较普遍和常见的模式。例如,某中学数学教师对国际PISA测验感兴趣,继而开展有关"PISA对中学生数学学业评定的启示"研究;又如"小学生可自由支配时间的保障和利用的研究""上海市进城务工人员随迁子女中小学生心理特征与教育对策研究""促进学生高阶思维发展的对分课堂实践研究""小学生数学思维能力现状的调查研究""论校长领导力的提升——以一位小学校长的个

案分析为例"等,都是教师个体开展的小型专题研究。

(二)"龙头课题"带动全校研究

这种模式以学校为单位,以某个"龙头课题"引领全校不同学科的教师共同参与研究。教师既受到同一主题和共同理念的引领,又能依托各自的学科资源优势开展课题研究。教师的课题研究各有侧重,合在一起又能形成一个有机的整体。如某校长在全校开展"为促进学科思维的有效教学对话研究",在此"龙头课题"的引领下,语文、数学、英语等不同学科的教研组分设子课题组,从各学科特点出发开展为促进思维的课堂有效教学对话研究。以数学组为例,有的教师尝试研制数学课堂对话分析工具,有的教师从实证视角分析当前数学课堂教学对话中的主要问题,还有的教师从实践层面探索如何创设自由灵动的课堂对话环境等。

(三)区域优质资源的联动研究

这种模式以区域(如某省市或某区县)为单位,整合区域优势资源或"以强带弱"等方式,推进区域教育资源的联动研究。如某区教育局推出《建立紧密型办学资源联盟促进区域义务教育均衡发展实施方案》,在全区建立以中心城区学校为龙头的"A+X"模式的紧密型办学资源联盟,其中"A"指中心城区优质的义务教育阶段学校,"X"指周边乡镇的义务教育阶段学校和民办农民工子女小学,以此组建首批10个办学资源联盟体,开展为期三年的行动研究。显然,这种以区域为单位开展的大型课题研究,有利于盘活、整合与优化区域教育资源,在实践层面探索区域办学资源互动模式和有效运作机制,对打造区域教育品牌和推动区域提质增效发展具有重要意义。

(四)"外力"支持的统合性研究

这种模式以中小学校为主体,借用校外研究团队如来自高校、企业或政府的团队等进行的统合性研究。作为"外力"的校外团队,着重在研究理论、研究思路或研究过程中注入"金点子",起到"输血"功能。如某师范大学附属学校开展的"'U-G-S'模式下基于项目化学习的中小学生高阶思维培养实践研究",旨在利用某师范大学与所在区属教育局合作共建的先天优势,发挥高校(university)、政府(government)和学校(school)三方各自的优势,以项目化学习为载体,聚焦中小学生高阶思维能力的培养。

其中,该校师生是开展实践研究的行动主体,通过项目化学习紧密联系在一起,形成研究共同体。某师范大学的研究团队是该项研究的"智囊团",在研究方案的总体设计策划和过程性实施中均起着重要的推进作用,如数学、物理、化学、计算机等学科的教授团队参与专题讲座或课程教学,对中小学生高阶思维养成起助推作用。政府部门(如教育局或教育学院等)则主要从政策、经费或资源上为三方紧密合作与研究的顺利进展"保驾护航"。

二、中小学教育课题选择的视角

中小学教师选择教育课题,要善用慧眼、用心观察,在别人无疑处有疑,要善借"外脑",培养问题意识,善用科学思维和科学方法,基于实践去发现有意义、值得研究且力所能及的课题。在选择中小学教育课题时,可从如下五个视角着手。

(一)从日常观察所发现的问题中寻找切入点

中小学教师每天置身于一线教育环境,接触着大量鲜活的教育实例,拥有第一手丰富的教育实践资料,从日常观察所发现的问题中寻找课题研究的切入点,这是最常用的课题选择视角。例如,某小学数学学科组长在多年工作实践中发现,有部分小学生因数学学习习惯不良导致数学成绩提高慢,于是她组织全体数学组教师对小学生数学作业本中的作业情况进行全面分析,梳理并总结出数学学习不良习惯的主要表现。通过后续五年的研究,探索出一套系统的小学生数学学习习惯培养策略,并成功申报了市级重点课题,形成了系列研究成果。

(二)从学科建设或学校发展的问题中寻找生长点

中小学教师选择教育课题,可基于学校持续发展或学科长远建设的实践问题去寻找生长点。例如,一所拥有120年校史的Y小学,校园里有两棵350年树龄的银杏古树,历经百年长河孕育出了全国劳模、中国科学院院士、著名作家、翻译家、海派书画家等杰出人才。为顺应当前时代课程改革所需,现任校长有意在传统与现代中取舍,在继承和发扬中寻找突破,重构学校课程图谱。通过多轮学校发展规划,多方位专家论证,多层次教师研讨,Y小学梳理了学校文化发展脉络和现有资源,厘清了学校育人目标,明确了课程发展定位,确立了独具学校特色的"'银杏园'课程体系建设"的课题研究。旨在"为生命养心,为人生正气"办学理念下,以银杏文化建构"润、毅、睿、雅、颖"

五大"银杏园"课程,丰富各学科各类别课程资源,以满足学校融"君子人格、健康体魄、灵动智慧、高雅格调、彰显个性"于一体的育人目标追求。

(三)从教育实践所面临的突出问题中寻找突破点

基础教育是国民教育体系的基石,随着教育部基础教育综合改革实验区的建立,新一轮基础教育课程标准发布和课程改革理念推行,基础教育领域面临着众多全新的挑战、困难和问题,为中小学教育课题的选择生发新机遇。为此,中小学教师要善于从基础教育实践所面临的突出问题中去寻找突破点,选择与设计研究新课题。例如,围绕"如何做好中小学课后服务"的问题,浙江省金华市努力打造"学生舒心、家长放心、教师用心"的教育民生工程,鼓励学校因校制宜探索"1+X"托管服务模式,其中"1"是指开展学生基础性托管服务,开设自主课程(如自主作业和自主阅读),"X"是指开展学生拓展性托管服务,开设个性化课程(如体育、艺术、科技),学生可根据自身需求跨班级、跨年级自主申请,此举在全国产生了较好的影响①。基础教育实践中的突出问题层出不穷,中小学教师可从多角度寻找问题的突破点,如"区分性教师评价制度的理论与实践探索""'独二代'家庭教育的学校支持研究""'单亲'家庭中小学生心理健康建设策略研究"等。

(四)从已有教育教学的成功经验中寻找支撑点

教育课题不是无本之木,无源之水,它源于实践又高于实践。教育实践中已有的教育教学成功经验为新课题的生成提供了重要基础和支撑点,中小学教师要善于敏锐察觉日常教育实践中的特色做法,提炼工作创意点并能智慧地将其转化为值得深入研究的课题。如上海市初中生在参加全球 PISA 数学素养测试中,分别在 2009 年和 2012 年连续两次获得第一,2015 年我国学生整体测试成绩位居全球第六,这一骄人成绩充分体现了我国在数学教育上的优势。那么我国在数学教育方面形成了哪些有效的中国经验?与国际数学教育相比我国数学教育又存在哪些瓶颈问题?为此很多学者开展了深入研究并形成了多项研究成果,如孔企平的《解决问题比单纯掌握知识技能更重要》②,赵茜、钱阿剑和辛涛的《教师研训及其效用的中国经验——基于

---

① 焦以璇.基础教育的深水突围:教育部基础教育综合改革实验区成果综述[N].中国教育报,2022-4-7(1).

② 孔企平.解决问题比单纯掌握知识技能更重要[N].光明日报,2017-1-26(14).

PISA2018 教师问卷数据的分析》[①]、何珊云、李玥忞的《中国基础教育跨国吸引力研究：基于四国 PISA 媒体报道的分析》[②]等。

（五）从教育研究的热点与个人兴奋点中寻找挂钩点

基础教育研究有诸多的热点和难点，中小学教师要善于在研究热点和个人兴奋点中寻找挂钩点，设立自己感兴趣的研究课题。例如，如何增进有效的课堂互动是基础教育课堂教学中永恒的话题，然而这个话题很宏大，研究者可以选择一个较小的切入口进行探索，如从教学对话角度来研究有效课堂互动，包括怎样的教学对话才是有效的，应怎样构建课堂对话分析框架，课堂对话分析究竟要分析什么和怎么分析等；或者从特定的学科出发，进一步细化研究子问题，如作为引发有效对话的数学问题或任务应具有怎样的特征，数学教师对学生数学想法应作出怎样的倾听和回应反馈。此外，中小学教师还可就如何改进课堂对话实践和提升数学教师课堂对话水平提出对策，在从"封闭性对话"走向"开放性对话"，从"教师控制性对话"走向"师生话语共同体"，从"知识传递教学"走向"知识建构教学"等方面，开展深层次的教育实践探索，形成更多创新性的研究成果。

三、中小学教育课题的选择原则

教育课题研究就是探索未知教育问题的科学过程，课题选择集中体现了研究者对问题洞察的敏锐度、理论视野的广度、科学构思的创意度和实际研究能力的统合度。选题过程要求研究者整体把握该领域发展的前沿趋势和尚未解决或未完全解决的问题，科学设计课题研究的总方向、总路线、科研方法、时间进程安排、人员分工安排、阶段性问题解决目标与经费使用等综合要素。在选择中小学教育课题时，除了综合考虑上述四种基本模式和五个选题视角外，还应注意价值性、适宜性、科学性和创新性四个选题原则。

（一）价值性原则

价值性原则是教育课题选择的首要原则，它要求中小学教师或教育科学研究者充

---

① 赵茜,钱阿剑,辛涛.教师研训及其效用的中国经验：基于 PISA2018 教师问卷数据的分析[J].清华大学教育研究,2023,44(5)：46-55.
② 何珊云,李玥忞.中国基础教育跨国吸引力研究：基于四国 PISA 媒体报道的分析[J].全球教育展望,2022,51(11)：3-17.

分考虑所选课题对解决现实问题是否有价值、研究成果的应用和推广价值何在。通常研究者会立足于国家经济社会发展需要、学科发展必要性和现实问题解决迫切性等角度,分析课题的理论价值与实践意义,结合国内外相关领域的文献综述成果,选择自己感兴趣的、真正有意义的,且符合客观现实需要的课题进行研究。

(二)适宜性原则

适宜性原则是指课题宜"小题大做",即选题要聚焦且在一定时期内完成,研究具有现实性和可行性。具体来说,适宜性原则包括三个方面:一是课题研究的问题比较明确,主题比较聚焦,切口较小。不能选择太笼统的、虚无缥缈的或混淆多个概念的主题作为课题。二是所选择的课题应当与研究者的理论水平、专业特长、研究能力,以及所拥有的仪器设备或研究条件等相适应。选题时需分析课题负责人与研究团队的科研能力是否能胜任这项研究,研究设备与技术手段是否够用,研究取样的实际条件是否可行。三是所选课题的预设研究目标、研究内容、研究任务与研究周期大致匹配,研究内容不宜过多、过于复杂,要量力而行。有时会出现研究课题虽然很有价值,但研究者在较短时间内,如在两三年内无法完成的情况,这样的课题也是不适宜的。因此,课题的适宜性原则要求所选课题必须是研究者可以如期完成研究目标和研究任务的。

(三)科学性原则

科学性原则是指课题的选择与设计必须有理论基础和事实依据,研究设计与路线构思须符合一般意义上的科学研究范式,研究方法选用要恰当,研究对象取样大小要合适。更重要的是,一项教育科学研究往往是基于已有基础或前期积累的,科学发现也是在这种承前启后的研究活动中不断前进的。没有继承就没有创新。任何一项科学成果,都不可能是一个人努力的结果,而是建立在吸收前人经验和今人成果的基础上的。教育课题研究本身就是一个提出假设—验证假设—得出结论的科学探索过程,需要富有逻辑且科学地推进整个课题的提出、设计、实施和形成结果的过程。

任何只从口号出发,盲目赶时髦,生搬硬套,或脱离学校校情和已有科研基础的研究都是缺失科学精神的。仅停留于学校已有实践工作经验,或研究对象不清晰,研究定位模糊不清的研究,都难以得出正确、合理的研究结论。一位勤于思考善于探究的教师,往往会基于已有经验或前期研究成果,进行后续延展性的研究,从连贯性角度深化选题。如笔者先后围绕相关专题进行深入研究并发表了多篇学术论文,包括:《小学生数学思维能力现状的调查研究》《小学生数学推理能力结构的验证性因素分析》《为增进学生思维而对话:课堂教学的终极追求》《数学课堂师生对话中存在的问题与对策》《小学数学课堂师生对话的特征分析——上海市Y小学的个案研究》《以学习活动为基点的生成教学——"圆的认识"课例分析》等。

(四)创新性原则

创新性原则是开展教育课题研究的终极追求,旨在促进研究领域有新的发展和突破,形成新理论或新技术。主要表现在三个方面:其一要求课题本身具有先进性和新颖性,紧扣时代脉搏,紧抓学科前沿,紧贴实践热点;其二要求课题是别人没有研究过的,或者是别人没有解决或没有完全解决的,这就要求课题研究者充分收集现有的相关文献,做到"知己知彼",避免雷同;其三要求课题从新视角、新方法或新技术展开研究,或是提出新观点、开辟新领域,发现富有新意的研究结论。创新是科学研究的灵魂,是选题的基本出发点,也决定了课题研究的价值高度。

为此,中小学教师在课题选择与设计时,既要找准问题焦点,突出研究主题的时代性与新颖性,又要全面查阅相关领域已有的研究文献,避免做无用功。当然,中小学教师开展教育课题研究并不要求像科学家那样在纯科学意义上实现"零"的突破,课题的创新性可以体现在研究视角、研究领域、研究方法、研究技术或研究结论等某个侧面或某个小点上。如借用语言学中的话轮转换和话轮分析方法,对教育学中课堂教学对话进行分析,这在研究方法上就具有一定的新颖性。

显然,教育课题选择的四大原则是相互联系又各有侧重的,在教育实践中应综合考虑,有机整合、运用。总之,教育课题的选择和设计,本身就是一项整体性工程,需要课题研究者具有较强的问题洞察力和科学鉴赏力,既有丰富的知识整合力和预见力,又有超人一等的远见卓识,将已有成果、现有条件和未来预期有机整合在一起。

四、中小学教育课题名称的陈述方法

中小学教师或课题研究者在完成前期准备后,基本明确了研究问题,厘清了研究思路,确定了研究方法,接下来就是给课题定个好题目,这是整个过程中颇为重要的一环。如何合理陈述教育课题名称呢？当然，教育课题名称陈述并无固有的模式，它是一门集科学性与艺术性于一体的学问。可注意以下三点技巧。

第一，通常采用叙述方式概要地陈述研究课题，一般在20个字左右。过于冗长的课题名称令人费解，过于简短的课题名称由于给出的信息量过少也不易理解。课题名称常用陈述句表述，而不用疑问句或反问句，一般也不出现标点符号。如某小学教师将"以生活作文评语为途径，使学生体验生命关爱的策略研究"作为课题名称很不妥当，既拖沓、冗长又语义不清，更难理解"生活作文评语"与"体验生命关爱"之间的逻辑关联。

第二，课题陈述要突出"题眼"，指明研究对象、研究主题、研究范畴和研究方法，让读者从课题名称中一眼就能洞见课题研究的核心主题是什么、研究对象是谁、用什么方法进行研究。如"小学数学课堂师生对话的特征分析——上海市Y小学的个案研究"这个课题名称，可一目了然获知研究主题是课堂师生对话特征分析，研究对象是小学数学教师，且以上海市Y小学的数学教师为主，研究方法以个案研究为主，由此基本明确了该课题的研究内容、研究对象和研究动向。

第三，除研究"关系"外，课题名称中一般忌讳出现两个以上的核心概念，以免引起概念间的混淆和误解。不过也有例外，如"高中生学业情绪和学习投入与数学学业成绩的关系研究"这个课题名称，虽然涉及的核心概念较多，但易于理解其侧重分析高中生数学学业情绪、数学学习投入与数学学业成绩三者之间的关系，研究者也确实从实证研究范式入手，借助高质量的高中生数学学业情绪问卷和数学学习投入问卷等工具，选取合适的样本量收集数据，并对数据进行描述性统计、t检验、方差分析、相关分析和中介效应检验等，分析三者的现状特点及相互关系。然而如"小学语文教科书与小学生在文化价值取向上的冲突现状及成因分析""浅谈小学语文教学对学生人生观、价值观形成的影响""高中英语教学中要重视一些心理效应和规律的使用"之类的课题名称，则显得晦涩难懂，都不是恰当的课题名称表述。

当然，以上三个技巧并不能涵盖全部的课题名称陈述。以下罗列一部分正式立项的教育科研课题，希望有助于读者体会应如何恰当地陈述课题名称。

例1：2020年上海市教育科学研究项目名单（节选）

- 基于专业视角的教师课程坐标及其应用研究
- 区域教师专业人才梯队的多维动态评价体系研究与实践
- UIS教育科研合作模式及其绩效研究
- 地域文化视域下"B-S-I"课程资源开发的实践研究
- 中学生数学建模能力评价体系构建的实践研究
- 基于小学综合实验室的综合性学习活动实践研究
- 基于UbD理论的初中物理单元教学设计与实施的实践研究
- 基于语文核心素养的小学写作教学范式转型研究
- 指向高阶思维能力培养的小学数学单元学习活动设计与实践研究
- 促进学生高阶思维发展的对分课堂实践研究
- 迈向深度学习：优化中小学STEM项目的实践研究
- 以计算思维培养为目标的中小学人工智能课程案例开发
- 面向计算思维的初中人工智能教育的实践研究
- 基于人工智能的课堂教学行为分析的实践研究
- 指向高中生个性化学习的智慧学习环境建设研究

例2：2023年全国教育科学规划课题立项名单（节选）

- 家庭数字生态与儿童执行功能的双向动态关系及其生理机制
- 数字化治理视域下运动促进青少年心理健康的跨界协同机制研究
- 儿童青少年身体姿态的智能一体化监测体系及其保障机制研究
- 农村留守儿童社会情感能力发展特征及体育游戏干预效果研究
- 基于义务教育新课程的学生创造力评估研究
- 高中阶段拔尖创新人才的自主培育体系建构与实践研究
- 基础教育核心素养培育导向下教师跨学科能力建设及评价研究
- 基础教育学校数字化转型动力机制与实践路径研究

- 人机协同评课赋能小学数学教师专业发展的策略研究
- 数字教育背景下的中小学跨学科协同教学模式研究
- 基于跨学科的小学科学融创课程体系构建研究
- "五育融合"背景下国家课程校本化实施的路径创新研究
- "双减"背景下我国校外教育公益性发展及其社会支持研究
- 新时代面向中小学生人工智能素养提升的 STEM 课程设计研究
- 基于大数据的中学语文整本书阅读评价研究
- 基于学科核心素养的小学生学习过程评价实践研究

第五节　教育量化研究的课题设计

假设作为某校科研主任或数学教研组组长的你,经过较长时间的前期准备,基本明确了教育课题的选择,对课题的研究路径也有了大致的蓝图,那么你应该怎样设计这份完整的课题研究方案,高质量地填写下面这份课题申报书呢?

教育科学研究课题申报书

课题名称_____

课题负责人_____

负责人所在单位_____

填表日期_____

×× 市 ×× 区教育局

一、基本信息

课题名称				
研究领域	A 高等教育　B 职业教育　C 成人教育　D 基础教育　E 学前教育　F 特殊教育			
学科分类	A 教育发展战略　B 教育基本理论　C 教育心理　D 教育史　E 比较教育　F 教育管理　G 德育　H 美育　I 体育　J 课程教材　K 综合　L 其他			
所属系统	A 师范类高校　B 其他高校　C 教育行政　D 专业研究机构　E 中小学　F 幼儿园　G 成人职业教育　H 其他			
负责人姓名		性别		出生年月
行政职务		专业职务		研究专长
工作单位			邮箱	
通讯地址	区(县)　　街(路)　　号		邮编	
联系电话	（单位）		（手机）	

续表

课题主要成员	姓名	性别	出生年月	专业职务	研究专长	学历	学位	工作单位

经费类别			申请经费(万元)		
预期成果形式			预计完成时间		年 月 日

二、负责人和课题组成员近期取得的与本课题有关的研究成果

成果名称	论文或著作（第一作者）	成果形式	发表刊物和出版单位	发表出版时间

三、负责人和课题组成员近五年承担的研究课题

课题名称	课题类别	批准时间	批准单位	完成情况

四、课题设计论证

[1. **选题**：本课题国内外研究现状述评、选题必要性。2. **内容**：本课题拟解决的主要问题与研究思路(包括研究目标、研究内容、研究对象、研究方法、研究路线)，重要观点。3. **价值**：本课题创新点、理论意义与应用价值。4. **研究基础**：

前期研究基础、已有相关成果、主要参考文献(限填20项)。(限2 500字内)]

五、完成课题的条件和保证

(负责人和主要成员曾完成哪些重要研究课题;科研成果的社会评价;完成本课题的研究能力和时间保证;资料设备;科研手段。)

六、预期研究成果

序号	研究阶段 (起止时间)	阶段成果名称	成果形式	承担人
1				
2				
3				
4				
…				
最终研究成果(限报2项)				
序号	完成时间	最终成果名称	成果形式	负责人
1				
2				

七、经费预算

(课题申请经费资助的数额和开支项目的经费估算。)

针对上述问题,尽管研究者对拟研究的教育课题有了初步的构思与设计,对课题名称也有了大致的构想,但要将这些课题设想有机整合,且科学、合理、高质量地填写这份课题申报书,并使之能在后续的专家评审中脱颖而出,并非易事。针对拟研究的课题,研究者除了要进一步明确课题所涉及的核心概念并予以科学界定外,还需要用简明扼要的语言论证以下五个关键问题:① 为何研究;② 研究什么,即研究目标、研究内容和研究对象分别是什么;③ 如何研究,即研究假设、研究方法、研究思路、研究路线、研究时间、研究步骤怎么安排;④ 研究基础与条件怎样,即前期积累和已有条件如何有助于课题实现;⑤ 预期成果是什么,包括阶段性成果和最终研究成果分别是什么。这些问题的解答也正契合了填报课题申报书所需的重要信息,只有将这些关键信息的内容阐述论证清楚,才是一份完整的课题研究设计方案。

一、课题设计中的五个关键问题

虽然不同层级的课题申报书形式各异,但都需要围绕"为何研究、研究什么、如何研究、研究基础和条件怎样、预期成果是什么"五个关键问题展开课题设计与充分论证,提出研究者独到的见解。

(一) 为何研究

这是课题申报书中核心内容的开篇,它需要研究者从多角度论证课题研究的缘由、必要性和价值,它也是吸引评审者继续阅读后文极为重要的引子。换言之,如果开篇就能让课题评审者饶有兴趣地阅读,那么课题申报就成功了一半。

一般而言,较通用的论证逻辑为:① 从国内外教育形势出发,点明研究课题的时代背景或面临的严峻问题,指出需解决问题的实质。② 阐明课题研究所涉及的核心概念是什么,在引证他人观点的基础上清晰地呈现作者的独特观点。③ 围绕研究课题领域开展文献综述,就国内外相关研究成果进行夹叙夹议的述评,梳理已有研究的特点、优势与不足,既为本课题研究提供研究思路和研究方法上的借鉴,又为本课题独特的研究设计寻找发展空间,更明确本课题研究的独特性。④ 高度概括并指明本课题研究所具有的理论价值与实践意义,包括对学科发展、理论创新、技术工具开发、现实问题解决等方面产生的价值与意义。整个行文非常强调论证的逻辑性与层次性、文献的充分性和前沿性、观点的鲜明性与新颖性,以及语言表达的概括性和流畅性。如果研究者就"为何研究"这部分内容的论证表现出逻辑性强、观点鲜明、文献分析有理有据,让人阅读时体验到行云流水之感,那就是一个比较成功的"开篇",也增加了课题评审者为之投票的"砝码"。

(二)研究什么

这是课题设计的核心内容之一,需要让评审者明白课题究竟想研究什么,研究主题是什么,拟解决什么关键问题,研究目标是什么,研究内容是什么,研究对象是什么。

这部分内容的论证,通常是从前文研究缘由与必要性出发,准确提炼和指明本课题拟着重解决的核心问题究竟是什么,也可以将研究问题分解成 2~3 个相互联系的子问题。接着基于研究问题尤其是所分解的子问题,对应地陈述研究内容。需注意的是,研究问题与研究内容两者虽要用不同表达方式和不同文字陈述,但彼此之间仍是有逻辑关联的。再者还须明确研究对象是什么,即课题研究指向的是学生还是教师,是学生作业还是教学课例等。教育量化研究课题,视需要还可提出研究假设,即研究者提前有个研究预设或结论假设,用后续的研究实施来验证这个研究假设是否成立。

(三)如何研究

这也是课题设计的核心内容之一,重点澄清为实现问题解决而展开的研究路线,包括研究思路是什么,运用哪些研究方法或研究技术、工具,研究过程和步骤怎样,阶段性的研究任务分别是什么,计划用多长时间、由谁来完成哪些任务等。

这部分内容的陈述涉及范畴较广,重点须紧扣课题所提出的研究问题与研究内容,科学地提出实现的可能路径,即针对每个研究子问题分别选用研究方法和设计研究过程,让评审者通过课题方案来判断课题所设计的路线是否合理、研究方法选用是否恰当、研究对象取样是否合适、研究进度安排是否可行、研究结论得出是否成立等。其中,研究方法的选用极为关键。设计课题时需指明运用了哪些主要的和辅助的研究方法,这些研究方法又分别是如何逐个破解研究子问题的。尤为重要的是,需阐明这些研究方法(如问卷调查法、教育实验法)在课题中是如何展开具体运用的,而不仅仅是描述这些研究方法的基本概念。对于量化研究的取样设计,需提出取样样本大小、取样方式,以及如何保证取样的代表性,还需指明拟用什么技术手段或工具(如 SPSS

软件、LISREL 软件)进行数据处理。"如何研究"实质上是全面系统性地规划研究目标实现和研究问题解决的思路和具体路线,很多时候可以采用图示法来呈现研究设计。

(四)研究基础和条件怎样

这是课题设计中必不可少的环节,即简要陈述课题研究基础和已有条件是怎样的,是否有较充分的前期积累(包括理论上、实践上或技术方法上),现有研究资料和技术设备是否充分,研究成员组成是否合理,研究成员的分工是否恰当,是否有充足的时间投入研究,科研实力能否胜任课题完成,课题是否有适当的经费支持,以及使用经费预算是否合理等。

在填报课题申报书时,既要用表格式呈现课题负责人与团队成员近年来承担的研究课题及与本课题有关的研究成果,又要用文字方式描述本课题完成的条件。虽然这部分的文字篇幅有限,但不可轻视。行文内容要言之有物,表达语气要低调、平实、中肯,让评审者能大致了解该课题研究具有比较好的前期积累,拥有较充分的资料和前期研究基础,课题负责人的专业水平与学术积淀是能胜任课题实施的,课题团队成员的科研实力和研究技术、研究经费等现有条件是可以支撑课题实现的。这部分内容有利于评审者总体研判课题如期完成的可能性。

(五)预期成果是什么

这是课题研究的终极成效表现,也是课题设计的必备内容之一。围绕课题的研究目标、研究内容和研究过程实施,整个课题研究的预期成果会是什么,将产生哪些阶段性成果和哪些最终成果。

预期的阶段性成果通常表现为发表学术论文、形成典型案例分析、编制成调查问卷、开发出技术工具或录制音像资料等,最终研究成果大多表现为系列论文、著作、研究报告等多种形式。预期研究成果的表现形式丰富多样,可根据各项课题研究需要酌情适量设计,要尽量让课题评审者感觉到课题设计的合理性,避免提出过高的成果预期,以防课题立项后的实操阶段压力过大。

二、课题设计中的四个分析

教育量化研究课题设计是一项系统工程,为充分论证课题设计中的五个关键问题,除了课题负责人与团队有新颖的研究视角和独到的研究观点以外,还有必要提前做好"四个分析",即背景形势分析、自身优势分析、情报理论分析和基础现实性分析。这"四个分析"有利于课题研究者全面而清晰地判断课题是否值得花时间去探索,课题实施有哪些优势和研究过程中将会遇到哪些问题,以及课题研究后将会形成哪些独特性或创新性的研究成果和研究结论。

(一)背景形势分析

背景形势分析,主要是从国内外的社会经济或教育发展趋势,分析当前面临的紧迫问题或亟须迫切解决的现实问题。如:从国际比较的视角分析国际教育潮流,分析我国教育领域现存的突出问题,分析建立符合我国国情的教育体制机制的迫切性,甚至还可视课题需要分析学校发展现状与人才培养难题等。背景形势分析有利于课题研究者从宏观层面更清晰地透析课题研究的必要性和紧迫性,把小问题放在大背景中,洞察课题拟解决的核心问题所蕴含的时代意义和价值。

(二)自身优势分析

自身优势分析,主要是从特定课题主题出发,分析课题研究者自身或所在研究团队、所在学校等方面的传统优势与特色做法,如曾有过哪些个人的成功经验,如学术经历或工作经历,已有哪些前期积累或科研成果,所依托的工作环境或所在学校有哪些传统项目或特色优势等。自身优势分析有利于课题研究者更清晰地定位自己能做什么,擅长做什么,更清醒地辨识该课题研究所具有的独特性和新颖性。

(三)情报理论分析

情报理论分析,一方面是就课题研究的相关领域进行已有文献的综合述评,全面了解本课题领域国内外专家学者已经做过哪些研究、形成了怎样的研究成果,还有哪些研究空白,有助于研究者更清晰地明确本课题研究的独特视角与创新所在;另一方面是进行相关理论基础分析,从学理上寻找本课题赖以成立或模型建构的理论依据。情报理论分析有利于课题研究者全视域地考察特定的研究主题,为课题研究建立科学的学理依据,而不至于使课题研究成为"空中楼阁"。

(四)基础现实性分析

基础现实性分析,是指课题研究者需要全面衡量课题实施的前期基础和现实可行性,包括学校教师科研意识是否强烈,科研氛围是否浓厚,前期的学术积累或工作经验是否充分,已有的学科优势或资源优势何在,是否有可借鉴或助力的外在资源,课题成员如何优化组合,可利用的时间和物力情况如何,等等。基础现实性分析有利于课题研究者更加辩证地分析课题实施的可能性和可行性,而不至于盲目地开展工作,使课题研究成为无本之木、无源之水。

此外,一项高质量的教育课题设计,还需要兼顾以下四点:① 合理组建课题组成员,围绕课题将高校教育理论专家和中小学一线的教育管理者、资深学科教师进行有机组合,使之发挥各自研究专长,形成紧密的研究共同体关系,共同作用于课题实施与完成。② 视课题需要,正确定位高校专家和中小学教师的角色作用,对于以中小学校牵头实施的课题,中小学一线教师显然是课题实施的主体,是行动的研究者,高校专家则主要起出点子、导方向、促"造血"的引领作用;而对于高校专家牵头实施的课题,中小学一线教师很可能是教学实验或典型个案的执行者。③ 基础教育领域的大多数课题往往会以课堂教学为研究载体,将课题研究活动与实践问题解决及教师专业发展有机结合,正如斯滕豪斯所言"课堂就是实验室"。④ 不论课题是否得以立项,在课题实施过程中要做好过程性记录和课题日常管理,坚持在实践反思中推进与完善课题研究。

三、课题设计中的主要问题

中小学教师或高校研究生虽然也曾接受过多次教育科研培训,但在开展课题方案设计的实际过程中,仍不可避免地会出现这样或那样的问题,从而影响课题设计的整体质量。

常见的主要问题有:

- 文题不符,目标笼统,内容偏题,聚焦不够。
- 感性有余,理性不足,问题不明,着力点不清。
- 头重脚轻,核心缺失,问题—目标—内容—方法路径不通。
- 面面俱到,泛泛而谈,引用较多,缺少自我。
- 理论脱节,论证无力,逻辑性弱,层次关联差。
- 方法欠妥,取样偏少,以例代证,表达欠概括。

就"为何研究"而言,常见问题主要有:① 缺少核心概念界定或缺失研究者独到的见解,这往往会局限于教育量化研究的理论框架建构或问卷维度设计,从而影响后续一系列研究过程的质量。② 国内外文献有述无评,即研究者在文献综述时只是简单地罗列已有的国内外研究资料,并未对已有文献资料进行系统梳理或高度提炼其蕴含的研究规律或研究特点。③ 逻辑不清、层次不明,即课题方案各部分内容的论证关联度不高,逻辑性不强,尤其是从"研究缘由中提出研究问题"到"围绕研究问题设计研究内容"再到"运用研究方法破解研究问题"最后到"得出研究结论回应研究问题"这个闭环循环的论证过程,缺少一根主线的牵引,而使得整个论证方案太散乱。④ 意义太泛、内容空洞,即有关研究意义的表述显得笼统、空洞无物,这种问题的存在通常是因为课题没有找到真正想要解决的问题,从而无法直抵核心去剖析研究的价值和意义;或者课题立意尚未达到一定的理论创新高度。⑤ 理论基础支持力不足,普遍表现为虽然介绍了课题赖以存在的理论基础,但理论基础与课题的关联度不大,导致无法从基础理论的核心精髓或观点出发去寻找与课题问题解决挂钩的点。⑥ 已有研究基础不扎实,即前期积累不多,研究背景掌握不充分,学术基础和科研实力未能达到课题研究所需的水准。

就"研究什么"而言,常见问题主要有:① 研究问题表达不清,即课题拟真正解决的问题表述不清晰,或者文不对题,或者研究问题表述笼统,未分解出具体的子问题。② 研究目标表述不清,即没能紧扣研究问题描述研究目标,研究最终将达到什么样的研究目标令人费解。③ 研究内容不切题,或研究内容未作分解,或研究内容不在同一逻辑层次上作分解,或研究内容过多或过少。研究问题、研究目标和研究内容这三者彼此紧密关联,研究问题不明必然会导致研究目标不清或研究内容偏离,致使三者之间很难找到相互依存的逻辑性和关联性。

就"怎么研究"而言,常见问题主要有:① 研究突破口不明确,即课题没能精准地抓住研究问题或子问题解决的关键突破口,使研究重心偏离。② 研究思路模糊,研究路线不畅通,达成研究问题解决的路径不够清晰,研究步骤和进度不够连贯。③ 研究方法不够合理,即逐个击破研究问题或子问题的研究方法选用不恰当或研究方法设计不够科学,选用的研究方法无法支撑问题的解决,如实证研究中取样的样本量偏小,误用统计方法等。④ 偏重工作总结,弱于研究提炼,通常表现为课题方案设计缺乏规范性和严密性,没能跳出工作经验或总结报告的束缚,不擅于研究提炼和理论提升。⑤ 混用案例研究和课例研究,通常将教学案例等同于教案或教学实录。

课题设计是基础,为后续课题实施搭建框架、描绘蓝图和设计路线,其"成品"通常表现为研究方案或开题报告,其终极目标指向"问题解决",并形成新颖观点。设计一份高质量的课题方案才有可能获得课题成功立项的机会,课题申报是争取课题立项获批,给课题申请一个"生产许可证"的过程。为了提高课题申报的立项成功率,需注意如下细节:要研读"申报通知",对标对表把握申报的"风向标";要扎实做好文献综述,研究同类申报中已立项的课题清单,知己知彼,避免重复;要关注评审标准,了解评审原则,避开"雷区";要重点突破薄弱项,强化重点项,精心设计研究内容与研究过程,力求新意;要重视细节,文字表达流畅,排版格式规范,整体设计美观大方,阅读体验感好。

四、成功申报课题样例解析

为更好地帮助读者理解教育课题研究方案设计的技巧,在此呈现笔者获教育部人文社会科学研究项目成功立项的一份教育课题设计方案样例。

"课堂教学对话分析体系的构建及其应用"课题设计方案

一、本课题研究的理论和实际应用价值,目前国内外研究的现状和趋势

随着学习科学范式由××转向互动-交流型,教学对话在课堂中占据越来越重要的地位。教学对话具有共享知识、促进理解和创生意义三大功能,教学对话的质量和类型直接影响着学生的交流能力、理解能力、思维能力和学习成绩。然而,尽管我国新课改倡导"互动对话"的教学理念,但现行课堂教学对话实践中普遍存在着诸多问题,如由教师控制学生的话语权、师生对话很大程度上未能从根本上触及学生的思维深处等,总体而言,促进学生思维的教学对话的有效性是远远不够的。为此,开展课堂教学对话分析,将有利于透析××,将为教师提供××的独特视角,也将对探寻××的问题及成因、改进教学对话质量产生重要影响。

何谓课堂教学对话?国内外存有多种理解,其中康纳(Connor)的观点较为典型,他将其描述为××。课堂教学对话分析是指将课堂教学对话过程作为分析单元,对教学对话的结构、形式、内容和意义产生等方面进行质量分析。

国外关于"课堂教学对话分析"常见的表达方式有"discourse analysis""conversation analysis""communication analysis""interaction analysis""dialogue analysis"等。国外课堂教学对话分析始于1966年的贝拉克（Bellack）。就发展历程而言,课堂教学对话分析研究大致分为三个阶段：……。就总体特征来看,国外对课堂教学对话分析研究起步较早,基本形成了较成熟而系统的集理论基础、内容维度和方法技术于一体的教学对话分析体系；其理论基础从××走向××进而发展成××；研究方式从××分析转变为××的交流分析；研究方法从××走向××；研究技术也有持续的改进与创新等。

从国内研究来看,自新课改以来教学对话和对话教学成了研究热点,但却很少涉及课堂教学对话分析领域的研究。近些年来频见"教学对话",而鲜见"教学对话分析"一词。……就总体特征而言,国内教学对话分析研究起步较晚,以编译和引介国外成果为主,鲜见国外成果的本土化研究；集中于××领域,偶见于教育学和××领域；研究内容零碎而不成体系,未能将教学对话作为一个整体进行分析,尚未将师生话语置于真正意义上的"教学互动"和"对话"机制下进行分析；研究方法偏重××描述而弱于实证分析,对话分析技术与方法××,缺乏运用国际通用的教学对话分析技术进行课堂教学对话质量的系统分析。

为此,借鉴国外先进理论与技术,探索适合我国中小学特征的切实可行的课堂教学对话分析体系,包括厘清对话分析的理论基础、构建对话分析的内容维度和技术系统、剖析教学对话分析实例等,将会进一步丰富我国的课堂学和评价学理论,也必将为有效解决课堂教学对话实践问题提供良方,为构建高效课堂和提高课堂教学效果提供对策,使教学走向"为学而教"和"为思维而教",达到"减负增效"的目的。

参考文献：（略）
二、本课题的研究目标、研究内容、重点和难点、研究假设
研究目标：
借鉴国外课堂教学对话分析的先进理论与技术实现本土化研究。基于××等理论基础,着重探索课堂教学对话分析的内容维度和方法技术系统,构建一套适用于我国的课堂教学对话分析体系,并运用于中小学课堂教学实践。

研究内容:

本课题着重研究以下四个方面的内容:

① 课堂教学对话分析的理论基础。即解决"为什么分析"的问题,着重研究课堂教学对话分析赖以成立的理论基础,让此课题研究真正做到有据可依。

② 课堂教学对话分析的内容维度。即解决"分析什么"的问题,在探究我国中小学课堂教学对话特征的基础上,着重研究应从哪些维度或视角去分析课堂教学对话,系统构建课堂教学对话分析的内容维度。

③ 课堂教学对话分析的方法与技术系统。即解决"如何分析"的问题,着重研究用什么方法和技术来分析课堂教学对话,开发一套××分析技术系统,为中小学教师开展课堂教学对话分析提供技术手段或工具支持。

④ 课堂教学对话分析的案例研究。即解决"怎样操作"的问题,着重研究如何将本课题所构建的课堂教学对话分析的内容维度和方法与技术系统实现统整,形成课堂教学对话分析体系,并将之运用于中小学课堂教学实践,以完整的××案例分析为例,剖析本课题所构建的课堂教学对话分析体系的运用操作步骤和效用价值。

重点和难点:

一是运用课堂观察、问卷调查等方法构建课堂教学对话分析的内容维度;二是整合系统观察等技术,构建课堂教学对话分析的方法与技术系统。

研究假设:

基于社会语言学××和课堂互动分析的视角,综合采用课堂观察等方法,从对话的结构、形式、时间、道德和促进学生思维等多重维度构建课堂教学对话分析的内容框架;综合××对话分析技术,结合定量分析和定性分析方法来构建课堂教学对话分析的方法与技术系统;可采用视频分析和××方法来系统剖析该教学对话分析体系的运用步骤和效用价值。本课题研究的内容板块和拟突破的重点问题如下页图 1-5-1 所示:

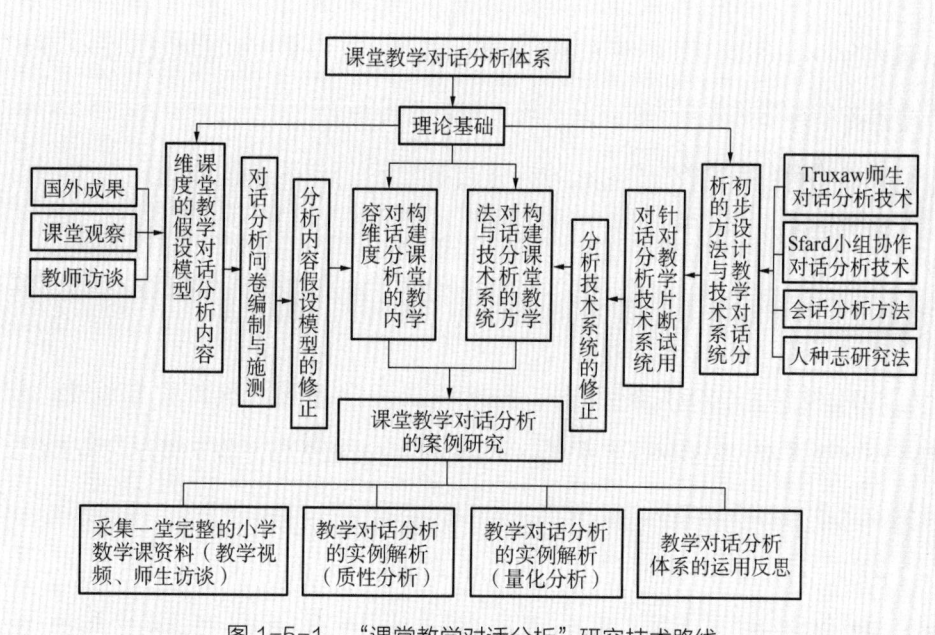

图 1-5-1 "课堂教学对话分析"研究技术路线

三、本课题的研究思路和研究方法、研究进度、前期研究基础及资料准备情况

研究思路：

首先,综合文献研究和课堂观察,基于××课堂互动等理论,提出××内容维度的假设模型;据此编制"中小学课堂教学对话分析"调查问卷,选取若干名中小学教师进行问卷调查;借助 SPSS ××对调查数据进行××分析,结合××等多种方法修正对话分析内容维度的假设模型,构建课堂教学对话分析的内容维度。

其次,借鉴国外××对话分析技术,初步设计适合于我国中小学课堂教学特征的教学对话分析的方法与技术系统;针对××教学对话试用分析,以检验和修正课堂教学对话分析的方法与技术系统。

最后,整合××形成课堂教学对话分析的完整体系;对完整的若干小学数学课例进行量化分析和质性分析,剖析课堂教学对话分析体系的运用实例,从中反思该教学对话分析体系的运用步骤及其实际效用价值。

研究方法：

文献研究、课堂观察、问卷调查、××分析等。具体而言,着重以课堂观察、问卷调查和××分析等实证研究方法构建课堂教学对话分析的内容维度；以××分析等研究方法构建课堂教学对话分析的方法与技术系统。

研究软件：SPSS ××

研究进度：

本课题研究历时共 2 年 10 个月时间(2011 年 3 月—2013 年 12 月)。研究进度安排如下：

2011 年 3 月—2011 年 12 月：构建课堂教学对话分析的内容维度。包括：××理论基础；提出××假设模型；××调查问卷；处理数据并修正假设模型；基于教师座谈和专家诊断再次修正模型。

2012 年 1 月—2012 年 12 月：构建课堂教学对话分析的方法技术系统。包括：初步设计××方法与技术系统；教学片段的试用分析以检验和修正该系统。

2013 年 1 月—2013 年 8 月：课堂教学对话分析的案例研究。包括：采集一节完整的小学数学教学案例；对话××量化分析和质性分析；教学对话分析体系的运用后反思。

2013 年 9 月—2013 年 12 月：全面总结研究成果，做好课题结题和成果推广工作。

前期研究基础与资料准备情况：

本课题已有半年多的预研究基础，积累了大量××资料，为本课题研究提供了现实可能。本课题试图在借鉴国外研究成果的基础上实现本土化研究，这表明××有较充分的理论依据，在研究方法和技术工具方面有现实可行性。

本课题负责人××，为本课题研究提供专业背景。曾主持过××课题；曾完成过××调查问卷的研制工作；曾用 SPSS 与 LISREL 工具和××等方法完成过多项研究，曾发表论文××篇，目前在研项目××为本课题研究奠定基础。

本课题主要参加者均具有硕士研究生和博士研究生学历，他们大多来自高校和专门的科研机构，也有部分成员来自中小学一线的优秀教师，拥有××学科专业组合，有××的科研经验，为本课题研究提供厚实的科研实力支持。

总之，本课题在研究成员构成、专业结构、学术能力、学校资源、科研手段、研究时间等方面都能保证其全面实施，申请者所在的研究团队完全具备按时、保质完成本课题研究的能力。

四、本课题研究的中期成果、最终成果，研究成果的预计去向（限800字）

本课题研究的中期成果：系列论文、调查问卷、案例集等。

本课题研究的最终成果：研究报告1份、论文2~3篇、著作1本。

本课题研究成果的预计去向：

本课题研究成果将广泛推广和应用于中小学课堂教学实践，为广大课堂教学理论工作者和中小学教师提供课堂教学对话分析的理论框架和具体操作技术，为其分析教学对话有效性提供科学方法和便捷工具；本研究成果还可用于中小学在职教师的专业发展和技能培训项目，以及中小学教研组所组织实施的各类教学研修活动。总之，本课题研究成果将对××和推动××教学对话有重要意义。

思考与练习

1. 什么是教育量化研究？教育量化研究区别于教育质性研究的主要特点是什么？教育研究中的教育测量、教育统计和教育评价三者的关系如何？
2. 开展教育量化研究的一般过程或必备环节有哪些？
3. 教育量化研究有哪些主要的研究方法？在实际情境运用中应分别注意什么？
4. 自行组建2~4人合作小组，自行选择感兴趣的或基于实践的某个主题，设计研究课题并合理陈述课题名称，尝试按照本章第五节"教育科学研究课题申报书"的表格样例完整填写一份课题申报书。

第二章 教育问卷设计与数据采集

内容提要

◎ 教育问卷设计的基本要求

◎ 教育问卷的基本结构与设计原则

◎ 教育问卷设计程序与基本环节

◎ 教育问卷的测题编制与实例解析

◎ 数据类型、主要特征与统计方法选用

◎ 教育调查抽样方法与合理采集数据

◎ 如何编制一份完整的教育问卷

第一节　教育问卷设计的基本要求

在一项课题研究中,需要对中小学课堂实施发展性教学的质量情况进行现状调查,那么应如何编制一份完整的"发展性教学质量调查问卷"?调查问卷的整体设计从哪里入手?调查问卷应包含哪些基本组成要素?调查问卷的设计原则和基本程序又是什么?

教育调查包括教育问卷调查、教育测验、个别访谈和集体座谈等多种类型,但由于篇幅限制,本章内容仅针对教育问卷调查展开论述。一项教育问卷调查研究的质量主要取决于四个方面:一是教育问卷本身的质量,二是教育问卷调查对象取样的代表性,三是教育问卷调查实施过程中获取信息的客观性,四是教育问卷调查结果解释的准确性。为此,教育问卷调查研究过程中,既要充分做好调查前的准备工作,对调查对象、调查目标、调查方式、调查进程、调查材料、调查提纲,乃至调查经费等问题都要做到心中有数,又要科学合理地实施教育问卷调查,搜集足够的数据资料,整理分析调查资料,发现有用的信息,进而准确解释调查研究结果,撰写研究报告。一份高质量的教育调查问卷,是开展教育问卷调查研究的前提和基础。上述实例中的这份"发展性教学质量调查问卷"如何科学地编制,便成了"发展性教学质量现状调查"研究成败的关键。

一、问卷的概念与类型

(一)问卷的概念

"问卷(questionnaire)"是什么?不同学者对其有不同的理解。有人认为,问卷是社会调查中用于收集资料的一种工具。其形式是预先精心设计的问题表格,其用途是测量人们的行为、态度和特征[①]。也有人认为,问卷调查是以书面问答形式收集资料的一种研究方法,研究者将所要研究的问题编制成问题表格,以邮寄、当面收发或网络发布等方式,收集人们对某一现象或问题的看法和意见。问卷调查往往以个人或一群人为对象[②]。还有学者认为,问卷不仅是一种研究范式,还是一种数据收集方式,更是

---

① 风笑天.社会调查中的问卷设计[M].3版.北京:中国人民大学出版社,2014:38.
② 裴娣娜.教育研究方法导论[M].合肥:安徽教育出版社,2000:167.

一种数据收集工具[①]。首先,问卷的一个最基本的含义是指问卷调查研究范式,其特征表现为问卷调查研究是事后追溯的、因果比较研究。问卷的第二个含义是指通过问卷调查的方式收集定量数据,问卷是社会科学定量研究中数据收集的最主要的一种方式。问卷的第三个含义是指在问卷调查中所使用的基本工具,作为定量数据收集的工具,问卷质量的高低决定着数据收集方式的合理性。

(二)问卷的类型

问卷的类型多样。从内容结构上看,问卷可分为结构型问卷、非结构型问卷(也称开放式问卷)和综合型问卷。结构型问卷的问题包括判断式、选择式、评判式等;非结构型问卷的问题包括填空式、问答式等;综合型问卷一般以封闭型为主,根据需要附加若干开放性问题。从载体形式上看,问卷可分为纸质问卷和网络问卷。近些年来随着网络问卷(如问卷星等)的出现和盛行,对传统问卷设计的方法和具体表现形式产生了很大的影响。

二、问卷的基本结构

不论调查问卷的形式有多么不同,但其基本结构大体都是相似的,如下所示。

×××调查问卷

☆ 导语或说明

(说明开展本次调研的意图,承诺信息保密,致谢和署名,此部分宜简短而诚恳。)

☆ 正式测题

(视具体情况分几大部分:严格依据教育问卷设计中的理论框架来设计具体题目。)

■ 被试的基本信息

■ 客观题,宜多用选择题

■ 主观题,至多1~2题

☆ 结尾或致谢

[①] 徐国兴.问卷设计[M].上海:华东师范大学出版社,2020:4-18.

问卷的基本结构一般包括以下四个部分。

（一）问卷标题

标题是对整个问卷的概括性表述,要用精练、准确的语言表述教育问卷调查的内容和目的,如上海中小学课堂教学质量调查问卷、华东地区小学数学教师专业发展状况调查问卷、上海市青少年科技素质调查问卷、初中生城市认同感调查问卷、上海市随迁子女教育调查问卷等。有时为了区分问卷的使用对象,还可以在标题中明确标出调查问卷的适用范围,如中小学课堂教学情况调查问卷(教师用)、中小学课堂教学情况调查问卷(学生用)。

（二）导语或说明

导语或说明通常放在正式测题的前面,说明开展本次问卷调查的意图和潜在价值,同时包含对被试信息的保密承诺、回答问题的基本要求、致谢或署名等内容。具体来说,导语或说明一般以适当的称谓、问候开始,以表达对被调查者的尊重;简要说明调查人员的来历,调查的内容、目的和应答的意义或重要性;承诺调查结果只用于课题研究,不会外传或泄露被调查者的个人隐私,一般强调"本次为匿名调查"的方式以消除被试的顾虑;措辞语气一定要谦逊诚恳亲切,以赢得被试的大力配合和真实回应;导语的结尾处,如有必要还可说明问卷交回的方式。

例1：

中小学课堂教学情况调查问卷（教师用）

亲爱的老师：

您好！这份问卷的目的是了解您平时教学中的实际情况,帮助您更好地反思和改进教学。每题选项分别表示平时教学中的各种表现,**请您针对自己最近一段时期(如 1 个月)来的教学表现,选一个最能代表您真实情况的选项,**写在(　　)内。如果选项与您的实际情况不相符,请在旁边写上您的实际做法。您的答案只为我们教育研究所用,不用署名。请逐题客观作答。感谢您真诚的合作！

×××课题组
2022 年 12 月

例2：

上海市青少年科技素质调查问卷

亲爱的同学：

您好！为了客观地反映上海市青少年科学素养发展状况，也为了给进一步丰富同学们校内外科学教育活动提供依据，我们特地组织了本次青少年科学素质调查。很高兴能邀请您作为中学生代表参加本次调查，希望能得到您的配合。

本次问卷调查采用匿名方式，所选答案无对错之分，数据将由计算机统一处理，**请按题目要求提供您最真实的看法、做法与意见**。您的支持是我们调查成功的保证！

完成问卷大约需要花费20分钟，我们真诚地感谢您腾出学习和娱乐时间，为全体青少年作出自己的贡献！

说明：

① 本问卷为匿名调查，被调查者不必填写姓名。

② 本调查的数据供研究使用，不作任何商业用途。

③ 本问卷旨在了解每个被调查者的真实想法，回答问题时必须**独立完成**。

④ 回答问题时，**请仔细阅读答题要求**。

⑤ **除有特别说明外，每个问题只选一个答案**。

×××项目课题组

2023年10月

（三）正式测题

这是问卷的主体部分，通常会根据问卷实际调查研究的内容维度和理论框架来设计正式的测题，一般包括被试的基本信息、客观题和主观题等几个部分。

1. 被试的基本信息

被试个人或家庭的基本情况，是对问卷进行分析研究或差异对比研究的重要依据，一般包括被试的性别、年龄、职业、受教育程度、父母受教育程度等，具体应根据实际调查内容和研究目标设计测题。例如,研究者需要对骨干与非骨干教师的课堂教学质量进行比较研究,那么在个人信息部分就可以设计测题"您是骨干教师? A. 是　B. 否"。了解被试的基本信息,旨在分析数据时对被试进行分类,如对不同性别、年龄段、教龄、骨干教师与非骨干教师,或者文化程度不同的群体对待某事物的态度或表现进行群体差异对比研究,进而得出更有针对性、更有深度的调查结论。

2. 客观题

调查问卷的题目一般以客观题居多,又称为封闭式问题,多数表现为单选题,也有少量的多选题、排序题、判断题、连线题等。客观题的选项较为客观,容易区分且不同被试之间的标准较为统一。

3. 主观题

主观题又称为开放式问题。设计调查问卷时,如果调查主题非常重要,但是之前的客观题又无法全面涵盖时,可采用主观题。主观题便于研究者洞察被试更深层次的想法、态度或表现,但题目设置不宜多,最多1~2题。由于被试往往不愿意花太长时间进行较多文字的作答,而且开放式问题的回答难以进行较高程度的量化统计处理,这正是当前国际教育问卷调查中表现出"开放式问题的使用频次越来越少"的重要原因所在。

(四)结束语或致谢

为了尊重和感谢被试,在问卷结束时应致谢,或附上研究者信息,如研究者的联系电话,调查的时间、地点或电邮方式等。

三、问卷的设计原则

教育问卷设计时,要综合考虑以下几个设计原则。

(一)整体性原则

问卷设计时一定要有整体性概念,需要综合考虑问卷所涉及的多重要素,如调查的目的、调查的对象和样本选择的特点、调查的内容和对比研究的重心、问卷调查实施的方式和时间、调查所需投入的人力与财力等条件。只有明确调查目的和调查内容,才能确定问卷题目编制的方向。只有明确调查对象和选样特点,才能更好地定位问卷测题的表达风格。例如,研究者有意进行男女教师课堂教学质量的性别对比研究,那么在整体设计问卷题目时就会倾向于此类题目的设计,在个人基本信息中也一定会有"教师性别"题干与选项的设计。

(二)基于被试立场

问卷调查的实质是研究者通过问卷向被试了解真实状况的过程。为了尽可能获得真实而全面的信息,研究者在设计问卷时,要基于被试的立场,多为其着想,尽可能赢得被试的信任,使其愿意把真实的想法表达出来。因此,设计问卷时不仅要注意每个问题表述的可接受度,及不同问题回答的便利性,还要关注问卷调查过程中的可行性,尽可能为被试填答问卷提供便利。例如:问卷导语中要用敬语,要对被试的配合表示诚挚的谢意;问题的措辞要有礼貌,态度诚恳,以增大被试作答的意愿,以较高的热情参与答题。如果被试认为在答题完成后能提高自己的认识,那更是一次成功的调查。

(三)总量控制原则

研究者需要充分考虑在哪个时间段开展问卷调查最为合适,既不会给被试增加过多的麻烦,又能让其愿意配合来完成答题。因此研究者应充分考虑被试的心理,控制问卷题目的数量,控制应答时间的长短。一般来说,被试应答时间越短越好,尽可能控制在30分钟以内。如果题目过多、过长,被试很可能会产生厌烦心理,不愿意耐心地配合答题。为此,调查问卷的题目设计很关键,除了个人基本信息之外,其余问题应与研究主题密切关联,紧紧围绕研究目的和研究意图。可见,能否设计出一定数量的高质量的问题与选项,直接关系着问卷调查研究的质量。

(四)简便易行原则

调查问卷题目的形式要尽量方便被试应答,可多用选择题,多选题或排序题的设计也应简洁明了。问卷中问题表述的用词要简明、易懂、准确,不应让被试花太多时间去揣摩。问题的选项设计要符合被试自愿且真实应答的心理,如涉及被试个人隐私或超越其理解能力的问题,则需慎重措辞,不应正面提出。问题的选项要尽量相互独立且覆盖一切可能,让每一位被试都能在多个选项中作出更贴近真实情况的应答。

四、问卷的设计程序

教育问卷的设计过程,实质上就是研究者根据调查研究的目的和需要,整体设计与编制测题直至形成问卷的过程,通常会经历"明确研究问题—诠释关键概念—确定调查内容—明确调查对象—构思问卷构成—编制问卷测题—形成初始问卷—问卷试测修订—形成最终问卷—实施样本调查"等环节,如图2-1-1所示。

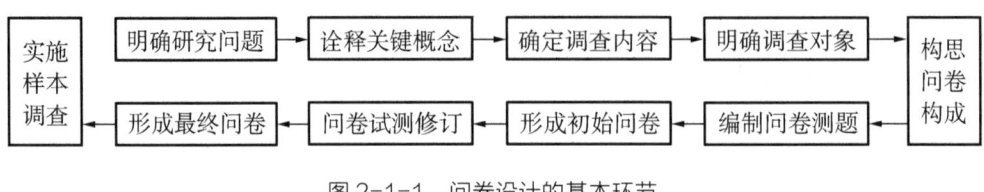

图2-1-1 问卷设计的基本环节

具体来说,教育问卷设计与编制程序如下。

(一)明确研究问题,诠释关键概念

研究者要明确问卷调查的目的是什么,是为了一般性地了解被试的行为表现或态度看法,还是为了筛选实验对象而作的选拔性测试。同时,研究者要明确调查研究的主题和课题是什么,核心术语和关键概念是什么,它们又是如何界定的。一般不建议在研究课题中呈现两个及以上的核心概念,尤其忌讳出现两个核心概念之间含混不清的关系。例如,开展"教育类研究生未来教师职业生涯规划状况"的问卷调查研究,属于从"面"上了解特定群体(教育类研究生)对某问题(教师职业生涯规划)的基本态度、看法或所处水平的现状。为此,必须明确其关键概念"教师职业生涯规划",具体包含哪些基础要义。

(二)确定调查内容,明确调查对象

基于研究课题中核心概念的操作性定义,需进一步明确问卷调查所需了解的内容框架,细化问卷调查内容的一级指标、二级指标和具体观测点,列出所需研究问题的内容纲要,确定所要收集的个人信息、内容维度与其具体的内容范畴。同时需确定调查对象,设计调查抽样方法和样本大小,以此进一步明确被试的类型特征和调查问卷的表达风格。

(三)构思问卷构成,编制问卷测题

在明确问卷调查的内容范畴和对象特点后,要对整份问卷作整体设计,如问卷调

查形式、时限、题量、题目类型、题目编排、导语等。更重要的是,要围绕调查内容框架,收集问卷内容素材,草拟各部分的每一个问题。这是整个问卷设计的核心部分,也是花费时间最多的环节。应注意的是:问卷材料的选择要有代表性和普遍性,题目的广度和难度要适当,选项设计要全面,并能代表被试的真实情况。问卷的每道题应互相独立,题干清晰无歧义,选项明确无争议,语句表达简洁明了。题目设计尽量"情境化",以考察被试在模拟情境中的真实反应。

(四)形成初始问卷,问卷试测修订

问卷测题的编制必须历经广泛收集素材——精心编写与筛选——多次修改精练的循环过程。为了有所筛选,问卷测题的初始编写题量应多于所需题目数的 2 倍及以上。对照预设的问卷调查内容框架,在多次筛选和精练的基础上,将问卷题目按一定的顺序组合排列,形成初始问卷。完成初始问卷后,需要在小范围内选取样本进行试测,征求有关人员或专家的意见,以进一步检查问卷表述的方式、内容、题目是否符合标准,基于试测结果分析问卷测题的质量,结合有关人员或专家的意见,进一步修订问卷的内容、排序、表达,甚至是整个问卷的排版等。

(五)形成最终问卷,实施样本调查

虽然经过反复修订后才形成了最终调查问卷,研究者仍需从头到尾全面、认真地检查整份问卷的细节。此时,应再次回顾整个调查研究的目的,检查调查内容是否有遗漏,题目表述能否更合理,被试应答能否更方便,调查后数据处理能否更便捷等。还应设身处地地想象被试阅读每道题目的感受与体验,尽量使问卷的排版和布局都能更好地符合被试的心理。同时,研究者需进一步明确问卷施测过程中的各种环境与条件要求,审查问卷每道题的记分规则和分数解释标准,尽量使问卷从编制到实施再到记分,以及分数解释的全过程都有相对一致的标准,力求客观、真实、公正、公平,确保问卷编制质量和数据采集科学合理。

第二节　教育问卷测题的编制技术

以设计一份"中小学发展性教学质量调查问卷"为例,你认为可以从哪些方面去构建问卷调查内容,又应如何着手编制具体的测题,从而完成一份完整的教育问卷编制?

要设计一份完整的"中小学发展性教学质量调查问卷",可根据上一节的内容,逐步依序开展每个环节。在此以案例解析若干重点环节的操作与编制技术,加深对编制流程的理解。

一、问卷内容框架的构建技术

针对"中小学发展性教学质量调查问卷"设计,明确其调查研究的核心术语或关键概念是"发展性教学质量"。那么何谓发展性教学,发展性教学质量是如何体现的,则是设计问卷前首先要弄明白的问题。为此研究者需要根据研究课题去查阅相关文献,收集所需资料,对"发展性教学"及其"质量"提出本研究清晰的概念界定。在界定核心概念的基础上,进而提出该问卷调查的内容维度或框架假设。

在前期文献研究基础上,研究者对"发展性教学"这一关键概念作出如下界定:发展性教学应凸显学生参与、尊重差异、合作共享、体验成功、师生对话等核心要素,关注学生主动健康发展的一系列有关教与学的动态生成的活动。具体操作上可从教学设计、教学活动、教学成效三个维度展开,教学设计包含多元适切的目标设计、合理有效的内容设计和激励生成的过程设计,教学活动包含教师讲解(集科学性、条理性与艺术性于一体)、教师引导(如学法指导、探究引导与随机应变)和学生参与(如参与度和参与方式),教学成效包含教学状态(如师生情绪和自我认同感)和教学效果(如预期目标达成度和生成性目标形成)两方面[①]。

基于这一认识,研究者可从关键概念出发,提出"中小学发展性教学质量问卷调查"的内容维度框架。由下页表2-2-1可见,在问卷设计中,研究者将着重了解中小

---

① 刘兰英.上海中小学课堂教学质量现状的调查研究[J].上海教育科研,2006(2):48-50,63.

学教师在教学设计、教学活动过程和教学成效三个一级指标上是如何体现发展性教学的。对于每个一级指标,又分别可具体表现为2~3个二级指标。对于每一个相对抽象的二级指标,可再细化为多个更具操作性的可测量的评价要点或观测点。为此,"中小学发展性教学质量调查问卷"设计基本拥有了一个整体性的蓝图,即围绕3个一级指标、8个二级指标和28个观测点的内容框架展开研究。

表 2-2-1　"中小学发展性教学质量调查问卷"内容框架设计与问卷题目匹配

一级指标	二级指标	评价要点或观测点	对应题目
教学设计	目标设计	符合课标要求,反映知、情、能等多元目标	3
		体现适应各类学生实际水平的层次差异	4、5
	内容设计	密切联系现实生活和学生已有经验	7
		内容处理与呈现方式灵活有效	9、10、11
		容量适当,按需适时拓展与延伸	6、8
		作业利于学习迁移并具有选择性	12、13
	过程设计	以学生思维发展有序组织教学节奏	
		师生活动与动静分配合理	14、15
		探究性学习有梯度、有弹性	16
教学活动过程	教师讲解	科学,无知识性错误	20
		条理清晰,详略得当,适时、适度	21、22
		教态得体,自然亲切	23
		艺术性地整合多科知识,有一定的文学底蕴	3410、3413、3414
	教师引导	有效创设问题情境,引导发现和探究问题	18、346、347
		引导学生质疑和评议,对话富有启发性	24、348、3415
		以学生的问题作为生成教学的起点	25、341
		对学生表现的回应和反馈及时有效	3417、3418
		注重学法指导和良好学习习惯养成	
		按需灵活调整预设教案和驾驭课堂	26、349

续表

一级指标	二级指标	评价要点或观测点	对应题目
教学活动过程	学生参与	参与面广,方式灵活多样	27、3419、3420
		参与活动的时间、空间、可利用的材料充分	28、29
		积极思维和表达独特的个人见解	17、3412、3416
		平等相处,合作互动,共同完成任务	19、30、342、343、344、3411
教学成效	学习状态	注意力集中,师生情绪饱满	345
		课堂气氛活跃而融洽,师生有情感共鸣	32、33
		学生体验学习乐趣与成功的喜悦	
	学习效果	达成预期目标,学生各有所得	
		产生进一步学习和探究问题的强烈愿望	31

二、问卷测题的编制技术

研究者除了要明确调查对象和调查规模,对整份问卷作整体性设计之外,更重要的是从调查内容框架出发,收集问卷内容素材,精心编制问卷的每一个测题。

问卷编制是一项非常烦琐、复杂且要求很高的科学性工程。从测量学角度上说,问卷编制除了要有合理的编制框架、适量的高质量题目之外,还需要采用一定的难度、区分度、信度和效度等系列科学指标来衡量测题,对所编制问卷的题目质量与整份问卷质量作出总体判断。为此,很多研究往往会直接选用国内外已有的权威问卷来施测,或通过改编已有权威问卷的方式来达到研究目的。如果实在没有可直接采用或改编的权威问卷,研究者则需要基于一定标准自编问卷。要编制一份高质量的教育问卷,问卷中每个测题的质量高低则是关键。

那么,怎样才能编制出好的测题? 布拉德伯恩(Bradburn)等人认为应具备以下标准:一个好的问题只在一个维度上要求得到一个回答,一个好的问题能够涵盖所有可能的回答,好问题的回答选项是互斥的,好问题产生的答案是有变化的,好的问题应与前面的问题连接自然①。

如何编制问卷测题？在此提出八个具体的编制要求。

（一）测题类型组合结构合理

教育问卷测题类型可分为客观性问题、主观性问题和检验性问题，要注意题型组合与题数分配的结构合理性。通常多用客观题，包括单选题、判断题、多选题，少用主观题，偶尔用测谎题等检验性问题。

题量多少适宜，并无定论，具体要视调查的内容维度和问题的复杂程度而定，以能基本反映问题的现状特点为准。若题量太多，被试容易产生厌烦情绪，导致敷衍作答或不予回答；若题量太少，有可能无法得到有关研究的基本事实材料或全面信息，从而影响研究结论。因此，测题的精选至关重要，模棱两可的问题最好删去，保留那些关系调查研究问题的最核心的问题。整份问卷作答时间一般不宜超过30分钟，通过控制答题时间有效保持被试对问题作答的兴趣和认真态度。

（二）测量目标的单一性原则

从调查内容维度和具体观测点出发，编制相应的每道测题时，要尽量选用典型性的题目，明确每道题的测量目标是什么，即每道题用来测哪个维度和哪个观测点。每个题目只能测量一个目标，即目标单一性原则。初步设计测题时，建议在每个题目旁边标注"测量目标和评分要求"，便于对题目进行重新审视和修改。

设计测题时，问卷编制者应养成不断自问自答的习惯，如：该问题的内容符合哪一个观测点？该问题的内容在多大程度上符合拟预测的观测点？该问题所选事例或情境对拟测观测点是否有较好的代表性？通过自我问答，删除那些次要的或不太重要的问题，而保留代表性更高的典型问题，并确保每个题目仅测量一个观测点。

（三）测题表述口吻力求中立性

每个测题的表述方式应保持中立立场，不应具有暗示倾向性，且避免出现诱导性用语或带有主观意向、情绪色彩的语言表达，尽量避免设置与情绪压力有关的问题。

---

① 布拉德伯恩,萨德曼,万辛克.问卷设计手册：市场研究、民意调查、社会调查、健康调查指南[M].赵锋,译.重庆：重庆大学出版社,2011：200-201.

测题尽量不要涉及个人隐私程度较高、被试不愿直接回答的问题。措辞表达得体,用词准确简明。

(四) 测题表现形式尽可能情境化

每道测题测量的重点应该是被试真实的行为表现或态度看法,即"实然"状态,而非"应然"状态,为此,测题的表现形式应注重反映现实或类似真实的情境,选项设计应尽量多地提供可能发生的多种外在行为表现。只有如此,研究者才能透过被试在特定情境中的表现去评判其真实的行为表现或态度看法。例如,研究者需要了解小学生意志品质的高低,问卷题目不能简单地设问"你认为你自己的意志力是属于哪一种? A. 非常强 B. 一般 C. 很弱",而应该设计一个被试普遍熟悉的生活情境,并在选项中给出多个真实或尽可能真实的行为反应供被试选择。如"当你在长跑过程中感到累的时候,你的做法是_____: A. 停下不跑了 B. 咬咬牙继续坚持跑一段 C. 坚持跑到终点"这样的测题,不是简单地由被试自行判断意志力是强或是弱,而是由研究者通过被试所作的行为表现选项来客观判断其意志力究竟是强还是弱。这种题目的设计更有利于真实地反映被试的实际状态。

此外,问题所选用的量表计分类型也会影响研究者所收集的信息。很多大型的问卷调查中,通常会简单地采用如"非常重视""较重视""较不重视""极不重视"4级或5级、7级甚至更多级别区分的选项。有时用数值标出量表等级有其优势,但有时也不利于挖掘被试深层次的信息,甚至会因部分被试不愿作太多思考而随意勾选等级,作出"失真性应答"。

(五) 选项设计尽可能穷尽且不交叉

选项设计应尽可能比较全面地反映所要研究问题的主要方面,尽可能包含所有不互相交叉重叠的事项,一般应遵守相关性、同层性、选项互斥、选项穷尽、对称性、非诱导性等原则。也就是说,同一问题不同选项的设计,从逻辑性角度说应在同一层次上进行分类,有一定的相关性但需互相独立,表述形式上应尽量一致,且尽可能区分出等级或水平差异。选项的设计一定要定量准确,切忌模糊,如不建议用"很多""少许"此类模糊词,可改用"1~3次""3~6次"之类的准确数量表述。选项的数量不宜过多,一般以4~5个为宜,切忌不同测题的选项个数差异太大。如果问卷中有多个测题仅有

2~3个备选项,另有多个测题有4个或更多备选项,那么此问卷的信度很可能会受到较大的影响。又如"① 从不　② 几乎不　③ 偶尔　④ 还算经常　⑤ 经常　⑥ 特别经常　⑦ 几乎总是　⑧ 总是"这样的选项则过多,易使被试产生烦躁心理。选项中避免用"其他"作为选项之一。

(六)非单选题设计力求最大化获取信息

编制测题时常会用到如多选题、排序题或匹配题等非单选题。对同一个内容,若采用不同的提问方式,或将多选题改为排序题,则研究者所能获取的信息将会有很大的差异。试比较以下两个实例表述上有何不同,研究者所能获取的信息又有何区别。

例1: 您认为对小学生进行辩证思维训练的目标应该是什么?(可多选)
(　　)
　A. 培养小学生批判创新的能力
　B. 培养小学生迁移联系的能力
　C. 培养小学生具体问题具体分析的能力
　D. 培养小学生多角度思考的能力

例2: 以下有关辩证思维训练的目标,请您按其重要性由高到低排序。
(　　)
　A. 培养小学生批判创新的能力
　B. 培养小学生迁移联系的能力
　C. 培养小学生具体问题具体分析的能力
　D. 培养小学生多角度思考的能力

显然,对例1的多选题而言,被试往往会同时选择四个选项,不同被试之间几乎无区分度。而对例2的排序题而言,不同被试会出现多种可能的答案,四个选项对不同被试的重要性差别也将由此体现,这样研究者才能发现更多有价值的信息。

（七）措辞表述尽量通俗准确

测题的文字表达既要简明扼要、通俗易懂，又要准确完整，不可模棱两可。尽可能少用或不用生僻词语或专业技术性很强的术语，对较为抽象的、涉及内隐特征的或敏感性的内容要注意措辞得当，表达力求清晰、准确。题干语言一般不用假设性或推测性用语，也尽可能少用如经常、很少、大多数、相当大比例等模糊用词。为避免混淆或产生歧义，题干的长短要适度，其所涉及的问题仅包含一个疑问。问题表述力求简明，采用肯定性表述。

（八）测题编号和排序力求层次清晰

为了方便原始数据输入和问卷数据处理，不同类型题可用一、二或Ⅰ、Ⅱ区分，不同题号一般用1.2.3.……表示，选项编号用①②③……表示。测题排序要有逻辑性，应以某种能够吸引被试完成整个问卷的方式排序，可以先将测相同目标的题目排在一起，或将同一性质的题目组合在一起，再将测量目标按难易程度由易到难依次排序。对于同一内容或相近内容的多个问题，位置往往会相对集中。对于答案选项的排序，如果选项在某个较低水平和较高水平之间呈现出序列时，通常把这些回答选项由低到高或由左到右的方式依次排列。总之，测题的排序分类要清晰，层次要分明，前后一致、连贯且彼此内在逻辑联系强，既便于被试回答，又利于数据统计处理。

三、问卷的试测修订技术

教育问卷初步形成后，需要选取少量样本进行试测，以便更好地了解被试的各种反馈，包括答题的难易度、问题表述是否得体、题意是否会产生歧义、问题选项设计是否合理、问卷排序是否方便作答等。

具体取样方法有随机抽样和分层随机抽样等。按照研究者事先预设的教育问卷调查要求，在特定环境、特定时间、特定方式下，对特定人群开展规范化的试测。试测结束后，研究者可与被试进行逐一询问，了解被试对题干或选项的理解是否有歧义及其作答心理反应。随后，根据试测反馈的信息，研究者可进一步删减、修改、调整和优化教育调查问卷，避免犯严重的错误。

试比较以下两个实例的选项设计有何差异？

例1： 请填写您的个人信息

性别：_____　　任教学科：_____　　任教年级：_____

教龄：_____　　是否为骨干教师：_____

例2： 请填写您的个人信息

性别：_____　①男　②女

任教学科：_____　①语文　②数学　③英语　④物理　⑤化学　⑥生物　⑦政治　⑧历史　⑨地理　⑩其他

任教年级：_____　①1~3年级　②4~5年级　③6~7年级　④8~9年级

教龄：_____　①0~5年　②6~10年　③11~15年　④15年以上

是否为骨干教师：_____　①是　②否

经试测后发现，例1的设计不符合被试的作答习惯，更无法将大量的被试信息有效、快速地输入计算机进行数据处理。于是试测后将例1的内容修订为例2样式，既便于被试快速选答，又便于原始数据的输入和统计处理。

经过多次打磨的教育问卷，其内容和形式都得到进一步改善，从而形成最终问卷。此时，研究者可比较放心地选取大样本施测，获取大量的数据便于后续的统计处理分析，探寻数据背后有价值的教育规律或教育信息。

为更直观地展示教育问卷测题的编制技术，以下提供笔者所编制的一份完整的"中小学发展性教学质量调查问卷"范例（节选）。

学校编号：_____

中小学课堂教学质量情况调查问卷（教师用）

老师：

您好！这份问卷主要是为了解您平时教学中的实际情况，帮助您更好地反思和改进教学。**请您针对自己最近一段时期（如1个月）来的教学表现，选一个最**

能代表您真实情况的选项，写在（　　　）内。如果选项与您的实际情况不相符，请在旁边写上您的实际做法。您的答案只会为我们教育研究所用，不用署名。请逐题客观作答。感谢您真诚的合作！

××课题组

2022 年 12 月

请填写您的个人信息。

性别：_____　①男　②女

任教学科：_____　①语文　②数学　③英语　④物理　⑤化学　⑥生物　⑦政治　⑧历史　⑨地理　⑩其他

任教年级：_____　①1~3 年级　②4~5 年级　③6~7 年级　④8~9 年级

教龄：_____　①0~5 年　②6~10 年　③11~15 年　④15 年以上

是否为骨干教师：_____　①是　②否

1. 平时在听其他教师上课时，您所考虑的最主要的背景因素是以下哪一个？（　　　）

    ①班级规模　②学生整体水平　③教师教龄　④教师对学生的了解程度

2. 您开展教师间互相听评课活动，主要目的是：（　　　）

    ①鉴定考核教师教学水平　②选拔骨干或优秀　③经验交流与学习　④教学反思与改进

3. 在备课时，针对课堂教学目标设计，您最关心的通常是以下哪一点？（　　　）

    ①掌握"双基"　②让学生了解知识形成的过程　③让学生感受到学习的乐趣

4. 在备课时，对教材中教学内容和顺序的处理，您通常的做法是：（　　　）

    ①基本保持原有内容和顺序不变

    ②联系现实生活和学生经验，对其作适当调整

③ 考虑学生接受能力和教师教学习惯,对其作较大调整

……

12. 在课堂内布置书面作业时,您通常的做法是:(　　)

   ① 统一题目,要求每位学生必做

   ② 统一题目,但允许学生自行选择做相应难度水平的题目

   ③ 不统一题目,针对学生的不同水平,给出三种不同要求

13. 您在课堂内所布置作业与例题相比,通常属于下列哪一类?(　　)

   ① 模仿性强　② 迁移性强　③ 开放性和探究性强

14. 在您的课堂中,绝大多数时间表现为:(　　)

   ① 老师讲,学生听　② 学生活动　③ 老师讲和学生做相互交织

15. 对于课堂内小组合作学习方式,您在平时教学中运用的状况如何?(　　)

   ① 几乎不用,因为不知道如何正确使用

   ② 用得较少,因为太耗时会影响教学进度

   ③ 用得较多,因为有利于交流和动手操作

16. 在要求学生开展小组合作讨论某问题之前,您通常会:(　　)

   ① 将问题本身和解决问题的基本方法预先告知学生

   ② 告知问题后,对解决问题的方法和途径作简单引导

   ③ 只告知问题,解决问题的方法和途径都由学生自行探究

……

31. 您认为您自己的教态特征属于下列哪一类?(　　)

   ① 严肃拘谨　② 自然亲切,亲和力强　③ 幽默,有感染力　④ _____

32. 在组织学生开展问题讨论后,当某小组意见在您意料之外时,您通常表现为:(　　)

   ① 当场没能意识到问题所在

   ② 意识到,但没能及时释疑,因怕打破原有教学计划

   ③ 意识到,但当场无法给予合理释疑,因自己能力有限

④ 意识到,并能灵活自如地调整教学方案,给予释疑

33. 在您的教学中,课堂气氛通常表现为:(　　)

① 很沉闷　② 比较沉闷　③ 比较活跃　④ 很有活力

34. 请在最符合您实际情况的数字上画圈。("1"表示非常不符合,"2"表示较不符合,"3"表示不确定,"4"表示较符合,"5"表示非常符合。)

（1）能从学生的角度考虑问题　　　　　　　　1　2　3　4　5
（2）对所有学生一视同仁　　　　　　　　　　1　2　3　4　5
（3）充分尊重学生　　　　　　　　　　　　　1　2　3　4　5
（4）注重培养学生分析问题的能力　　　　　　1　2　3　4　5
（5）注重培养学生探究和解决问题的能力　　　1　2　3　4　5
（6）善于发现和开发学生的潜力　　　　　　　1　2　3　4　5
　……
（14）鼓励学生提问并自由开放地讨论自己观点　1　2　3　4　5
（15）对学生的创新精神和创新能力给予鼓励和指导　1　2　3　4　5
（16）上课给学生发言和活动的时间多　　　　　1　2　3　4　5
（17）对学生的进步十分敏感,并及时予以激励　1　2　3　4　5
（18）对学生的反应十分敏感,并及时作出回应　1　2　3　4　5
（19）教学方法灵活多样,能合理有效使用多媒体　1　2　3　4　5
（20）因材施教,对不同的学生采取不同的方法　1　2　3　4　5

35. 您认为自己教学中最明显的优势和最需改进的地方分别是什么?(举实例说明)

最明显的优势:_____

_____。

最需改进之处:_____

_____。

感谢您的支持!

第三节 教育问卷数据的合理采集

一项高质量的教育调查研究,除问卷质量外,还在于问卷实施过程和采样数据的准确性。那么你是如何正确认识"数据"这个概念的?你又将如何尽可能科学、合理、准确地采集到样本数据?

教育量化研究必须以科学、合理、准确地采集到样本数据为前提。为此,研究者必须清晰地认识不同的数据类型,根据实际情况熟练地判别不同的数据类型,运用多种抽样方法尽可能准确地采集到所需的样本数据,并正确地选用合适的统计方法进行数据处理和分析。

一、数据类型与统计方法选用

教育统计是根据数理统计的原理和方法,对教育问题作科学的数量化处理的手段和方法,而并非对一些不着边际的数据做统计游戏。这就要求研究者必须认真地收集适合用统计方法处理的数据资料,了解数据的类型及数据的分布规律。

即使在相同条件下进行的试验或观察,其结果可能也不止一个,且事先无法确定结果,此类现象称为随机现象。随机现象的结果称为变量,具有一定变化规律的变量称为随机变量(通常把随机变量简称为变量),通常用英文大写字母 X、Y、……(或 X_i、Y_j、……)等表示。数据则是随机变量的观察值。这里只介绍数据的类型及主要特征[①]。

(一)数据的类型

1. 按照获取数据方法分类

在实际运用中,从不同角度、途径获取的数据,其属性可能会有所不同。按照获取数据的方法不同,可将数据分成计数数据和测量数据。测量数据,又可分为名称数据、等级数据、等距数据和等比数据。

---

① 王秀玲,刘兰英.教育统计的基本理论与 SPSS 操作技术[M].浙江:杭州出版社,2002:194-195.

(1) 计数数据

计数数据,又称点计数据,它是指通过点数事物的个数而获得的数据。如某地区的学校数,某班的学生数,男、女学生数,对某项态度进行调查所得到的"同意"或"不同意"的人数,某高校具有教授职称的人数,某地区某年已通过岗位培训的教师数等。一般情况下,计数数据的形式是整数。

(2) 测量数据

测量数据,又称度量数据,它是指借助有关的工具或按一定的标准度量所获得的**数据**。如学生的身高、体重、学科测验分数、100 米跑的速度、跳跃的高度等。测量数据包括:

① 名称数据(nominal data),又称名义数据或类别数据。将某一事物划分成不同的类别,用来表示这些类别的数字、符号或称呼即为名称数据。名称数据即使用数字表示,也没有任何数量大小的区别。如将性别分为男女两类,用"1"表示男,用"0"表示女,这里,"1""0"就是名称数据,"0"与"1"之间无大小之分。

② 等级数据(ordinal data),又称次序数据、顺次数据或顺序数据,事物具有等级性或序列性的特性。如将学生的品德、能力或学科成绩评定为上、中、下三个等级。等级数据不等距,不能当作连续型随机变量数据使用。

③ 等距数据(interval data),又称间距数据、连续数据或数值型数据,即有相等的单位但无绝对参照点的数据。它可以是连续的,也可以是离散的。等距数据不仅能进行排序,还能准确计算差距是多少。如李克特量表,用 1 到 5 分别表示"非常不满意"到"非常满意",具有可切割性,可计算平均值、标准差等,属于等距数据。

④ 等比数据(ratio data),又称比例数据,既有相等的单位,又有绝对参照点的数据。如人的身高、体重,测量时总是从刻度"0"开始,有绝对"零点",单位长度也是相等的,故它们都属于等比数据。

2. 按照变量是否具有连续性分类

按照变量是否具有连续性,将数据分为连续型随机变量数据和离散型随机变量数据两类。

(1) 连续型随机变量数据(或称连续数据)

从直观上理解,连续型随机变量数据是指随机变量在某区间内取值是连续的,如某连续型随机变量在$[0.5,1.5]$区间内可取任意值。

连续型随机变量数据的形式既可以是整数又可以是小数。教育量化研究中常遇到的学生的身高、体重、智商、百分制学科测验分数等都是连续型随机变量数据。

（2）离散型随机变量数据（或称间断数据）

离散型随机变量数据形式上一般是整数,如性别人数、班级人数等计数数据都是离散型随机变量数据。

（二）数据的统计方法应用

在对数据做初步分析时,不同种类的数据应选择不同的基本统计方法。

对于间断数据,在数据的初步整理中,用条形图直观展示其分布情况;在差异检验中,这类数据一般用χ^2检验或其他的非参数检验;在相关关系研究中,采用等级相关或质量相关法进行变量之间的相关分析;等等。

对于连续数据,在数据的初步整理时,常用条形图、折线图或曲线图来反映这类数据的分布情况;在差异检验中,常用Z、t、F等参数检验法,经原始数据类型转换后也可以用χ^2检验或其他非参数检验法进行差异检验;在相关分析中,常采用积差相关或等级相关描述,检验相关程度与相关显著性。

二、教育问卷调查实施方法

教育问卷调查研究的目的是全面了解某群体对某问题的基本态度、看法或某事件所处发展水平的现状。在教育问卷编制完成后,就可以着手开始收集问卷数据资料。

按数据采集方式不同,可分为自填问卷法和结构访问法。

（一）自填问卷法

自填问卷法是指研究者将调查问卷以不同的方式发送给被试,由被试自行填写,最后回收问卷的方法。具体方式有个别送达法、集中填答法、邮寄填答法和网络调查法。

个别送达法通常是研究者将印好的问卷纸质稿,依据抽样结果逐一送至被试手中,请被试按要求填答,并约定回收问卷的时间、地点和方式。集中填答法是通过某种形式将被试集中起来(如按班级等),由研究者统一发放问卷,并统一讲解调查目的、填答要求等,被试当场填答问卷后统一回收。邮寄填答法通常是把印制好的问卷装入信封,通过邮局寄给被试,待被试答题后再回寄给研究者,使用这种方法一定要注意很多细节(如语气要诚恳,要附上贴有邮票的信封,信封上写明回寄地址,等等),以尽量提高问卷回收率。网络调查法是目前非常流行的调查方法,常用的有"问卷星"调查平台和各类问卷调查小程序。研究者可以将调查问卷发布在某个网站的网页上,被试只要点击该网站的问卷链接,调查问卷就会跳转出来,被试填答后点击提交即可。研究者也可以直接以邮件或微信等方式告知被试本次调查的目的、要求、方法,以及问卷链接地址。

(二)结构访问法

结构访问法指按照事先设计的、有一定结构的访问问卷进行的访问,是一种高度控制和预先设计的访问方法,有别于半结构性的访谈,故这种方法又称为标准化访问。这种调查方法在很大程度上依赖于访问问卷,实际上是以口头访问的形式进行的问卷调查,具体可分为当面访问和电话访问。

不论以哪些方法开展问卷调查,一项高质量的调查一定要注意做好调查员的遴选和前期培训工作,要求调查员联系被试且赢得其充分的信任、支持与配合,并严格按照调查计划、要求和进度安排调查过程。另外还要求调查员换位思考,充分考虑到被试的心理,避免在学校复习迎考或繁忙学业季进行调查,也不在重大节假日前寄送问卷,要善用跟踪信、提醒信息或提醒电话等方法提高问卷回收率。作为一名实地问卷调查的管理者、指导者和质量监控者的研究员,必须全面、及时地把握调查过程中调查员队伍的组织、建立质量监督管理的办法和细则、管理与监控实地抽样或实地访问的调查质量、管理审核问卷回收的质量等[1]。

经调查得到的数据主要来自结构化问题,即被试从备选答案中直接作出选择,属于量化数据。对于调查中半结构化或开放性的问题,需要被试作出非结构化的回答,所获得的数据是文字资料数据。不论是量化数据或者文字资料数据或者分析数据,都必须与预期研究内容维度或分析框架保持一致,所有数据都要按预期假设作相应归类。

三、调查对象抽样的代表性

在明确调查方法和研究对象后,还需要确定调查抽样方法与样本容量,尽可能获

---

[1] 风笑天.社会研究方法[M].5版.北京:中国人民大学出版社,2018: 196-210.

得能够反映总体的样本。样本是指从总体中抽取的一组个人或事物个体,其作用是反映所在总体的特征。调查研究中,因往往涉及一个庞大群体而又不能对群体中的全部个体做研究,因此抽样必不可少。在抽样时必须综合考虑抽样方法和抽样容量,确保样本能准确地反映总体的基本特性,即具有好的代表性。

(一)调查抽样方法

为了确保样本的代表性,应尽可能随机地抽取调查样本。调查抽样方法可分为**概率性抽样**和**非概率性抽样**两大类。概率性抽样是一种可以明确说明总体中每一个个体被选为样本的概率或机会的抽样方法,具体分为随机抽样、分层抽样、等距抽样和整群抽样。非概率性抽样是指不能确定总体中每一个个体被选中作为样本的概率,通常是在不能用概率抽样时才使用的抽样方法,包括方便抽样、判断性抽样等。如果研究需要抽取样本,则必须事先确定采用的是哪种方法抽样,是随机抽样、分层抽样、等距抽样、整群抽样、方便抽样,还是判断性抽样。下面简要介绍各种抽样方法的具体特征。

随机抽样指总体中每个个体被抽到作为样本的概率或机会是均等的。例如,为了从某小学全体学生中抽样,可以把所有学生的名单写在小纸条上,采取"抓阄"方式从中随机抽出所需的样本数。以往通常会利用随机数目表进行手工抽取,而如今利用计算机程序则能大大简化随机抽样的过程。

分层抽样指总体中各部分的类别或比例能在样本中反映出来。例如,为了从某小学全体学生中抽样200人,需考虑所抽取的男女学生人数大体一致,则可以先在所有男生中抽取100人,然后在所有女生中再抽取100人。以上海市某小学为例,若分年级抽样,可在一年级至五年级中各分别抽取40人,这样抽取出的样本在每个年级均有分布,能比较好地代表总体情况。

等距抽样指在总体中按一定的规律依次抽样。例如,为了从某小学全体学生中抽样100人,可将总体中所有学生按学号由小到大依次排序,随机抽取一个学号的学生,并将其后学号间隔20的学生抽取出来作为样本,即如果选学号为10的学生为第一个样本,则学号为30、50、70、90、110……的学生均为样本,直至抽满100人。这种抽样方法很方便,且具有随机抽样的很多优点。

整群抽样指以现有的群体为单位进行随机抽样。例如,假设对某区四年级学生进行"数学项目化学习"实验,需要随机抽取 240 个学生作为被试。如果从该区各校的全体四年级学生中随机抽取 240 个学生进行实验,那么会因样本太零散而使实验无法操作。可以从该区各学校四年级的全部班级中,随机抽取完整的 6 个班级约 240 名学生进行实验。通过整群抽样抽取出的班级学生样本,具有很强的可操作性,能满足特定的实验需要,缺点就是有可能会抽到缺乏代表性的样本,故未必能很准确地反映该区整个四年级学生群体的总体情况。

方便抽样指利用方便原则选取被试样本,这种抽样方法在教育研究中经常会被使用。例如,研究者会选择自己所教的班级或同事所教的班级作为调查样本,或选择自己熟悉的、方便联系的学校作为取样对象。要注意的是,这种方法所抽取的样本不能很好地代表总体,如需将其研究结果推广到总体,还需进一步做是否具有普遍适用性的大样本检验。

判断性抽样指根据研究者的判断选择总体中的若干个体进行研究,又称目的性抽样。例如,研究者想研究 10 个数学学习习惯转化的学生个案,那么研究者会根据自己的经验判断来选择数学学习习惯不良的学生作为样本。此类抽样更适用于个案研究或定性研究。

(二)调查抽样大小

调查抽样的样本量取多少合适?在有条件的情况下,调查抽样的样本量越大越好。增加样本量,会提高统计鉴别力。一般统计学意义上认为,样本量大于 30 或 50 即为大样本,反之则为小样本。在实际教育研究中,需根据具体研究需要确定合适的样本量。

如果样本量小于 30,会降低研究结果的准确性。因为样本量太小时,获得统计学意义上显著性差异的可能性也会随之降低。因此在教育研究中,研究者应尽可能地扩大抽样范围,抽取更大样本容量的被试进行研究。需注意的是,在扩大样本容量的同时,一定要满足选样的特征要求。否则即使样本容量很大,若选样不当或样本特征偏离研究目的,也会影响研究结果,甚至得出无效的研究结论。巴茨(Bartz,1988)认为样本的容量不如准确性重要[1],贝斯特和卡恩(Best and Kahn,2014)也认同谨慎抽样

---

[1] BARTZ A E. Basic statistical concepts[M]. 3th ed. New York:MacMillan Publishing Company.1988:147.

要比增加样本容量更重要①。

    调查抽样还必须确保数据具有较好的信度和效度。对于教育测验或教育问卷数据而言,用统计分析计算信度和效度是常用方法,而对于定性和非测验所得的数据资料,则需要通过外部评判或内部评判确定资料的准确性,从而分析其信度与效度。具体信度与效度的分析方法详见第三章。

---

① BEST J, KAHN J. Research in education [M]. 10th ed. New York: Pearson Education limited. 2014: 18.

思考与练习

1. 自选一个教育研究主题,组成3~5人小组,围绕研究主题设计一份教育问卷的内容框架,对照此内容框架初步编制一份教育问卷。

2. 针对上一题自编的教育问卷:

(1) 找专家咨询或与其他小组讨论,并根据结果对问卷进行修订。

(2) 小范围试测,进一步完善问卷。

(3) 简要介绍问卷编制、专家咨询或与其他小组讨论、修订、试测、完善的过程和阶段性结果。

3. 自行确定调查范围和调查对象,选用特定的调查方法采集一定量的数据,并简要介绍整个研究设计思路。

第三章　教育问卷的质量分析

内容提要

◎ 教育问卷质量分析的概念

◎ 教育问卷的项目分析

◎ 项目难度的定义与计算方法

◎ 项目区分度的定义与计算方法

◎ 问卷信度的定义与估计方法

◎ 问卷效度的定义与估计方法

第一节　项目质量分析——难度

［实例 3-1-1］　以第二章第二节所编制的“中小学发展性教学质量调查问卷”为例，采取分层抽样方法，分别对小学、初中和高中的各学科教师进行问卷调查。假设发放教师问卷 650 份，回收有效问卷 612 份，原始数据文件为“教师调查原始数据. sav”，样例数据如图 3-1-1 所示。假设选取其中的第 1～13 题，要求从难度视角来解释这 13 个题目是否适切合理，应该怎样进行分析？

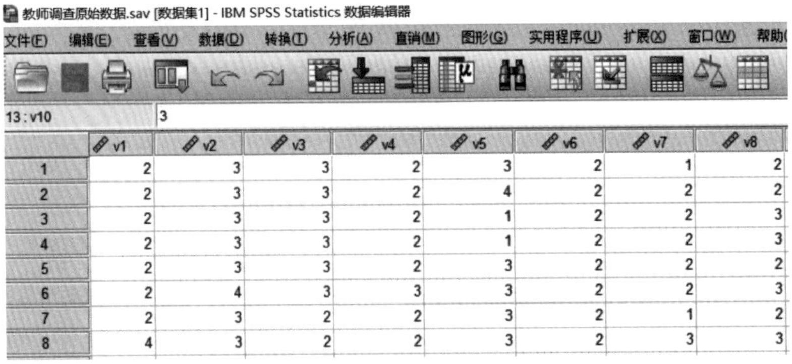

	v1	v2	v3	v4	v5	v6	v7	v8
1	2	3	3	2	3	2	1	2
2	2	3	3	2	4	2	2	2
3	2	3	3	2	1	2	2	3
4	2	3	3	2	1	2	2	3
5	2	3	3	2	3	2	2	2
6	2	4	3	3	3	2	2	3
7	2	3	2	2	3	2	1	2
8	4	3	2	2	3	2	3	3

图 3-1-1　教师调查原始数据样例

上述实例要求对构成某调查问卷中的 13 个题目进行质量分析，重点解释每个题目的难度情况并对其适切合理性作出判断。由于这 13 个小题均各自有 3～4 个备选项，且程度水平均由低到高递增。从数据样例中可见，每道题的答案会呈现多种可能的计分结果。既然要求对项目进行难度分析，就需要理解难度的概念，即什么是难度，难度计算的方法有哪些，以及如何选择难度计算方法。

一、项目难度的定义

项目难度（item difficulty）是指问卷题目或测验试题的难易程度，主要反映题目或试题是否符合被试的实际水平。在能力测验或知识性问卷领域被称为项目的难度水平，在非能力测验或态度观点类问卷领域被称为“通俗性”或“流行性”水平①。

---

① 朱德全. 教育测量与评价［M］. 北京：高等教育出版社，2016：105.

项目难度表现为难度系数指标,用符号 P 表示。难度系数落在[0,1]区间,难度系数越接近于 1,表示题目难度越小,或者说题目越容易,也可以说被试在该题目上的表现越趋向于程度水平高的选项;难度系数越接近于 0,表示题目难度越大,或者说题目越难,也可以说被试在该题目上的表现越趋向于程度水平低的选项。

项目难度水平多少合适?取决于测验目的、性质和题目的形成。

对于非能力测验或态度观点类问卷,项目本身无所谓难易程度,如果难度系数 P 过高或过低时,表示测验题目过于冷门或偏激,会导致绝大多数被试作出类似的选择。

对于一般常模参照测验,目的在于测量个体差异,理论上只有当 P 值接近 0.50 时,题目才能最大限度地区分被试。一份较好的问卷或测验,一般要求平均难度控制在 0.50,而各题难度在 0.50±0.20 即 0.3~0.7 之间,表示难度适宜。也就是说,难度系数 P 在 0.3~0.7 之间表示难度适宜,P 小于 0.3 表示难度偏大,P 大于 0.7 表示难度偏小。

对于选拔或诊断性测验,题目难度应更接近录取率。例如,竞赛或招生录取率只有 5% 时,测验题目的难度 P 最好在 0.05 左右,即只能使少数 5% 左右的被试通过。如果测验是用于诊断和筛选极少数被试接受特殊教育,则 P 值应较高,使得只有少数被试不能通过。

整个测验的难度水平,取决于组成测验的题目的难度,可以通过分析测验分数的分布,对测验难度作综合性检验。当测验目的在于测量个体差异时,若被试样本具有代表性,则其结果应呈现正态分布。假设结果呈正偏态分布时,被试分数大多集中在低端,说明该测验对所测被试团体而言难度偏高或较难;假设结果呈负偏态分布时,被试分数集中于高端,说明该测验对所测被试团体而言难度偏低或较容易。

二、项目难度的计算

对于二值计分题目,如判断题或选择题只有"对"或"错"两种评分结果,答对计 2 分,答错或不答均计 0 分,均属于二值记分题。这时的难度系数是指所有被试在该题目上正确回答的百分比,也就是说**通过人数百分比或通过率**来表示。其计算公式为:

$$P = \frac{K}{N} \qquad 式\ 3\text{-}1\text{-}1$$

式中，N 为被试总人数；K 为答对该题目的人数。例如，$P=0.8$，表示80%的被试在该题目回答正确。$P=0.2$，表示仅有20%的被试答对该题。

对于多值计分题目，即至少有3种可能的计分结果，如简答题、计算题、论述题或态度量表中以李克特量表（Likert scale）进行的多点尺度计分题，均属于多值计分题。这时的难度系数指标通常采用该题目的**平均数**来表示。其计算公式为：

$$P = \frac{\overline{X}}{X_{\max}} \qquad 式3-1-2$$

式中，$\overline{X}$ 为被试在该题目上的平均得分；$X_{\max}$ 为该题目的满分。例如，一个班45名学生在满分为10分的简答题上的平均分为7分，则该简答题的难度系数为0.7。又如多点记分题"注重培养学生探究和解决问题的能力：① 很不符合 ② 较不符合 ③ 不一定 ④ 较符合 ⑤ 很符合"，选项①~⑤分别可计为1~5分，若50个被试在该题上的平均分为3.9，则表示被试团体中绝大多数的选择答案倾向于"④ 较符合"。

对于二值计分题和多值计分题，当被试样本量大、测量得分情况复杂、统计工作量很大的情况下，为减少统计工作量与统计误差，通常会采用**极端分组法**来计算难度系数。该方法是将被试分数分成高分组和低分组，分别计算高分组和低分组的难度，然后求取两者的平均值作为难度系数。其计算公式为：

$$P = \frac{P_H + P_L}{2} \qquad 式3-1-3$$

式中，P_H、P_L 分别为高分组和低分组被试在同一题目上的难度。

极端分组法计算难度系数的基本步骤为：

① 排序。将所有被试的总分从高到低进行排序。

② 分组。从最高分的被试往下找，选取27%的被试作为高分组；从最低分的被试往上找，选取27%的被试作为低分组。

③ 计算。先分别计算高分组和低分组的被试在该题目上的平均得分，然后运用通过率法或平均值法等难度计算方法，分别求出高分组和低分组的难度 P_H 和 P_L，最后将其代入式3-1-3计算该题目的难度系数。

三、项目难度分析的 SPSS 操作步骤和结果解读

针对实例 3-1-1,这些题目均属于多值计分题,可采用平均值法或极端分组法来计算难度。运用 SPSS 软件进行项目难度分析的操作步骤与结果解读如下。

(一)项目难度分析的 SPSS 操作步骤

步骤 1:打开数据文件"教师调查原始数据.sav"→点击菜单栏"分析(A)"→点击"报告(P)"→点击"个案摘要(M)…"(图 3-1-2),打开"个案摘要"对话框。

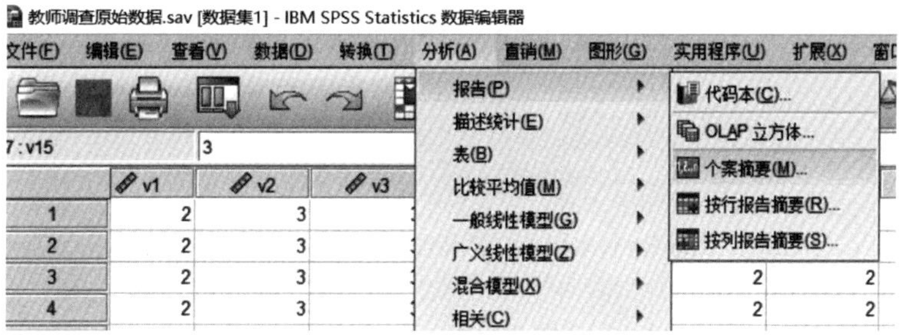

图 3-1-2　项目难度分析的菜单选项

步骤 2:选择所需作项目难度分析的变量(左侧第 1~13 题),将它们右移至"变量(V)"框中。为节省输出空间,左下方"显示个案(L)"可以不作选择(图 3-1-3)。

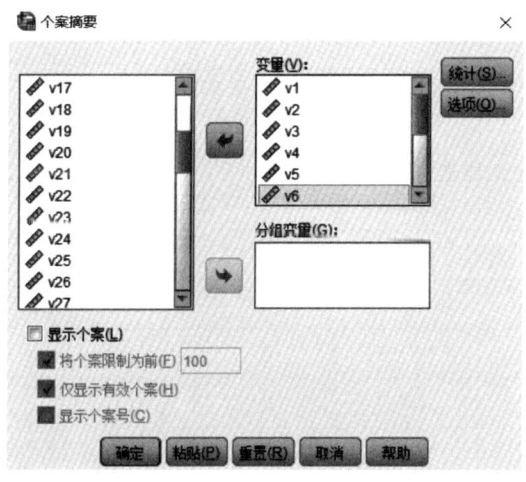

图 3-1-3　"个案摘要"对话框

步骤 3:点击对话框右侧的"统计(S)…",打开"摘要报告:统计"对话框,视需要选择相应统计量指标,如将左侧的"个案数""平均值""标准差""最小值""最大值"

"范围""偏度""峰度"等统计量指标右移至"单元格统计(C)"框中(图3-1-4)→点击"继续(C)",返回"个案摘要"对话框→点击"确定"后提交系统运行。

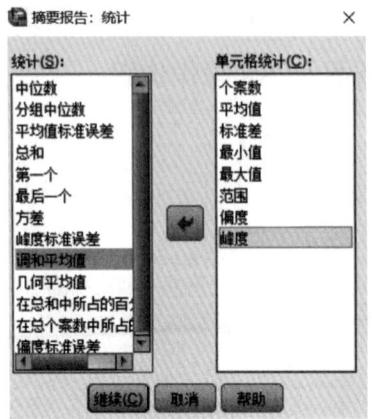

图 3-1-4　"摘要报告：统计"对话框

（二）项目难度分析的结果解读

针对实例 3-1-1 进行项目难度分析后,所得结果见表 3-1-1、表 3-1-2。

表 3-1-1　个案处理摘要

	包括		排除		总计	
	个案数	百分比/%	个案数	百分比/%	个案数	百分比/%
v1	612	100.0	0	0.0	612	100.0
v2	612	100.0	0	0.0	612	100.0
v3	612	100.0	0	0.0	612	100.0
v4	612	100.0	0	0.0	612	100.0
v5	612	100.0	0	0.0	612	100.0
v6	612	100.0	0	0.0	612	100.0
v7	612	100.0	0	0.0	612	100.0
v8	612	100.0	0	0.0	612	100.0
v9	612	100.0	0	0.0	612	100.0
v10	612	100.0	0	0.0	612	100.0
v11	612	100.0	0	0.0	612	100.0
v12	611	99.8	1	**0.2**	612	100.0
v13	611	99.8	1	**0.2**	612	100.0

表 3-1-2 个案摘要

	个案数	平均值	标准差	最小值	最大值	范围	偏度	峰度
v1	612	2.86	0.989	1	4	3	0.251	-1.859
v2	612	3.34	0.556	1	4	3	-0.539	2.058
v3	612	2.30	0.717	1	3	2	-0.509	-0.933
v4	612	2.09	0.380	1	3	2	0.925	3.161
v5	612	2.92	0.729	1	4	3	-1.131	1.817
v6	612	2.03	0.230	1	3	2	2.146	15.095
v7	612	2.10	0.482	1	4	3	0.357	1.328
v8	612	2.42	0.520	1	3	2	0.037	-1.362
v9	612	1.78	0.966	1	4	3	0.493	-1.675
v10	612	2.32	0.860	1	4	3	-0.628	-1.273
v11	612	2.71	0.623	1	3	2	-1.995	2.513
v12	611	1.72	0.628	1	3	2	0.288	-0.656
v13	611	2.10	0.654	1	3	2	-0.101	-0.678

由表 3-1-1 可见，这 13 个题目即 V1～V13 均应有 612 个被试，但第 12 题(V12)和第 13 题(V13)均有 1 个缺失值，各占 0.2%。为此研究者可通过核查原始问卷来察看是被试漏答还是输入数据时有遗漏。结合表 3-1-2 分析可知，这 13 个题目的平均值均介于 1.72～3.34 之间，标准差介于 0.230～0.989 之间，相对而言，V9 和 V12 的平均值较低，分别为 1.78 和 1.72；而 V1 和 V9 的标准差较大，分别为 0.989 和 0.966。因此可结合问卷题目作进一步分析，V9 和 V12 均只有 3 个选项，平均值均稍大于中间值 1.5；对于 V9 而言，这 612 个被试的选项相对更集中于某个答案；而对于 V12 而言，所有被试的选项相对更分散些。结合实际情况分析，这两个题目具有一定的合理性，可予以保留。综上，题目质量分析需结合其他指标进行综合考虑，不能仅凭某个单项指标判定题目的优劣。

第二节 项目质量分析——区分度

[实例 3-2-1] 仍以"教师调查原始数据.sav"为例,应如何分析该调查问卷中每个项目的区分度。

上述实例要求对构成某调查问卷中的每一个题目质量进行分析,重点解释每个题目的区分度情况,即每个题目是否能比较真实地将不同表现反应的被试区分出来。为此必须理解项目区分度的概念,即什么是区分度,区分度的计算方法有哪些,应如何运用 SPSS 分析结果来判断项目区分度的高低。

一、项目区分度的定义

项目区分度(item discrimination),又称鉴别力,是指调查问卷或测验题目对行为表现反应或学业水平不同考生的区分程度或鉴别能力,也可以说题目是否能够精准有效地测出被试实际心理特质内容的程度或鉴别出个别差异的能力。

项目区分度的大小,通常会采用相关系数或高低分组难度系数的差值来表示。相关系数是指通过计算某一项目分数与效标成绩或测验总分的相关系数作为该项目区分度的指标。相关系数取值区间为[-1,1],如果相关系数为正,相关系数越大,表明该项目的区分度或鉴别力越好,实际能力越强的被试在该项目上的得分也越高。但如果相关系数为负,则表明实际能力越强的被试在该项目上的得分反而越低,这种情况一般不太符合常理,如果出现,则表明该项目的区分度不好,应予以淘汰。高低分组难度系数的差值又称鉴别指数,常用符号 D 表示。鉴别指数取值范围为[0,1],鉴别指数越高,鉴别力越强。当 $D \geq 0.40$,说明区分度非常好或项目非常优良;当 $0.30 \leq D \leq 0.39$,说明区分度良好或项目良好,若改进更好;当 $0.20 \leq D \leq 0.29$,说明区分度或项目尚可,需作改进;当鉴别指数 $D \leq 0.19$,说明区分度不高,该项目须淘汰或改进以提高区分度。

区分度受难度影响,那么区分度和难度的关系如何?一般地,当难度系数为 0.50 时,项目区分度最好达到 1.00,即高分组全部答对而低分组全部答错;当难度系数为 0 (极难)或 1.00(极易)时,项目区分度为 0,即极难或极易的题目均难以区分不同程度的被试;当难度系数为 0.30~0.70 时,即题目居中等左右难度时,项目鉴别力较高。两者的关系具体如表 3-2-1 所示。

表 3-2-1 难度和区分度的关系对比

难度 P 值	鉴别指数 D 的最大值	难度 P 值	鉴别指数 D 的最大值
1.00	0	0.30	0.60
0.90	0.20	0.10	0.20
0.70	0.60	0	0
0.50	1.00		

同时,区分度也会影响整个测验信度。对于整个测验来说,如果每一个题目的区分度都很高,那么全体项目的鉴别指数 D 的平均数也越高,即整个测验的信度也就越高。

二、项目区分度的计算

项目区分度的高低,主要以效标为依据,考察被试在每个题目上的反应与其在效标上的表现两者之间的相关程度。所谓效标是指衡量测验或题目有效性的外在标准,然而外在效标往往不容易获取,这时一般可以用测验总分作为效标。因为如果一个题目能较好地鉴别特质内容,那么它应该和总分有明显的正相关;如果一个题目无法较好地鉴别特质内容,那么它与总分的相关性会比较低。所以说,测验总分是一个来自测验内部的效标,各题目与总分之间的高相关反映了测验题目之间的一致性较高。项目区分度的计算方法有很多种,根据项目类型不同,计算区分度的方法也各不相同。

当测验题目得分和总分两列变量一个是二分变量(对/错),一个是多值时,通常会通过计算两者的点二列相关系数来判断项目区分度。如果所计算的点二列相关系数小于相关系数显著性临界值,则表示两者相关不显著,说明该题目区分度不够高。

当测验题目得分和总分两列变量均为多值时,通常会用两者的积差相关系数作为该题目的区分度指标,并将计算值与"附表 6 积差相关系数临界值表"比较,从而判断该题目是否合适。

当测验题目得分和总分两列变量均为常态分布的多值变量,但其中一个被人为划分为二分变量(如合格/不合格)时,通常会通过计算两者的二列相关系数来判断该题目的区分度。

当测验题目得分和总分两列变量均为二分变量(总分为合格/不合格,题目分数为0/1)时,通常会通过计算 Ø 相关的 Phi 系数(参见第九章第一节)来判断项目区分度。

当外在效标或测验总分不易获取或被试人数非常庞大时,也可以将两个极端被试组(高分组和低分组)在该题上通过率的差异值作为该题目的鉴别指数,即 $D = P_H - P_L$。

三、项目区分度分析的 SPSS 操作步骤和结果解读

针对实例 3-2-1,如果把每一个题目看作是多值计分题型,则可以通过计算每一个题目与总分的积差相关系数来判断其区分度的高低。如果某题目与总分之间具有高相关,则表示该题目的区分度较高,与其他测验题目的一致性或同质性较高。如果某题目与总分之间具有低相关,则表示该题目的区分度较差,与其他测验题目的一致性或同质性较弱,可综合其他指标考虑是否删除或修改该题目。

运用 SPSS 软件进行项目区分度分析的操作步骤及其结果解读如下。

(一)项目区分度分析的 SPSS 操作步骤

步骤 1:建立或打开数据文件"教师调查原始数据.sav"→点击菜单栏"分析(A)"→点击"标度(A)"→点击"可靠性分析(R)…"(图 3-2-1),打开"可靠性分析"对话框。

图 3-2-1 项目区分度分析的菜单选项

步骤 2:选择左侧所有题目,即第 1~34 道大题共 53 个变量,将它们右移至"项(I)"

框中;在左下方"模型(M)"的下拉菜单中选择系统默认选项"Alpha"(图3-2-2)。

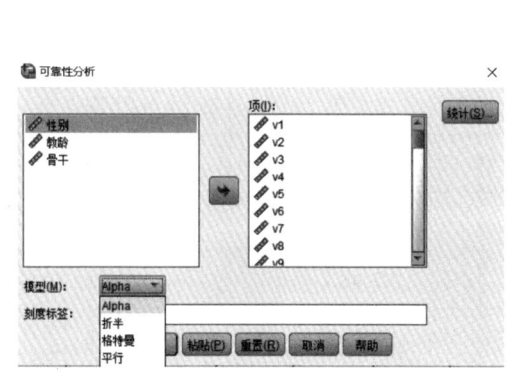

图3-2-2 "可靠性分析"对话框

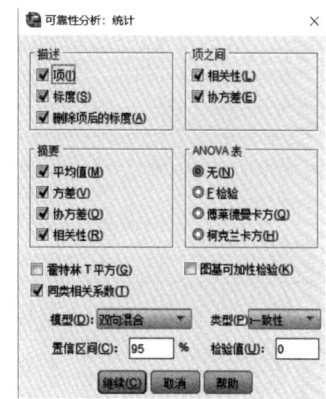

图3-2-3 "可靠性分析:统计"对话框

步骤3:点击右上方"统计(S)…"选项,弹出"可靠性分析:统计"对话框(图3-2-3),视需要选择相应的统计量指标,如每个项目的描述统计量,项目之间的相关性,每个项目的平均值、方差、协方差、相关性等→点击"继续(C)",返回"可靠性分析"对话框,点击"确定"后提交系统运行。

(二) 项目区分度分析的结果解读

针对实例3-2-1进行项目区分度或可靠性分析后,所得结果见表3-2-2、表3-2-3、表3-2-4和表3-2-5。

表3-2-2 个案处理摘要

		个案数	百分比/%
个案	有效	602	98.4
	排除[a]	10	1.6
	总计	612	100.0

a. 基于过程中所有变量的成列删除。

表3-2-3 项统计(节选部分)

	平均值	标准差	个案数
v1	2.85	0.988	602
v2	3.34	0.557	602

续表

	平均值	标准差	个案数
v3	2.30	0.718	602
v4	2.09	0.376	602
v5	2.93	0.729	602
v6	2.03	0.225	602
v7	2.10	0.483	602
v8	2.42	0.520	602

表 3-2-4 摘要项统计

	平均值	最小值	最大值	全距	最大值/最小值	方差	项数
项平均值	3.001	1.723	4.282	2.560	2.486	0.566	53
项方差	0.537	0.051	3.807	3.756	74.970	0.256	53
项间协方差	0.064	-0.073	0.477	0.549	-6.562	0.008	53
项间相关性	0.120	-0.224	0.716	0.940	-3.201	0.017	53

表 3-2-5 项总计统计（节选部分）

	删除项后的标度平均值	删除项后的标度方差	修正后的项与总计相关性	删除项后的克隆巴赫 Alpha
v346	155.22	192.134	0.574	0.872
v347	155.27	191.641	0.599	0.871
v348	155.37	191.863	0.583	0.872
v349	155.25	191.138	0.574	0.871
v3410	155.27	189.521	0.213	0.887
v3411	155.11	191.286	0.572	0.872
v3412	155.17	191.403	0.558	0.872
v3413	155.69	192.704	0.504	0.873

续表

	删除项后的 标度平均值	删除项后的 标度方差	修正后的项与 总计相关性	删除项后的 克隆巴赫 Alpha
v3414	155.48	194.336	0.477	0.873
v3415	155.17	190.523	0.599	0.871
v3416	155.28	191.039	0.563	0.872
v3417	155.13	189.976	0.602	0.871
v3418	155.24	190.289	0.608	0.871
v3419	155.55	191.093	0.544	0.872
v3420	155.48	190.746	0.601	0.871

从上述分析结果可见，该数据文件中所涉及的调查问卷总被试有 612 人，有效被试信息有 602 人，题目项数有 53 个。

表 3-2-3 给出了每个题目的基本统计量，即平均值和标准差，其中 V1 题的标准差为 0.988，相对最大，说明在 V1 题中被试所选答案的分布非常集中；而对于 V6，标准差为 0.225，说明在 V6 题中不同被试所选答案的分布相对比较分散，即不同被试在不同答项上均有分布。

表 3-2-4 则给出了问卷统计摘要，即四个方面的信息：① 题目平均值统计量；② 题目方差统计量；③ 题目间方差统计量；④ 题目间相关系数统计量。

表 3-2-5 则列出了每个题目与总问卷的统计量，从第 2 列到第 5 列分别表示某个题目删除后全卷总分、该题目删除后全卷方差、题目与总分的相关系数、当该题删除后所能提高的总问卷的信度系数。需注意的是，"修正后的项与总计相关性"这一列中对于相关性较低的题目应考虑列入被删除的可能名单中，如 V3410，修正后与总卷的相关性仅 0.213，明显低于其他项目，且删去该题目后全卷的克隆巴赫 α 系数为 0.887，比删去其他项目其信度提升明显。为此，V3410 这个小题的可靠性或区分度不理想，可考虑将该小题删除以进一步优化全卷的项目质量。

第三节　教育问卷的信度分析

［实例3-3-1］　仍以"教师调查原始数据.sav"为例,那么此次问卷调查的信度或可靠性如何,运用SPSS软件应如何分析,又该怎样解读SPSS分析结果?

［实例3-3-2］　现有6位教师分别对5名学生的优异程度从高到低排名,排名结果见表3-3-1。请问6位老师对5名学生的排名打分意见是否一致?如何求评分者信度?运用SPSS软件应怎样分析?

表3-3-1　6位教师对5名学生排名打分情况

	学生1	学生2	学生3	学生4	学生5
教师1	3	5	2	4	1
教师2	3	5	2	4	1
教师3	3	4	1	5	2
教师4	3	5	2	4	1
教师5	3	5	2	4	1
教师6	3	4	1	5	2

上述两个实例均要求对特定数据资料进行信度分析。所不同的是,实例3-3-1是针对612位被试在"中小学发展性教学质量调查问卷"所含的34个大题53个小题中的样本数据进行整体问卷的信度分析,数据类型实为名义变量。而实例3-3-2是已知6位教师对5名学生按优异程度分别排序,数据计分1~5实则表示排名1至排名5,数据类型实为有序变量,要求对多人评分意见的一致性程度进行评分者信度分析。为此,两者虽然都是信度分析,但数据类型和面对的问题不尽相同,信度分析的方法也应有所区别,需要用不同的信度计算方法来解释。

一、信度的定义

何谓信度(reliability)?信度是考察测验或问卷或评量工具是否可信的程度,反映所测得结果的可靠性、稳定性或一致性的程度。任何一种测量或问卷调查,或多或少都会存在误差,误差越小,信度越高;误差越大,信度越低。因此,信度也可以看作是测验结果受到测量误差影响的程度。

经典测量理论(classical test theory,简称 CTT)认为,测量或问卷调查的主要目的是利用一套工具或尺度去反映每位被试在欲测量特质上的水平或程度,被试在该特质上所具有的实际特质内涵或真实水平称为真分数,记为 T,这种真分数实质上是一个理论分数;而被试在测验中实际所获得的测量值称为实得分数或观察分数,记为 X。测验或问卷的最理想状态是希望能准确测得被试某种特质的真分数,但在实际上通常是无法精确地测得某个特质的内容且往往会含有一定的误差成分,换句话说观察分数与真分数不完全相等,两者之差称为测量误差,记为 E。真分数、观察分数和测量误差三者之间的关系式可表示为:观察分数=真分数+误差分数。即:

$$X = T + E \qquad 式\ 3\text{-}3\text{-}1$$

误差分数是随机产生的。当误差为 0 时,观察分数可以完全反映真分数;当误差不为 0 时,则必须了解误差发生的情况,可利用概率理论对误差分布的情况进行估计与推论。

因此,信度是指测验或问卷或评量工具所测得结果的一致性或稳定性,而并非测验或量表本身。信度大小可以用信度系数(coefficient of reliability)来表示,记作符号 r_{xx}。**从操作性定义上说,信度是指真分数方差与观察分数方差的比率**。但真分数方差往往是不可知的,为此可推导出公式:

$$r_{xx} = 1 - \frac{S_E^2}{S_X^2} \qquad 式\ 3\text{-}3\text{-}2$$

式中,S_X^2 为观察分数的方差;S_E^2 为误差分数的方差。可以用 S_T^2 表示真分数的方差。

信度系数的取值范围为[0,1],即介于 0 与±1 之间的数。信度系数的数值越大或越接近 1,则测量的信度越好。在毫无误差的情况下,真分数的变异就等于测量变量的总变异,得到的信度系数为 1。反之,如果信度系数为 0,则表示测验所测得的分数变异完全是由随机误差造成的,完全无法反映真分数。

二、信度类别与估计方法

信度有外在信度(external reliability)和内在信度(internal reliability)两大类。外在信度常见的有再测信度，内在信度常见的有复本信度、分半信度和克隆巴赫 α 系数等。

（一）再测信度

再测信度(test-retest reliability)是指对同一被试总体进行前后两次重复测量而得的两组数据之间的一致性程度的量化指标。这种信度具有"跨时间性"，通常采用皮尔逊积差相关系数作为信度的指标。积差相关系数越大，表示再测信度越高，代表测验分数越不会因为时间变动而变化，具有较好的稳定性。

假设测量无误差，前后两次测量的得分理论上应该相同，相关系数为 1。但由于测量误差的存在，同一被试总体前后两次测量的得分不一致，相关系数也就不会为 1。实际上，两次测量相隔的时间越长，稳定性会越差，信度系数则会越低。因此再测信度的误差来源可以说是跨时间的长短，最适宜的相隔时距会随着测验的目的与内容性质而有所差异，少则间隔一两周，多则间隔几个月，甚至一两年。例如，有研究者自编了一份英语语言能力测验卷，选取一组被试进行测验得到一批成绩 X，经过一个学期（或 4 个月）后对同一组被试再次测验得到第二批成绩 Y，由于前后两批数据均为连续变量"成绩"，可通过计算前后两批成绩的皮尔逊积差相关系数的方法求得该测验的再测信度。

（二）复本信度

复本信度(alternate-form reliability)是指同一组被试在同一时间连续实施两个内容相似的平行测验（或复本）而得的两组数据之间的一致性程度的量化指标。这种信度具有"跨形式性"，通常采用计算被试在两份测验所得分数的皮尔逊积差相关系数作为信度的指标。积差相关系数越大，表示复本信度越高，意味着测验分数越不会因为内容变化而变化，具有较好的内部一致性或稳定性。

复本信度的误差来源主要是题目差异，即内容抽样的误差。实施复本测验时需注意以下两点：第一，两个复本的内容须确保较高程度的相似性，如题目的类型、长度、指导语、考查能力与涵盖范畴均应基本保持一致，但题目内容不能重复，如我们熟知的大型考试中采用的 A 卷和 B 卷即为两个复本。第二，两个复本必须同时施测，如果施测的时间间隔较长，则很难辨别造成误差的来源究竟是内容取样的差异还是时间取样的差异。例如，某高中数学教师同时命制了数学期末试卷 A 卷和 B 卷，为检测试卷的可靠程度，对一组被试几乎同时进行 A 卷和 B 卷测试，得到 A 卷和 B 卷的两批成绩数据，这时通过计算在测验 A 卷上的实得分数与在它的平行测验 B 卷上的实得分数之间的皮尔逊积差相关系数，即为测验的复本信度系数。

（三）分半信度

分半信度（split-half reliability）是指将一个测验施测于某被试总体，然后将这个测验分成对等的两部分，再求被试在这两部分上所得测验分数的一致性程度。通常采用奇偶分半的方法，即将测验中奇数题划为一组，偶数题划为另一组，计算两个"半测验"得分的相关系数。分半信度与复本信度很相似，也是通过计算两个复本间的相关系数来表示信度，所不同的是分半信度的两个复本不是两个独立的测验，而是把一个测验依题目的奇偶性分成了两半，根据被试在两半测验上的分数求相关系数而得。因此，分半信度具有"跨项目性"。

由于题目减少，相关也会随之降低，测验长度减小会造成信度的低估，所以还需要用以下斯皮尔曼-布朗公式（Spearman-Brown formula）对求得的相关系数加以校正，以求得整个测验的信度。

$$r_{SB} = \frac{nr_{xx}}{1+(n-1)r_{xx}} \qquad 式 3\text{-}3\text{-}3$$

式中，r_{SB} 为校正后的相关系数；r_{xx} 为分半相关系数；n 为测验长度改变的倍率。由于分半信度会使原测验长度减少一半，即 $n=2$，故上述公式实为：

$$r_{SB} = \frac{2r_{xx}}{1+r_{xx}} \qquad 式 3\text{-}3\text{-}4$$

（四）克隆巴赫 α 系数

普遍用克隆巴赫 α 系数（Cronbach's α）来表示测验内部一致性信度（coefficient of internal consistency），它是将直接计算测验题目内部之间的一致性，即同质性程度作为测验的信度指标。

$$\alpha = \frac{K}{K-1}\left(1 - \frac{\sum S_i^2}{S^2}\right) \qquad \text{式 3-3-5}$$

式中，K 表示测验所包括的总题数；S^2 表示测验题目加总后的方差；S_i^2 表示各题的变异数，$\sum S_i^2$ 表示测验每一个题目的方差总和。克隆巴赫 α 系数采用的是每一个题目变异数的和，测量误差是一种内容抽样的结果，因此克隆巴赫 α 系数可用于二分变量或其他多值计分的情况，最常用于李克特量表。克隆巴赫 α 系数越高，表示量表或测验或问卷的内部一致性越好。

克隆巴赫 α 系数值介于 0 至 1 之间，系数值越大越好。一般认为，α 系数值若介于 0.80~0.90 之间则表示信度非常好，若介于 0.70~0.80 之间则表示具有相当的信度，若介于 0.65~0.70 之间则表示信度较低，为最小可接受值[①]。

（五）评分者间信度

评分者间信度(inter-rater reliability)是指对于主观性很高的测验如作文测验或观点评判性问卷，不同评分者对同一份测验的评定等级或对同一个问题的观点往往会表现出较大的差异，这时就必须考虑不同评分者对同一组被试评分的一致性程度如何，即评分者间信度。例如，实例 3-3-2 中的 6 位教师对 5 名学生的优异程度排序的评分意见并不完全相同，需要检验不同评分者的态度是否基本一致，就需要检测评分者间信度的大小。由于分数误差变异的来源主要是评分者间的差异，所以评分者间信度反映的是不同评分者在评分上的一致性程度，具有"跨评分者"性。也就是说，评分者间信度的差异主要是由评分者抽样引起的。如果评分者间相关越高，则表示可信度越高。

如果评分者只有两位，且所评定的分数是等级变量或是可以转化为等级次序表示的连续变量，那么这两位评分者对同一份试卷或 N 个人或 N 件作品评分的一致性程度可以用斯皮尔曼等级相关系数（详见第十二章第一节）来表示。但如果评分者为 3 人及以上涉及多列相关的等级评定资料，如 K 个评分者评 N 个对象，也可以是同一个人先后 K 次评 N 个对象，则应采用肯德尔和谐系数(Kendall cofficient of concordance，又称肯德尔 W 系数)来计算评分者间信度指标。其计算公式为：

---

① 吴明隆.问卷统计分析实务：SPSS 操作与应用[M].重庆：重庆大学出版社，2010：237.

$$W = \frac{S}{\frac{1}{12}K^2(N^3 - N)} \qquad 式\ 3-3-6$$

式中,W 为肯德尔和谐系数,K 为评分者人数,N 为被评分的试卷数(或被评对象个数),S 为每题等级之和的离均差和,即:

$$S = \sum (R_i - \bar{R}_i)^2 = \sum R_i^2 - \frac{\left(\sum R_i\right)^2}{N} \qquad 式\ 3-3-7$$

式中,R_i 为第 i 题等级和。

三、克隆巴赫 α 系数信度分析的 SPSS 操作步骤和结果解读

针对实例 3-3-1 中问卷调查的信度指标,可采用克隆巴赫 α 系数进行分析。其 SPSS 分析的操作步骤和结果解读如下。

(一)克隆巴赫 α 系数信度分析的 SPSS 操作步骤

步骤1:建立或打开数据文件"教师调查原始数据.sav"→点击菜单栏"分析(A)"→点击"标度(A)"→点击"可靠性分析(R)…"(图 3-3-1),打开"可靠性分析"对话框。

图 3-3-1 信度分析的菜单选项

步骤2:根据需作信度分析的实际情况选择相应变量,将左侧第 1~34 道大题共 53 个变量右移至"项(I)"框中;在左下方"模型(M)"的下拉菜单中选择"Alpha"即克隆巴赫 α 系数,也可根据需要选择"折半"或其他信度(下页图 3-3-2)。

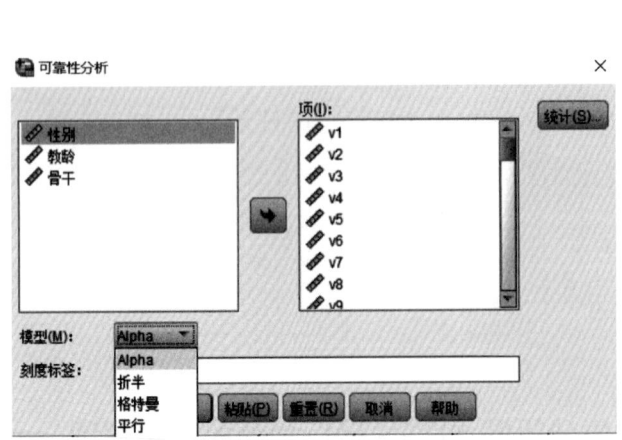

图 3-3-2 信度分析方法的菜单选项

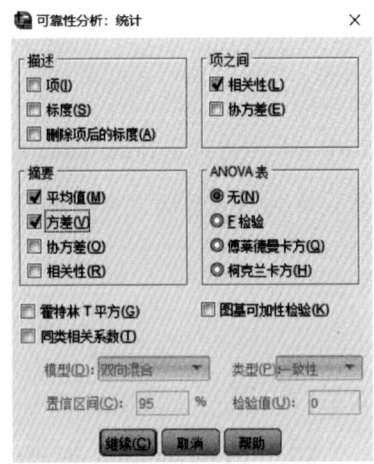

图 3-3-3 "可靠性分析：统计"对话框

步骤 3：根据研究需要，点击"统计（S）…"选项，弹出"可靠性分析：统计"对话框，视需要选择相应统计量指标（图 3-3-3）→点击"继续（C）"→返回"可靠性分析"对话框，点击"确定"后提交系统运行。

（二）克隆巴赫 α 系数信度分析的结果解读

针对实例 3-3-1 进行克隆巴赫 α 系数信度分析后，所得结果见表 3-3-2、表 3-3-3、表 3-3-4 和表 3-3-5。

表 3-3-2 个案处理摘要

		个案数	百分比/%
个案	有效	602	98.4
	排除[a]	10	1.6
	总计	612	100.0

a. 基于过程中所有变量的成列删除。

表 3-3-3 可靠性统计

克隆巴赫 Alpha	基于标准化项的克隆巴赫 Alpha	项数
0.878	0.878	53

表 3-3-4 项间相关性矩阵

	v1	v2	v3	v4	v5	v6	v7	v8	v9	v10	v11	v12	v13
v1	**1.000**	0.035	0.099	0.143	0.033	0.048	0.072	0.026	0.011	0.130	0.046	0.141	0.078
v2	0.035	**1.000**	0.079	0.007	−0.028	0.057	0.055	0.110	0.018	0.081	0.011	0.038	−0.010
v3	0.099	0.079	**1.000**	0.061	0.014	−0.021	0.130	0.150	0.168	0.010	0.082	0.135	0.188
v4	0.143	0.007	0.061	**1.000**	−0.012	0.068	0.079	0.096	0.106	0.105	0.067	0.268	0.168
v5	0.033	−0.028	0.014	−0.012	**1.000**	−0.048	0.054	0.061	0.080	0.108	0.023	0.056	0.025
v6	0.048	0.057	−0.021	0.068	−0.048	**1.000**	0.096	0.055	0.014	0.055	0.058	−0.015	0.004
v7	0.072	0.055	0.130	0.079	0.054	0.096	**1.000**	0.111	0.044	0.042	−0.016	0.097	0.044
v8	0.026	0.110	0.150	0.096	0.061	0.055	0.111	**1.000**	0.157	0.121	0.041	0.159	0.201
v9	0.011	0.018	0.168	0.106	0.080	0.014	0.044	0.157	**1.000**	0.029	0.106	0.110	0.179
v10	0.130	0.081	0.010	0.105	0.108	0.055	0.042	0.121	0.029	**1.000**	0.158	0.124	0.116
v11	0.046	0.011	0.082	0.067	0.023	0.058	−0.016	0.041	0.106	0.158	**1.000**	0.037	0.099
v12	0.141	0.038	0.135	0.268	0.056	−0.015	0.097	0.159	0.110	0.124	0.037	**1.000**	0.271

表 3-3-5 摘要项统计

	平均值	最小值	最大值	全距	最大值/最小值	方差	项数
项平均值	3.001	1.723	4.282	2.560	2.486	0.566	53
项方差	0.537	0.051	3.807	3.756	74.970	0.256	53

从上述分析结果可见,该数据文件中所涉及的调查问卷总被试有 612 人,有效被试信息有 602 人,题目项数有 53 个。该问卷调查的克隆巴赫 α 系数为 0.878,大于 0.80,说明该问卷调查具有高信度系数,具有非常好的可靠性或稳定性。

表 3-3-4 呈现了项目之间的相关性矩阵,即每个题目之间的相关系数。该矩阵的对角线均为 1.000,表示每个题目与自身的相关是 1.000。观察每个题目之间的相关系数时,只需查看对角线左下方构成的三角形位置的值,如 V12 与 V4 这两个题目之间的相关系数为 0.268。由于该问卷是非能力测验,每个题目之间的相关度并不

高,表现为相关系数较小。

表 3-3-5 则给出了问卷统计摘要,即同样给出了整个问卷数据分析的信息,即:① 题目平均值统计量,含题目平均值的平均数、最小值、最大值、方差等;② 题目方差统计量,含题目方差的平均值、最小值、最大值、方差等。

四、肯德尔和谐系数信度分析的 SPSS 操作步骤和结果解读

对于实例 3-3-2,应选用肯德尔和谐系数进行信度分析。其 SPSS 分析的操作步骤和结果解读如下。

（一）肯德尔和谐系数信度分析的 SPSS 操作步骤

步骤 1:建立原始数据文件。需注意的是,应将评价对象设为变量,此例中可将 5 名被评价的学生分别设为五个变量,即变量 1 为"学生 1",变量 2 为"学生 2"……。由于评分为等级排序,故变量数据类型应选"有序",即序次变量。将 6 位教师对其打分的结果作为样本观察值,分别输入 6 行排序结果,以代表 6 位教师分别对 5 名被评价学生排序的意见。原始数据文件格式如图 3-3-4 所示。

	学生1	学生2	学生3	学生4	学生5
1	3	5	2	4	1
2	3	5	2	4	1
3	3	4	1	5	2
4	3	5	2	4	1
5	3	5	2	4	1
6	3	4	1	5	2

图 3-3-4　6 位教师对 5 名学生评分的原始数据文件格式

步骤 2:点击菜单栏"分析(A)"→点击"非参数检验(N)"→点击"旧对话框(L)"→点击"K 个相关样本(S)…"(下页图 3-3-5),打开"针对多个相关样本的检验"对话框。

步骤 3:根据需作信度分析的实际情况选择相应变量,将左侧的 5 名学生(5 个变量)右移至"检验变量(T)"框中;在下方"检验类型"菜单中选择"肯德尔 W(K)"即肯德尔和谐系数(下页图 3-3-6);根据需要可点击"统计(S)…"选项,选择相应统计量指标(下页图 3-3-7)→点击"继续(C)",返回"针对多个相关样本的检验"对话框→点击"确定"后提交系统运行。

图 3-3-5 肯德尔和谐系数信度分析的菜单选项

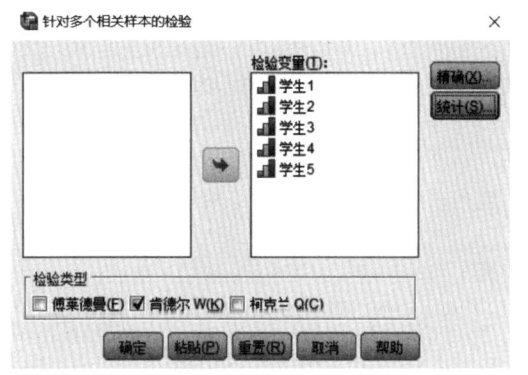

图 3-3-6 "针对多个相关样本的检验"对话框

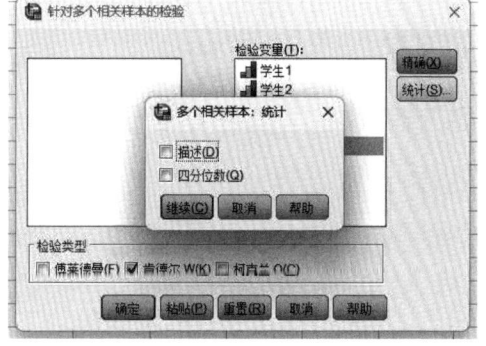

图 3-3-7 "多个相关样本：统计"对话框

（二）肯德尔和谐系数信度分析的结果解读

针对实例 3-3-2 进行肯德尔和谐系数信度分析后，所得结果见表 3-3-6 和表 3-3-7。

表3-3-6 秩平均值

学生1	3.00	学生4	4.33
学生2	4.67	学生5	1.33
学生3	1.67		

表3-3-7 检验统计

个案数	6	自由度	4
肯德尔W	0.911	渐近显著性	0.000
卡方	21.867		

经肯德尔和谐系数W检验后发现,6位评判员教师对5名被评价学生打分后,每位学生的秩平均值分别为3.00、4.67、1.67、4.33、1.33,肯德尔和谐系数W值为0.911,卡方值为21.867,渐近显著性$P=0.000<0.001$,也可以表示为$W=0.911^{***}$,说明6位评判员教师对5名学生的打分排序的意见非常一致,多位评分者之间的相关度很高,即多位评分者间的一致性和稳定性程度很高。

第四节 教育问卷的效度分析

[实例3-4-1] 仍以"教师调查原始数据.sav"为例,那么运用SPSS软件应该怎么分析该问卷调查的效度?

上述实例要求对特定问卷进行效度分析,为此必须首先理解什么是效度,问卷效度有哪些估计方法,如何运用SPSS软件来分析和判断该问卷调查的效度高低。

一、效度的定义

效度(validity)是指测验的有效性或准确性,即测验能够测出它所测量的心理或行为特质的程度。它包含测什么和真正测到多少这两方面的内容。测验的效度越高,表示测验的结果越能显现该测验所欲测量内容的真实本质。

测验的效度是相对的而非绝对的,效度大小用效度系数 r_{xy} 表示,取值范围介于0~1之间。在实际测量中,影响效度的主要因素是系统误差。因此在讨论效度时,除了要考虑由随机误差引起的变异(S_E^2)之外,还必须把真分数方差(S_T^2)分解为两部分,即潜在真分数方差(S_V^2)和系统误差分数方差(S_I^2),即 $S_T^2 = S_V^2 + S_I^2$,因而测验实得分数方差 $S_X^2 = S_V^2 + S_I^2 + S_E^2$。所以可以将效度定义为:测验过程中与测量目标有关的可解释的潜在真分数方差(S_V^2)在实得分数方差(S_X^2)中所占的比率,即:

$$r_{xy} = \frac{S_V^2}{S_X^2} \qquad 式3\text{-}4\text{-}1$$

效度是指测验结果的正确性或有效性,而不是指测验工具本身。效度的数值大小反映程度的高低,而并非全有或全无的差别。效度具有目标功能性,即一份高效度的测验工具施测于不同的被试,可能会导致测验结果的不正确,也就是说测验是针对某一特殊功能或某种特殊用途而言的,不具有普遍性。效度无法实际测量,只能从现有信息作逻辑推论或从实证资料作统计检验分析所得[1]。

---

[1] 吴明隆.问卷统计分析实务:SPSS操作与应用[M].重庆:重庆大学出版社,2010:158-160.

二、效度的类别与估计方法

一般说来，效度可分为效标关联效度、内容效度和结构效度三种。

效标关联效度(criterion-related validity)是指测验对处于特定情境中的个体行为进行预测时的有效性。常用测验分数与外在效标测量分数之间的相关系数来表示，外在效标通常有学习成绩、工作成就、特殊训练成绩、临床诊断、现场测验等。

内容效度(content validity)是指测验或内容题目与其所欲测量的行为领域(内容范围)的代表性或适切性程度，即测验内容能否反应所要测量的心理特质，或能否达到预期测量的目的。内容效度通常采用双向细目表或专家经验法来检测题目内容分布的合理性程度。如教育成就测验，主要是通过考察题目取样的代表性和适当性来判断测验的内容效度。但很多时候是无法编制双向细目表加以检验的，而是将编好的测验请相关专家学者或有经验人士加以评判，专家会根据研究者将欲测量的结构对题目进行逐个审视，并对测验题目是否适切提出个人见解，测验编制者可以根据专家意见修订题目。

结构效度(construct validity)是指测验能够测量出某一理论架构的概念或特质的程度，即实际的测验分数能在多大程度上解释某个心理特质。估计结构效度最常用的方法是因素分析(factor analysis)。因素分析有探索性因素分析(exploratory factor analysis，简称EFA)和验证性因素分析(confirmatory factor analysis，简称CFA)，两者最大的区别在于，EFA是一种事后的概念，即测量的理论架构或称因素结构在分析之前是没有预设的，而是通过因素分析之后由研究者主观判断而勾勒出来的较为合理的结果；而CFA则是一种事前的概念，即测量的理论架构或因素结构是在分析之前就预设好的，通过结构方程模型等因素分析来确认该理论架构是否成立或能否优化。因此，如果因素分析能有效地抽取共同因素，此共同因素与理论架构的心理特质较为接近，就可以说该测验工作具有较好的结构效度。

由于因素分析用相关系数作为因素抽取的基础，巴特利特球形度检验(Bartlett's test of sphericity)可用来检验是否具有显著的相关系数，球形度检验显著表示相关系数足以抽取共同因素，适合进行因素分析来抽取共同因素。

反映像矩阵的对角线上的取样适切性量数(measure of sampling adequacy，简称MSA)为该变量有关的所有相关系数与净相关系数的比较值，该系数越大，表示相关情形良好,各测量变量的 MSA 系数取平均之后即为 KMO 量数(Kaiser-Meyer-Olkin)。KMO 的取值在 0 和 1 之间。凯泽(Kaiser,1974)指出,执行因素分析的 KMO 量数的大小判断准则如表 3-4-1 所示。

表 3-4-1　KMO 统计量的判断原理

KMO 统计量	因素分析适合性	KMO 统计量	因素分析适合性
0.90 以上	极佳	0.60 以上	一般
0.80 以上	良好	0.50 以上	尚可
0.70 以上	中等	0.50 以下	不可接受

三、信度与效度的关系

测验的效度受它的信度大小制约。信度只考虑随机误差的影响,而效度须考虑到系统误差和随机误差的影响。信度指标是效度指标改进的必要条件,而非充分条件。信度高的测验不一定效度高,但效度高的测验其信度一定高。也就是说提高信度未必能提高效度,但效度提高则一定会提高信度。

效标测验的测量误差越大,即信度越低,则效标关联效度越低。因此,要选择一个信度较高的测验作为效标。提高问卷或测验信度的方法主要有:增加题目数量、难度适中、内容同质、程序统一、时间充分、评分客观。提高问卷或测验效度的方法有:控制系统误差、精心编制量表、有效组织测验、样本取样具有代表性、合理处理信度与效度的关系、增加测验长度[①]。

四、效度分析的 SPSS 操作步骤和结果解读

针对实例 3-4-1,由于难以找到外在效标,故采用探索性因素分析来说明该问卷调查的结构效度。运用 SPSS 软件分析的操作步骤和结果解读如下。

(一)效度分析的 SPSS 操作步骤

步骤 1:打开数据文件"教师调查原始数据.sav"→点击菜单栏"分析(A)"→点击"降维(D)"→点击"因子(F)…"(下页图 3-4-1),打开"因子分析"对话框。

---

① 朱德全.教育测量与评价[M].北京:高等教育出版社,2016:99-101.

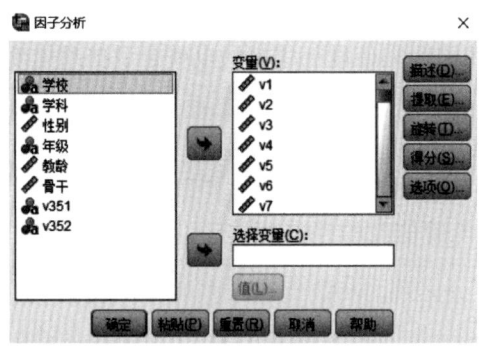

图 3-4-1　探索性因素分析的菜单选项

步骤 2：根据需作效度分析的相应变量，将左侧第 1~34 道大题共 53 个变量右移至"变量(V)"框中（图 3-4-2）。

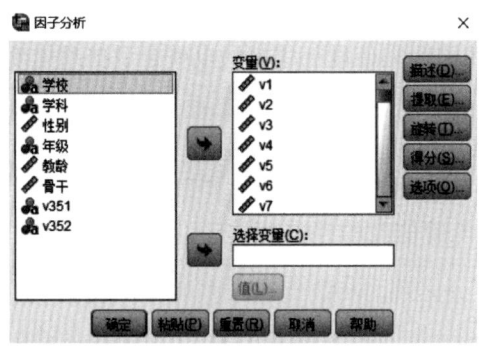 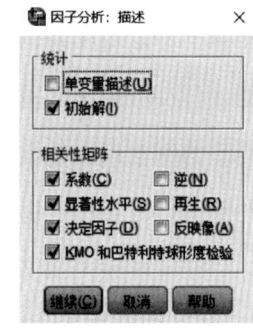

图 3-4-2　"因子分析"对话框　　　图 3-4-3　"因子分析：描述"对话框

步骤 3：点击对话框右侧的"描述(D)…"，打开"因子分析：描述"对话框，必选"KMO 和巴特利特球形度检验"，其他按需勾选"初始解(I)""系数(C)""显著性水平(S)""决定因子(D)"等（图 3-4-3）→点击"继续(C)"，返回"因子分析"对话框。

步骤 4：点击"提取(E)…"，打开"因子分析：提取"对话框，在"方法(M)"的下拉菜单中选择确定因素分析的方法如"主轴因式分解"；在"输出"中选择"碎石图(S)"进行陡坡检验，也可同时选择"未旋转因子解(F)"；在"提取"中选择"基于特征值(E)"，在"特征值大于(A)"右侧框中填"1"；"最大收敛迭代次数(X)"一般取系统默认值 25（下页图 3-4-4）。但需要注意的是，如果迭代次数不够致使因子分析无法正常完成,则需要提高最大收敛迭代次数,如改为50(图3-4-5)→点击"继续(C)",回到"因子分析"对话框。

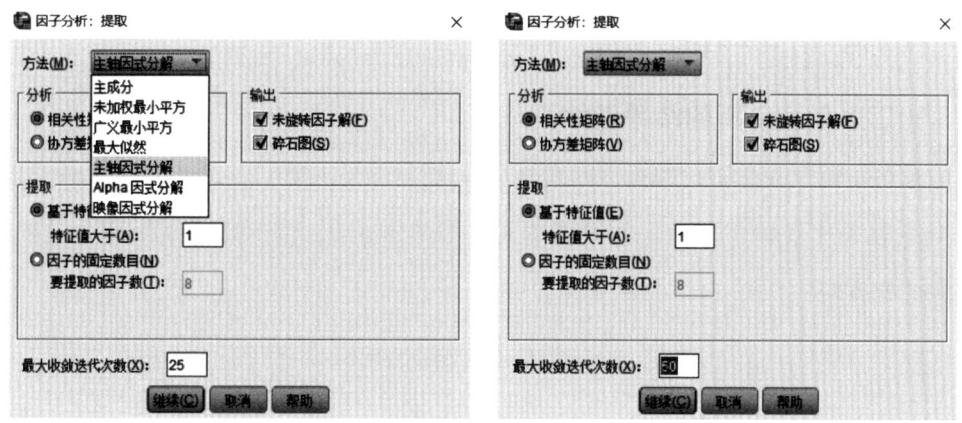

图3-4-4 "因子分析:提取"对话框一　　图3-4-5 "因子分析:提取"对话框二

步骤5:点击"旋转(T)…",打开"因子分析:旋转"对话框,在"方法"中选择旋转方式。其中,"最大方差法(V)"是指直交转轴法,即假设因子之间无相关;"直接斜交法(O)"则假设因子之间有相关且加以估计。在"输出"中勾选"旋转后的解(R)""载荷图(L)",表示分析结果中要求显示各因子的负荷与因子图。同样,这里的"最大收敛迭代次数(X)"一般取系统默认值25,但如果迭代次数不够致使因子分析无法正常完成,则需提高最大收敛迭代次数,如改为50(图3-4-6)→点击"继续(C)",回到"因子分析"对话框。

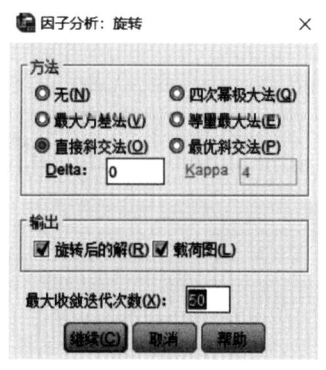 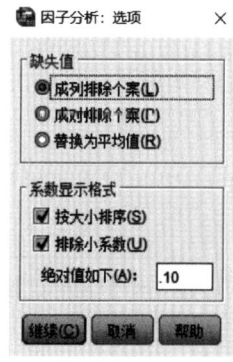

图3-4-6 "因子分析:旋转"对话框　　图3-4-7 "因子分析:选项"对话框

步骤6:点击"选项(O)…",打开"因子分析:选项"对话框,在"缺失值"中选系统默认项"成列排除个案(L)";在"系数显示格式"中勾选"按大小排序(S)""排除小系数(U)","绝对值如下(A)"取系统默认值0.10,表示分析结果中因素负荷值的呈现方式与次序是由大到小排序,且不显示绝对值小于0.10的因素负荷(上页图3-4-7)→点击"继续(C)",回到"因子分析"对话框→点击"确定"后提交系统运行。

(二)效度分析的结果解读

针对实例3-4-1进行探索性因素分析后,所得结果主要见表3-4-2、表3-4-3、表3-4-4、表3-4-5和表3-4-6,以及图3-4-8和图3-4-9。由于篇幅所限,部分过程性结果此处省略。

表3-4-2 项间相关性矩阵

	v1	v2	v3	v4	v5	v6	v7	v8	v9	v10	v11	v12	v13
v1	**1.000**	0.035	0.099	0.143	0.033	0.048	0.072	0.026	0.011	0.130	0.046	0.141	0.078
v2	0.035	**1.000**	0.079	0.007	-0.028	0.057	0.055	0.110	0.018	0.081	0.011	0.038	-0.010
v3	0.099	0.079	**1.000**	0.061	0.014	-0.021	0.130	0.150	0.168	0.010	0.082	0.135	0.188
v4	0.143	0.007	0.061	**1.000**	-0.012	0.068	0.079	0.096	0.106	0.105	0.067	0.268	0.168
v5	0.033	-0.028	0.014	-0.012	**1.000**	-0.048	0.054	0.061	0.080	0.108	0.023	0.056	0.025
v6	0.048	0.057	-0.021	0.068	-0.048	**1.000**	0.096	0.055	0.014	0.055	0.058	-0.015	0.004
v7	0.072	0.055	0.130	0.079	0.054	0.096	**1.000**	0.111	0.044	0.042	-0.016	0.097	0.044
v8	0.026	0.110	0.150	0.096	0.061	0.055	0.111	**1.000**	0.157	0.121	0.041	0.159	0.201
v9	0.011	0.018	0.168	0.106	0.080	0.014	0.044	0.157	**1.000**	0.029	0.106	0.110	0.179
v10	0.130	0.081	0.010	0.105	0.108	0.055	0.042	0.121	0.029	**1.000**	0.158	0.124	0.116
v11	0.046	0.011	0.082	0.067	0.023	0.058	-0.016	0.041	0.106	0.158	**1.000**	0.037	0.099
v12	0.141	0.038	0.135	0.268	0.056	-0.015	0.097	0.159	0.110	0.124	0.037	**1.000**	0.271

表3-4-3 KMO和巴特利特球形度检验

KMO取样适切性量数		0.887
巴特利特球形度检验	近似卡方	8 903.992
	自由度	1 378
	显著性	0.000

表 3-4-4　公因子方差

	初始	提取		初始	提取
v31	0.242	0.330	v3410	0.171	0.192
v32	0.316	0.365	v3411	0.545	0.610
v33	0.289	0.436	v3412	0.502	0.527
v341	0.477	0.536	v3413	0.484	0.584
v342	0.495	0.562	v3414	0.523	0.624
v343	0.642	**0.727**	v3415	0.605	0.626
v344	0.646	0.706	v3416	0.509	0.561
v345	0.433	0.541	v3417	0.656	**0.753**
v346	0.602	0.688	v3418	0.631	0.653
v347	0.621	**0.734**	v3419	0.467	0.577
v348	0.525	0.549	v3420	0.513	0.535
v349	0.513	0.586			

提取方法：主轴因式分解法。

表 3-4-5　总方差解释

因子	初始特征值			提取载荷平方和		
	总计	方差百分比/%	累计百分比/%	总计	方差百分比/%	累计百分比/%
1	9.497	17.919	17.919	9.072	17.117	17.117
2	3.250	6.132	24.050	2.619	4.942	22.058
3	1.889	3.563	27.614	1.355	2.556	24.615
4	1.587	2.995	30.609	1.069	2.018	26.632
5	1.512	2.852	33.461	0.888	1.675	28.307
6	1.462	2.758	36.219	0.863	1.628	29.935
7	1.415	2.669	38.888	0.793	1.496	31.431
8	1.344	2.537	41.425	0.678	1.278	32.709
9	1.266	2.390	43.814	0.644	1.214	33.923

续表

因子	初始特征值			提取载荷平方和		
	总计	方差百分比/%	累计百分比/%	总计	方差百分比/%	累计百分比/%
10	1.237	2.334	46.149	0.584	1.102	35.025
11	1.162	2.192	48.340	0.549	1.036	36.061
12	1.127	2.126	50.467	0.472	0.890	36.951
13	1.104	2.082	52.549	0.462	0.872	37.823
14	1.059	1.998	54.547	0.436	0.822	38.646
15	1.038	1.959	56.506	0.381	0.719	39.365
16	1.007	1.900	58.407	0.337	0.637	40.002
17	0.982	1.854	60.260			

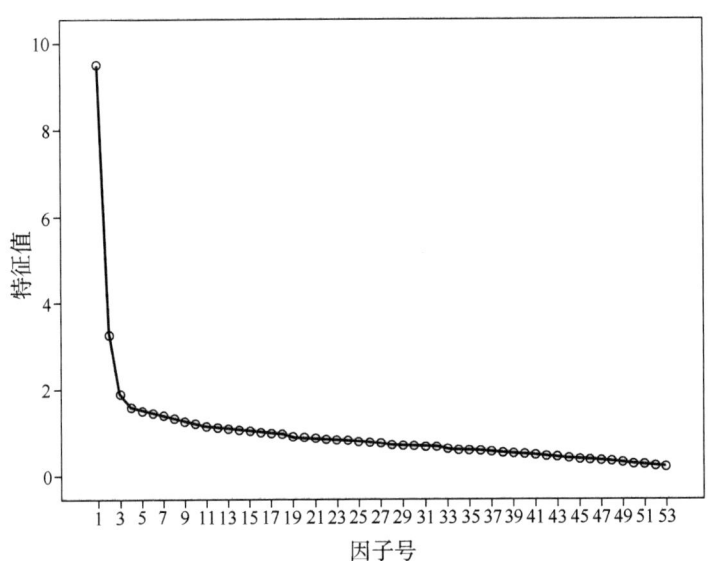

图 3-4-8　碎石图

表 3-4-6　结构矩阵（节选部分）

	1	2	3	4	5	6
v3417	**0.844**	0.115	−0.461	0.134		0.334
v3418	**0.735**		−0.419	0.202		0.357

续表

	1	2	3	4	5	6
v3416	**0.685**	0.144	−0.388		−0.118	0.282
v3415	**0.683**		−0.518	0.193		0.301
v3411	**0.617**		−0.530		−0.129	0.371
v3420	**0.573**	0.183	−0.379	0.111	−0.125	0.487
v3412	**0.569**		−0.492	0.189		0.292
v12	0.115	**0.552**		0.181		
v4		**0.432**			0.101	
v13	0.109	**0.388**		0.220		
v32		**0.325**	−0.180	0.321		
v1		**0.305**				
v28	0.113	**0.262**		0.161		
v343	0.403		**−0.832**			0.257
v344	0.461		**−0.816**	0.106		0.252
v342	0.306		**−0.732**	0.106		0.164
v341	0.315	0.102	**−0.625**	0.132		0.156
v23				**0.590**	−0.129	
v345	0.294	0.140	−0.414	**0.520**		0.417
v8	0.141	0.202		**0.342**		0.124
v6					**0.579**	0.114
v14				0.122	**−0.434**	0.134
v27				0.126	**−0.305**	
v3414	0.385		−0.314	0.165		**0.712**
v3413	0.319		−0.314	0.233		**0.702**
v3410	0.206	0.117				**0.350**

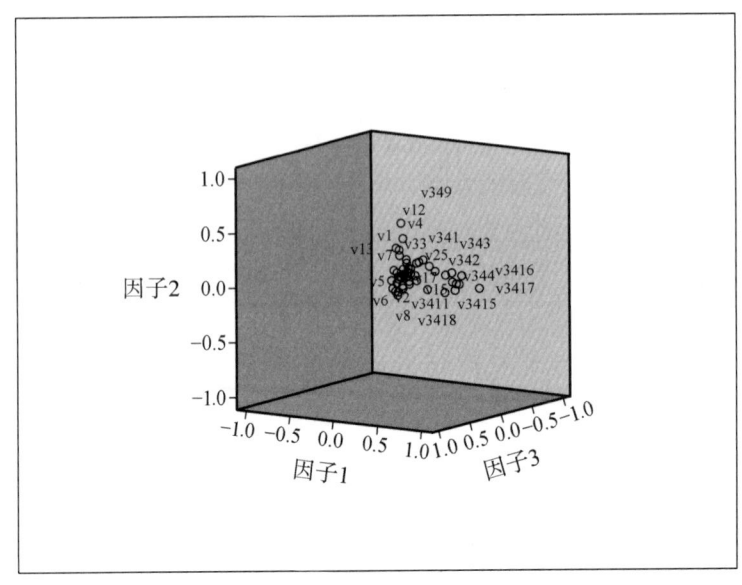

图 3-4-9 旋转后的因子空间中的因子图

表 3-4-2 项间相关性矩阵显示了该问卷所有 53 个题目之间的相关系数。表 3-4-3 显示 KMO 取样适切性检验指数为 0.887,接近于 1.00;巴特利特球形度检验的近似卡方值为 8 903.992,显著性水平为 0.000,表示球形度检验的卡方值达到极显著水平。KMO 和球形度检验这两个指标都很好,说明该问卷调查的样本数据适合进行探索性因素分析。

表 3-4-4 公因子方差表格呈现了各题目的方差被公共因素解释的比例,公因子方差越高,表示该变量与其他变量可测量的共同特质越多。如 V343、V347、V3417 三个题目的公因子方差均高于 0.720,还有很多题目的公因子方差在 0.50 以上,说明有较好的影响力。

表 3-4-5 总方差解释表格数据呈现了因素分析后所抽取的因素能够解释全体变量方差的比例。以特征根大于 1 即"提取载荷平方和方差百分比"大于 1 作为提取标准,得到 11 个因子,合计可以解释 36.061% 的变量变异量(累计方差百分比为 36.061%)。根据效度的理论定义,这时的累计方差即可解释的观测方差占全部观测方差总数的比例数就可作为测量潜变量的结构效度估计,故若以抽取 11 个因子计,该测验的结构效度为 0.36。

表3-4-6结构矩阵呈现了构成某个因子所含的题目内容与比重(即因素负荷值),如V3417该题在因子1(F_1)的因素负荷值为0.844。对于因子1而言,V3417、V3418、V3416、V3415、V3411、V3420、V3412这7个题目的因素负荷值都比较高,意味着这些题所测的内容实质比较相似,因此可以通过深入分析这些题目的测量目标来确定因子1的名称。同理,V12、V4、V13、V32、V1、V28这6个题目的因素负荷值都比较高,根据这些相类似题目所测量的目标来确定因子2(F_2)的名称。依次类推,其他因子均得以命名。

图3-4-8碎石图用来协助决定所抽取因素的个数。当线形急速下降,表示有特殊因素存在;当线形趋于平缓时,表示无特殊因素值得抽取。图3-4-9则是旋转后的因子空间中的因子图,用来表示各因素的相对位置与组成变量的关系。

需要注意的是,探索性因素分析由于在因素分析之前,并未对因素结构作预期,只是根据统计数据来探索因素的结构,因此带有明显的尝试错误的意味,一次探索得出的结果并非就是最终确定的结论,还可以继续尝试抽取不同个数因子进行多次分析,甚至是剔除某个劣质题目后再尝试抽取不同个数的因子进行多次探索性分析,直至得到研究者比较满意的结论。随着抽取因子个数的变化,不同因子的负荷值也发生变化,由特征根大于1所抽取的因子的累计方差也会随之变化,即测验的结构效度也会发生变化。此外,探索性因素分析的结果有较浓的主观色彩,在有条件的情况下,建议还可进一步用验证性因素分析加以验证,在此不再赘述。

思考与练习

针对第二章小组自行编制的教育调查问卷,完成以下任务:

1. 根据特定调查方式采集一定量样本试测后,对自编的调查问卷进行项目质量分析,说明项目的难度和区分度情况。小组成员相互交流分享,要求有理有据准确表达。

2. 根据项目质量分析结果适当修订问卷,说明修订内容和修订理由。小组成员相互讨论完成。

3. 在更大范围内选择测试样本,用 SPSS 软件分析问卷测验的信度和效度,并正确解读 SPSS 分析结果。小组成员相互交流分享,要求准确表达。

第四章　教育量化研究论文的写作

内容提要

◎ 教育量化研究论文的一般结构

◎ 教育量化研究论文写作的常见问题

◎ 教育量化研究论文写作问题的原因

◎ 教育量化研究论文的写作技巧分析

◎ 教育量化研究论文写作过程的范例解析

第一节 教育量化研究论文的基本结构

常听到有中小学教师谈道,如今的老师不好当,不仅要上好课,还要会写文章。的确,有很多优秀的中小学教师课堂教学技能优异,却不知怎样写论文。有的教师虽然做了很多研究工作,但写起论文来困难重重;也有的教师投稿后石沉大海,苦于无望发表论文。中小学教师写论文为什么这么难吗?中小学教师论文写作中存在哪些常见的问题,其原因何在?中小学教师撰写教育科研论文,尤其是教育量化研究论文又有哪些妙招呢?

针对上述问题,首先需要从思想认识上正确看待"写论文"这件事,端正态度,要分析为什么写不好论文,自身还存在哪些问题,要清楚写好一篇论文的基本规范和要求是什么;其次要树立信心,潜心钻研,重点梳理自身的研究问题、研究内容和研究结果,并通过阅读分析范文,理解如何将研究过程和成果转化为论文形式;最后要训练写作基本功,善于分解,勤于练笔修改,注重逻辑思维和论证方法,规避写作"雷区",相信终能写出高质量的论文并顺利发表。

教育科研论文有多种类型,有偏重理论思辨性的教育教学类论文,有偏重实证分析类的教育调查研究和教育实验研究报告,有偏重案例类的教学案例分析、课例分析和教育个案研究,还有文体更自由一些的教育日志、教育随笔等。不同类型的教育科研论文的写作结构有很大的不同,本书仅关注教育量化研究论文的一般结构及其写作。

一、量化研究论文结构的多元观点

为更全面地了解量化研究论文的一般结构,我们梳理了多位较有代表性的专家学者的观点,下面作简要介绍。

克雷斯韦尔(Creswell, 2009)[1]和瞿海源等人[2](2013)认为,社会及行为科学量化

---

[1] CRESWELL J W. Research design: qualitative, quantitative, and mixed methods approaches[M]. Thousand Oaks: Sage. 2009.

[2] 瞿海源,毕恒达,刘长萱,等.社会及行为科学研究法(一)·总论与量化研究法[M].北京:社会科学文献出版社,2013: 73-74.

研究设计应该涵盖六项内容,它们分别是:

① 绪论。旨在提出研究议题(包括研究议题及其重要性)、陈述研究目的和研究范畴的界定、评述或建构理论观点、确定研究问题或建立研究假设。

② 文献回顾。

③ 研究方法。包括确定研究设计的类型,说明研究母体、研究样本(包括抽样方法)和研究对象选择和安排,说明资料收集工具、变量测量和收集程序,说明资料分析方法的选择与分析程序。

④ 陈述研究中预期的伦理议题。

⑤ 提供研究的初步结果或先导研究结果。

⑥ 附录中提供访问问题表、观察记录表、研究时间表和研究预算编列表。

这六项量化研究设计中每一项都不能缺少,而且不同内容项目的前后关联性强,前面项目的确定会影响后面项目的内容。任何一项的内容有问题,都会影响整个研究结果的质量。因此,研究者需要按照项目顺序,来来回回地反复思考和设计其内容,以确保量化研究的研究品质。

美国社会学家劳伦斯·纽曼(Lawrence Neuman)在《社会研究方法》(*Social Research Methods*)中强调,量化研究论文结构包括摘要或执行摘要、提出问题、描述方法、结果与图表、讨论和得出结论六部分[1],具体如下:

① 摘要或执行摘要。定量研究报告通常始于一个简短的概述,即摘要。摘要的长短不同,但大多数学术期刊的论文在第一页上印有摘要。摘要中提供有关于主题、研究问题、基本的发现,以及任何不寻常的研究设计或资料收集特色等的信息。执行摘要是为实务工作者而写的应用性研究报告有较长篇幅的摘要。与论文摘要相比,执行摘要包括更多的细节,并且包括研究含义及该报告所提出的主要建议。读者利用摘要或提要来筛选信息以决定是否要阅读整篇报告。

② 提出问题。报告的第一部分界定研究问题。可以用诸如"引言""问题界定""文献回顾""研究假设""背景假设"等标题,将之置于一个或多个段落之中。虽然次

---

[1] 纽曼.社会研究方法:定性和定量的取向[M].郝大海,等译. 7版.北京:中国人民大学出版社,2021:608-610.

级标题不同,但是内容均包括了研究问题的陈述及进行验证的理论基础。

③ 描述方法。研究报告的下一个部分是描述研究者如何设计研究及进行资料收集。这是用以评估研究计划方法论的最重要部分,为读者提供数项问题的答案:

- 执行的是什么类型的研究(如实验、调查)?
- 说明资料是如何收集的(如研究设计、调查类型、资料收集的时间与地点、使用的实验设计)?
- 变量是如何测量的?测量是否具有信度与效度?
- 样本是什么?这个研究有多少被试?是如何选择的?
- 研究设计中的伦理议题与特定议题是如何处理的?

④ 结果与图表。描述完如何收集资料的过程、抽样的方法,以及施测方式之后,接着要呈现资料,而不是对资料做任何讨论、分析或诠释。研究者有时候把"结果"这个部分与下一个称为"讨论"或"发现"的部分合并在一起。研究者可以选择如何呈现资料。研究者要选出最少数量的、能够充分告知读者的,而且极少仅是原始资料所构成的图表。数据分析技术应该提供摘要并且进行假设检验。

⑤ 讨论。研究者要就研究的含义向读者提供一个简洁清楚的诠释,这个讨论并不是做选择性的强调或是派系之见的诠释,相反它是对研究结果部分所呈现的资料提出直接的讨论。把讨论部分与结果部分分开,好使读者能够检验资料、形成不同的诠释。另外,研究者还要讨论非预期的发现、关于研究结果的可能的替代解释,以及研究报告的不足与局限。

⑥ 得出结论。研究者在结论中要重述研究问题和概括研究发现,其目的是在简要概述这份报告,因而有时以"总结"为题。

结论之后所剩下的部分就是参考文献与附录。参考文献部分中只包括正文中所提及的出处来源或是报告的笔记。附录通常包含了有关资料收集方法的额外信息。

唐纳德·奥里(Donald Ary)等人认为量化研究论文结构包括三个部分,分别是扉页、正文和补充内容[1]。

扉页包括:

---

[1] ARY D, JACOBS L C, IRVINE C K S, et al. Introduction to research in education[M]. Boston: Cengage Learning, 2018: 353-362, 366.

① 题目：标题、作者、作者单位和日期。标题应该确定主要变量和感兴趣的总体。主要变量的操作定义和样本的描述不需要包括在标题中。标题以关键词开头。

② 摘要：一般为 100~150 字。它提供了研究的简明总结，包括问题、方法、结果和结论。

③ 录用页。

④ 致谢或前言。

⑤ 目录。

⑥ 表。

⑦ 图。

正文包括：

① 引言：概述本研究的目的、背景和意义，含有问题、假设、问题的意义、术语定义。

② 文献综述。包含了与你的问题相关的大量文献综述，不要只是一个接一个地列出研究，而是综合他们的发现，指出他们之间的一致和不同之处。同时展示它们是如何与你的研究问题相关的。

③ 方法。包含研究设计、参与者（被试）、程序、数据收集工具。

④ 结果。包含数据展示、数据分析。

⑤ 讨论。包含结果解释、意义、应用。

⑥ 结论与总结。包含结论、总结。

补充内容包括：参考文献、附录、个人简历。

此外，唐纳德·奥里等人还认为，专业会议中的量化研究论文应该从标题、摘要、假设、研究步骤和研究结果、结论与影响五个方面进行。

米切尔和乔利（Mitchell & Jolley）认为，撰写完量化研究论文后，可以从标题、问题陈述、相关文献、假设、总体、程序、工具、数据分析、结果、讨论和结论这 11 个方面来评估是否是一篇真正的量化研究论文，提出了量化研究报告评估清单[1]。具体结构如下：

---

[1] MITCHELL M L, JOLLEY J M. Research design explained [M]. 8th ed. Belmont: Cengage Learning, 2013.

① 标题。标题是否简短但内容丰富？标题是否明确了感兴趣的总体和主要变量？是否避免了含糊其词、带有感情色彩的词语？

② 问题陈述。是否确定了感兴趣的变量？研究的理论基础已经建立了吗？问题表述是否清楚？该研究是否有正当理由或基本原理？

③ 相关文献。文献是否相关且充分？目前的研究与之前的研究和理论之间的联系是否清晰？

④ 假设。假设是否明确？假设是否符合问题陈述的逻辑？

⑤ 总体。是否定义了感兴趣的总体？选择样本的方法是否明确？抽样是否允许对感兴趣的总体进行一般化？

⑥ 程序。程序描述是否足够清楚，可以复制该研究？程序是否包括自变量和因变量的适当操作定义？程序是否对内部有效性提供了充分的控制？程序是否对外部有效性提供了足够的控制？

⑦ 工具。是否充分描述了工具？是否提供了有关仪器有效性和可靠性的信息？这些工具是否适合因变量的操作定义？

⑧ 数据分析。描述性统计是否适用于总结数据？推论统计是否适用于检验假设？统计数据是否适合测量数据的级别？

⑨ 结果。是否列出了所有假设检验的结果？是否报告了效果量？是否清楚地展示了结果？表格和图表的使用是否恰当？

⑩ 讨论。对结果有明确的解释吗？作者是否提出了研究结果的含义？暗示是基于研究结果提出的，还是基于作者希望或预期的事实？是否讨论了合适的应用程序？所提的建议是否符合研究结果的逻辑？结果、理论和现有文献之间是否有联系？对未来的研究有什么建议吗？

⑪ 结论。结论是否清晰？结论是否符合研究结果的逻辑？作者是否避免得出没有研究结果直接支持的结论？摘要是否清晰、简洁且足够完整？

二、教育量化研究论文的一般结构

尽管不同学者对量化研究论文结构的观点不尽相同，但其所含有的核心要素基本一致，显然教育量化研究论文也应具备这些量化研究论文的核心要素。概括地说，教育量化研究论文的一般结构应包括前置部分、主体部分和补充部分三部分，每部分所含的具体内容如下。

① 前置部分包括：

- 题目（小于20字）。
- 署名（作者署名及所在单位、邮编）。
- 摘要（300字内，浓缩核心内容包括研究问题、使用方法、研究结论等）。
- 关键词（3~5个规范术语）。

② 主体正文部分包括：

- 引言（研究目的、问题界定、概念界定）。
- 文献综述。
- 研究设计（研究假设、研究材料、研究对象、研究方法、数据分析方法等）。
- 实证分析（研究结果、讨论分析）。
- 结论与结语（致谢）。

③ 补充部分包括：

- 参考文献（引文格式要规范）。
- 附录部分（可分为附录Ⅰ、附录Ⅱ等，以呈现调查问卷、数据图表或作品等）。

具体而言，不同文体的教育量化研究论文的正文展开格式各有差异。以下是教育调查研究报告和教育实验研究报告的基本格式。

教育调查研究报告的基本格式：

① 题目（×××的调查研究）。

② 引言（调查目的、概念界定、调查意义等）。

③ 调查方法（调查对象、调查材料、调查时间、数据采集方法、统计分析方法等）。

④ 调查结果与分析（依据调查维度展开，紧扣数据分析，得出结论有理有据）。

⑤ 讨论、建议与对策（深入讨论问题，基于结论或问题提针对性建议或改进对策）。

教育实验研究报告的基本格式：

① 介绍实验设想的形成过程。包括实验课题的形成背景，别人在此方面曾取得的研究成果，本研究实验目的。

② 介绍实验设计。包括实验范围（在哪个学科、年级或班级中开展此项实验），实验方法，实验假说与实验步骤。

③ 阐述实验过程。包括简介实验的起止时间、范围及步骤,实验资料的收集情况,实验着重研究的问题,解决问题的过程(这是重中之重)。这部分的写法通常有三种方式:a. 以问题为线索,逐项说明每个问题的解决措施;b. 以时间为线索,分别说明在不同时间段里着重研究的问题;c. 将问题与时间结合起来。

④ 实验结果与分析。包括整理实验数据、统计图表、检验假设与结果分析过程。

⑤ 实验结论与讨论。包括取得的结论及待进一步深入讨论的研究问题。

三、教育量化研究论文结构的范文示例

为便于读者更直观地理解教育量化研究论文的一般结构,下面提供一篇教育调查研究报告的范文(有删减)作示例。

基于用人需求的全日制小学教育硕士课程满意度调查①

刘兰英[1]　张盼盼[2]

(1. 上海师范大学研究生院,上海　200234;

2. 上海市嘉定区实验小学北水湾分校,上海　201800)

[摘要] 全日制教育硕士研究生的课程学习是否优质高效,很大程度影响着我国中小学教师的综合素养。以小学教育专业为例,基于用人需求视角,着重对教育硕士课程满意度情况展开调查。结果表明,用人单位尤为关注职业道德和职业情感、团队合作能力、学科专业知识和教学实践能力四大素养,教育硕士课程总体满足小学教师的职业需求,在校生与毕业生对课程的满意度在具体维度上存有差异。优化课程结构并丰富课程门类,加强实践教学以提高实践能力,活化教学方式以提升教学魅力,则是提升全日制小学教育硕士课程满意度的有效举措。

[关键词] 教师素养;用人需求;小学教育硕士;课程满意度

自 2010 年我国开始招收全日制教育硕士研究生以来,尤其是近几年随着招

---

① 刘兰英,张盼盼. 基于用人需求的全日制小学教育硕士课程满意度调查[J]. 教师教育研究. 2019,31(2):100-104.

生规模的逐步扩大,全日制教育硕士研究生的培养质量引起大家普遍关注,也取得了一系列卓有成效的研究成果[1][2]。主要面向小学教师培养的全日制小学教育专业,其课程体系究竟在多大程度上满足小学教师的职业需求?本文将从用人需求角度,通过用人单位负责人调查和在校生与毕业生的对比调查,对全日制小学教育专业硕士课程的满意度进行研究。

一、调查目的与方法

(一) 调查目的

为了更深入地考察全日制小学教育专业硕士课程的设置是否科学,目标与结构是否合理,学习方式是否有效,实践实习成效是否明显等问题,不仅需要了解本专业在校生的真实想法,还需要客观反馈毕业生的课程学习满意度,更需要洞悉用人单位对毕业生质量的综合评价。为此,本研究选取某市属师范大学(简称"S校")的全日制小学教育专业硕士为研究对象,针对部分在校生、毕业生和毕业生就业相对集中的小学校长分别展开调查,以全面考察全日制小学教育专业硕士课程的满意度状况。

(二) 调查方法

采用以问卷调查为主,辅以个别访谈和文本分析等调查方法。整个问卷调查过程,遵循三个步骤依序展开。

首先,综合泰勒课程教学原理与全国全日制教育硕士研究生指导性培养方案,构建全日制小学教育硕士课程满意度调查的内容维度。……

其次,围绕调查内容维度,借鉴2017年全国高校教育硕士研究生培养质量调查问卷,编制相应的调查问卷,包括全日制小学教育硕士课程满意度调查问卷(在校生卷)、全日制小学教育硕士课程满意度调查问卷(毕业生卷)和全日制小学教育硕士课程满意度调查问卷(用人单位负责人卷)。

最后,三份问卷均采用问卷星方式实施在线调查,收集、整理和分析调查数据。回收在校生问卷150份,毕业生问卷98份,小学校长问卷80份,有效问卷均为100%。用SPSS 22.0软件进行数据处理与统计分析。

除问卷调查外,本研究还辅以半开放式的个别访谈。在问卷者中选取在校生、毕业生和小学校长各 8 人，进行面对面访谈，着重了解……深层次的学习需求及其原因认识等。

二、调查结果分析

（一）用人单位重点关注职业道德和职业情感、团队合作能力、学科专业知识和教学实践能力四大素养

在招聘小学教育专业硕士毕业生时，用人单位最关注哪些教师素养呢？调查发现，小学校长关注的教师素养依次为：职业道德和职业情感（82.61%）、团队合作能力（60.87%）、学科专业知识（56.52%）、教学实践能力（43.48%）、组织管理实践能力（39.13%）、自主学习和反思能力（34.78%）、教育实践研究能力（30.43%）、教育教学基础知识和心理调适能力（21.74%）（图 4-1-1）。

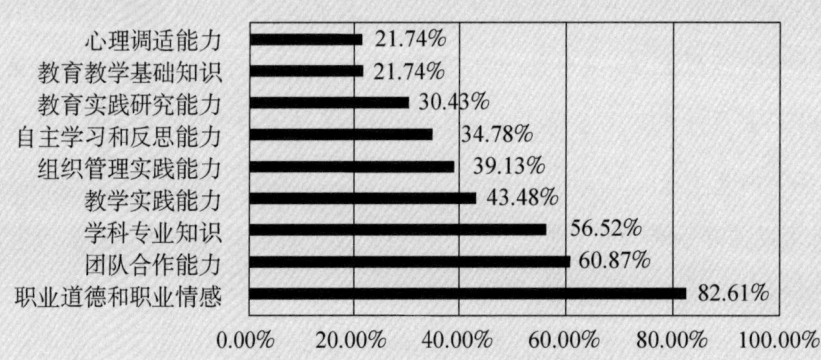

图 4-1-1　用人单位对拟聘教师素养的重要性程度认识

综上可见，用人单位对拟聘教师的素养要求和对高校课程的类别期望基本一致，尤为关注职业道德和职业情感、团队合作能力、学科专业知识、教学实践能力四大素养。正如一位小学校长所言："我非常看重教育硕士作为一名教师的个人人品，其他方面都没有人品重要，专业性的知识和技能后续都可以习得。"

（二）全日制小学教育硕士课程总体满足小学教师的职业需求

用人单位负责人对本校所聘教育硕士的满意度调查结果显示，……对所聘教育硕士岗位专业知识和工作能力的满意度比较相近，各有 79% 和 74% 的小学校长对其表示满意。不容忽视的是，仍有两成左右的小学校长对本校所聘教育硕士

的总体满意度一般,他们认为教育硕士的岗位专业知识和工作能力一般,实践能力表现欠佳。

(三) 在校生和毕业生对具体维度上的课程满意度存有一定差异

比较发现,全日制小学教育专业硕士在校生与毕业生对课程总体满意度高,普遍认同课程体系有利于培养目标的实现,对诸多问题的看法基本一致,但在课程结构、课程内容、教学方式及实践实习维度上某些具体问题的满意度回应上存有一定差异。(省略表格)

就课程内容维度,在校生和毕业生……。与毕业生相比,在校生认为学位专业课程内容与之前所学内容能更好地衔接并且在深广度上有更好的提升($X^2 = 14.329, P<0.001$)。需注意的是,均有二成多的在校生和毕业生认为,学位基础课程、学位专业课程和专业选修课程的内容都显得太陈旧,以致学习后收获不大。

就实践实习维度,在校生和毕业生对实习时间安排和实习形式的看法存有非常显著的差异。超半数的被调查者认为,教育实习集中在第三学期易导致实习与写论文的时间冲突,毕业生(73.91%)对这一点的看法较之于在校生(53.91%)尤为强烈。……可见,在校生与毕业生对教育实习的满意度较低,尤其对教育实习时间安排不甚满意,有43%的人希望教育实习时间能分散安排在整个研究生阶段。为此,在如何更科学合理地安排实习时间和如何提升实习成效方面,仍有很大的改进空间。

三、提升全日制小学教育硕士课程满意度的建议

以S校为例,基于用人需求的视角,小学校长调查和在校生与毕业生的对比调查结果发现,全日制小学教育硕士课程满意度总体良好,较好地满足了用人单位小学教师的职业需求,从中也反映出一些亟待改进的问题。针对本次调查发现的问题,本文将提出建设性的改进举措,以更好地提升全日制小学教育硕士课程满意度。

(一) 优化课程结构,丰富课程门类

调查结果表明,当前全日制小学教育专业硕士的各类课程比例失之偏颇,主

要存在专业必修课程较多而专业选修课程较少,基础理论课程较多而专业实践课程较少,政治和英语课时偏多,少量基础理论课程与之前所学重复等问题。经分析培养方案发现……。由此,精减冗余课程,丰富课程门类,进一步优化课程结构。

首先,削减……。其次,增设……。

(二) 加强实践教学,提升实践能力

调查结果表明,全日制小学教育硕士生培养存在实践课程薄弱、实习时间安排不够合理、实习成效不尽如人意、实践能力欠佳等问题。究其原因,其中有来自高校研究生课程教学管理方面的原因,也有来自实习小学或带教教师的协同度不够等原因。为此,加强实践教学,提升研究生实践能力,这是当务之急。

首先,修订……。其次,强化……。再次,精选……。

(三) 活化教学方式,提升教学魅力

调查表明,全日制小学教育硕士生的课程内容还欠新颖,课堂教学方式还不够灵动,传统"满堂灌"教师讲授仍为主要的教学方式,诸如此类的问题依然常见。尽管全日制小学教育硕士生的课程教学改革在持续推进中,但距离活力课堂和魅力教学相去甚远。如何更新教学内容,活化教学方式,让课堂真正灵动起来,仍有漫长的路要走。

首先,要打破……。其次,要激励……。再次,要增进……。

【参考文献】

[1] 张斌贤,李子江,翟东升.我国教育硕士专业学位研究生教育综合改革的探索与思考[J].学位与研究生教育,2014(2):1-4.

[2] 郭永峰,毕波,于海雯.全日制教育硕士专业学位研究生实践教学的现状研究[J].学位与研究生教育,2016(6):14-19.

第二节 教育量化研究论文的写作技巧与常见问题

一、教育量化研究论文的基本要求

一篇好的教育量化研究论文,通常会采用"总—分"或"总—分—总"的方式进行论述,一般需满足如下三个基本要求:第一,从目标上看,论文写作要有新意,包括审视问题的视角新颖,有创新性的理论、观点、方法或建议。创新是科学研究的根本,创新也是论文写作的核心与"魂",创新可以表现为理论创新或观点创新或方法创新等多个侧面。第二,从过程上看,论文写作要围绕"证伪假说"而展开,即研究者要着重思考:所提出的问题和假说是否有比较好的价值,拟解决问题的研究设计是否科学合理,以及实证分析所提供的素材能否充分有力地支撑待检验的预先假说。第三,从语言上看,论文写作是一个有理有据的论证过程,由论点、论据、论证这三者构成论文写作的核心。任何一篇论文首先要有鲜明的创新性观点,其次要有充分的论据来支撑这个观点,最后还需要有严密的逻辑和条理将论据、论点联系起来加以论证,只有将这三者融于一体,论文才具有比较强的说服力。

怎样才算是一篇好的教育量化研究论文?除了上述三个基本要求外,还有一个关键点,那就是要看这篇论文是否解决了某个教育实践问题,在多大程度上源于实践创生了新的理论或观点。一篇好的教育量化研究论文,通常表现出如下特点:题目合适简明易懂,理论构建完备充分;论点突显富有新意,结构严谨论证有力;方法恰当科学规范,结果解释科学合理;层次分明逻辑清晰,文句精练流畅美观。简言之,要在科学性基础上力求有所创新,要在借鉴吸收的基础上力求独创,要在严密基础上合理取材扣观点,要在个性研究的基础上注重规范表达。

一篇好的教育量化研究论文,还要特别注意大小标题使用序号的逻辑层次性。一般地,一级标题、二级标题、三级标题等所使用的序号表示如下:

一级标题:一、二、三、……

二级标题:(一)(二)(三)……

三级标题:1. 2. 3. ……

四级标题：（1）（2）（3）……

五级标题：① ② ③ ……

也可以采用数字编号形式，如：一级标题为"1"，二级标题为"1.1"，三级标题为"1.1.1"……

二、教育量化研究论文写作的核心技巧

很多人常常会有如下的感受：在阅读他人论文时感觉写一篇论文并不难，但真正开始自己写作时，却发现问题多多困难重重，不知从哪里下笔。常见的写作难点突出表现在摘要、引言、研究设计和实证分析这四个部分。

（一）摘要

摘要写作的重点是需要简明扼要地指出研究目标、研究内容、研究发现、研究价值与可能的贡献。也就是说，作者需要用概述的语言，将包括研究目标句、研究内容句、研究结论句和研究价值句这四个句子贯穿起来，既提出假说又给予检验，这就是摘要写作的重点，也是难点。

摘要可以独立成文，应能反映论文的全貌。摘要写作需高度概括和凝练，应说清楚如下四个内容：第一是研究目标句，即要交代清楚你将研究什么，研究问题与拟检验的假说是什么，常用"试图构建""旨在揭示""尝试探索""意在解释"等动词连接，用一句话讲清楚研究目的。第二是研究内容句，阐明你是怎么研究的，即针对哪些研究对象，用什么研究方法，遵循什么研究思路对什么研究内容进行研究。通常会用"以……为对象，通过……抽样方法，运用……研究方法，对……进行实证研究"这样的语句来表达。第三是研究结论句，阐述你的实证结果和研究结论是什么，可以分点来写，常可描述为"研究结果发现，一是……二是……三是……"。第四是研究价值句，宜用一句话精准有针对性地提出研究的理论价值、实践意义与政策参考价值等，不宜太冗长。

摘要中不要只是简单重复论文题目，而要与论文章节标题之间有密切关联，要厘清研究目的、研究过程和研究发现这三者的逻辑关系。所以，摘要宜等论文定稿后再构思撰写，是基于论文核心观点高度概括而成的。摘要需要多次打磨，尽量用精练的文字呈现尽可能多的信息和论文创新点，吸引读者的眼球。为更好地理解摘要的具体写法，读者可参阅本章第一节"范文示例1"中的"摘要"。

（二）引言

引言，又叫引子或导言等，为读者交代研究背景与有关情况，重在结合已有研究和背景事实，引出研究问题，并对自身研究的重要性与价值进行论证，说服读者接受和认同这篇论文的价值与创新。通常会概要地包含研究背景、研究问题、研究目标、研究价值与意义等信息。

引言不仅仅是提出研究问题，还要有论证的过程。也就是说研究问题不是凭空提出的，而是要有理有据。引言中需要论证研究的预先假说，集中表现为要对核心概念作出界定，理论性定义和操作性定义分别是什么，将怎样运用合理的研究思路进行研究，研究发现将蕴含的研究价值是什么，也就是说引言的核心内容旨在论证自身研究的重要意义。

要写好引言，关键在于要牵好引言的"牛鼻子"或线索即"研究问题"。要找准研究问题，这也是引言论证的核心或"靶心"，所有的论证背景、论证内容都要围绕"研究问题"这个靶心而展开。也就是说，不管是从国际教育形势大背景、还是文献分析或是现实需要等多个角度论证，都要让论证做到有的放矢，这个"的"就是研究问题即研究目标，开门见山，直奔主题，聚焦研究内容，增强可读性。可见，研究问题不明确，容易导致论文内容散乱，缺失贯穿论文的主线。

例如，有教师准备撰写论文"学习任务群视域下小学语文诗歌教学实践研究"，在写引言时可以开门见山地从《义务教育语文课程标准（2022年版）》出发提出小学语文诗歌教学的具体要求是什么，引出"学习任务群"的概念，从而界定"学习任务群"的概念内涵，再回顾已有文献清晰地评析当前小学语文诗歌教学中存在哪些问题，为什么说从学习任务群视角来研究是有利于解决这些问题的，这样就能比较自然地论证本文基于学习任务群来研究小学语文诗歌教学为什么是重要的，拟解决什么根本问题，准备从哪些角度哪些内容研究，便于读者更客观地理解该论文的重要价值所在。

（三）研究设计

研究设计是教育量化研究中非常重要的部分，是连接文献综述与实证分析的"桥梁"，是整个实证研究的施工蓝图，具有导向性和工具性作用，包括研究对象、研究材料、研究内容、研究方法和数据分析方法等。研究设计既要能体现出新的视角、思路、理论和方法,又要统筹考虑研究假说、研究方法和检验论证,使彼此之间能相互兼容相互适配。研究内容是研究设计的具体体现,而研究思路和方法是研究设计的操作路径。通常会借用分析框架图、研究设计图或研究技术路线图来勾勒研究设计的内容及其实施路径。

研究设计部分,通常是从理论和实践两个层面提出研究思路的,并将理论分析与实践研究的结果进行有机结合。设计研究分析框架或研究技术路线时,往往需阐明所采取的理论视角或理论基础是什么,是在什么理论框架下或哪种理论视角下展开分析的。要简洁明了地概述研究思路和研究方法,便于读者全局把握作者的研究设计。要简要交代研究对象是谁,如何选取代表性好的样本。要阐明研究材料是什么,是自编设计还是引用他人资料,研究材料是怎样编制出来的,为什么要这样编制。此外,还有必要交代运用哪些研究方法进行收集数据和处理分析数据;等等。

例如,笔者在开展"数学课堂师生对话特征分析"研究时,绘制了"研究总体路线图"(见下页图4-2-1)来清晰地展现整个研究思路[①]。

(四)实证分析

实证分析是教育量化研究论文中最重要的部分,也是论文的核心与重点。这部分既要规范和有条理,又要有特色与亮点,即论文内容既要将客观的实证研究结果有重点地、有理有据地呈现出来,又要围绕研究假说紧扣研究结果展开必要的讨论与分析,彰显独到的观点。

写清楚实证分析部分,需要把握住如下三点:第一,要围绕研究假说或分析框架来展开论证,常用的技巧就是按照分析框架维度来构思研究结果分析的逻辑层次或标题要点,使实证分析的展开内容都能紧紧围绕研究假说或研究分析框架;第二,要运用描述性统计或推断性检验等各种数据统计方法,用科学准确的数据支撑和规范表达来呈现或解释研究结果,善于将数据结果汇总或制作成表格,围绕研究假说或分析框架来检验与解读表格数据,结合数据有理有据地提取有用的信息,提炼重要的研究结果;第三,要注意实证分析中的研究结果的原创性,基于研究结果的分析讨论应是有新意的,切忌简单重复他人的研究结论。当然,要写好实证分析这部分内容并非易事,需要

---

① 刘兰英.数学课堂对话分析[M].上海:上海教育出版社,2014:26.

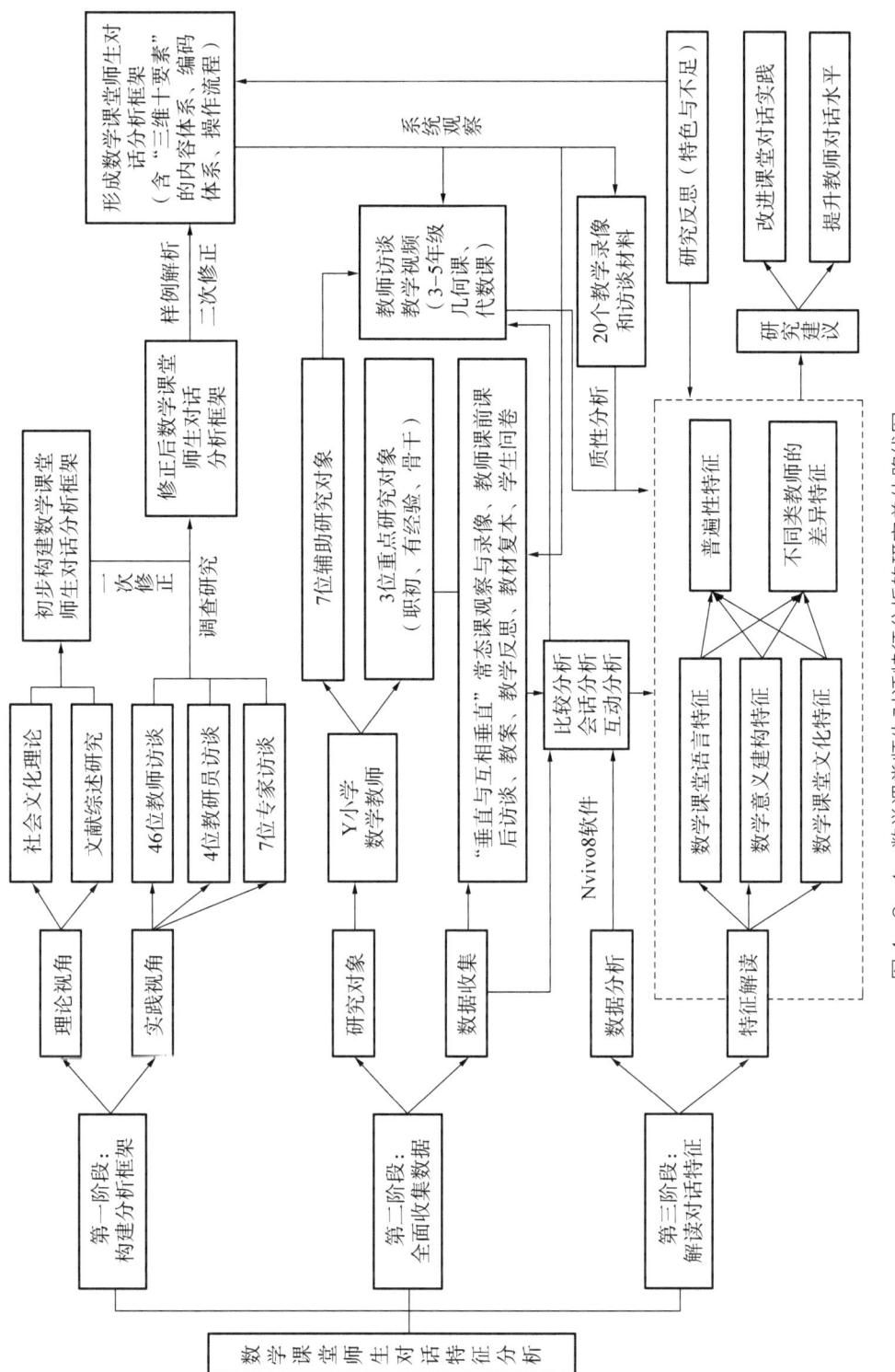

图 4-2-1 数学课堂师生对话特征分析的研究总体路线图

综合考量论文写作者对信息的洞察力与敏锐度,对统计方法运用的娴熟度和灵活性,对问题思辨的深刻性和逻辑严密性,对语言表达的准确性和基本功等多维能力表现。

三、教育量化论文写作中的常见问题

结合日常接触到的各种形式的教育量化研究论文,笔者概括出量化研究论文写作中的常见问题主要表现如下。

(一)态度不认真,写作基本功不扎实

这是最低级的问题,也是最不应该出现的问题。出现这类问题,究其原因是个人态度不端正,在价值观或认识上不重视,最常见的行事风格就是应付了事,文章写完后没有认真仔细检查,或者由于自身基本功不扎实无法检查出错误。常见的错误表现有:病句、错别字、标点符号乱用,句子不通顺,排版不美观,严重影响阅读感受。例如:

不(布)鲁纳认为……

……,有利于学生持继(续)性探究。

本堂课脱离原先的设汁(计)……,有些设计思想、方法的可行性、科学性终究未(末)得到实践的检验。

欲(与)长辈对话,理解家庭责任。

教会学生学习,交(教)给学生学习地(的)方法。

再(在)此,仅个人观点先谈谈作文教学现状。

心理(里)美滋滋地想着……。又我(我又)多次用课件制(创)造机会让学生单独回答题(漏了"问")……。因此(需加上",")又引出了……。最后(需加上",")我又……"。

(二)题意不清或文不对题,观点不鲜明

这类问题常见的错误表现有:题目表述不清,立意不高,中心论点不突出,观点不鲜明。通常将教学论文混同于工作汇报或个人经验汇报或个人成果展示,将教学论文混淆于课题申报,将教学案例混同于教案或教学实录,将教育实验研究报告混杂于教学经验总结。出现这类问题,究其原因主要是研究者尚未从根本上抓住研究问题的实质,没能真正明白自己究竟要解决什么问题,用什么方法解决问题,最终得出了什么样

的研究结论。从而导致抓到哪里写到哪里,没有围绕研究问题和研究分析框架重点展开,使所写的内容显得散乱不成形,缺乏逻辑和"主心骨"。论文题目是一个不断提炼修正的过程,论文初稿写完后,作者一定要自我反思文中所提出的研究问题在文末是否得以解决了,换位思考将自己作为审读者来审视论文题目和全文的关系,要注意题目要突出"题眼",突显关键词抓人眼球,要注意文题相称,中心明确,观点鲜明。

(三)结构不合理,逻辑不严密,详略不当

这类问题常见的错误表现有:一是逻辑层次不清,论证不严密。例如,论文的同级标题并非在同一层次上展开,缺乏逻辑。二是头重脚轻,详略处理不当。例如,引言部分冗长累赘,而研究设计部分却很简单。三是并列标题或并列段落所占的篇幅或分量很不相称,同层次的标题长短不一,或者标题不像标题却更像一句加了标点的句子,并列段落之间有的段落篇幅过长而有的段落却只有寥寥几行。四是理论与实例之间的关系脱节,有时所引用的例子不典型,或无法印证前面所提出的理论;有时所借用的理论基础与实例风马牛不相及,例子与说理存在"两张皮"现象;有时引用的实例显得啰嗦过于冗长,突显不出举例论证的作用。

出现这类问题,究其原因主要是写作者未能将"研究问题"与"研究假说"作为统领全文内容的"魂",未能按照"提出问题—提出研究假说或构建分析框架—检验假说或围绕分析框架展开论证"这样的逻辑思路来构思整个论文,使论文行文与论证缺乏条理性和针对性,不清楚哪里需详写哪里需略写,文字不能达到精练美观。

需要注意的是,在写研究结论或提出对策建议时,一定要紧扣研究结果分析情况展开论述,使"结果""问题"与"对策建议"之间建立相互依存的关系,而不是完全孤立或脱节的。一定要注意论文各部分之间的连贯性和衔接性,必要时还需要用承上启下的关联句顺承。从论文研究的逻辑性上说,在分析研究结果后,需要进一步分析存在哪些问题,只有针对问题才有提"对策建议"的必要。建议的提出一定是紧扣问题而言的,而且要明确这些建议是针对谁提的,即受众对象人群是谁。

(四)误用统计方法,推论依据不足

这类问题常见的错误表现有:一是误用统计方法或解读错误,这种错误时有发

生;二是主观推断数据结论,推论依据不足;三是只出现数据表格或实例却没有必要的文字解读,出现"以例代证"或"以表格代证"的情况。出现这类问题,究其原因主要是写作者对统计方法和技术掌握不熟练,没有准确把握统计方法运用的必备条件,没能精准理解统计数据背后的原理解析,也缺乏必要的有理有据严密论证的思辨能力。

例如,某教师在其论文中这样写道:

> 统计分析:
>
> 回答①中,五年级学生占到了32.6%,三年级学生占了25.0%,一年级学生占了15.8%。而在回答②中,一年级学生中,有21.0%的人能够利用这种思维推理模式对这道题进行解答,三年级有27.5%的学生正确解答,五年级有27.9%的学生正确解答(表4-2-1)。为此,从"用多种方式表示数"测试结果来看,总体上小学生数感发展随着年级的增长而逐步提高。一年级和三年级无显著差异,三年级和五年级也无显著差异。
>
> 表4-2-1 各年级学生回答问题正确率汇总统计表
>
> | 年级 | | 一年级 | 三年级 | 五年级 |
> | --- | --- | --- | --- | --- |
> | 回答① | 人数 | 6 | 10 | 14 |
> | | 占总人数的百分比/% | 15.8 | 25.0 | 32.6 |
> | 回答② | 人数 | 8 | 11 | 12 |
> | | 占总人数的百分比/% | 21.0 | 27.5 | 27.9 |

此例中,我们甚感诧异,这位教师的研究结论"总体上小学生数感发展随着年级的增长而逐步提高。一年级和三年级无显著差异,三年级和五年级也无显著差异"是如何推论出来的?其依据是什么?很显然,根据表中数据是完全无法推出这一结论的,因为只靠几个百分比数据是无法作出"差异显著"之类的判断,有无"显著差异"是需要作统计学意义上的显著性检验后才能得出结论的,这也就是说教师的这一推断是缺乏科学依据的。

（五）写作格式不符合基本规范

这类问题常见的错误表现有：一是写作格式上常常用大标题套小标题，没能按照"总—分—总"或"总—分"的结构写作，大标题下没有文字概述其主要研究内容，难以让读者理解此标题下究竟想表达什么。二是引文格式不规范，有的引文没加注来源，有的引文标注不够规范，有的引文是二手资料。三是图表的标题位置不对，图表的编号不合理，表格跨页排版，全文字体、字号、行距、排版格式比较混乱等，这些虽是细节，也要引起重视。出现这类问题，究其原因还是科研写作基本功不扎实，是科研训练少导致的。

总体上说，写好一篇教育量化研究论文并非一蹴而就，也非一朝一夕就能学会的。教育量化研究论文写作中存在的诸多问题，原因是多重的，需要就每个人的实际情况作具体分析，针对具体问题有针对性地弥补。如果问题是不良的写作习惯或态度导致的，那就得从思想认识上加以重视，树立认真严谨的治学态度，从思想根源上纠正问题。如果问题是缺少教科研方法论的指导或缺少相关方法、技术或技能导致的，那就得加强学习，查漏补缺，掌握研究方法和研究技术手段，充实研究能力和写作实力。正如刘西川所言，实证论文写作通常面临三重阻力：第一重阻力是思维逻辑上存在缺陷，第二重阻力是态度上不够真诚，第三重阻力是行动上较为懒散[1]。其中思维逻辑上存在缺陷是根本的，论证缺乏逻辑，集中表现在因缺乏质疑精神无法发现真问题、提出新假说，直接导致缺乏研究结论和新颖的学术观点，也就缺乏具有内在逻辑且有理论支撑的过程性分析与论证。为此，如何才能写好教育量化研究论文，首先需要在思想认识上扫清三重阻力，注重日常学习、训练和积累，掌握常规的研究方法和写作方法，认真做好教科研工作，提高写作基本功，善于构思成文、勤于推敲修改，一遍遍地磨稿，终能写出好论文。

---

[1] 刘西川.实证论文写作八讲[M].北京：北京大学出版社，2020：4-6.

第三节　教育量化研究论文写作过程的范例解析

仍以"中小学发展性教学质量调查"这一课题研究为例,研究者在经历并完成了教育调查问卷编制——对上海大量中小学教师进行问卷调查——将原始数据输入SPSS软件建立数据文件后,那么应该怎么着手撰写教育量化论文"中小学课堂教学质量调查报告"呢?

很多时候大家参加学术研讨会或阅读大量的论文,看到的都只是"成品",不知道这些成品是如何打造出来的。要解决这个问题,则需要通过一个详细的研究个案解读,来说明论文写作过程的每个环节应该做什么、怎么做,如何构思论文,如何谋篇布局,如何从大量数据信息中洞察有用的信息"做足文章",如何进行有理有据的分析论证。这些正是论文撰写过程中的所思所想,对论文写作初学者来说是特别想知道的"黑箱"。

下面将以《上海中小学课堂教学质量现状的调查研究》[①]为范文进行技术拆解,来解析此论文的构思与写作过程。

一、如何开篇

论文开门见山直接交代研究背景,引出研究问题,提出研究假说,即"试图以发展性教学评价观作为衡量现行中小学课堂教学质量的尺度"。紧接着对"何谓发展性教学评价"这一核心概念作出界定,提出了作者独特的观点。

论文开篇中的短短两行,论证了该研究论文的重要性和价值。第二段则集中对核心概念作出界定,宣扬了作者的新颖观点和独到见解,尤其是提出"发展性教学评价"的操作性定义,"三个维度八个方面"其实质是从宏观上构建了发展性教学评价的分析框架,起到了很好的统领性作用,既为下文调查问卷编制构建了维度,又为全文的主体部分即研究结果分析铺设了论证思路。

---

① 刘兰英.上海中小学课堂教学质量现状的调查研究[J].上海教育科研,2006(2):48-50,63.

1 引言

教学观影响质量观。新一轮中小学课程教改试验历时已久,那么,现行中小学课堂教学质量到底如何? 我们特地开展了调查,试图以发展性教学评价观作为衡量尺度来诠释这一问题。

所谓发展性教学评价,就是以发展性教学观为指导,采取科学的评价技术,对各种教学现象进行价值判断的过程。教学行为优质高效与否,主要看它在多大程度上满足了学生需求。发展性教学评价应凸显学生参与、尊重差异、合作共享、体验成功、师生对话等核心要素,关注学生主动健康发展的一系列有关教与学的动态生成的评价活动。具体操作上可从教学设计、教学活动、教学成效三个维度展开,教学设计包含多元适切的目标设计、合理有效的内容设计和激励生成的过程设计,教学活动包含教师讲解(集科学性、条理性与艺术性于一体)、教师引导(如学法指导、探究引导与随机应变)和学生参与(如参与度和参与方式),教学成效包含教学状态(如师生情绪和自我认同感)和教学效果(如预期目标达成度和生成性目标形成)两方面。

二、如何澄清研究设计

该论文的研究设计着重要澄清研究对象、研究材料、调查方法和数据分析技术。很显然,整个研究运用了调查方法,主要是师生问卷调查,要介绍清楚教师调查和学生调查的人员信息组成。同时要交代调查材料的构成,即采用自编的调查问卷,问卷的构成、题目,以及选项的设计与记分方式。最后用一句话交代数据处理分析的软件工具。

为此,该部分分为简短的三段话,交代了问卷调查研究的对象信息、材料信息和技术工具信息,澄清了具体是如何运用调查方法开展研究的。

2 研究方法

调查方法上主要采用师生问卷调查,辅以教师访谈和课堂观察。发放教师问卷700份,回收有效问卷650份;发放学生问卷900份,回收有效问卷860份。有效样本中,小学、初中、高中阶段的教师数分别为 253、215 和 182 人,学生数分别为 328、290 和 242 人。

调查材料采用自编的分别适用于教师和学生的"课堂教学情况调查问卷"。问卷侧重从教学设计、教学活动和教学成效三方面分设若干测题,均含若干选择题和 2 个自述题。对选择题选项的设计,教师问卷中采用外显化行为表现描述,学生问卷中采用程度式的五点记分。自述题中,要求教师回答"你认为自己教学中最明显的优势"和"最需改进之处",要求学生分别回答"你认为被评教师教学让你最感到满意之处"和"最不满意之处"。

用 SPSS 12.0 统计软件进行数据处理与分析。

三、如何展开研究结果分析

研究结果分析是教育量化研究论文的重中之重。那么该研究究竟有哪些有价值的研究结果呢?在做数据分析之前我们一无所知。这就需要我们首先对数据进行核验(详见第五章),检查剔除无效数据,确保有效数据并建立待正式处理的数据文件。其次对数据进行试探性分析,对所有题目的选项情况进行"描述统计"(详见第六章),显示所有题目逐个选项的频率表,这时建议研究者可以用一张空白的调查问卷,在逐题逐个选项旁边标记选答频率情况,有利于研究者直观感知不同题目及其选项上的被试作答反应,从频率分布情况可以洞察或发现一些有意义或有价值的研究结果。再次,对数据进一步作群体差异性的试探性分析,一方面是对每个题目的不同选项情况进行卡方检验(详见第十一章),逐题检验分析结果是否具有显著性差异,筛选出存有显著性差异的题目,再深入分析差异反映在哪些选项上;另一方面可尝试分别对"性别 & 题目"或"教龄 & 题目"或"骨干教师/非骨干教师 & 题目"进行群体差异的双因素卡方检验(详见第十一章),逐项逐题核查分析结果是否存在显著性差异,同样筛选出存有显著性差异的题目或群体类别,再将相关数据重新整合排列成表格,探查群体差异表现及其成因。经这些试探性分析后将会发现很多有意义的、值得深入探究的结果,这些正是我们写论文所需的最重要的数据信息和论据素材。

拥有了大量的实证素材,写起论文来便胸有成竹了。接下来重要的是如何搭建逻辑思路和写作要点,非常重要的技巧之一就如前文所提到的"要围绕研究分析框架或维度来构思结果分析的逻辑层次",也就是说可以依照"发展性教学评价"的三个一级维度的视角来分析每个维度具有怎样的结果特点,可以考虑从三个一级维度的角度来构建论文的三个标题,另外,还可以从群体差异分析的视角对不同教师群体教学质量进行差异比较,如骨干与非骨干教师教学质量的差异比较、男女教师教学质量的差异比较、不同教龄教师教学质量的差异比较。这样,整个论文研究结果分析部分的撰写"提纲"或"框架"就立起来了。针对每个"提纲标题"试探性分析中的初步结果,再提炼其核心观点,并力求将研究结果集中反映在标题中,使标题更能突出"题眼"或核心观点。写作思路基本准备就绪,就可以着手下笔撰写"研究结果分析"这部分内容了。注意运用"总—分—总"的结构写作,善用描述性统计和卡方检验等统计方法,结合数据来准确解读研究结果。有理有据地分析,所得的研究结果则一定都是原创的。

3 研究结果分析

3.1 中小学课堂教学质量总体状况分析

3.1.1 教师在观念上普遍将新理念作为指导教学实践的准则,但实效上落差较大

分析 216 位教师对自述题的作答情况发现,教学优势主要表现为:亲和力强、教学方式好、思路清晰、尊重和信任学生、课后善于反思等。在分层教学尤其是对后进生的个性化差异教学、有效利用多媒体、增强活力和文学功底、提高随机应变和驾驭课堂的机智、教学资源的开发和生成、相关学科知识的拓展和延伸等方面存在不足。

分析学生作答情况发现,学生对教师教学的满意之处主要表现为:① 采用启发式教学,鼓励提问、探究、讨论、交流与互动;② 平易近人,鼓励和表扬学生;③ 分析题目透彻、知识点讲解清晰。最不满意之处主要表现为:① 上课不幽默,过于严肃,甚至死板,缺乏活力;② 作业太多太难太乏味;③ 讽刺差生,不公平对待学生;④ 上课模式太单一,教学方式待改进等。

可见,当前中小学教师正在努力践行新教改理念,取得了很大成绩,但也尚存

不足。第一,教学风趣性、幽默性和活力性有待提高,文学功底亟须增强。第二,相当多教师在差异分层教学、灵活调控课堂、学科知识拓展等方面显得有些力不从心。第三,多媒体教学手段……上,相当多教师存在困难。第四,课后反思尚未在普遍意义上成为教学工作的一部分。

3.1.2 教学质量表征上的具体表现状况分析

① 教学评价目的的认识上,"以评促教"成为绝大多数教师的共同追求。

在对"平时开展教师间互听评课活动,主要目的是什么"一题的作答中,选"经验交流与学习"的教师占 62.2%,选"教学反思与改进"的占 36.3%,仅 1.2% 和 0.3% 的教师分别选了"鉴定考核"与"选拔优秀"。可见,目前绝大多数教师对日常听课和评课活动目的的认识,少了些功利,多了些理性。他们走出了"被鉴定"的心理阴影,而清晰地意识到评价活动是为了搭建和谐的教学研讨平台,剖析和分享经验,其根本目的是共同促进教学发展。

② 教学设计上,大多数教师体现"以生为本"的设计理念,但也尚存不足。

优质的教学设计是高效教学的前提。调查显示,大多数教师将"以学生为本"作为教学设计的出发点和落脚点,但存在的问题也不容忽视。主要表现在以下三个方面:

第一,关注适合学生的多元化教学目标设计。教学目标设计上突出了情感目标和过程目标,淡化了知识目标,关注了层次目标。值得注意的是,71% 的教师从学生实际出发,在课标基础上适当降低或提高教学目标水平……。可见,现代课堂教学仍带有较深的应考烙印,班内分层实施真正意义上的差异教学的范围较小。

第二,注重"活化"教学内容和延伸教材。90% 的教师能根据现实生活、学生经验和教学习惯等因素,对教材内容和顺序做适当调整……。可见,在多数教师活化教材的同时,仍有 10% 的教师尚未走出教材的桎梏。

第三,强调学生主动参与和潜能激发的教学过程设计。近 59% 的教师平时能较多地运用小组合作学习方式,65% 的教师能根据后进生的个性特点为其创造表现机会。美中不足的是,教师实施探究教学的操作模式和深度把握有一定偏差。例如,在要求学生开展小组讨论之前,有67%的教师"告知问题后,对解决问题的方法和途径做简单引导"。

③ 教学活动中,大多数课堂凸显学生个性表现和教师有效回应。

教学活动过程是确保教学优质高效的关键。目前的课堂教学实践,呈现出如下两个特点。

一方面,重视师生互动基础上学生的个性化表现。调查显示,在提供给探究性学习各小组的学具中,23%的教师做到"不一样,为了各小组分类探究";对……,有52%的教师常发现是"多种结论和解题思路"。这些都表明了教师激励不同学生实现个性化思考和差异性探究。

另一方面,多数教师能对学生表现做积极有效回应。调查表明,当学生意见出乎教师意料时,有近81%的教师能"意识到并能灵活自如地调整教学方案予以释疑"……。可见,目前大多数教师表现出较强的随机应变能力。

④ 教学成效显现上,显性知识比隐性知识的掌握水平高。

教学效果是教学质量高低的具体表征。调查显示,目前中小学课堂整体上尚缺乏活力,教学后学生对明确知识的达成度高,而对隐性知识和生成性知识的把握较欠缺。具体地说:

在教学状态方面,离"幽默教学""活力课堂"差距较大。课堂气氛通常表现为"较活跃"的占80.5%,"有活力"的仅占11.8%;教态属"自然,亲和力强"的占72.5%,"幽默,有感染力"的仅占21.3%;课堂上师生关系"很融洽,有情感共鸣"的仅占29%。

在学习效果方面,学生求知欲等潜在动力激发和生成性教学目标的达成较弱。如学生对课堂学习内容的课后反应中,仅26.2%的学生"通过多种方式主动查阅相关课外资料",15%的学生"没任何反应"。

3.2 不同教师群体教学质量的差异比较

3.2.1 骨干教师与非骨干教师教学质量的差异比较

统计发现,骨干教师(178人)与非骨干教师(472人)仅在以下5个测题的反应上存在着显著性差异(表 4-3-1),除第 17 题外,骨干教师的表现均明显优于非骨干教师的。

表 4-3-1　骨干教师与非骨干教师对某些测题反应的差异比较

测题	骨干/%	非骨干/%	χ^2
2. 开展听评课活动主要为教学反思与改进	**50.0**	36.3	28.617***
8. 较多地适时适度向相关学科知识拓展	**50.6**	48.3	6.117*
17. 探究性教学时较少出现意料外的解题思路	19.1	**24.6**	8.489*
19. 为学习后进生尽可能多地创造表现机会	**74.2**	65.4	10.795**
26. 能对学生质疑作表扬并组织学生开展讨论	**59.6**	48.8	6.442*

注: * $0.01<P<0.05$,** $P<0.01$,*** $P<0.001$,下同。

3.2.2　男女教师教学质量的差异比较

统计发现,男教师(165 人)和女教师(485 人)仅在以下 5 个测题的作答上存在着显著的性别差异(表 4-3-2)。除"幽默,有感染力"男教师的表现明显好于女教师外,其他各项上的反应,女教师普遍胜于男教师。

表 4-3-2　不同性别教师对某些测题反应的差异比较

测题	男/%	女/%	χ^2
7. 联系现实和学生经验适当调整原有教材内容和顺序	67.1	**80.3**	11.190*
19. 根据后进生特点为其尽可能多地创造表现机会	54.2	**68.1**	9.322***
23. 教态特征表现为幽默,有感染力	**36.4**	16.2	57.794**
32. 课堂气氛通常表现为比较活跃	79.9	**84.0**	11.258*
33. 课堂上师生关系通常表现为很融洽,有情感共鸣	25.2	**38.2**	16.332***

3.2.3　不同教龄教师教学质量的差异比较

统计发现,不同教龄教师在 11 个测题的反应上存在着显著性水平差异(下页表 4-3-3)。其中,对第 2、5、10、11 题,教龄为 0~5 年的教师(119 人)表现突出;对第12、15、31题,教龄为6~10年的教师(146人)表现突出;对第19、33题,教龄为11~15年的教师(136人)表现突出;而对第17、26题,15年以上教龄的教师(195人)表现最好。可见,不同教龄的教师各具教学优势。对那些需要前沿思想和技术支撑的方面,10年以下教龄的教师表现比较突出,而对那些更需要经验积累的策略性知识方面,10年以上教龄的教师表现较为突出。

表4-3-3 不同教龄教师对某些测题反应的差异比较

测题	0~5年/%	6~10年/%	11~15年/%	15年以上/%	χ^2
2. 开展听评课活动主要为教学反思与改进	**79.8**	67.8	50.0	54.8	38.335***
5. 从学生实际出发设计适切的教学目标水平	**77.3**	65.1	72.8	69.2	17.987*
10. 多媒体呈现内容多是帮促理解的过程性动态信息	**64.7**	62.3	55.1	51.3	16.996*
11. 选用教学媒体的首要因素是利于教学目标的落实	**88.2**	80.1	76.4	78.5	14.859*
12. 作业题目统一但允许学生选做相应难度水平的题	55.4	**58.9**	55.1	54.4	25.438**
15. 课内较多运用小组合作学习方式	57.1	**63.0**	60.3	47.1	17.738*
31. 学生在课后与他人谈论上课内容	57.0	**69.0**	56.6	60.0	24.424**
19. 根据后进生特点为其尽可能多地创造表现机会	56.3	58.9	**72.1**	70.3	14.102*
33. 课堂上师生关系常表现为很融洽,有情感共鸣	23.5	35.0	**40.4**	37.4	15.670*
17. 探究性教学时较少出现意料外的解题思路	37.8	41.0	37.5	**50.2**	18.906*
26. 教师当场意识到意料外的学生反应并作灵活应对	66.7	82.8	83.8	**87.2**	35.047**

四、如何就研究结果做深入分析

在客观呈现和解读研究结果的基础上,作者首先要概括性地总结研究的结论,然后就研究结果中发现的突出问题做进一步深入的讨论。此研究结果发现,如何增进分层差异性教学、如何激发中小学课堂活力和幽默教学、如何提高教学调控生成能力和教学机智,这些问题是影响中小学课堂教学质量的关键,也是当前中小学课堂教学现状的瓶颈问题,更是关系未来中小学课堂教学质量的永恒课题,值得做进一步的成因分析与对策探讨,于是论文就有"4 讨论"这部分内容作为研究主题的深化。

---

4 讨论

从上述分析看来,目前上海市中小学课堂教学质量总体状况良好,基本反映了新教改理念和价值取向,尤其是骨干教师、女教师、10年以下教龄的教师表现出了极大的教学优势,但从中也折射出诸多有待深入改革的薄弱之处。这里,仅就几个突出问题作进一步讨论。

分层差异性教学仍是一个普遍难题。从调查结果看来,仅12%的教师针对不同层次水平的学生分类设计A、B、C三套教案,10%的教师针对学生水平给出三种不同的作业要求。对待后进生方面,骨干教师比非骨干教师好、女教师比男教师好、11年以上教龄的教师表现好一些,这可能与女教师的耐心和年长教师的经验丰富有关。为此,在学生良莠不齐、教学时间短、班级规模大的条件下,如何有效开展班内分层实施差异性教学,使各类学生各得其所,是教师普遍的困惑。尤其是如何关注后进生、学困生这些弱势群体,倾听他们的心声,尊重他们的尊严,提高他们的学习兴趣,则是当今教师最感棘手的教学难题,值得深入探索和研究。

幽默教学和活力课堂亟待成熟。调查结果表明,目前中小学课堂缺乏活力,离幽默教学、活力课堂距离甚远。分析原因,可能有以下三方面影响因素:一是,教师对教学活动本质有误解,很多教师认为教学就应该是规规矩矩的、一板一眼的活动,过于严肃而失去了一些生动而活泼的生活化元素。二是,一些教师教学应考效应严重,由于历来受应试教育的影响,分数唯上仍是一些教师的追求,教学内容僵化、教学模式单一、作业太多太难太枯燥,多数人陪读现象严重。三是,教师激情和人格魅力不足。教学理应是教师激情的迸发和人格魅力的展现,但事实上,有一部分教师因过多地计较个人名利得失而致使上课时精神萎靡,缺乏激情。为此,如何走出应考阴影,提高教学幽默性,让课堂真正"活"起来,让学生倍感学习的乐趣,仍有漫长的路要走。

教学调控能力和教学机智有待提高。新课标观照下的课堂教学,不可预测性更强了,这对教师课堂教学调控能力提出了更高要求。但本次调查结果却不容乐观。对出乎意料的学生表现,竟有近20%的教师迫于墨守成规或是自身能力不足等原因而未能做及时有效的回应,有的甚至没能当场意识到问题所在。现代学生的获知渠道绝非学校和课堂本身,这无疑是对教师师道尊严的挑战,他们提出的问题有可能是老师闻所未闻的,那么,如何才能避免教师陷入无法应对学生的尴尬处境?提高教师教学调控能力和教学机智是关键,这需要教师大力完善知识结构、丰富知识储备、增强文化底蕴、提升专业素养。只有自身底蕴充实了,才可能提高对学生表现的敏锐度,才能就实际情况作出灵活应对。

思考与练习

1. 围绕一个自己感兴趣的研究主题，收集至少五篇实证论文，认真研读分析实证论文的写作结构及其各部分的写作技巧。

2. 挑选一篇自己感兴趣且有研究分析框架或路线图的实证论文，遮盖掉文中的分析框架或路线图，反复研读论文，尝试根据自己的理解画出该论文的分析框架图或路线图，然后将自己画的图与原论文中的图进行对比，分析两者的异同，反思自身的不足之处。

3. 结合自己感兴趣的研究主题，利用之前所设计的教育调查问卷并自行开展问卷调查，采集一定量的调查数据，运用本书所学的 SPSS 分析技术进行数据统计分析，完成一篇 5 000 字左右的教育量化研究论文。

第二部分
SPSS 分析技术应用

第五章 SPSS 基本操作与数据文件管理

内容提要

◎ SPSS 软件功能简介

◎ SPSS 软件的安装与基本操作

◎ SPSS 数据文件的建立

◎ SPSS 数据文件的核验

◎ SPSS 数据文件的合并

◎ SPSS 数据文件的拆分

第一节　SPSS 软件安装与功能简介

在完成一项问卷调查后,需将问卷调查的原始数据输入计算机统计软件 SPSS,那么应如何在一台电脑上安装 SPSS 软件？SPSS 软件有哪些主要的数据统计功能？

一、SPSS 软件介绍

在教育研究中,常常需要对大量的数据进行统计处理,如果完全依靠人工处理,不仅工作量大且难以保证准确性。为减轻大量数据计算的负担和提高工作效率,我们必须充分利用现代计算机统计软件。常用的统计软件有 SPSS、Python 等。

SPSS 是 Statistical Package for the Social Science 的简称,即"社会科学统计软件包"。SPSS 软件最初由美国斯坦福大学的三名研究生 Norman H. Nie、C. Hadlai(Tex) Hull 和 Dale H. Bent 共同研发,是一款用于统计分析、数据挖掘、预测分析和决策支持的专业统计软件产品,产品统称 SPSS x 版。1975 年,SPSS 公司在芝加哥成立。1984 年,SPSS 公司率先推出世界上第一款可以在 DOS 系统上进行统计分析的软件版本,即 SPSS/PC+版。后来 SPSS 公司相继推出了可用于 Windows 和 Mac OS X 等操作系统的版本,扩展功能服务,形成 SPSS 视窗版。2002 年,SPSS 公司将 SPSS 的英文全称更改为 Statistical Product and Service Solutions,即"统计产品与解决服务方案"。2008 年,SPSS 17.0 for Windows 版发布。2009 年,SPSS 公司被 IBM 公司收购,SPSS 更名为 PASW Statistics(Predictive Analytics Suite Workstation Statistics),随后又改为 IBM SPSS Statistics[1]。问世 50 多年来,SPSS 软件在教育、医疗、商业、市场研究、教育、保险、银行等多个领域和行业均得到了广泛应用,也是当今最权威的统计软件之一。

SPSS 提供高级统计分析、丰富的机器学习算法、文本分析、开源可扩展性、与大数据的集成,以及无缝部署到应用程序中等功能,是全球领先的统计分析、数据挖掘、预测建模产品及解决方案。相较于其他统计软件,SPSS 最大的优点是简易便捷的操作原理与指令运用,对于硬件的要求较低,与其他软件的兼容性高。尤其是 SPSS 视窗

---

[1] 张文彤.SPSS 统计分析基础教程[M].3 版.北京:高等教育出版社,2017:1-2.

版搭配微软系统的窗口,具有更强大的功能,能大幅改善使用者操作界面,图表制作变得更简单精美,同时也使得 SPSS 的学习与运用更加简易高效。目前,众多研究人员和高校学生运用 SPSS,使其几乎成了高校课程中的标准配备,这也是 SPSS 软件广泛应用的优势所在。

二、SPSS 软件安装

SPSS 最新版本已升至 SPSS 27.0,虽然版本仍在不断迭代,但基本功能不变,在处理量化数据方面均有着类似的操作程序。本书以 SPSS 24.0 版本为例,来说明 SPSS 软件的安装及基本运用方法。

SPSS 24.0 以上软件分为 32 位操作系统和 64 位操作系统版本,安装前首先需确定拟安装的计算机是属于哪种操作系统。具体可以在计算机桌面找到"计算机"图标,点击鼠标右键,选择"属性"后即可查看。64 位操作系统可以安装 32 位的软件,但最好版本一致,使用起来会更加顺畅,32 位操作系统不可以安装 64 位的软件。同时,SPSS 软件有多国语言界面,可根据需要选用安装中文或英文的语言界面。除了数据录入及部分命令程序等少数输入工作需要使用键盘外,很多操作都可以通过鼠标拖曳、点击菜单和按钮来完成,操作界面非常清晰。

以下以 SPSS_Statistics_24_win64 版本为例,说明具体的安装步骤。

如果是 SPSS 压缩包文件,则需要先用解压工具进行解压缩。打开解压后的文件夹,双击 SPSS 24.0 安装程序,选择"继续安装",进入准备安装界面。具体安装过程按图 5-1-1 至图 5-1-9 逐步操作即可。

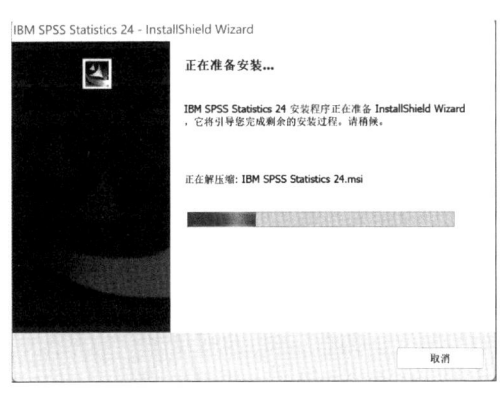

图 5-1-1　准备安装

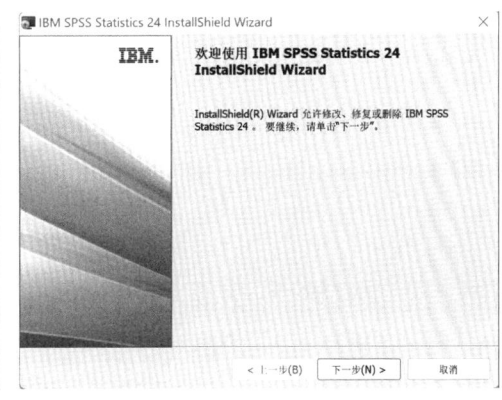

图 5-1-2　欢迎向导

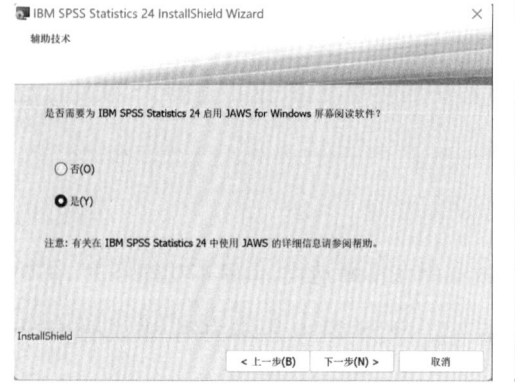

图 5-1-3　是否启用屏幕阅读

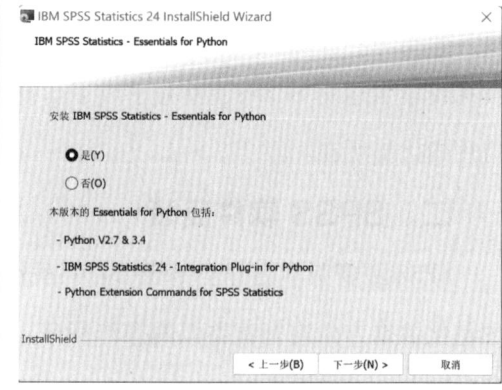

图 5-1-4　是否加载 Python

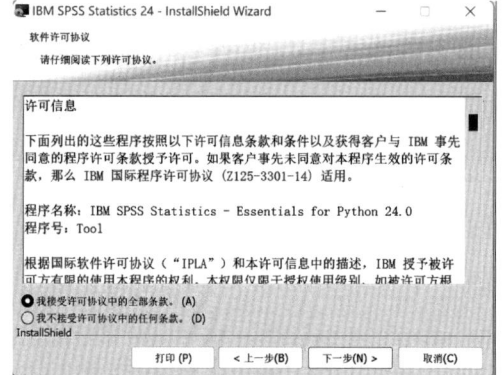

图 5-1-5　是否接受 Python 协议

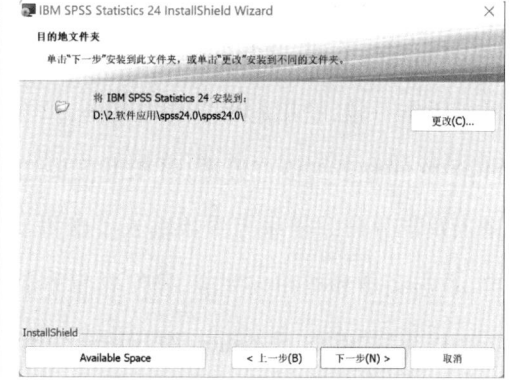

图 5-1-6　选择安装文件夹

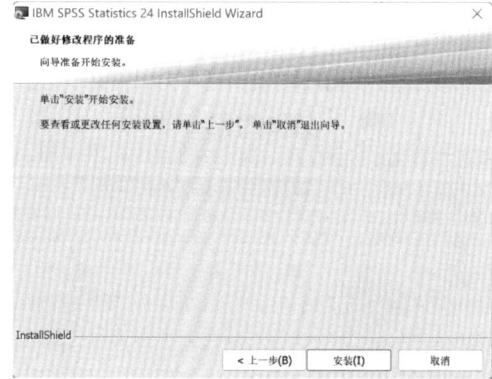

图 5-1-7　确定安装

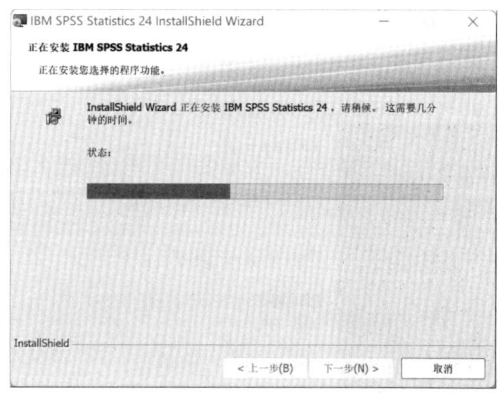

图 5-1-8　安装过程

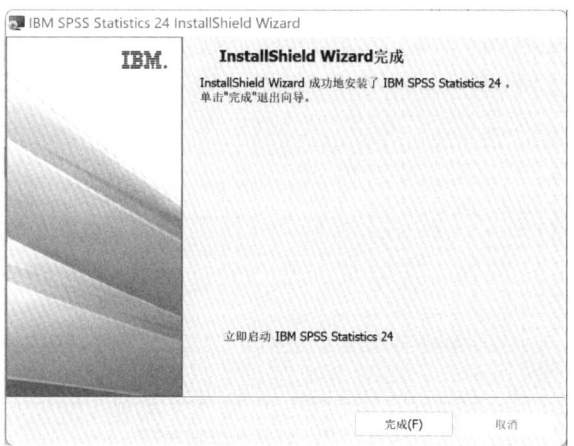

图 5-1-9 安装完成

三、SPSS 功能窗口简介

SPSS 功能窗口主要包括数据编辑器窗口、变量编辑窗口、结果输出窗口等。

（一）数据编辑器窗口

SPSS 安装完成后，可在桌面找到图标"IBM SPSS Statistics 24"（图 5-1-10），用鼠标双击后打开和启动运行 SPSS。也可以在电脑左下方单击 windows 图标→IBM SPSS Statistics→IBM SPSS Statistics 24，打开并启动运行 SPSS（图 5-1-11）。

图 5-1-10　SPSS 软件图标　　图 5-1-11　启动运行 SPSS 的方法

SPSS 启动后，出现的第一个窗口即为数据编辑器窗口（下页图 5-1-12）。数据编辑器窗口是用户进行数据处理与分析的主要操作窗口，用户可以进行数据输入、编辑和统计分析等操作。

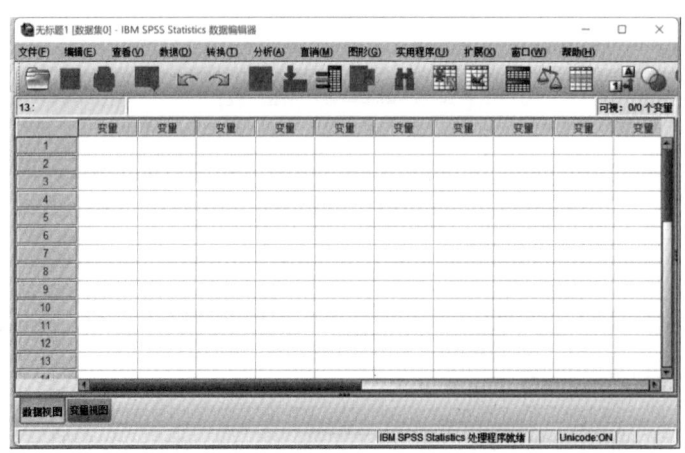

图 5-1-12　数据编辑器窗口

1. 标题栏

标题栏显示编辑的数据文件名和窗口名称。如果当前数据编辑器中是一个新建的文件,标题栏显示为"无标题1[数据集0]—IBM SPSS Statistics 数据编辑器"。

2. 菜单栏

菜单栏从左到右包括"文件(F)""编辑(E)""查看(V)""数据(D)""转换(T)""分析(A)""直销(M)""图形(G)""实用程序(U)""扩展(X)""窗口(W)""帮助(H)"等功能。以下为菜单栏主要功能介绍:

① 文件(F),主要包括创建新的数据(或结果)文件、打开已有数据(或结果)文件、读取不同格式的数据文件、保存未命名的数据文件、保存已命名的数据文件、打印数据文件等功能。

② 编辑(E),主要包括对数据的记录和对变量进行剪切、复制、粘贴、移动、查询和选择等功能。

③ 查看(V),主要包括控制输出窗口的显示属性,在选项卡中所作的选择和改变只对下次产生的输出有效,对当前已显示在输出窗口的项目无影响。

④ 数据(D),主要包括数据的建立与编辑等,包括定义或修改变量的属性、录入或修改数据、插入记录(被试观测量)或新变量、移动记录指针、选择部分记录进行数据处理、对已录入的数据记录进行排序或转置等功能。

⑤ 转换(T),主要功能是对已有数据按需进行各类转换。

⑥ 分析(A)，其功能是对窗口中的数据进行各种类型的统计分析，包括：

- 描述统计(E)，如"描述(D)…"计算单变量的均数、标准差等描述统计量，"频率(F)…"生成单变量的频数和频率分布表，"交叉表(C)…"生成两变量或多变量的各水平类组的频数分布表及其综合描述统计量的计算与差异检验等。
- 比较平均值(M)，如"单样本 T 检验(S)…""独立样本 T 检验…""成对样本 T 检验(P)…""单因素 ANOVA 检验…"等。
- 相关(C)，如"双变量(B)…""偏相关(R)…"。
- 非参数检验(N)，如"卡方(C)…""二项(B)…""单样本 K-S(1)…"等。

⑦ 图形(G)，其功能主要是生成各类统计图，如直方图、直条图、折线图等。

（二）变量编辑窗口

在数据编辑窗口(图 5-1-13)的左下角，有"数据视图"和"变量视图"两个按钮，用户只需要点击相应的按钮便可完成数据视图与变量视图之间的便捷切换。点击"变量视图"按钮，即可弹出变量编辑窗口。在该窗口可以进行变量名称、类型、宽度、小数位数、标签、值等信息的设置。

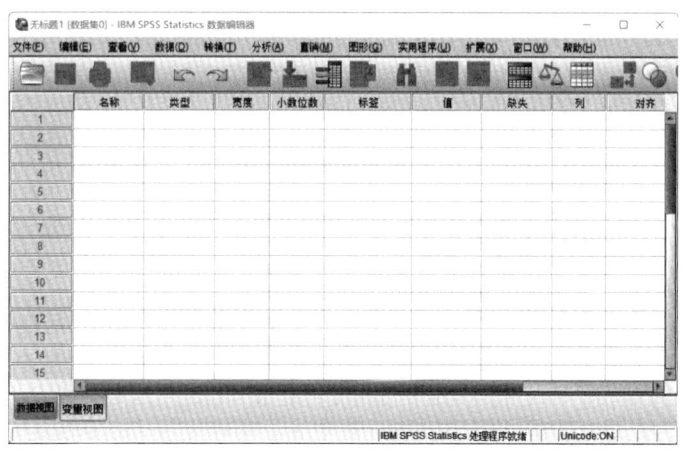

图 5-1-13　变量编辑窗口

如果要将变量编辑窗口最小化，用户只需点击变量编辑窗口右上角的"-"即可。点击变量编辑窗口右上角的"×"，如果数据已保存，则窗口将直接退出；如果数据编辑后未保存，则系统会跳出相应窗口，提示用户保存数据。用户可将数据"保存"为原文件名或"另存为"其他文件名。原始数据文件类型的扩展名通常为".sav"，如可将文件另存为"教师调查.sav"。

（三）结果输出窗口

结果输出窗口用于输出统计分析的结果或绘制的相关图表。结果输出窗口左边是导航窗口,显示输出结果的目录,点击目录前面的加减号可显示或隐藏相关内容,右边是显示窗口,显示所选内容的细节。

如果要将结果输出窗口最小化,用户只需单击窗口右上角的"-"即可。点击窗口右上角的"×",如果结果数据已保存,则窗口将直接退出；如果结果数据从未保存,则系统会跳出相应窗口"要将输出查看器的内容保存到输出1[文档1]吗?"（图5-1-14）,提示用户保存结果数据,用户可根据需要选择"是"或"否"。若选"是",用户只需根据步骤将结果输出内容另存为自己想要保存的路径下,自定义输出文件名称即可。结果输出数据文件类型的扩展名通常为".spv",如将文件另存为"教师调查.spv"。若选"否",则直接退出 SPSS 结果输出窗口。

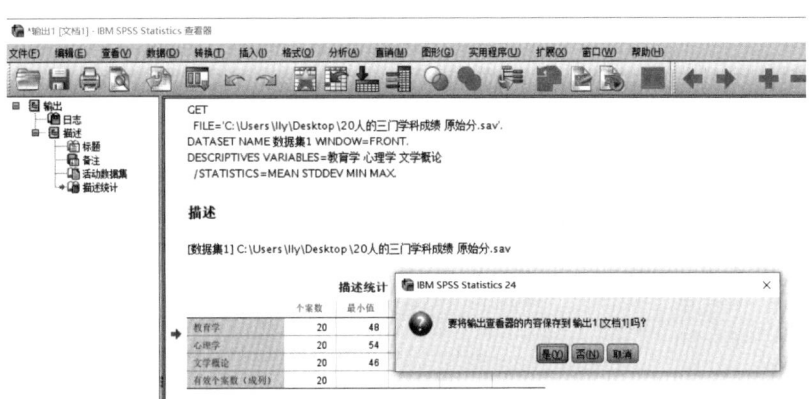

图 5-1-14　SPSS 分析结果输出窗口

输出结果的编辑：用鼠标点击输出的某个结果,此时该结果的四周出现实线方框,表示选定了该结果,然后用鼠标左键双击就可编辑这一结果,在弹出的窗口中,点击"编辑(E)"→点击"复制(C)"或"复制图表(H)"（也可直接点击鼠标右键选择相关功能）,复制的结果可在 Word 中粘贴。

输出结果的打印：在结果输出窗口中点击"文件(F)",在其下拉菜单中选择"打印(P)…",出现打印对话框,确定"打印范围",可选的有"所有可视输出"和"选定输出"两个选项,并确定打印"份数(N)",点击"确定",即可打印所需要的结果内容。

第二节 数据文件的建立

［实例5-2-1］ 某研究人员在完成一项有关"上海高层住宅小区居民消防安全教育调查问卷"后,需要将问卷数据输入计算机进行统计分析。若采用 SPSS 软件作分析工具,应如何设置变量,如何输入原始问卷数据建立数据文件?

上海高层住宅小区居民消防安全教育调查问卷

1. 您的性别是? ① 男 ② 女
2. 您家居住的高层小区房龄大概是?
   ① 5 年以下 ② 5~10 年 ③ 11~15 年 ④ 16~20 年 ⑤ 20 年以上
3. 如果遇到火灾,应拨打以下哪个电话号码报警?
   ① 110 ② 120 ③ 119 ④ 114
4. 您知道拨打火警电话报警时应告知哪些内容吗?(多选题)
   ① 失火位置及报警人姓名与电话 ② 火势及燃烧的物质
   ③ 到达火灾地点最近道路 ④ 伤亡人数
5. 您认为您所住小区的高层建筑最主要的消防安全隐患是什么?(选 3 个,按严重程度由大到小排序)
   ① 建筑结构自身存在消防安全隐患
   ② 消防设施不全或缺乏日常维护
   ③ 物业等管理部门对消防安全工作缺乏监管
   ④ 电器线路老化或超负荷运转
   ⑤ 楼内外装修材料为易燃材料
   ⑥ 建筑内住户消防安全意识薄弱

……

一、建立数据编码系统

教育量化研究和数据处理的首要前提是收集到客观、标准、系统化的数据，并将其科学、规范地输入统计软件，建立原始数据文件。为此，提供标准化的作业流程，建立工作过程性凭据，确保不同参与人员间有统一的认识，建立数据编码系统，并确保研究工具与编码系统的匹配，是一项非常重要的任务。

建立数据编码系统的表现形式是建立编码表。SPSS 数据格式为经典的行列式：每一行代表一个记录、个案，每一列代表一个变量。建立编码表，首先要明确规定记载数据数量化的所有格式和内容。通常将一个小题（如单选题、填空题等）设为一个变量，但对于多选题或排序题等特殊题型，变量设置就更为复杂些。变量类型有数值型、日期型、字符串型等。文字数据应尽量转换为数值型数据，以便于统计分析。其次要规定变量的名称与标签。通常变量名称以不超过八个字符的词来表示，如“性别”或“gender”，一个汉字占两个字符。对于类别变量，需要对变量值标签，如可将“男性”标注为“1”，“女性”标注为“0”。对于连续变量，则不需要特别的变量值标签。在建立编码表时，对多选题和排序题的变量进行合理设置是非常重要的。

多选题的变量设置技术：如上述问卷的第 4 题，由于有多个选项，被试必须对每个选项作出反应，因此每一个选项其实就是一个二分变量（有或无），为此在数据输入和变量设置过程中，一个有 M 个选项的多选题，须视为 M 个变量，将每一个选项都设定为一个二分变量，若该选项未被选择则用“0”表示，若该选项被选择则用“1”表示。据此，上述问卷第 4 题有 4 个选项，在设置变量时共有 4 个变量，可分别命名为“Q4_1”“Q4_2”“Q4_3”“Q4_4”。图 5-2-1 表示 5 名被试对第 3 题和第 4 题的反应数据。

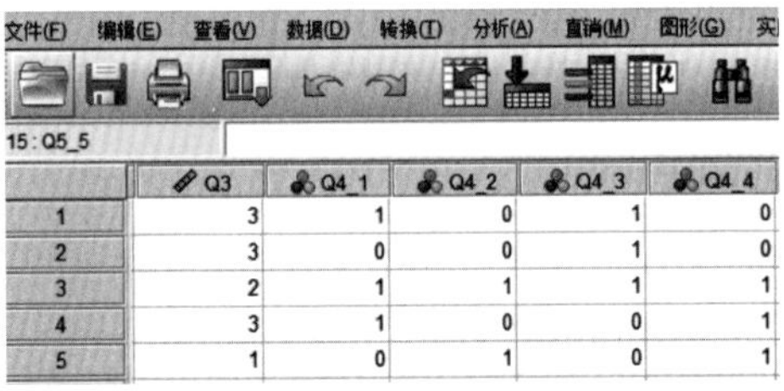

	Q3	Q4_1	Q4_2	Q4_3	Q4_4
1	3	1	0	1	0
2	3	0	0	1	0
3	2	1	1	1	1
4	3	1	0	0	1
5	1	0	1	0	1

图 5-2-1　多选题的变量设置与数据输入

排序题的变量设置技术：如上述问卷的第 5 题，不仅要求被试从 6 个选项中选出 3 个，同时还要求按严重程度由大到小排序，因此被试必须针对这 6 个选项分别作出反应，同时又必须排出顺序，故对每一个选项的反应都有 4 种可能：“0”表示该选项未被选择，“1”“2”“3”分别表示被选为第一至第三排序项。据此，上述问卷第 5 题有 6 个选项，在设置变量时共有 6 个变量，可分别命名为“Q5_1”“Q5_2”“Q5_

3”“Q5_4”“Q5_5”“Q5_6”。图 5-2-2 表示 5 名被试在第 3 题至第 5 题的反应数据。

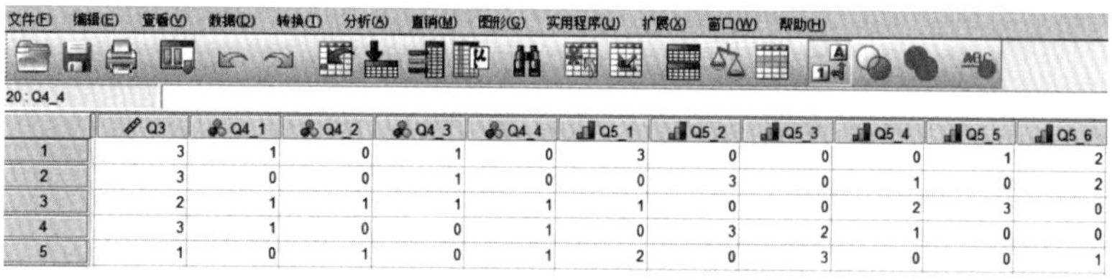

	Q3	Q4_1	Q4_2	Q4_3	Q4_4	Q5_1	Q5_2	Q5_3	Q5_4	Q5_5	Q5_6
1	3	1	0	1	0	3	0	0	0	1	2
2	3	0	0	1	0	0	3	0	1	0	2
3	2	1	1	1	1	1	0	0	2	3	0
4	3	1	0	0	1	0	3	2	1	0	0
5	1	0	1	0	1	2	0	3	0	0	1

图 5-2-2　排序题的变量设置与数据输入

缺失值的处理方式：在量化研究的数据输入过程中，经常会遇到数据缺失现象。数据缺失不但会造成样本的损失和资源的浪费，还会造成数据处理的不准确，导致统计分析的偏差。为此，按照习惯性做法，首先要区分数据缺失是一般性的缺失还是由于被试有意地拒绝回答，如果是被试有意地拒绝回答，则需要作出特定的标注；如果是一般性的缺失，那么往往会将缺失值设为变量的最后一个数值即可，如果变量宽度为个位数的，则可将遗漏值设为 9；如果变量宽度为两位数的，则可将缺失值设为 99。当研究者有需要时，也可自行定义不同的缺失值。

为此，针对上述问卷，对应的数据编码表可见表 5-2-1。

表 5-2-1　问卷数据编码表范例

原始题号	变量		变量值标签	缺失值	SPSS 栏目位置
	变量名称	变量标签			
1	Q1	性别	0＝女 1＝男	9	1
2	Q2	房龄	1＝① 5 年以下 2＝② 5～10 年 3＝③ 11～15 年 4＝④ 16～20 年 5＝⑤ 20 年以上	9	2
3	Q3	报警电话	1＝① 110 2＝② 120 3＝③ 119 4＝④ 114	9	3

续表

原始题号	变量		变量值标签	缺失值	SPSS栏目位置
	变量名称	变量标签			
4 (多选题)	Q4_1	失火位置	0=未选 1=有选	9 (全未选)	4~7
	Q4_2	燃烧物质			
	Q4_3	火灾通道			
	Q4_4	伤亡人数			
5 (排序题)	Q5_1	建筑结构	0=未选 1=第一顺位 2=第二顺位 3=第三顺位	9 (全未选)	8~13
	Q5_2	消防设施			
	Q5_3	缺乏监管			
	Q5_4	电路老化			
	Q5_5	易燃材料			
	Q5_6	消防意识			

二、定义变量

点击数据编辑窗口左下方的"变量视图",即可见变量编辑窗口(见 p.149 图 5-1-13),可定义变量名称、类型、宽度、小数位数、标签、值、缺失、列等观察量。在"名称"栏下输入变量名称时需注意的是:变量名称不得重复,其宽度不得超过 8 个字符;变量名称中不能出现"?""!""*"这 3 个字符,也不能以下划线"_"和小数点"."作为最后一个字符;变量名称不能与 SPSS 保留字相同,如 ALL、AND、BY、EQ、GE、GT、LE、LT、NE、NOT、OR、TO、WITH;不区分字母大小写,如 ABC 与 abc 被认为是同一个变量。点击"类型"栏,出现 ▢,点击 出现定义变量属性窗口(下页图 5-2-3),在其中可根据需要定义变量的类型及其宽度或小数位数。如需要定义变量"性别",可选择"字符串(R)",虽默认宽度不超过 8,但此处也可设为 2(1 个汉字占 2 个字符)。如需定义变量"性别"并分别用"1""0"来表示"男""女"时,则可选择"数字(N)",小数位数设为"0",并点击"值"一栏,设置值标签(可用中文)。定义变量值标签对话框如下页图 5-2-4 所示。如果需设有 1 位小数(如 95.5)时,则可选择"数字(N)",其小数位数为 1,宽度至少为 4(小数点也占 1 位)。

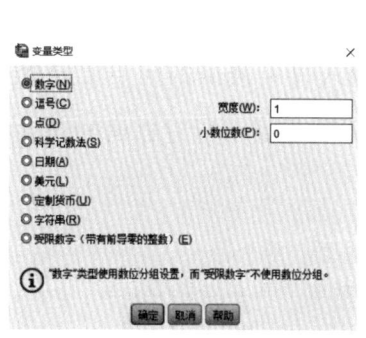

图 5-2-3 定义变量属性窗口

图 5-2-4 定义变量值标签对话框

在"测量"栏,需对每个不同名称的变量设定数据类别。由于"Q1"是一个二分名义变量,故在"测量"栏应选设为名义变量。由于"Q3"是填空题作答或实际分数计分的变量题,"测量"栏应选设为标度变量,具体输入数据时只需按实际得分输入分数即可。由于"Q5_1"题选项是一个排序变量,故在其"测量"栏相应选项设为有序变量(图 5-2-5)。

图 5-2-5 定义完毕的变量

三、输入数据

点击变量编辑窗口左下方的"数据视图",回到数据编辑窗口(见 p.148 图 5-1-12)。用鼠标选中单元格后即可输入相应的数据。输入数据的方式有多种,可根据需要灵活选用。如按变量输入数据:选中变量顶部单元格,输入该变量的第一个值,点击 Enter 键或"↓"键,可输入该变量的第二个值。如按观察量序号输入数据:选中第一个变量顶部单元格,输入该变量的第一个值,点击 Tab 键或"→"键,可输入第二个变量的第一个值。如需在任意单元格输入数据：利用鼠标点击单元格，选中后输入值即可，这种方法常用于修改数据或补充缺失数据。特别要注意多选题或排序题应对照预先编定的问卷数据编码表，逐题输入每个被试的问卷原始数据，如图 5-2-6 所示。点击菜单栏第二行"值标签"图标，将展示所有数据的标签（图 5-2-7）。

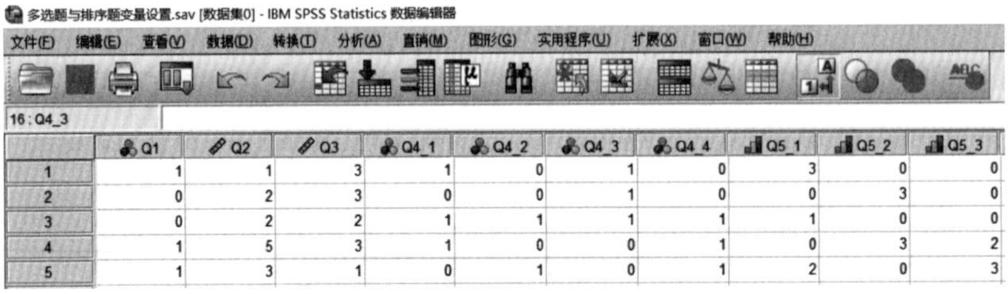

图 5-2-6　数据编辑窗口输入数据

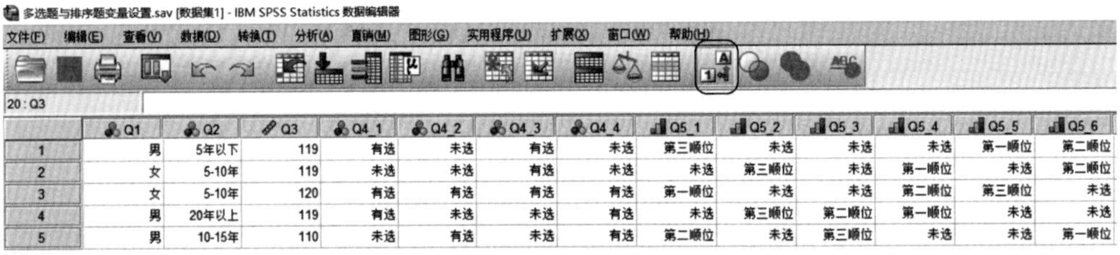

图 5-2-7　数据编辑窗口展示所有数据的标签

四、数据文件的新建、保存与打开

菜单栏中"文件(F)"的下拉菜单选项很多，常用的有"新建(N)""打开(O)""导入数据(D)""保存(S)""另存为(A)…""导出(T)"等选项（图 5-2-8）。

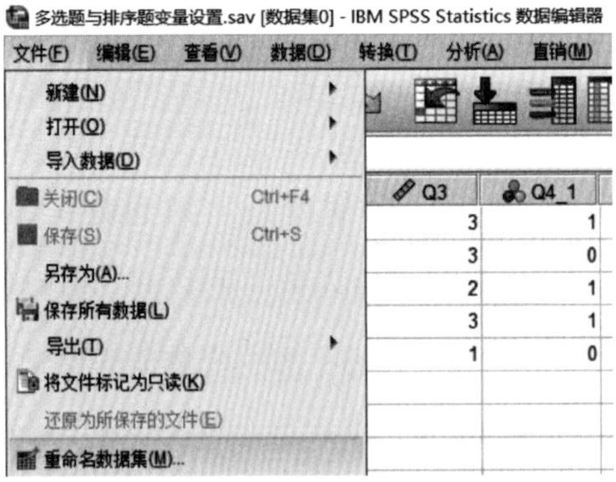

图 5-2-8　"文件(F)"的下拉菜单选项

(一)新建与打开文件

初学者可采用直接构建数据库方式建立新的 SPSS 原始数据文件,具体可以分为先定义变量后输入数据两个步骤,即如上文所述通过界面左下角的"变量视图"和"数据视图"两者进行切换来完成变量设定及其相应数据录入。新建的文件首次保存,须选"另存为"选项,即可将该新建文件保存在相应的存储路径下,并设定文件名。原始数据文件的扩展名为".sav"。

打开已有数据文件时,点击"文件(F)"→点击"打开(O)"→点击"数据(D)…"(图 5-2-9),即可进入"打开数据"界面(图 5-2-10)。然后选择数据文件的所在位置及文件,点击"打开"即可打开该数据文件。需注意的是,如果在打开一个数据文件之前,数据编辑器窗口中已经有数据存在,且该数据未保存,则系统会弹窗提示:是否保存数据窗中的数据?如果不需要保存,则点击"否"。当新数据文件打开之后,原来数据窗中的数据就会消失。

图 5-2-9　文件打开方式的选项

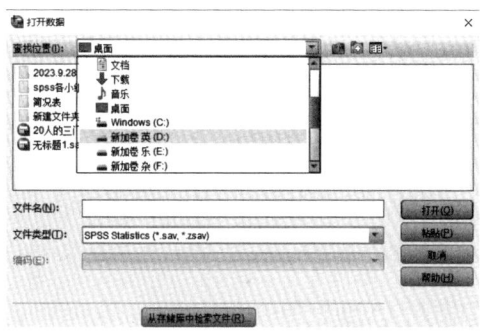

图 5-2-10　存于任何位置的数据文件打开方式

(二)保存文件

当我们构建了新数据库或对数据库进行了修改后,点击"保存(S)"选项,即会以原文件名和原路径进行保存,点击"另存为"选项则可以更改文件名或者存储路径。

将数据文件保存为 SPSS 格式文件的方法:从"文件(F)"的下拉菜单中点击"保存(S)"。如果是首次保存数据文件,则须在出现的对话框中输入新数据文件名,如"data1",再点击"保存(S)",即将此文件保存为"data1.sav"。

将数据文件保存为其他格式文件的方法:从"文件(F)"的下拉菜单中点击"另存为(A)…",在出现的对话框中输入文件名,并点击"保存类型(T)"矩形框右边的列表

箭头 ▼，并在下拉列表框中选择目标文件类型相应的文件扩展名，再点击"保存(S)"。

（三）导入与导出数据

SPSS 在打开数据文件时，也可以调用其他形式的数据库，如"Excel…""CSV 数据…""文本数据(T)…""SAS…""Stata…"等。由于很多人习惯用 Excel 存储数据，在运用 SPSS 时可直接导入 Excel 数据，但必须注意 Excel 数据的录入格式要与 SPSS 基本一致，否则 SPSS 无法准确识别。导入数据的方式如图 5-2-11 所示。

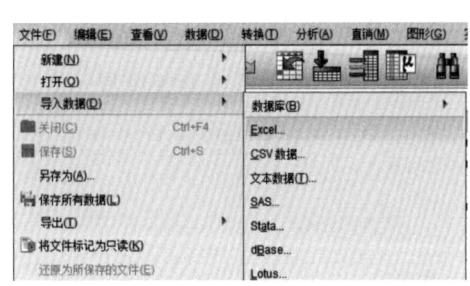

图 5-2-11　其他数据库导入 SPSS 数据的菜单选项

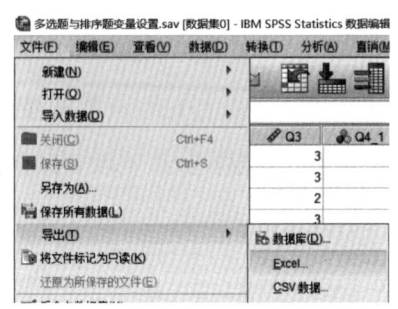

图 5-2-12　SPSS 数据导出其他数据库的菜单选项

同样地，也可以用"导出(T)"菜单将新建的或已有的 SPSS 数据库导出为其他数据库格式，如以". xls"". dbf"". txt"". sas"等为扩展名的数据文件。导出数据的方式如图 5-2-12 所示。

五、数据的修改

对于任一数据文件，均可采用"编辑(E)"菜单中的相关功能进行剪切、复制、清除、插入变量或插入个案等操作，如图 5-2-13 所示。

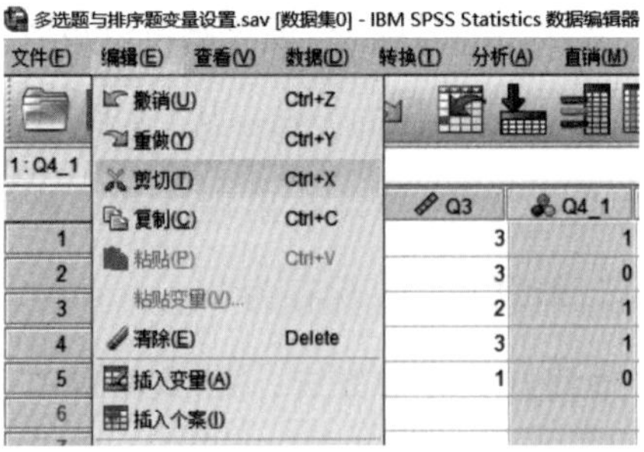

图 5-2-13　编辑选项进行变量或个案的修改

（一）变量的修改

插入变量的方法：选中目标列，点击"编辑（E）"，在其下拉菜单中点击"插入变量（A）"，原来占此列的变量及其右侧的变量全部右移。此时点击"数据视图"回到数据编辑窗口，输入新增变量的所有数据即可。

删除变量的方法：将光标移到待删除的变量名称上并选中（此时被选中的变量列中所有单元格呈反色显示），点击"编辑（E）"，在其下拉菜单中点击"剪切（T）"或"清除（E）"。

（二）个案的修改

插入个案的方法：选中目标行，点击"编辑（E）"，在其下拉菜单中点击"插入个案（I）"（此时在选中行的上方增加了一空行），在空行上输入新增个案的所有数据即可。

删除个案的方法：将光标移到待删除的个案上并选中（此时被选中的个案的所有变量呈反色显示），点击"编辑（E）"，在其下拉菜单中点击"剪切（T）"或"清除（E）"即可。

第三节　数据文件的管理

[实例 5-3-1]　在一项有关"上海高层住宅小区居民消防安全教育问卷调查"的 50 份原始数据输入过程中,甲、乙、丙三位研究人员分工合作,甲完成了被试编号 001~005 号的第 1~5 题(如实例 5-2-1)的变量设定与数据输入,建立文件 data1.sav;乙完成了被试编号 001~005 号的问卷第 6~10 题的变量设定与数据输入,建立文件 data2.sav;丙完成了被试编号 006~015 号的问卷第 1~5 题的数据输入,建立文件 data3.sav。那么如何查核输入数据是否准确?如何实现子文件数据的合并与拆分?

一、文件数据核验

一项教育研究往往会涉及大量的数据收集、输入、整理和分析工作。除了要在输入数据前对工作人员进行统一培训之外,还必须对输入的数据进行核验,以确保输入数据的准确性。输入数据时,一定要及时保存数据文件,以免因突然断电或电脑故障而丢失未保存的数据。

数据核验,主要是检查数据输入是否有错误或遗漏。数据核验的方法很多,有过程性核验、终点性核验,还可以通过频数分析来整体查验。在实际工作中,通常采用多种方法进行多角度的查核数据,使原始数据的输入错误率尽可能降至最低。如果数据较少,那么数据的核验工作可以在完成数据输入之后进行终点性核验。但如果数据量大,那么数据的核验工作必须在数据输入过程中进行过程性核验,以及时发现数据输入的错误,以免造成人力与时间的浪费。

(一)过程性核验

过程性核验可以分为定点核验、定时核验或专人核验等多种方式。定点核验是根据数据输入工作流程,分段、分部分进行数据核验。例如,每输入一个班级(或每输入 30 个被试)的数据就进行一次核验,确认输入的数据准确无误。定时核验是以时间为单位,定时进行数据核验。例如,每间隔 1 小时进行一次核验,或在每日工作结束前进行统一核验。专人核验是指由其他专门人员对数据进行核验,以避免数据输入人员因过度疲劳等原因导致输入错误。

（二）终点性核验

终点性核验是将分人、分批、分阶段输入的全部数据合并后再进行全面的数据核验，以确保数据的准确性。最严谨的终点性核验是对所有数据进行逐一检查，但现实中往往因数据规模庞大，逐一核查过于费时费力，所以通常采用小样本核验法，即抽查一小部分样本数据进行核验。也可以借助计算机简单计算统计后，查看主要参数是否符合逻辑或是否有明显的缺失值。

假设 data1. sav 中第 1 题在数据输入时遗漏了一个数值，且输错了一个数值。我们在数据核验时可以采用变量抽查法、个案抽查法和频数统计分析法等多种方法进行多角度核验。

1. 变量抽查法

用鼠标点击变量 Q1 顶部单元格选中，整列呈反色显示，然后集中注意力快速扫描 Q1 列的数据是否有异常（图 5-3-1），此时很容易发现 003 号被试数据缺失，然后通过查找原始文本资料补充遗漏数据。针对每一个变量，还可以从逻辑上判断数据中是否有超过合理范围的数值。例如，Q1 题根据编码表设定，只有“0”“1”两个数据选项，但 005 号被试此题的数据为“11”，存在明显错误，经核验后将其更正为“1”。

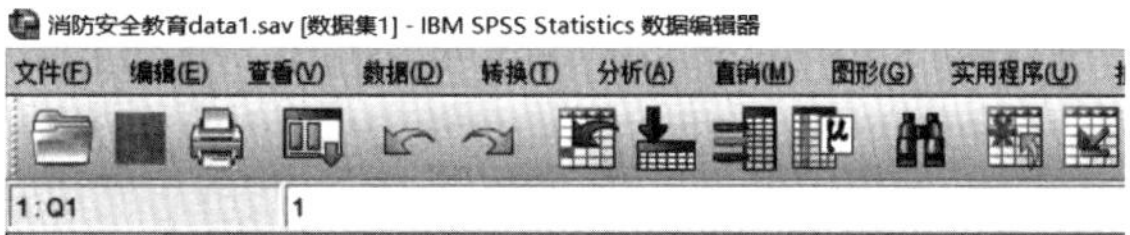

	被试编号	Q1	Q2	Q3	Q4_1	Q4_2
1	001	1	1	3	1	0
2	002	0	2	3	0	0
3	003	.	2	2	1	1
4	004	1	5	3	1	0
5	005	11	3	1	0	1
6						

图 5-3-1 变量抽查法

2. 个案抽查法

用鼠标点击个案 3 的行首单元格选中，整行呈反色显示，然后集中注意力快速扫描个案 3 的数据是否有异常（下页图 5-3-2），此时也容易发现在 Q1 的相应位置处有数据缺失。可以用同样的方法快速抽查其他个案的情况，只要稍加注意就会发现 005 号被试 Q1 的数据“11”不符合逻辑，属于误输，核查后更正为“1”。

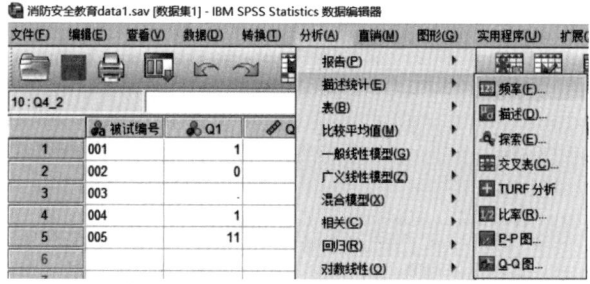

图 5-3-2　个案抽查法

3. 频数统计分析法

点击菜单栏"分析(A)"→点击"描述统计(E)"→点击"频率(F)…"(图 5-3-3),打开"频率"对话框,将左侧变量全部右移到"变量(V)"框中(图 5-3-4)→点击"统计(S)…",在"频率：统计"对话框中勾选"总和(S)""最小值(I)""最大值(X)"(图 5-3-5)→点击"继续(C)",返回"频率"对话框后→点击"确定",SPSS 输出统计分析结果(下页表 5-3-1)。

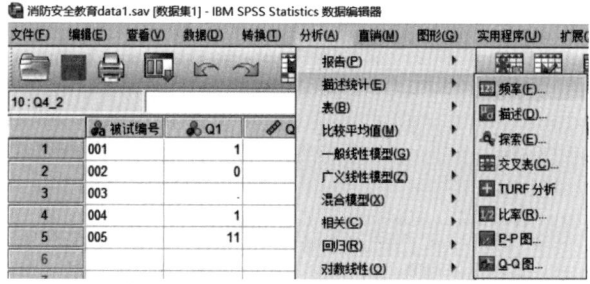

图 5-3-3　频数分析法的菜单选项

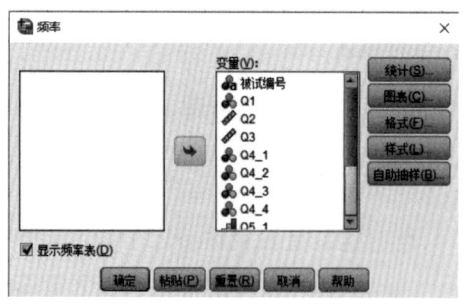

图 5-3-4　频数分析法的变量选择

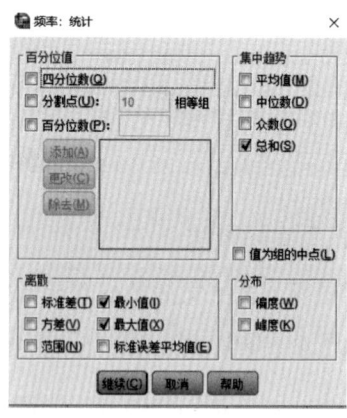

图 5-3-5　频数分析法的基本统计量选择

表 5-3-1　各变量的基本统计

编号		Q1	Q2	Q3	Q4_1	Q4_2	Q4_3	Q4_4	Q5_1	Q5_2	Q5_3	Q5_4	Q5_5	Q5_6
个案数	有效	4	5	5	5	5	5	5	5	5	5	5	5	5
	缺失	1	0	0	0	0	0	0	0	0	0	0	0	0
最小值		0	1	1	0	0	0	0	0	0	0	0	0	0
最大值		11	5	3	1	1	1	1	3	3	3	2	3	2
总和		13	13	12	3	2	3	3	6	6	5	4	4	5

仔细观察表 5-3-1 中的结果数据发现,"有效"和"缺失"这两栏中,Q1 的缺失值有 1 个,有效个案数只有 4 个,与其他变量的数据情况有较大差异。这个信息提醒研究人员应回到原始数据文件中,有针对性地查看 Q1 这个变量的所有数据情况,则很容易查到缺失项所在位置即 003 号被试。再看"最大值"这一栏,绝大多数变量的最大值都正常,而 Q1 的最大值为"11",超出了 Q1 原预设的"0""1"选项的范围,显然是输入数据有误,需回到原始数据文件中查看,并与文本资料进行比对后进行纠正。

二、数据文件合并

一项涉及大量数据的研究工作,经常会由多人分工输入原始数据,然后再根据研究目的需要将不同人各自输入的数据文件进行合并,构成一个整体性的原始数据文件。通常,数据文件合并有横向合并与纵向合并两种方式。

(一)横向合并

数据文件的横向合并是指将两个不同文件的变量合并在一起,用于增加数据集的变量数,也就是说数据集将变得横向更宽。需注意的是,合并的两个数据文件必须有一个重复的同名变量。例如,实例 5-3-1 中甲完成的数据文件 data1.sav 是被试编号 001~005 的第 1~5 题的数据库,而乙完成的数据文件 data2.sav 是被试编号 001~005 的第 6~10 题的数据库,将两个数据文件合并的前提是这两个文件中都有"被试编号"这个变量,且均包含有 001~005 号被试。又如,一个班级 40 名学生进行毕业考试后,W 老师输入了语文、数学、英语三门课程的学生成绩数据,M 老师输入了物理、化学、生物三门课程的学生成绩数据,那么需要将这 40 名学生的六门课程成绩合并在一个数据文件中,则需要通过横向合并增加数据库的变量数。

实例 5-3-1 的横向合并操作步骤如下。

步骤 1:分别打开消防安全教育 data1.sav 和消防安全教育 data2.sav 的数据文件,如图 5-3-6 和图 5-3-7 所示。可见两个数据集中的个案相同但变量不同,现在需要作横向合并,那么合并后的文件增加的是变量数,而个案数不会增加。

图 5-3-6　消防安全教育 data1.sav 的数据集

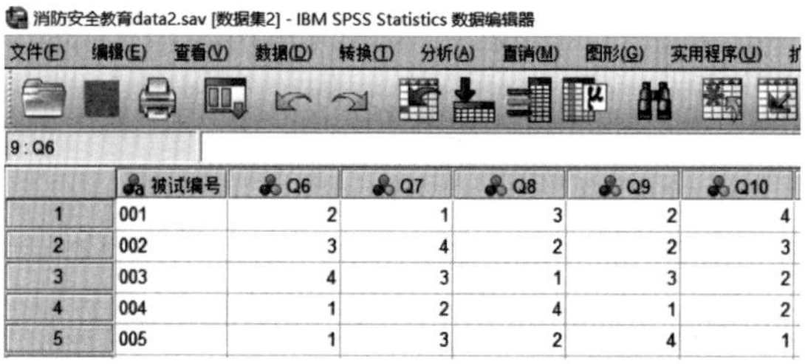

图 5-3-7　消防安全教育 data2.sav 的数据集

步骤 2:点击菜单栏"数据(D)"→点击"合并文件(G)"→点击"添加变量(V)…"(图 5-3-8),在弹出的对话框中点选"消防安全教育 data2.sav[数据集 2]"

图 5-3-8　横向合并的菜单选项

(图 5-3-9),此处如果消防安全教育 data2. sav 没有预先打开,可以选择调用 SPSS 外部数据,再点击“继续(C)”,在出现的对话框中确认“排除的变量(E)”和“新的活动数据集(N)”,点击“确定”(图 5-3-10)。须强调的是,将两个数据集横向合并,必须有一个共同变量用于识别同一个案,本例中“被试编号”就是连接两个数据集的共同变量。

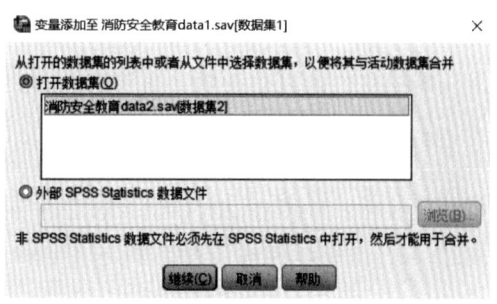

图 5-3-9　横向合并添加变量的目标数据集选择

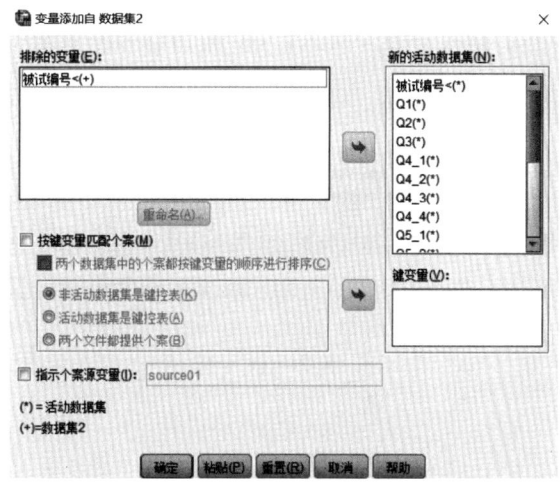

图 5-3-10　横向合并添加变量的目标数据集选项

步骤 3: 点击左下方“数据视图”按钮,可见新文件的变量数已增加,横向合并添加变量成功,这时再将数据文件另存为命名文件“消防安全教育 data4. sav”(图 5-3-11)。

	被试编号	Q1	Q2	Q3	Q4_1	Q4_2	Q4_3	Q4_4	Q5_1	Q5_2	Q5_3	Q5_4	Q5_5	Q5_6	Q6	Q7	Q8	Q9	Q10
1	001	1	1	3	1	0	1	0	3	0	0	0	1	2	2	1	3	2	4
2	002	0	2	3	0	0	1	0	0	3	0	1	0	2	3	4	2	2	3
3	003	.	2	2	1	1	1	1	1	0	0	2	3	0	4	3	1	3	2
4	004	1	5	3	1	0	0	1	0	3	2	1	0	0	1	2	4	1	2
5	005	11	3	1	0	1	0	1	2	0	3	0	0	1	1	3	2	4	1
6																			

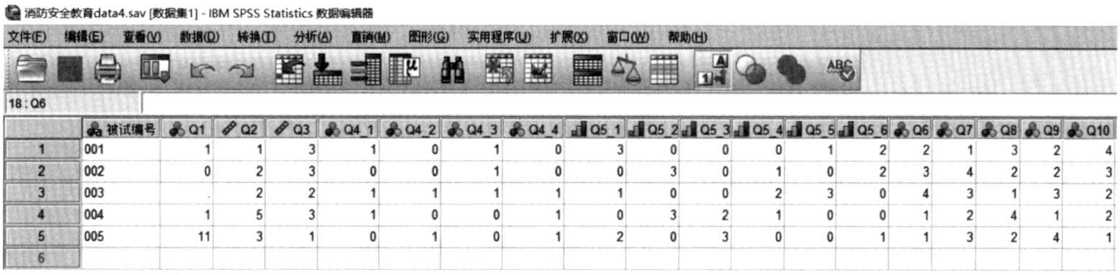

图 5-3-11　横向合并添加变量后的完整数据集消防安全教育 data4.sav

（二）纵向合并

数据文件的纵向合并是指将两个不同文件的个案合并在一起，用于增加数据集的个案数，也就是说数据集纵向将变得更长。需注意的是，待合并的两个数据文件要有相同的变量。例如，实例 5-3-1 中甲完成的数据文件 data1. sav 和丙完成的数据文件 data3. sav，两个文件都含有第 1～5 题的所有变量。文件 data1. sav 是有关被试编号 001～005 号的数据，而文件 data3. sav 是有关被试编号 006～015 号的数据。两个文件纵向合并时，增加的是个案数，变量数和变量名称都不变，只是数据集的纵向更长了。

实例 5-3-1 的纵向合并的操作步骤如下。

步骤 1：分别打开消防安全教育 data1. sav 和消防安全教育 data3. sav 的数据文件，如图 5-3-12 和图 5-3-13 所示。可见两个数据集中的变量相同。

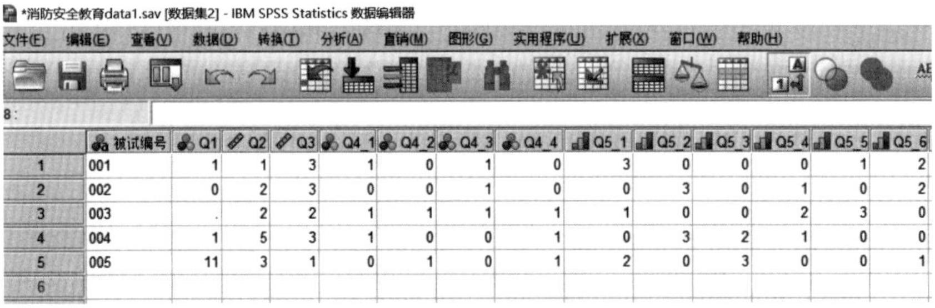

	被试编号	Q1	Q2	Q3	Q4_1	Q4_2	Q4_3	Q4_4	Q5_1	Q5_2	Q5_3	Q5_4	Q5_5	Q5_6
1	001	1	1	3	1	0	1	0	3	0	0	0	1	2
2	002	0	2	3	0	0	1	0	0	3	0	1	0	2
3	003	.	2	2	1	1	1	1	1	0	0	2	3	0
4	004	1	5	3	1	0	0	1	0	3	2	1	0	0
5	005	11	3	1	0	1	0	1	2	0	3	0	0	1
6														

图 5-3-12　消防安全教育 data1.sav 的数据集

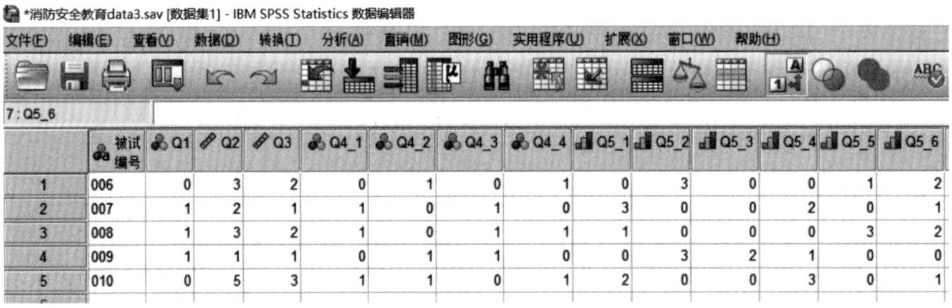

	被试编号	Q1	Q2	Q3	Q4_1	Q4_2	Q4_3	Q4_4	Q5_1	Q5_2	Q5_3	Q5_4	Q5_5	Q5_6
1	006	0	3	2	0	1	0	1	0	3	0	0	1	2
2	007	1	2	1	1	0	1	0	3	0	0	2	0	1
3	008	1	3	2	1	0	1	1	1	0	0	0	3	2
4	009	1	1	1	0	1	1	0	0	3	2	1	0	0
5	010	0	5	3	1	1	0	1	2	0	0	3	0	1

图 5-3-13　消防安全教育 data3.sav 的数据集

步骤 2：点击菜单栏"数据(D)"→"合并文件(G)"→"添加个案(C)"（下页图 5-3-14），弹出对话框，点选"消防安全教育 data3. sav[数据集 1]"（下页图 5-3-15），此处如果消防安全教育 data3. sav 没有预先打开，可以选择调用 SPSS 外部数据，再点击

"继续(C)",在出现的对话框中确认"非成对变量(U)"和"新的活动数据集中的变量(V)",点"确定"(图 5-3-16)。

图 5-3-14　纵向合并的菜单选项

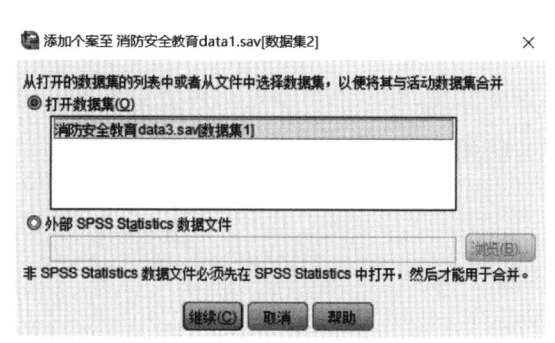

图 5-3-15　纵向合并添加个案的目标数据集选择

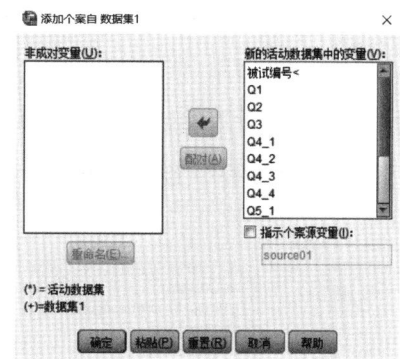

图 5-3-16　纵向合并添加个案的目标数据集选项

步骤 3：点击左下方按钮回到"数据视图",可见新文件的个案数有增加,纵向合并添加个案成功,这时再将数据文件另存为命名文件"消防安全教育 data5.sav"(下页图 5-3-17)。

三、数据文件拆分

数据文件拆分是指整个数据文件根据某一个变量,将数据集区分成不同的子文件,以便分别进行统计分析。拆分文件时,研究者需事先指定依照某一个变量进行拆分,具体有"比较组"和"按组来组织输出"两种拆分模式,不同拆分模式所影响的是文

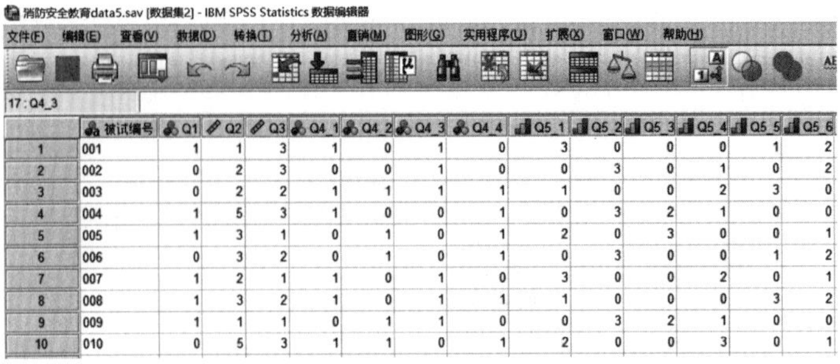

图 5-3-17　纵向合并添加个案后的完整数据集消防安全教育 data5.sav

件拆分之后统计分析结果的呈现方式。

以上述"消防安全教育 data5.sav"为例，文件拆分的操作步骤：

步骤1：打开"消防安全教育 data5.sav"数据文件，如图 5-3-17 所示。

步骤2：点击菜单栏"数据（D）"→点击"拆分文件（F）…"（图 5-3-18），在弹出的"拆分文件"对话框中点选"比较组（C）""按分组变量进行文件排序（S）"，将左框中的 Q1 右移至"分组依据（G）"框中，指定按 Q1 进行拆分文档（图 5-3-19），点击"确定"。需注意的是，拆分文件后，SPSS 并不会提醒数据已完成拆分，但可以回到"数据视图"窗口查看原始数据的个案顺序已发生变化，即依照所指定的拆分变量（Q1）按"0""1"的顺序依次逐一列出每个个案的观察值（下页图 5-3-20）。

图 5-3-18　文件拆分的菜单选项

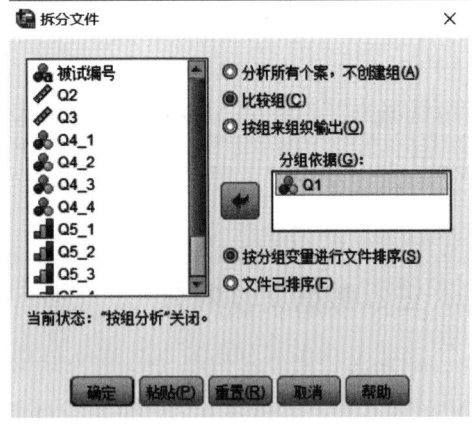

图 5-3-19　"比较组（C）"拆分文件的选项

	被试编号	Q1	Q2	Q3	Q4_1	Q4_2	Q4_3	Q4_4	Q5_1	Q5_2	Q5_3	Q5_4	Q5_5	Q5_6
1	002	0	2	3	0	0	1	0	0	3	0	1	0	2
2	003	0	2	2	1	1	1	1	1	0	0	2	3	0
3	006	0	3	2	0	1	0	1	0	3	0	0	1	2
4	010	0	5	3	1	1	0	1	2	0	0	3	0	1
5	001	1	1	3	1	0	1	0	3	0	0	0	1	2
6	004	1	5	3	1	0	0	1	0	3	2	1	0	0
7	005	1	3	1	0	1	0	1	2	0	3	0	0	1
8	007	1	2	1	1	0	1	0	3	0	0	2	0	1
9	008	1	3	2	1	0	1	1	1	0	0	0	3	2
10	009	1	1	1	0	1	1	0	0	3	2	1	0	0

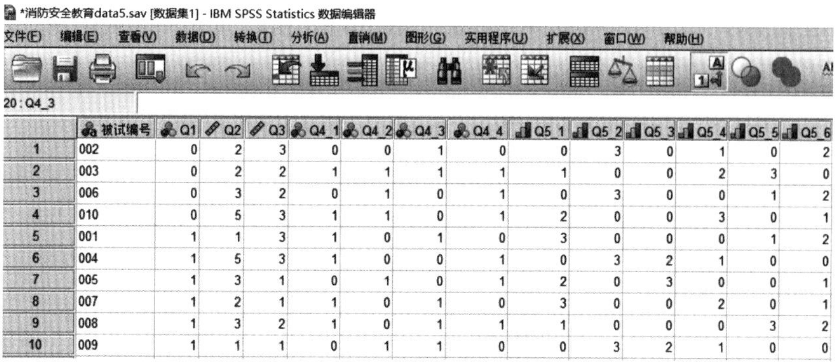

图 5-3-20　“按分组变量排序”拆分文件的结果

拆分文件时，也可点选“按组来组织输出(O)(图 5-3-21)”，若其他选项不变，则可比较显示结果方式有何不同。

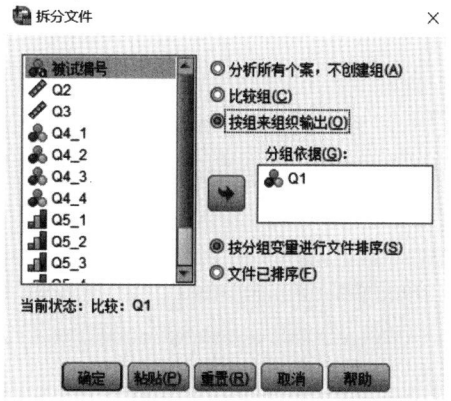

图 5-3-21　“按组来组织输出(O)”拆分文件的选项

步骤 3：如果需对文件拆分后的数据进行统计分析(如对 Q2、Q3 变量分别求频率)，则打开拆分后文件，点击菜单栏“分析(A)”→点击“描述统计(E)”→点击“频率(F)…”(图 5-3-22)，选择需分析的目标变量 Q2、Q3，并将它们移至“变量(V)”

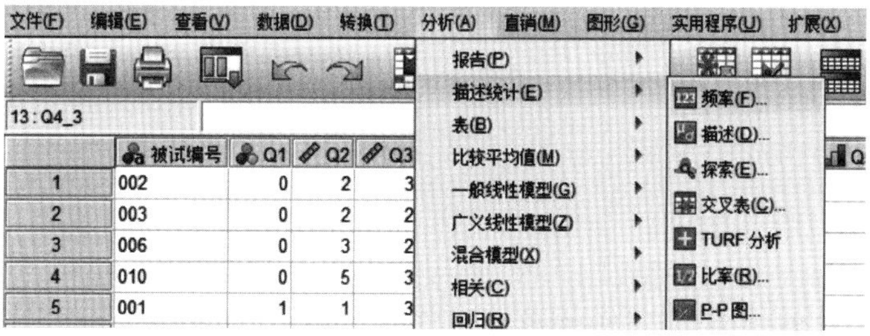

图 5-3-22　拆分文件后分析频率的菜单选项

框中,勾选左下方"显示频率表(D)"(图5-3-23),点击"确定"后,呈现 SPSS 运行结果。

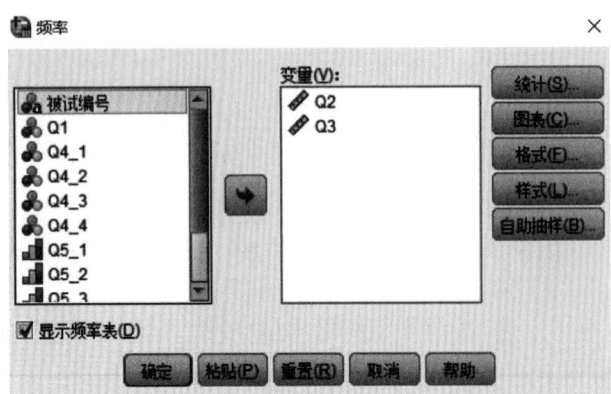

图 5-3-23　拆分文件后分析频率的目标变量选项

需注意的是,如果文件拆分选用的模式不同,SPSS 运行结果的呈现方式也将会有差异。分别运用"比较组(C)"和"按组来组织输出(O)"进行拆分文件后进行统计分析结果的显示方式区别如图 5-3-24 和下页图 5-3-25 所示。

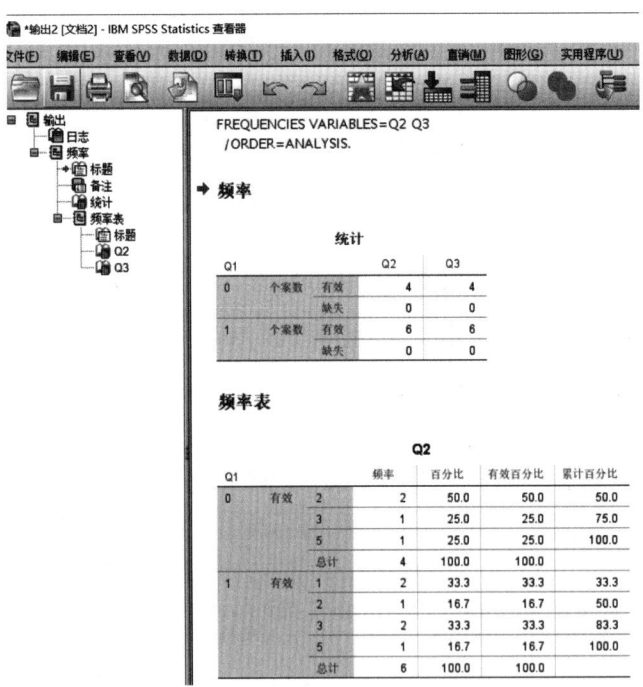

图 5-3-24　"比较组(C)"拆分文件后的统计分析结果

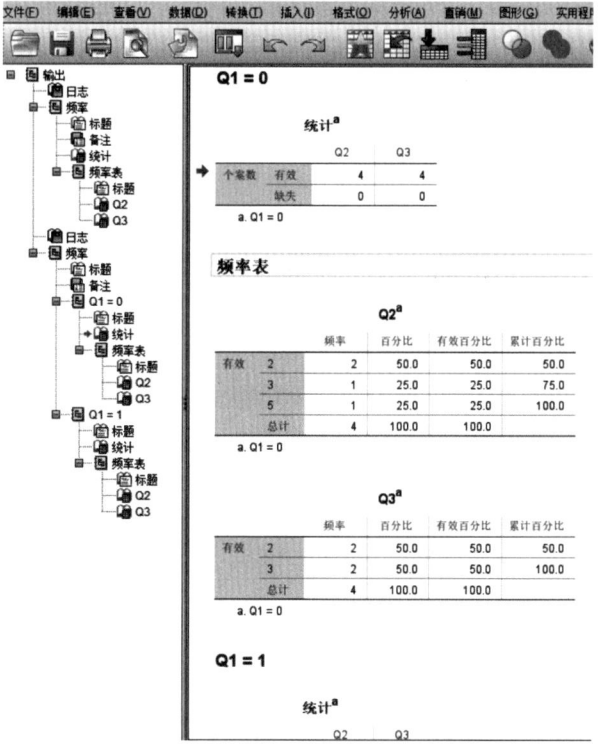

图 5-3-25 "按组来组织输出（O）"拆分文件后的统计分析结果

思考与练习

1. 任选一个 SPSS 版本安装在自己电脑上并简单运行。
2. 自选一批数据,运用 SPSS 软件进行变量设置和输入原始数据。
3. 运用多种方法,自查上题中输入数据的正确性。
4. 自建两个数据文件,并将它们合并成一个文件。
5. 将第 4 小题合并后的数据文件,按自行选定的一个变量进行文件拆分。

第六章　频数分布与频率分布

内容提要

◎ 频数分布与频率分布的概念

◎ 频数分布表与频率分布表的编制

◎ 频数与频率分布表的 SPSS 分析技术

◎ 频数分布图与频率分布图的编制

◎ 频数与频率分布图的 SPSS 分析技术

◎ 频数分布集中趋势指标的常用概念

◎ 频数分布离散趋势指标的常用概念

◎ 集中趋势与离散趋势指标的 SPSS 分析技术

第一节　频数分布表和频率分布表

▶ **问题实例**

［实例 6-1-1］　六(1)班 45 名学生在限定时间内进行 5 次投篮命中比赛。其中,1 次都没有投进的有 3 人,投进 1 次的有 6 人,投进 2、3、4 次的分别有 7、16、9 人,5 次全投进的有 4 人。请问这 45 名学生投球命中情况的频数和频率分布如何呈现?

［实例 6-1-2］　用一份测验测查五(1)班 51 名学生的成绩(如下所示),请问这个班学生成绩在哪个分数段的人数最多或占比最大?

五(1)班 51 名学生的成绩:

75	60	57	75	55	64	68	72	56	61	90	86	73
72	95	81	71	56	80	78	74	72	65	84	88	87
88	64	72	79	67	76	75	94	45	54	55	80	72
92	70	65	75	63	89	52	65	91	59	64	94

▶ **统计方法**

可以采用频数分布表或频率分布表。因为上述所列数据都是原始测验成绩,显得杂乱无章,所以很难一下子看出两个班成绩各自的分布情况及其相互间的差异。通常,我们会将每个班学生的测验成绩从高分到低分依次排序后再进行比较。这种做法,虽然可以了解到诸如最高分与最低分,所有分数的分布范围,不同分数各自重复出现的次数,以及大多数学生的分数分布在什么范围等信息,但在总体上难以直观地反映事物的全貌及其特性,未能达到清晰概括地统计数据的目的。为此,最常用且便捷的方法是采用频数分布表或频率分布表,对原始数据进行整理与呈现,以直观反映众多无序数据所蕴含的信息。数据类型不同,频数分布表的呈现方式也有所不同。

▶ 基本理论

一、频数分布与频率分布的概念

频数(frequency),是指某一个随机事件在 N 次试验中实际出现的次数。所谓频率(relative frequency),又称相对次数,指某一随机事件在 N 次试验中实际出现的次数占总试验次数的比。如果用 f 表示频数,N 表示总次数,R_i 表示频率,那么:

$$R_i = \frac{f}{N} \qquad \text{式 6-1-1}$$

例如,在抛硬币游戏中,如果总共抛了10次,当硬币落在地上时,3次正面朝上、7次反面朝上,那么我们可以认为,正面朝上与反面朝上的频数分别为3和7,而正面朝上与反面朝上的频率分别为3/10与7/10。

由各随机事件出现的频数或频率构成的分布称为频数分布或频率分布。用以描述频数分布或频率分布的表即为频数分布表或频率分布表。

二、频数分布表与频率分布表的编制

(一)离散型随机变量数据频数与频率分布表的编制

在实例6-1-1中,投进的次数属于离散型随机变量数据,这45名学生投篮命中情况的频数分布表与频率分布表可编成表6-1-1。

表6-1-1 六(1)班45名学生投球命中频数与频率分布表

投进次数	0	1	2	3	4	5	总和
频数	3	6	7	16	9	4	45
频率	0.07	0.13	0.16	0.35	0.20	0.09	1.00

该表是离散型随机变量数据频数分布表与频率分布表中较为简单的一种,还有较为复杂的。例如,六(1)、六(2)班的学生分别在限定时间内进行5次投篮命中比赛,在一张表中反映两组或两组以上数据资料分布情况的频数分布表与频率分布表,将每

一组的频率分别乘以100,又可转换成各组的百分比。这种表我们称之为复合表,如表 6-1-2 所示。

表 6-1-2　六(1)、六(2)班学生投球命中频数与频率分布表

	投进次数	0	1	2	3	4	5	总和
六(1)班	频数	3	6	7	16	9	4	45
	频率	0.07	0.13	0.16	0.35	0.20	0.09	1.00
	百分比/%	7	13	16	35	20	9	100.00
六(2)班	频数	5	8	5	12	7	4	41
	频率	0.12	0.20	0.12	0.29	0.17	0.10	1.00
	百分比/%	12	20	12	29	17	10	100.00

(二)连续型随机变量数据频数与频率分布表的编制

在实例 6-1-2 中,五(1)班的成绩属于连续型随机变量数据,这批数据的频数与频率分布表,以及累计频数与累计频率分布表的编制步骤如下。

1. 频数与频率分布表的编制

(1) 求全距。所谓全距,指的是一批数据中最大值与最小值的差,常用符号 R 表示,即 $R = x_{max} - x_{min}$。本例中的全距 $R = 95 - 45 = 50$。

(2) 定组距与组数。所谓组距,就是组与组之间间隔的距离(常用符号 i 表示)。所谓组数,就是分好组后总共有几组(常用符号 K 表示)。全距、组距和组数三者的关系为 $K = \dfrac{R}{i}$。常用的组距为 1、2、4、5、10 个单位。如果全距和组距确定了,那么组数也就随之而定了。

(3) 定组限。所谓组限,就是每组的起止范围。一批数据中的最小值为最小一组的下限,最小值 x_{min} 自然包含在最小的组中。本例中最小值为 45,所以最小一组的下限就是 45。在列表时无须写出各组的上限,一般情况下数值较大一组的下限就是数值较小一组的上限。如下页表 6-1-3 中第①列所示。在将数据归组时,如遇有数据正好等于某组的上限,则可将它归入数据较大的一组。如可将 50 归入第二组,将 55 归入第三组。一批数据中最大值 x_{max} 应包含在最大组中。

表6-1-3 五(1)班51名学生成绩分布表

① 组限	② 组中值	③ 划记	④ 频数	⑤ 累计频数	⑥ 频率	⑦ 累计频率	⑧ 累计百分比/%
45—	47.5	一	1	1	0.02	0.02	2
50—	52.5	丅	2	3	0.04	0.06	6
55—	57.5	正 一	6	9	0.12	0.18	18
60—	62.5	正 一	6	15	0.12	0.30	30
65—	67.5	正	5	20	0.10	0.40	40
70—	72.5	正 丅	9	29	0.18	0.58	58
75—	77.5	正 丅	7	36	0.14	0.72	72
80—	82.5	丅	4	40	0.08	0.80	80
85—	87.5	正	5	45	0.09	0.89	89
90—	92.5	正	5	50	0.09	0.98	98
95—	97.5	一	1	51	0.02	1.00	100
总和			51		1.00		

为书写方便,也可用组中值(常用符号 x_C 表示)代表各组的组限。所谓组中值,就是每组上下限的平均数,即 x_C =(上限+下限)÷2。如表6-1-3中第②列所示。

(4) 归类划记,列出频数。分好组后,依次将每个数据准确地划归所属的组别,并以"正"或"卌"等符号记录。如表中第③列所示(划记一般不列入表中,这里只是为了说明编制步骤)。接着,根据划记结果,合计各组频数,如表中第④列所示。

将表6-1-3中的第①②④三列或第①④列拼在一起,就构成"五(1)班51名学生测验成绩的频数分布表"。如果根据各区间(或组)的人数求得其频率,如表6-1-3中第⑥列所示,那么第①④⑥列拼在一起,就构成频率分布表。

2. 累计频数与累计频率分布表的编制

所谓累计频数分布表,就是指用累计频数(常用符号 cf 表示)描述数据分布特征的分布表。登记累计频数时从最小的一组开始,每往下一组,必须把该组频数与以上各组的频数进行累加。如上页表 6-1-3 中第⑤列所示。本例中数值最小一组的频数为 1,它的累计频数也为 1;第二组的频数为 2,则该组累计频数为 2+1=3;第三组的频数为 6,则该组累计频数为 6+3(或 6+2+1)=9,其余依此类推。最高一组的累计频数应等于总频数,示例中为 51。若将表 6-1-3 中的第①④⑤列拼在一起,就构成了累计频数分布表。类似地,表 6-1-3 中的第①④⑥和⑦列一起构成本例的累计频率分布表。而每一组的累计频率分别乘以 100,又可以将之转换成各组的累计百分比,如表 6-1-3 中的第①④⑥⑦⑧列一起构成了累计百分比表。

观察表 6-1-3 可知,五(1)学生的成绩在"70—"范围的人数最多,频数为 9,频率为 0.18,占比 18%;55 分以下只占 4%,95 分以上占 2%。

三、频数与频率分布表的主要用途

编制频数与频率分布表是对一批杂乱无章的原始数据进行分类整理的重要手段。我们可以从频数与频率分布表上一目了然地获得各种数据的频数与频率各是多少,数据总体分布状况如何等基本信息。在实际应用时,频数分布表、频率分布表、累计频数分布表、累计频率分布表四者既有联系又各有侧重,既可单独使用又可联合使用。具体区别表现为:

频数分布表主要反映各组数据出现的实际频数。当需要了解各组的绝对频数时,可编制频数分布表。例如,在制定基础教育发展规划时,需要对一个时期内的人口按年龄组进行统计归类和对发展趋势作预测,那么可以将某地区人口按年龄组统计频数编制成频数分布表,从中发现人口的年龄结构分布情况,以了解小学入学人数的高峰期等信息。

累计频数分布表是对频数进行累计的结果,当需要利用分布表获知位于某个数值以下(或以上)的数据总个数时,可采用累计频数分布表。

频率分布表主要反映各组数据的相对频数或其百分比,当需要了解各组频数的相对比例结构时,通常要编制频率分布表。例如,需要对五(1)班和五(2)班两个班级的成绩进行比较时,由于两个班级人数不一致,这时更适宜采用频率分布表,可非常直观地比较两个班级成绩的差异。

累计频率分布表可以作为利用频率分布表进行各类情况比较研究时的延续应用。

统计分析

现以实例6-1-2中五(1)班学生的成绩为例,来说明运用SPSS软件分析生成频数分布表与频率分布表的具体技术。

步骤1:建立或打开数据文件→点击菜单栏"分析(A)"→点击"描述统计(E)"→点击"频率(F)…"(图6-1-1),打开"频率"对话框。

图6-1-1 频率分布统计表的菜单选项

步骤2:选中左框中需要生成频数分布表的变量"成绩",将其移入右侧"变量[V]"框中;勾选"显示频率表[D]";点击"统计[S]…"(图6-1-2),打开"频率:统计"对话框(图6-1-3),在"离散"下方选择"范围[N]""最小值[I]""最大值[X]"(其他统计量的选择参见本章第四节)→点击"继续(C)"按钮,返回"频率"对话框。

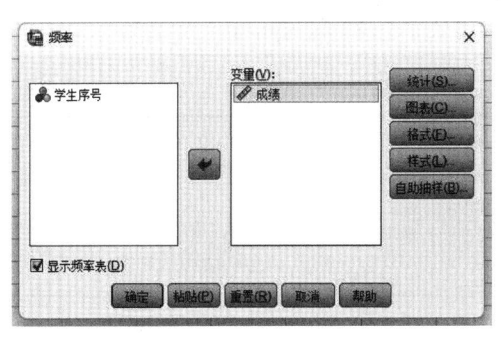

图6-1-2 "频率"对话框

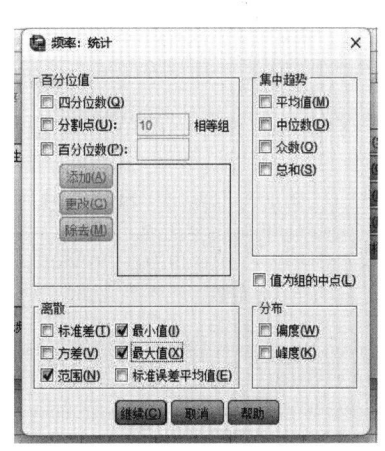

图6-1-3 "频率:统计"对话框

步骤3：点击"格式[F]…"，打开"频率：格式"对话框（图6-1-4），在"排序方式"下方选择频数表中变量排列顺序，可选项有："按值的升序排列(A)""按值的降序排列(D)""按计数的升序排序(E)""按计数的降序排序(N)"。系统默认选择"按值的升序排列(A)"。"多个变量"是指如果统计分析中包含多个变量，可选择不同的处理方式，选项有："比较变量(C)"，即所有变量均对比显示在同一个图表中；"按变量组织输出(O)"，即每个变量分别显示在独立图表中。"排除具有多个类别的表(T)"设置控制频数表输出的范围，默认值为10。在本例中，均采用系统默认值，点击"继续(C)"按钮，返回"频率"对话框。

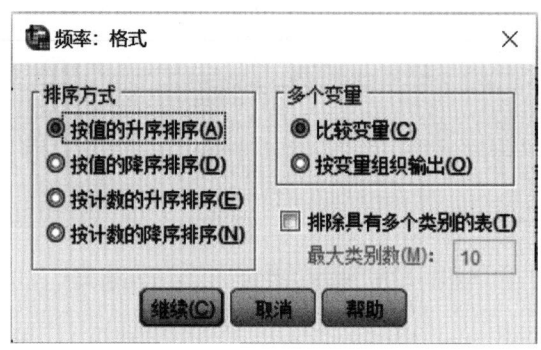

图6-1-4 "格式"对话框

步骤4：点击"确定"按钮提交系统运行。

▶ 结果解读

系统运行和分析的结果如表6-1-4和表6-1-5所示。

表6-1-4 五（1）班51名学生成绩统计表

个案数	有效	51
	缺失	0
范围		50
最小值		45
最大值		95

表6-1-5 五（1）班51名学生成绩频数分布和频率分布表

		频数	百分比/%	有效百分比/%	累计百分比/%
有效	45	1	2.0	2.0	2.0
	52	1	2.0	2.0	3.9
	54	1	2.0	2.0	5.9
	55	2	3.9	3.9	9.8
	56	2	3.9	3.9	13.7
	57	1	2.0	2.0	15.7
	59	1	2.0	2.0	17.6
	60	1	2.0	2.0	19.6
	61	1	2.0	2.0	21.6
	63	1	2.0	2.0	23.5
	64	3	5.9	5.9	29.4
	65	3	5.9	5.9	35.3
	67	1	2.0	2.0	37.3
	68	1	2.0	2.0	39.2
	70	1	2.0	2.0	41.2
	71	1	2.0	2.0	43.1
	72	5	9.8	9.8	52.9
	73	1	2.0	2.0	54.9
	74	1	2.0	2.0	56.9
	75	4	7.8	7.8	64.7
	76	1	2.0	2.0	66.7
	78	1	2.0	2.0	68.6
	79	1	2.0	2.0	70.6
	80	2	3.9	3.9	74.5
	81	1	2.0	2.0	76.5

续表

		频数	百分比/%	有效百分比/%	累计百分比/%
有效	84	1	2.0	2.0	78.4
	86	1	2.0	2.0	80.4
	87	1	2.0	2.0	82.4
	88	2	3.9	3.9	86.3
	89	1	2.0	2.0	88.2
	90	1	2.0	2.0	90.2
	91	1	2.0	2.0	92.2
	92	1	2.0	2.0	94.1
	94	2	3.9	3.9	98.0
	95	1	2.0	2.0	100.0
	总计	51	100.0	100.0	

由表6-1-4可见，在五(1)班成绩数据中：有效值为51个，缺失值为0个，即参与统计运算的值均有效且无缺失，最小值为45，最大值为95，"范围"即全距，是一批数据中最大值与最小值之差即50。

表6-1-5列出了所处理数据中所有单个成绩数据的相应频数、百分比(频率×100)、有效百分比和累计百分比。在这个分布表的基础上，我们还可进一步得出分布于各分数段的相应频数，并根据数据编制出相应的频率分布表、累计频率分布表、累计百分比分布表等。

第二节 频数分布图和频率分布图

▶ **问题实例**

[实例6-2-1] 以实例6-1-2中五(1)班51名学生的成绩为例,如何直观形象地描述这些成绩的分布特征?如果将这些原始成绩分成A、B、C、D四个等级,A等级10人、B等级20人、C等级18人、D等级3人,我们又该如何直观、形象地描述这些转化后的数据分布?

▶ **统计方法**

如果想要更直观地呈现数据的分布特征,可采用频数分布图或频率分布图,即运用坐标系中的点、线、面等的描绘来表达事物与其相应的频数或频率之间数量关系的图形。它们与频数分布表或频率分布表相比,更能让人直观地了解数据的全貌。由于51名学生的原始测验成绩属于连续型随机变量数据,而将原始数据分成四个等级的变量则属于离散型随机变量数据。针对不同类型的数据,教育统计中采用的频数分布图或频率分布图的类型各有差异。

▶ **基本理论**

一、频数分布图与频率分布图的绘制

(一)离散型随机变量数据频数与频率分布图的绘制

在实际应用中,离散型随机变量数据频数分布图或频率分布图常用条形图和饼图。

1. 条形图的定义与类型

条形图指的是用直条的长短表示各事物间数量的大小和数量之间差异情况的图形。按图形中被比资料的组数不同，可分为单式条形图和复式条形图两种。如果图形中被比事物是一组资料的，称为单式条形图。按条形图的排列方向不同，又可分为纵条图（图6-2-1）和横条图（图6-2-2）。如果图形中被比事物含两组或两组以上资料的，称为复式条形图（图6-2-3）。

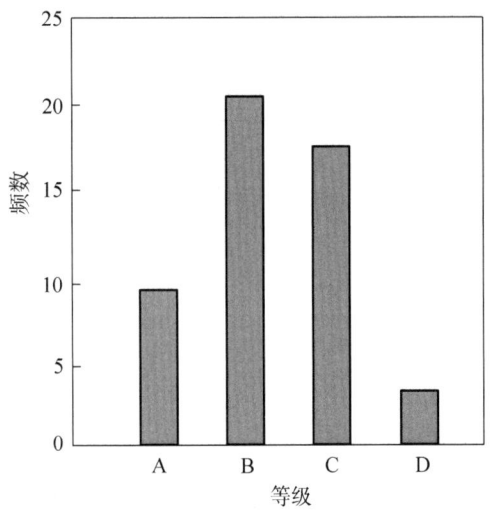

图 6-2-1　五（1）班学生成绩等级评定结果的单式条形图（纵条图）

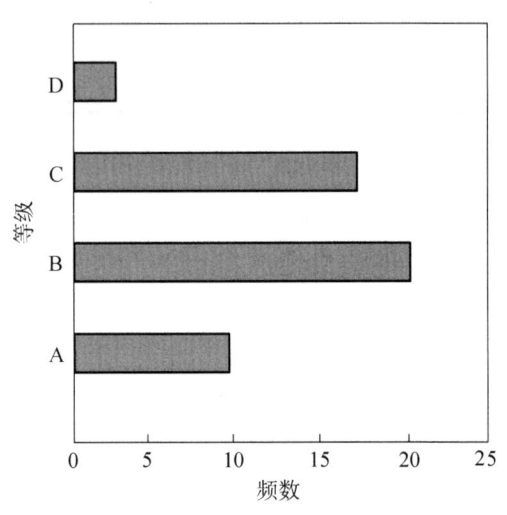

图 6-2-2　五（1）班学生成绩等级评定结果的单式条形图（横条图）

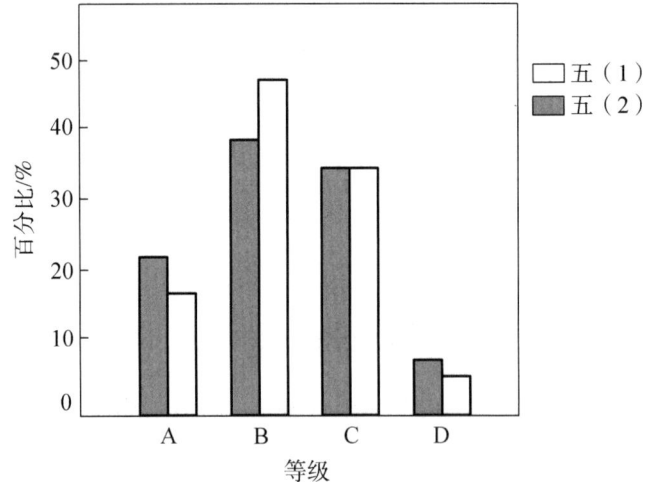

图 6-2-3　五（1）、五（2）班学生成绩等级评定结果的复式条形图

2. 条形图的绘制步骤

五(1)班学生的成绩转化成 A、B、C、D 四个等级后,这些数据可看作一组离散型随机变量,可用单式条形图来呈现频数(或频率)分布表。以下是单式条形图的绘制步骤。

① 建立直角坐标系。x 轴(横轴)表示事物的组别,如本例分为 A、B、C、D 四个等级。y 轴(纵轴)表示事物出现的频数(或频率)。

② 作小矩形。以等级两端点为横坐标,各等级人数(或频率)(如 A 等级 10 人、B 等级 20 人)为纵坐标,作小矩形。但在作小矩形时应注意两点:一是小矩形的宽度与间隔比例要适当,即每个小矩形的宽度要合理并一致,两个小矩形间隔约为小矩形宽度的 0.5~1 倍;二是各小矩形应按一定的顺序排列,如时间前后、数字大小、等级次序或相比较事物的固有序列等。

③ 标出图的名称。在图的下方标出该图的名称,包括图号与图题(标题)。必要时还应标出图注。

如上页图 6-2-1 就是按上述步骤绘成的单式纵条图。如果将直角坐标系中横纵轴的排列方向对调,即以自变量作为纵轴,以因变量作为横轴,那么由此绘成的条形图为单式横条图,如上页图 6-2-2 所示。

复式条形图的绘制步骤与单式条形图基本相同,但应注意的是,对于同一个等级内的两个小矩形应是紧密挨着且不留空隙的,各等级之间小矩形的排列次序必须一致,如上页图 6-2-3 所示。

(二)连续型随机变量数据频数与频率分布图的绘制

连续型随机变量数据的频数分布图或频率分布图,常见的有直方图、折线图等。五(1)班学生原始成绩属于连续型随机变量数据,如果需要用图来描述这些原始成绩的频数(或频率)分布特征,那么可以采用直方图或折线图来体现。

1. 直方图的定义与绘制

直方图是指以矩形的面积表示连续型随机变量数据频数(或频率)分布的图形。因为它往往是以各组的组距作为矩形的宽(或高),故又称为等距直方图。

以下是直方图的绘制步骤。

① 建立直角坐标系。横轴表示成绩,纵轴表示各分数段的人数或频率。首先依

据 p.177 表 6-1-3 中第①列组限的数据,在横轴上标出等距分组点,即各分组区间的上、下限,然后在纵轴上标明尺度及其单位以指示频数(或频率)。

② 作小矩形。以各区间的上下限为横坐标,各区间的人数或频率为高作小矩形(图 6-2-4)。由于横轴上各组距之间是连续的,故各矩形之间是依次紧密且不留空隙地直立排列着的。在实际应用中,有时也可以不画出整个矩形,即省去每个矩形的内侧垂线,而只画直方图所包围的面积,构成的封闭图形(图 6-2-5)。

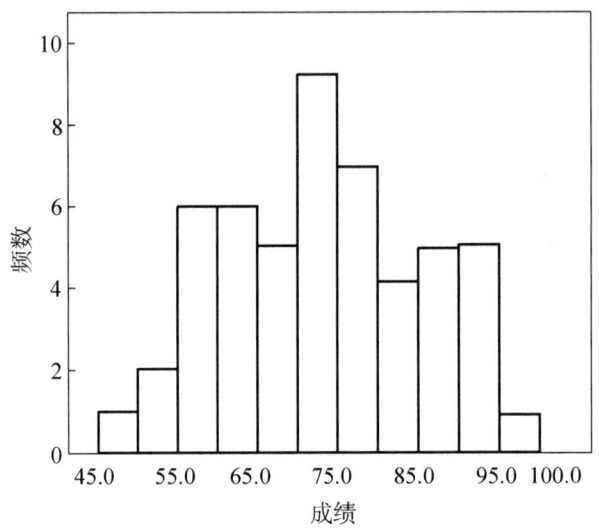

图 6-2-4 五(1)班学生成绩频数分布直方图

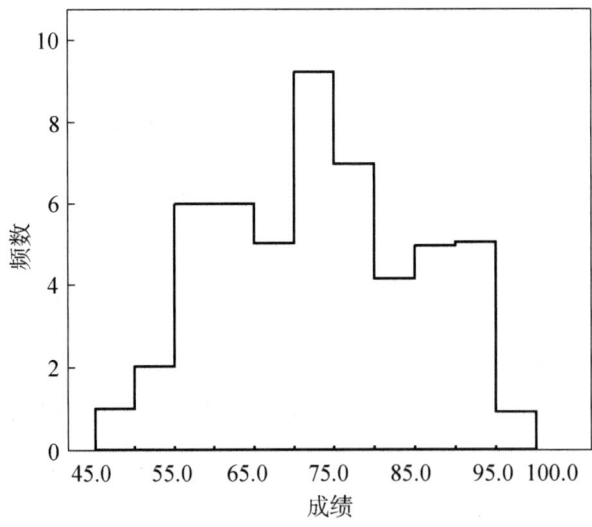

图 6-2-5 五(1)班学生成绩频数分布直方图(省线式)

③ 标出图的名称。在直方图下方标出图的编号与标题,并检查图形结构的完整性。

2. 折线图的定义与绘制

折线图是指用起伏的折线来表示某连续型随机变量数据在时间序列上或其频数(或频率)分布上所发生变化及其趋势的一种统计图。它是线图的类型之一。

以下是折线图的绘制步骤。

① 建立直角坐标系。横轴表示各组上下限值,纵轴表示各组的频数(或频率)。为方便起见,在横轴上标出的也可以是各组的组中值。

② 描点连线。以各组的中点为横坐标,该组内的频数(或频率)为纵坐标进行描点。然后按自左到右的顺序用线段依次连接每两个相邻的点,就可得到频数(或频率)分布折线图。应注意的是,为便于比较,如需在同一坐标系中绘制两条以上折线时,纵轴应表示各组频数(或频率),条数最多不超过五条,每根折线用不同形式或颜色区分,并用图例加以说明。

③ 标明图的名称。图 6-2-6 就是用折线图表示五(1)班学生测验成绩的频数分布情况。

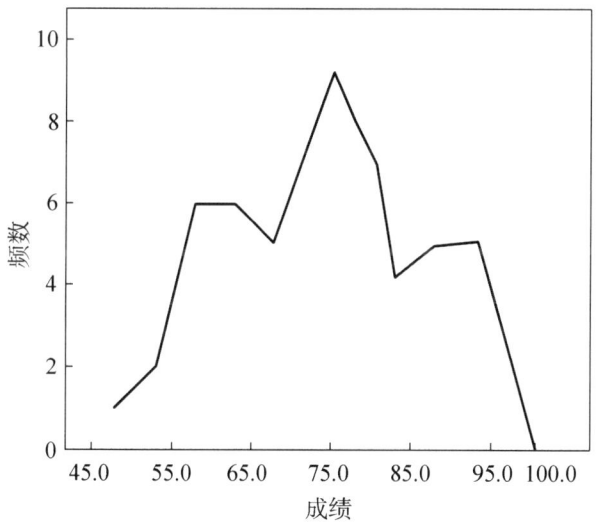

图 6-2-6 五(1)班学生成绩的频数分布折线图

如果一批数据分成很多组,描出的点自然很多,点与点之间的距离就很短,那么连成的折线就趋向于一条曲线。这种图形称之为曲线图。

一般情况下,折线图是不封闭的。但如果用虚线分别将折线的两个端点与横轴上最小区间以左和最大区间以右的两个区间中点相连接,那么整个折线图便会呈封闭状态,这种图形称为频数(或频率)分布多边图。

二、频数分布图与频率分布图的主要用途

频数分布图与频率分布图往往是以更为直观形象的方式全面反映与表达统计现象的全貌及其分布特征,从而达到快速直观整理数据的目的。但也有缺陷,其通常要借助频数(或频率)分布表,并以频数(或频率)分布表中所提供的数据信息进行绘制。

频数分布图与频率分布图既有联系又有区别,既可单独使用又可同时使用。频数(或频率)分布图的不同类型之间既有联系又各有侧重。在应用过程中,我们应视实际需要和使用习惯,灵活选用不同的图形。

直条图和饼图通常用于描述离散型随机变量数据的频数(或频率)分布特征,也用来比较性质相似的两组或两组以上离散型随机变量数据的频数(或频率)分布特征的差异情况。直方图、折线图和多边图通常用于表示连续型随机变量的频数(或频率)分布特征。直方图是最基本的图形之一。折线图是以折线方式,用于表示连续型随机变量的频数(或频率)发展变化特征的图形。凡是表示两个变量之间的函数关系,或描述某种现象随时间推移的发展趋势,或一种现象随另一种现象变化的情形时,适宜用折线图表示。多边图和直方图一样,都是以面积形式来表示连续型随机变量数据频数(或频率)分布的特征,所以凡是等距分组的,可以用直方图表示的数据,都可用多边图来表示。但相对而言,多边图比直方图在应用上显得更优越,主要表现为:第一,多边图轮廓的显示比直方图更直观;第二,多边图除了用以表示一批数据频数分布状况外,还可用于多组同质数据分布的比较,即在同一个直角坐标系中,用相同的组距表示个数不同的两批或两批以上数据的频率分布特征。不同类型数据适用的频数(频率)分布表如表6-2-1所示。

表6-2-1 不同类型数据适用的频数(频率)分布表

数据类型	直条图	饼图	直方图	折线图	多边图
离散型随机变量数据	√	√			
连续型随机变量数据			√	√	√

▶ **统计分析**

针对实例6-2-1,如需用图来描述五(1)班51名学生的测验成绩的分布特征,可在第一节图6-1-2"频率"对话框中,点击"图表(C)…"按钮,弹出"频率:图表"对话框(图6-2-7),在此对话框中对输出图形的类型及图表值进行设置。

图6-2-7 "频率:图表"对话框

"图表类型"可视需要进行点选,具体选项有:"无(O)""条形图(B)""饼图(P)""直方图(H)"。系统默认选项为"无(O)"。在选择"直方图(H)"时,还可同时勾选"在直方图中显示正态曲线(S)"。

"图表值"即纵轴表示的统计量,可以选择"频率(F)"(系统默认)或"百分比(C)"。只有在选择了"条形图(B)"或"饼图(P)"两种情况下才可设定图表值。

本例只需了解测验成绩的分布特征,可直接选择"直方图(H)"和"在直方图中显示正态曲线(S)"→点击"继续(C)"按钮,返回"频率"对话框→点击"确定"提交系统运行。

▶ **结果解读**

系统运行分析的结果如下页图6-2-8所示。

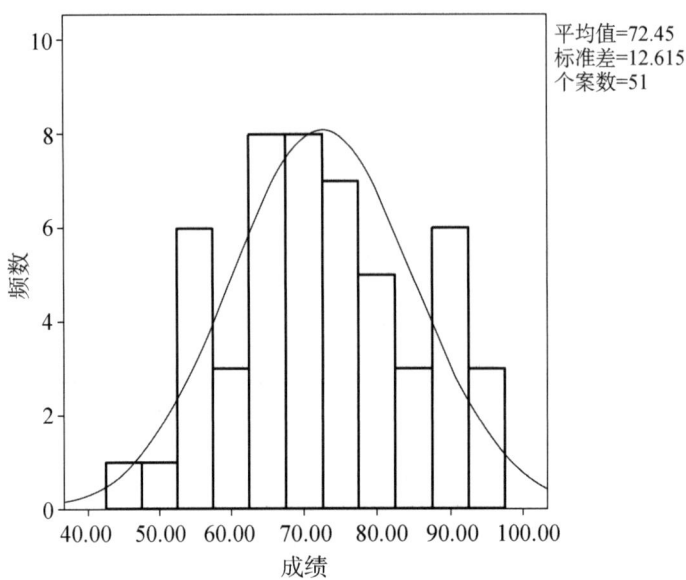

图 6-2-8　五（1）班学生成绩频数分布直方图和曲线图

图 6-2-8 呈现了五（1）班 51 位学生成绩频数分布直方图和曲线图。横轴表示成绩，纵轴表示频数。从图中可见，组距为 5，最小值所在组的范围为 42.5~47.5，而最大值所在组的范围为 92.5~97.5。

需注意的是，SPSS 运行结果图 6-2-8 与 p.186 图 6-2-4 并不完全相同，虽然两者的组距均为 5，但两者的组限不同。图 6-2-4 中最小值所在组的组限为 45~50，而图 6-2-8 最小值所在组的组限为 42.45~47.45。各组的起止范围不同，导致各组的频数有所差异。从理论上说，图 6-2-8 的分组相对更合理，更能真实描述数据分布情况。

第三节 频数分布的集中趋势指标

▶ 问题实例

［实例6-3-1］ 仍以实例6-1-2中五(1)班51名学生的成绩为例,求出这批数据的集中趋势指标。

▶ 统计方法

频数分布的功能,除了用来整理和描绘数据以外,还可以用来检测和描述数据的集中趋势和离散程度。集中趋势指标,又称集中量数,是指用以描述一组数据或一个分布集中点的统计量,常用的集中趋势指标有平均数、中位数、众数、总和。离散程度指标,是指用以描述一组数据离散程度的统计量(详见本章第四节)。集中趋势指标和离散程度指标是描述数据的统计特征和反映数据全貌的数量指标,也可称之为一组数据或频数分布的描述性统计量。

▶ 基本理论

一、平均数

平均数(mean),又称为均数、均值,常用符号$\bar{x}$、$\bar{y}$或M表示。常见的有算术平均数和加权平均数。

(一)算术平均数

算术平均数是指这批数据的总和除以总频(个)数所得的商。通常设一批数据为:x_1、x_2、$\cdots$、x_n,则这批数据的算术平均数为:

$$\bar{x} = \frac{x_1 + x_2 + \cdots + x_n}{n} \text{ 或 } \bar{x} = \frac{\sum_{i=1}^{n} x_i}{n} \qquad \text{式 6-3-1}$$

式中,"$\sum$"是连加求和符号;$\sum_{i=1}^{n}$ 表示从第 1 个数据开始加到第 n 个数据,在明确了对所有数据进行连加后,计算公式中的符号 n 和 $i = 1$ 及字母的下标可以省略,即可记为 $\sum x_i$。

利用此公式计算实例 6-3-1 的算术平均数,其中 51 个原始成绩之和为 3 695,即得所有这些 51 个原始成绩的算术平均数为:

$$\bar{x} = \frac{3\ 695}{51} = 72.45$$

算术平均数具有如下性质:

① 一批数据中的每一个数据与这批数据的平均数之差(称为离差或离均差)的总和等于 0,即有 $\sum (x_i - \bar{x}) = 0$。

② 一批数据中的每一个数据都加上一个相同的常数 C,那么所得的平均数为原来的平均数加上 C,即:若 $y = x + C$(C 为常数),则 $\bar{y} = \bar{x} + C$。

③ 一批数据中每一个数据都乘以一个相同的非零常数 C 后,那么所得的平均数等于原数据的平均数乘以这个常数 C,即:若 $y = Cx$(C 为非零常数),则 $\bar{y} = C\bar{x}$。

④ 对一批数据中的每一个数据都乘上相同的常数 c,再加上另一个常数 d,则变换后的这批数据的平均数等于原来这批数据的平均数乘以 c 加上 d。即:若 $u = cx + d$(c 为非零常数,d 为任意常数),则 $\bar{u} = c\bar{x} + d$。

(二)加权平均数

加权平均数是重要性不同的一组数据的平均数。即:

$$\overline{x_w} = \frac{\sum w_i x_i}{\sum w_i} \qquad \text{式 6-3-2}$$

式中,w_i 表示权重,是指各变量在构成总体中的相对重要性,每个变量的权重可根据经验来人为确定,也可以根据数据分布的特定结构加以确定。例如,学生在校的学习成绩由三部分组成,即平时练习成绩、期中考试成绩、期末考试成绩,那么可根据经验划分这三部分成绩的权重分别为 0.20、0.30 和 0.50。又如,根据表 6-1-3 五(1)班 51 名学生成绩的加权平均数可用下述公式计算:

$$\overline{x_w} = \frac{f_1 x_{c_1} + f_2 x_{c_2} + \cdots + f_k x_{c_k}}{f_1 + f_2 + \cdots + f_k}$$ 式 6-3-3

式中,x_{c_i} 为频数分布中第 $i(i = 1, 2, \cdots, k)$ 组的组中值,相当于该组的平均数。f_i 为频数分布中第 i 组的频数,相当于该组的权重。

二、中位数

中位数(median)又称中数,用 M_d 表示,是指将某一组数据从小到大或从大到小排列,取位于数据分布正中间位置上的那个数,或能够均匀对分全体观察值的分数,或者说位于该批数据中较大一半与较小一半中点位置的那个数。简言之,中位数的位置由一组数据的个数确定,它不受极端数据大小的影响。

通常用观察法求中位数,先将数据按顺序(从小到大或从大到小)排列,当数据个数 n 为奇数时,中位数 M_d 正好是正中间位置上的那个数;而当数据个数 n 为偶数时,中位数 M_d 是 $\frac{n}{2}$ 与 $\frac{n}{2} + 1$ 两个位置上相对应的那两个数的平均值。

对于实例 6-3-1,可先将 51 名学生的成绩按升序(从小到大)或降序(从大到小)排列,位居正中间位置即第 26 位的成绩 72 就是中位数。如果由 8 个数据构成的一组数据,按序排列为 3、5、6、7、7、7、8、9,则中位数 $M_d = \frac{7+7}{2} = 7$。

一般地,中位数具有如下特点:① 中位数大小的确定必须依据全部数据的总个数;② 中位数的确定主要基于中间位置相邻的部分数据,故中位数一般不受极端数据的影响。

三、众数

众数(mode),又称范数,常用符号 M_o 表示,是指一组数据或一个频数分布中出现次数最多的那个数,或频数分布最高点所对应的数。

对于一批未分组的数据,通常会用观察法找出出现次数最多的那个数,即为众数。如果一批数据已编制成频数分布表,那么频数(f)最高的那一组的组中值即可看作为

（粗略）众数。例如，在表 6-1-3 中，频数最高的组就是"70—"，该组的组中值 $x_c = \frac{70+75}{2} = 72.5$，72.5 就是表 6-1-3 数据的（粗略）众数。

一般地，众数具有如下特点：① 众数易受"出现次数最多"的影响。当一批数据中有某一数据出现的次数最多时，则可确定众数。如 7、5、6、7、3、7、8、9，众数 $M_o = 7$。但当一批数据 2、4、4、4、5、5、5、7 中的 4 和 5 各出现 3 次，因此众数就有两个。此类情况，除规定非用众数不可外，对这种特定的数据可考虑采用其他集中量数。如果一批数据中任何一个数都不重复出现，那么就没有众数。② 众数易受分组的影响。如果一批数据的个数很多，把它整理成频数分布表，对于同一批数据，由于分组时组距（i）大小可以不同，因此对于各种分组，区间的上限、下限可能不一致，故频数最高的组也可能不同，那么众数也会不同。

四、集中趋势指标的相对比较

中位数、众数、算术平均数和加权平均数这四种集中趋势指标各有特点，适用范围也有所不同，如表 6-3-1 所示。

表 6-3-1　集中趋势指标的适用范围与优缺点比较

数据类别		集中趋势指标			
		众数	中位数	算术平均数	加权平均数
数据类别	名称数据	√			
	等级数据	√	√		
	等距/等比数据	√	√	√	√
优点		易观察，计算简便，不受极端值影响	对数值变化不敏感，较不受极端值影响，计算较简便	计算简便，测量最为精密，考虑到每一个样本数据，代表性好	计算简便，测量最为精密，考虑到每一个样本数据，代表性好，关注到权重
缺点		测量过于粗糙，无法反映样本的所有数据状况	无法反映样本的所有数据状况	易受极端值影响	易受极端值影响

对于名称数据，因为没有一定的单位，无法计算平均数，也没有大小顺序可言，故中位数也没有意义，只能采用众数来表示样本的集中趋势。但众数不是一个优良的集

中趋势指标,它不被广泛应用,只是在以下几种情况下使用：① 当需要快速而粗略地寻找一批数据的代表值时;② 粗略估计频数分布的形态时;③ 一组数据中出现极端值时(一般用中位数)。

对于等级数据,虽无固定的单位,但有一定的顺序关系,因此可以用中位数和众数来表示样本的集中趋势,在实际问题中研究者必须先决定选用中位数还是众数来描述样本数据的集中趋势。如教育研究中对"态度"的调查、"价值观"的测验,以及一般的民意问卷,通常要求被试对一些事项进行排序。那么对此类资料的分析,往往优先用中位数来概括各个事项的总体排序结果。

对于测量数据,如等距数据或等比数据,因为具有一定的单位,因此可以用中位数、众数和平均数三种指标来表示样本的集中趋势。相对而言,平均数最容易受到极端值影响,其次是中位数,最不受影响的是众数。所以在一组数据中有特别大或特别小的极端数值时,用中位数作为集中趋势的代表值比用平均数更客观、合理。当频数分布的某一端或两端的数据不确切时,通常也用中位数作为频数分布的集中趋势指标。

平均数是人们最为普遍采用的描述集中趋势的统计量。

算术平均数是一种基本统计量,适合进一步的代数运算。计算离散程度指标方差、标准差、差异系数,对总体平均数进行估计和检验,作相关分析、回归分析等均要用到算术平均数。算术平均数广泛应用于教育研究等很多领域,如用平均分反映一个班级学生某科的学习水平,用平均受教育年限反映某国家或地区特定年龄段所有人的受教育程度,用平均分表示学生各科成绩的评分情况,用平均收入来反映某地区的经济水平,用平均分概括某场竞赛各评委对参赛者的评分。但因算术平均数易受数据变化影响,当一批数据中出现极端值时(如五位评委中最低评为 3 分,最高评为 9 分),会对平均数产生较大影响。在实际应用中往往会去掉极端数值后再计算平均分,常见的是去掉一个最高分和一个最低分,使平均数更客观、公正,更具有代表性。

加权平均数适用于对数据进行加权求平均。常见应用情况有：① 对学科成绩的合成。如果设定期中和期末成绩之比为 4∶6,已知学生的期中和期末考试分数,那么在求学期总平均分数时,就得运用加权平均数。② 教学评估中各部分分数的合成。如教师教学水平评估中,学生评价、自我评价和同行评价这三部分评分的权重之比为

3∶2∶5,那么对该教师教学水平最终评估分也需采用加权平均数。③ 多组数据平均数的合成。如已知若干组数据的个数和平均数,求全体数据的总平均数。具体的例子如,一次小学语文测验中,由各市的平均分计算全省总平均分,此类情况均以平均数为基本数据、各组数据的个数为权重进行计算加权平均数。

从理论上讲,如果频数分布可以绘制成多边图、直方图或曲线图时,众数一定是图形达到最高峰时所对应的横坐标。就算术平均数、中位数、众数三者而言,除非频数分布曲线单峰对称,一般情况下这三者是不会完全重合的。但当频数分布为正偏态或负偏态时,中位数位于算术平均数和众数之间。换言之,在正偏态分布中 $M_o < M_d < \bar{x}$,在负偏态分布中 $\bar{x} < M_d < M_o$。

▶ 统计分析

现以实例6-3-1的问题为例,来说明运用SPSS软件分析五(1)班51名学生成绩这批样本数据集中趋势指标的操作技术。

步骤1:打开数据文件→点击菜单栏"分析(<u>A</u>)"→点击"描述统计(<u>E</u>)"→点击"频率(<u>F</u>)…",打开"频率"对话框→选中左框中需计算统计量的变量"成绩",将其移入右侧"变量[<u>V</u>]"框中→点击"统计[<u>S</u>]…",打开"频率:统计"对话框(图6-3-1)。

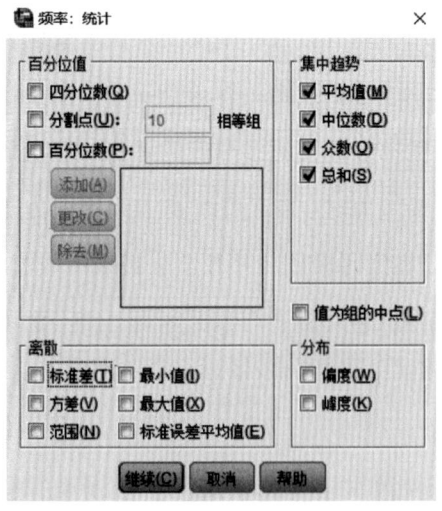

图6-3-1 "频率:统计"对话框

步骤2:在"集中趋势"下方勾选"平均值(M)""中位数(D)""众数(O)""总和(S)"→点击"继续(C)"按钮,返回"频率"对话框→点击"确定"提交系统运行。

▶ **结果解读**

系统运行分析的结果如表6-3-2所示。

表6-3-2 五(1)班51名学生成绩统计表

个案数	有效	51
	缺失	0
平均值		72.45
中位数		72.00
众数		72
总和		3 695

由表中统计数据可见,五(1)班51名学生成绩的集中趋势指标统计量:总和为3 695,平均值为72.45,中位数是72.00,众数是72,出现次数最多的是72。

第四节　频数分布的离散程度指标

▶ 问题实例

［实例6-4-1］　仍以实例6-1-2中五(1)班51名学生的成绩为例,求这批样本观察值的离散程度指标。

▶ 统计方法

频数分布还可以用来检测和描述一批数据的离散程度(或变异程度),即数据偏离中心位置的程度。离散程度指标,又称变异量数,就是用来描述观察值在某一变量上的分数分散程度的统计量。在教育实践中,为了更全面客观地描述一组数据或比较两组数据,我们不仅要掌握数据的集中趋势,还要了解和掌握数据的离散程度,离散程度指标与集中趋势指标是相互联系的。要想全面反映事物的面貌,只说明集中趋势远远不够,还必须对事物的变异程度进行描述,通常将两者搭配在一起综合考量,才能反映一组数据的分布特征。常用的离散程度指标有标准差、方差、范围(全距)、最小值、最大值、平均数的标准误、差异系数等。标准差和方差两个变异量数都是利用离均差作为计算基础的。

▶ 基本理论

一、离均差

离均差(deviation score),又称离差,是指各数据与平均数的差。离均差是一个非常简单的变异指标,但也是一个非常重要的概念。当离均差为正值时,表示该观察值落在平均数的右方;当离均差为负值时,表示该观察值落在平均数的左方。而平均数是每一个观察值加总后的平均值,在该组观察值的中心位置,因此离均差的正值与负值的总和相等,离均差的和为0。

由于离均差的和为0,实际使用中无法作为整体数据变异的指标。为解决正负值相抵的问题,可以取离均差的绝对值后相加,再除以观察值个数后,所得到的数值称为平均差(mean deviation),常用 MD 表示。平均差的概念虽然容易理解,但在统计上并不常用,计算平均差的基本公式为:

$$MD = \frac{\sum |x_i - \bar{x}|}{n} \qquad \text{式 6-4-1}$$

二、方差与标准差

方差(variance),指一批数据的离均差平方的算术平均数。通常用符号 σ^2 表示总体方差,S^2 表示样本方差。一般的总体方差由样本方差作出推断。计算样本方差基本公式为:

$$S^2 = \frac{\sum (x_i - \bar{x})^2}{n} \qquad \text{式 6-4-2}$$

式中,$x_i - \bar{x}$ 表示每一个数据与平均数的差,即离均差;$\sum (x_i - \bar{x})^2$ 表示 n 个离均差平方之和;n 表示该组数据的个数。

标准差(standard deviation),指离均差平方的算术平均数的算术平方根,即方差的算术平方根。σ 表示总体标准差,S(或 SD)表示样本标准差。计算样本标准差的基本公式为:

$$S = \sqrt{\frac{\sum (x_i - \bar{x})^2}{n}} \qquad \text{式 6-4-3}$$

一般地,方差与标准差具有如下性质:

① 一组数据中的每一个值都相同,那么该组数据的方差和标准差均为零,即 $S_C^2 = 0$ 和 $S_C = 0$。

② 一组数据中的每一个数值都加上一个相同的常数 C,那么新的一组数据的方差和标准差等于原来数据的方差和标准差。即:设 $Y = X + C$(C 为常数),则 $S_Y^2 = S_X^2$,

$S_Y = S_X$。

③ 如果每一个数据都乘以一个相同的非零常数 C，那么变换后的新数据的方差等于原来数据方差的 C^2 倍。而标准差等于原来数据标准差乘以这个常数 C 的绝对值。即：设 $Y = CX$（C 为非零常数），则 $S_Y^2 = C^2 S_X^2$，$S_Y = |C| S_X$。

④ 每一个数据都乘以同一个非零常数 a，再加上另一个常数 b，所得新数据的方差等于原来数据方差的 a^2 倍，标准差等于原来数据标准差乘以 a 的绝对值。即：设 $Y = aX + b$（a 为非零常数，b 为任意常数），则 $S_Y^2 = a^2 S_X^2$，$S_Y = |a| S_X$。

三、差异系数

差异系数（coefficient of variation），又称变异系数、变差系数，常用符号 CV 表示，指的是离散程度指标与集中趋势指标的百分比。差异系数是没有单位的相对数，它是一种反映相对离散程度的系数。

$$CV = \frac{S}{\bar{x}} \times 100\% \qquad 式6\text{-}4\text{-}4$$

式中，S 为离散程度指标，是一组数据的标准差；$\bar{x}$ 为集中趋势指标，是该组数据的平均数。

假设在实例 6-4-1 中已知五（1）班 51 名学生成绩的平均数为 72.45，标准差为 12.615，那么用此公式计算这批数据的差异系数为：

$$CV = \frac{12.615}{72.45} \times 100\% = 17.41\%$$

四、离散程度指标的主要用途

一般而言，离散程度指标越大，说明该组数据越分散，或者说越参差不齐，偏离集中趋势指标所在位置的程度也越大。反之，离散程度指标越小，则说明该组数据越集中，描述数据集中趋势指标的代表性较好。离散程度指标的应用，并非在任何情况下都适用，而应该视具体情况而定。

（一）方差和标准差的用途

方差和标准差是应用最为广泛的离散程度指标。在教育实践和研究中，如用于比较不同班级考试成绩的均匀程度；比较不同年级和不同学科测验分数的变异程度等。

因为方差在计算过程中改变了单位,如原来的测验分数单位是分,而方差的单位变成了平方分,这给比较带来一些不便。标准差的单位与原始数据单位保持一致。所以,同方差相比,标准差在实际问题研究中更为普遍使用。那么,在比较离散程度的实际问题时,究竟标准差大好还是小好,这要对具体的问题进行具体的分析。如果某班某学科的测验成绩标准差很大,则说明该班学生某科成绩参差不齐,测验成绩的平均分对全班学生的平均水平的代表性就差。如果是竞赛性的考试,那么标准差越大,说明试题的区分能力越强,更能选拔出优秀的学生。反之标准差越小,说明试题不能区分出学习成绩优异的学生。

标准差除了用于描述一组数据的离散程度和比较两组数据变异程度的大小,还可以用于其他统计量的计算,如计算差异系数、标准分数、相关系数,以及各种类别的推断统计等。

应注意的是,一般情况下,当用算术平均数作为集中趋势指标时,采用标准差来反映离散程度的大小。当用中位数描述集中趋势时,则用百分位距(两个百分位数的差)表示离散程度的大小(百分位数的计算参见第七章第一节)。

(二)差异系数的用途

差异系数可用来比较单位不同的两组数据变异程度的大小。如果两组数据的单位不同,就不能直接用标准差来比较这两组数据的离散程度的大小。如身高的单位是 cm,体重的单位是 kg,假如用标准差比较变异程度,结果毫无意义,而应该用不带单位的(相对数)差异系数加以比较。

例如,在某乡镇调查二年级男生的身高和体重发展情况,得到如下资料:

身高平均 135 cm,标准差 5.8 cm;体重平均 28 kg,标准差 3.6 kg;问该乡镇二年级男生在身体发展方面身高和体重的变异程度哪个大?

计算差异系数得:

$$CV_{身高} = \frac{5.8}{135} \times 100\% = 4.29\% \qquad CV_{体重} = \frac{3.6}{28} \times 100\% = 12.86\%$$

由于 $CV_{身高} < CV_{体重}$,可以认为某乡镇二年级学生在身体发展方面,体重的差异程度大于身高的差异程度。

差异系数还可用于单位相同而平均数相差较大的两组数据差异的比较。通常情况下,平均数较大,其标准差一般也较大;平均数小,其标准差也较小。这种情况下,如果根据两组数据标准差的大小,比较这两组数据的离散情况是没有意义的。

常见离散程度指标的适用范围与优缺点比较情况见表6-4-1。

表6-4-1 离散程度指标的适用范围与优缺点比较

数据类别		离散程度指标		
		范围	方差/标准差	差异系数
数据类别	名称数据	√		
	等级数据	√		
	等距/等比数据	√	√	√
优点		计算简便,不受极端值外的个别分数影响,适用于所有的测量数据	计算简便,测量最为精密,考虑到每一个样本数据,代表性好	可用来比较单位不同的两组数据变异程度的大小
缺点		测量过于粗糙,无法反映样本的所有数据状况	易受极端值和偏离程度的影响	易受极端值影响和偏离程度的影响

▶ 统计分析

现以实例6-4-1的问题为例,来说明运用SPSS软件分析五(1)班51名学生成绩这批样本数据离散程度指标的操作技术。

步骤1:打开数据文件→点击菜单栏"分析(A)"→点击"描述统计(E)"→点击"频率(F)…",打开"频率"对话框→选中左框中需计算统计量的变量"成绩",将其移入右侧"变量[V]"框中→点击"统计[S]…"(下页图6-4-1),打开"频率:统计"对话框。

步骤2:在"离散"下方勾选"标准差(T)""方差(V)""范围(N)""最小值(I)""最大值(X)""标准误差平均值(E)"(下页图6-4-2)→点击"继续(C)"按钮,返回"频率"对话框→点击"确定"提交系统运行。

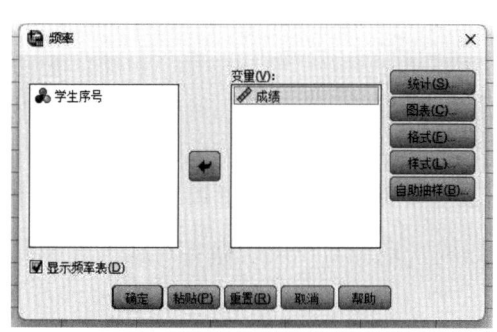

图 6-4-1 "频率"对话框

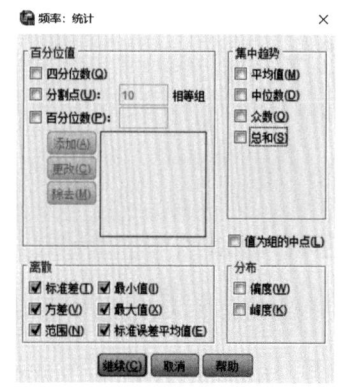

图 6-4-2 "频率：统计"对话框

▶ 结果解读

系统运行分析的结果如表 6-4-2 所示。

表 6-4-2 五（1）班 51 名学生成绩统计表

个案数	有效	51
	缺失	0
平均值标准误差		1.766
标准差		12.615
方差		159.133
范围		50
最小值		45
最大值		95

由表中具体统计量指标可见，有效值 51 个，缺失值 0 个。离散趋势指标：最小值为 45，最大值为 95，范围（全距）为 50，标准差为 12.615，方差为 159.133。上一节中已求得，平均值为 72.45，据此可计算求得 51 个成绩的变异系数 $CV = \dfrac{12.615}{72.45} \times 100\% = 17.41\%$。

思考与练习

1. 某小学二(1)班学生在 5 min 的数学口算测验中,做完 10 题的有 3 人,做完 9 题的有 8 人,做完 8 题的有 16 人,做完 7 题的有 10 人,做完 6 题的有 5 人。请将这些数据编成频数分布表。

2. 将下列 40 名学生的某测验成绩编成组距为 5 的频数分布表、累计频数分布表、频率分布表、累计频率分布表、累计百分比分布表。

71 73 79 65 52 69 85 74 85 96 53 68 67 71 74 79
80 82 62 75 77 86 78 87 89 91 92 82 70 80 76 73
72 59 94 52 56 68 88 78

3. A、B 两个班级总共 80 个学生的物理测验成绩等第如下所示,现在要求用 SPSS 软件分别生成两个班成绩的频数分布表、频率分布表,频数分布饼图、条形图。

A 班:优 良 优 良 中 差 中 差 中 差 中
   中 优 良 中 良 优 良 良 优 优 中
   中 差 中 良 优 优 中 中 中 良 良
   中 良 差 差 中

B 班:良 良 中 中 优 中 中 中 良 良 中
   良 优 优 中 中 差 中 中 中 良 优
   中 差 良 优 优 中 中 良 良 中
   差 差 中 中 差 良 优 差 优

4. 某小组 8 位学生的身高均为 143 cm,问该组学生身高的方差和标准差是多少?为什么?请用教育统计的基本理论加以说明。

5. 随机抽取某班的一次英语测验成绩如下页表 6-5-1 所示。试计算平均得分 ($\bar{X}$、M_d、M_o),并说明用哪一个指标描述该班的平均得分更合理。

表6-5-1 某班英语测验成绩

区间	20—	25—	30—	35—	40—	45—	50—	55—	60—	65—70
人数	1	0	0	3	6	15	10	12	10	8

6. 随机抽取5位学生的两次数学测验成绩如下：

第一次成绩：23 35 50 69 68

第二次成绩：30 46 60 65 70

请问哪一次成绩的差异更大？

7. 举例说明为什么在比较两个班的平均成绩的同时，还要比较成绩差异的大小？

8. 随机抽取某校两个班的成绩，用合适的方法计算表示平均水平的指标和离散程度指标。你能从中发现什么问题？会采取什么方法处理？

9. 某校初中一年级学生的思维能力测试平均分为32，标准差为12；而高中一年级学生的平均分为43，标准差为15。请问这两个年级学生思维能力测试得分的差异变动哪个更大？哪个年级的平均分更能代表一般水平？

第七章　地位量数与正态分布

内容提要

◎ 百分位数

◎ 标准分数

◎ T 分数和 Z 分数

◎ 正态分布和正态曲线

◎ 确定某观察值在所属团体分布中相对位置的技术

◎ 计算百分位数与标准分数的 SPSS 分析技术

第一节　百分位数

▶ **问题实例**

[实例 7-1-1]　上海市某重点高中在向外省市招生时,得到 55 名考生的学能水平测试的原始成绩,并将其编成频数分布表的形式,如表 7-1-1 所示。

① 如果预定录取考试成绩居前 10% 的考生,则录取分数线应划定为几分?

② 已知某考生的考试成绩为 87 分,他能否被录取?

表 7-1-1　55 名考生的学能水平测试成绩的频数分布表

组限	频数	累计频数	累计频率
45—	1	1	0.02
50—	2	3	0.05
55—	6	9	0.16
60—	6	15	0.27
65—	6	21	0.38
70—	9	30	0.55
75—	8	38	0.69
80—	4	42	0.76
85—	6	48	0.87
90—	5	53	0.96
95—	2	55	1.00

▶ **统计方法**

可以用频数分布的第 90 百分位数确定录取的分数线。对于实例 7-1-1 的问题,人们通常会把考生的考试成绩按从高到低排序,从最高分开始,依次取全部人数的10%,然后看这10%中的最低分数,并将它作为录取分数线。但从严格意义上说,这种做法有时会影响录取工作的科学性和公正性。假设有600名考生,录取前10%的考生,即按考试成绩由高到低排序,录取排在前60名考生。可能出现这种情况:排在第60名的考生的分数与排在其后的3位考生的分数相同(均为85分),因录取人数为60人,排在第60名的考生被录取,而同为85分的其他3位考生因随机排在后面落榜。利用百分位数确定录取分数线,可使录取工作更加客观、公正、合理。

▶ 基本理论

一、百分位数的概念

在一个频数分布中,若小于某个数值的数据个数占全部数据的"百分之几",那么这个数值就叫"第几百分位数"。一般用符号 P_p 表示,其中下标 p 为自然数。例如,将实例7-1-1中55名考生成绩由低到高排列,第10百分位数可记为 P_{10},表示小于 P_{10} 的数据占10%;第90百分位数记为 P_{90},表示小于 P_{90} 的数据占90%,即高于 P_{90} 的数据占10%。如果 $P_{80}=85$,则说明有80%的数据小于85,大于85的数据只有20%。由此可知,中位数实际上就是第50百分位数。可见,百分位数是表示某数在整体中所处位置的数,它是一种地位量数。如图7-1-1,则表示有75%的得分低于69分,而高于69分的则占到总体人数的25%。

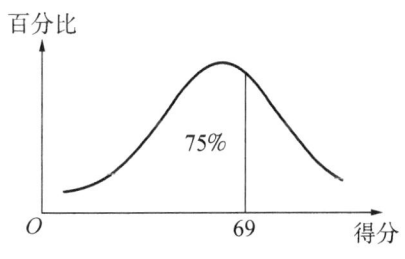

图 7-1-1 频数分布的百分位数

二、百分位数的主要用途

在教育评价中,往往可以通过将某个原始分数转变为其所属的百分位数来说明、解释、评价它在整个团体中所处的相对位置,以此来确定是否被录取或获奖等。还可以通过计算两个百分位数之间的差——即百分位距来度量一组数据分布的离散程度,并以此为基础比较两组数据的集中或离散程度。

三、百分位数的计算公式

如果一批数据已被分组编制成频数分布表,则可根据下述公式计算百分位数。

$$P_p = L_{P_p} + \frac{\frac{p}{100} \times N - F_a}{f_{P_p}} \times i \qquad \text{式 7-1-1}$$

或

$$P_p = U_{P_p} + \frac{\frac{p}{100} \times N - F_b}{f_{P_p}} \times i \qquad \text{式 7-1-2}$$

式中,P_p 表示百分位数,下标 p 为自然数;N 表示总频数;i 表示组距;f_{P_p} 表示百分位数所在组的频数;L_{P_p}、U_{P_p} 分别表示百分位数所在组的下限和上限;F_a 表示组限小于百分位数所在组下限的各组频数的总和(即累计频数);F_b 表示组限大于百分位数所在组上限的各组频数的总和。

在实例 7-1-1 中,由表 7-1-1 得知第 90 百分位数所在组是"90—",所以 $p = 90$,$L_{P_{90}} = 90$,$F_a = 48$,$f_{P_{90}} = 5$,$i = 5$,$N = 55$,将这些数据代入式 7-1-1 后得:

$$P_{90} = 90 + \frac{\frac{90}{100} \times 55 - 48}{5} \times 5 = 91.50$$

也就是说,如果预定录取考分居前 10% 的考生,那么,录取分数线应划定为 91.50 分。显然,考 87 分的考生还没达到录取分数,未能被录取。

▶ 统计分析

步骤 1:新建数据文件(因在实例 7-1-1 中未提供原始数据,故在输入数据时用组中值代替)→点击"分析(A)"→点击"描述统计(E)"→点击"频率(F)…",打开"频率"对话框→选中需要计算百分位数的变量"成绩",将其移入右侧"变量(V)"框中→点击"统计(S)…",打开"频率:统计"对话框(下页图 7-1-2)。

步骤 2:在"频率:统计"对话框中,可供选择的统计量共分 4 组,各组中的统计量可以同时选择。其中,在"百分位值"中可供选择的项有:

- "四分位数(Q)"：输出 25%、50%、75%的百分位数。
- "分割点(U)"：将数据平分为所设定的相等组,所选择的数值范围为 2~100 间的整数。例如,在框内输入"5",那么数据将会被 5 等分,输出 4 个等分位数,即第 20、40、60、80 百分位数。
- "百分位数(P)"：由用户定义的百分位数,输入值范围为 0~100。输入数值后点击"添加(A)"按钮,也可以重复此操作输入多个百分位数。如遇输错数据时,用鼠标选中需修改的百分位数后,点击"除去(M)"按钮,就可以删除该数值,这时再输入需要的数值即可。

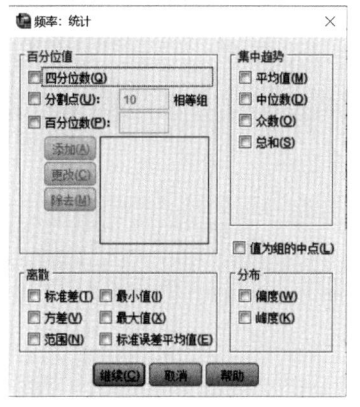
图 7-1-2　"频率：统计"对话框

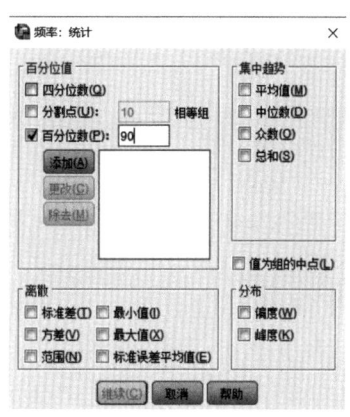
图 7-1-3　百分位数统计量设置

针对实例 7-1-1,在"频率：统计"对话框中选择"百分位数(P)",并在其后输入"90"(图 7-1-3),并点击"添加(A)",将"90"移入框中,点击"继续(C)",返回"频率"对话框,点击"确定",提交系统运行。

▶ 结果解读

按上述程序提交系统运行后,得到的运行结果如表 7-1-2 所示。

表 7-1-2　55 名考生的学能水平测试成绩统计表

个案数	有效	55
	缺失	0
百分位数	90	92.500

从上述运行结果看,实例7-1-1中样本的容量为55,有效值55个,缺失值0个。同时第90百分位数值为92.500。也就是说,第90百分位数是92.500,即有90%的分数低于92.500分,或者说高于92.500分的人在总体55人中占10%,也可以说将分数按从高分到低分排序,前面10%(约6人)的分数是高于92.500分的。

需要注意的是,尽管是同一批数据,但从最终的百分位数结果看来,通过SPSS软件运行得到的结果P_{90} = 92.500与运用公式手工计算出来的结果91.50之间存在着1分误差。经分析,造成这一误差的因素可能是:① 在计算过程中小数进位的偏差;② 用SPSS系统计算输入数据时用组中值代替原始分数。

第二节 标准分数

▶ **问题实例**

[实例 7-2-1] 某班 20 位学生的教育学、心理学、文学概论三门学科成绩如表 7-2-1 所示。现需要依据学生三门学科成绩评出一名校级奖学金获得者。其中,1 号与 9 号两位同学三门学科的总成绩均为 259 分。问谁应为奖学金得主?

表 7-2-1 某班 20 位学生的三门学科成绩

序号	教育学	心理学	文学概论	序号	教育学	心理学	文学概论
1	67	97	95	11	57	68	63
2	76	91	59	12	68	58	60
3	54	78	46	13	48	87	82
4	89	87	67	14	73	65	79
5	87	54	84	15	76	79	80
6	78	68	65	16	71	57	65
7	76	87	72	17	56	98	89
8	94	84	73	18	98	58	87
9	95	85	79	19	96	57	69
10	87	87	68	20	67	95	78

▶ **统计方法**

可以用标准分数(standard scores)分别确定两位学生成绩在相应团体中的地位。在本实例中,尽管学号 1 号、9 号两位同学在教育学、心理学、文学概论三门科目上的总分都为 259 分,但这并不意味着这两个"259"是等值的。因为这三门科目在测验时所包含的试题类型、数量、难易程度等方面都可能不一样,也就是说,它们不一定都是采用标准化测验,所以其测验的卷面成绩(即原始成绩)也未必是标准化测验成绩。一般认为这种原始成绩之间是不等值的,故不能直接进行加减运算和比较大小。从严格意义上说,实例中有关两位同学的总成绩都是"259"的这种说法本身就是不够科学和严谨的。如果我们能将每位同学各科的原始成绩分别转换成具有一定参照点和相等单位的标准分数,然后再对其进行各种统计分析或比较,则会显得更有意义。

标准分数是利用线性转换的原理,将一组数据转换成不具有实质的单位与集中性的标准化分数。标准化分数有不同的类型,但其共同点都是利用一个线性方程式 $y = a + bx$ 进行集中点的平移和重新单位化,使得不同量尺与不同变量的测量数据具有相同的单位与相同的集中点,因此可以直接互相比较。

常用的标准分数有 Z 分数和 T 分数。例如,美国大学入学主要依据的美国高中毕业生学术能力水平考试(SAT)采用的是一种标准分数,平均数为 500,标准差为 100,即 SAT=500+100Z;著名的心理测验中韦氏智力测验(Wechsler Intelligence Scale)的得分是一个平均数为 100,标准差为 15,即 100+15Z 的标准分数;比奈-西蒙智力量表(Binet-Simon Intelligence Scale,也称比西测验)测得的 IQ 分数是一个平均数为 100,标准差为 16,即 100+16Z 的标准分数。不论是有 Z 分数、T 分数或 SAT 分数,都是从原始分数转换而得的,因此标准分数也是一种统计量。

▶ 基本理论

一、标准Z分数

标准 Z 分数是相对于原始数据所在的团体而言的。它是以标准差为单位,表示一个原始数据在团体中所处位置的相对地位量,是地位量数的另一种表示法。

某原始数据的标准 Z 分数是指该数据与它所在的团体平均数的差除以标准差所得的商。用公式表示为:

$$Z = \frac{X - \bar{X}}{S} \qquad 式\ 7\text{-}2\text{-}1$$

式中,X 为样本中的任一原始数据;$\bar{X}$ 为样本平均数;S 为样本标准差。

若 X 为总体中的原始数据,μ 为总体平均数,σ 为总体标准差,则:

$$Z = \frac{X - \mu}{\sigma}$$ 式 7-2-2

标准 Z 分数有其自身的优点和缺点。优点主要表现为:① 它的单位是等价的。因为它是以标准差为单位来度量每个数据与平均数之间的离差,所以无论平均数与标准差有多么不同,原始数据一经转换成 Z 分数后,就会统一变成平均数为 0、标准差为 1 的标准形式。② 它是一种相对分数,其数值大小能反映出某一数据在团体中所处的相对位置。

缺点主要表现为:① 它只适用于呈正态分布(详见本章第三节)的数据。因为将原始数据转换成 Z 分数属于线性转换,无法改变原始数据的分布状况,所以当原始数据呈偏态分布时,Z 分数将不再适用,也就体现不出其优越性。② Z 分数多介于 ±3 之间,常带有小数,且小于平均数的原始数据转化为 Z 分数后都是负值。这些都不太符合人们表示测验分数的习惯,在实际应用中会带来许多不便。

二、标准 T 分数

为克服 Z 分数所存在的不足,在实际教育与测验领域应用中,常常将 Z 分数再线性转换成平均数为 50,标准差为 10 的 T 分数,即两者之间的关系为:

$$T = 50 + 10Z$$ 式 7-2-3

当 $Z = \pm 3$ 时,T 值分别为 80 与 20;当 $Z = \pm 4$ 时,T 值分别为 90 与 10;只有当 $Z = \pm 5$ 时,T 值分别为 100 与 0。从正态分布的概率来看,通常只有少量数据会超过 4 个标准差,因此,T 分数是一个比较符合人们使用习惯的百分制分数系统。

概括地说,T 分数除了具有 Z 分数的所有优点外,还表现出以下两方面的优势:① 它是常以正值出现的百分制分数,比较符合人们认识数的习惯。② 适用于非正态分布的数据。

三、标准分数的主要用途

根据式 7-2-3 可知,标准 T 分数可由标准 Z 分数得到。下面将结合实例 7-2-1 的数据资料,概述标准 Z 分数的三个主要用途。

（一）比较某观察值在其所在数据分布中的相对地位的高低

由于 Z 分数是不带单位的相对数，可对原始数据进行线性转换，但不改变各数据的相对关系和距离，因此它可用于表示各原始数据在该组数据分布中的相对位置，从而有利于比较不同观察值之间的大小。

例如，在实例 7-2-1 中，10 号学生的教育学成绩和心理学成绩都是 87 分，但可能由于它们的难易度不同、评分标准不同、学生对各科知识掌握的情况不同等原因，两门学科分值的价值也不同，因而不能一概而论。但是，如果我们运用标准分数，就可以很容易地解决这一问题。因为 Z 值越大，其相对地位就越高。利用全班 20 位学生的教育学成绩与心理学成绩的平均数、标准差和式 7-2-1，求得 10 号学生的教育学和心理学成绩的 Z 分数分别为：$Z_{教育学} = \dfrac{87-75.65}{14.99} = 0.75$，$Z_{心理学} = \dfrac{87-77}{14.93} = 0.66$，由于 $Z_{教育学} > Z_{心理学}$，所以我们可以认为，10 号学生的教育学成绩比心理学成绩在其相应学科中所处的位置更高一些。也就是说，在这 20 位学生的班级中，10 号学生的教育学成绩比其心理学成绩相对好一些。

这时，我们通过查"附表 1　正态分布表"，得到与 $Z = 0.75$ 相对应的 P 值为 0.273 37，这说明有 0.5+0.273 37 = 0.773 37 即 77.337% 学生的教育学成绩低于 10 号学生。同理可得，有 74.537% 学生的心理学成绩低于 10 号学生。

（二）比较多个不同质观察值的总和或平均值在团体中的相对位置

如果各科原始分数或总体呈正态分布（详见本章第三节），利用标准 Z 分数的转换使得其单位绝对等价，然后再进行加减处理与大小比较，这在实际运用中是很有意义的。

例如，在实例 7-2-1 中，虽然 1 号与 9 号学生的原始总分数都是 259 分，好像难以区分孰优孰劣，但事实上，这两个总分获得的途径本身就是不科学的，据此比较总分的高低显然也不合理。应用标准 Z 分数并求和后很快发现，事实上这两位学生的教育学、心理学、文学概论三门学科成绩的总分并不相等。具体计算步骤为：

① 由原始分数分别求出这三门学科成绩的平均分与标准差，即：

$$\overline{X}_{教育学} = 75.65, S_{教育学} = 14.99;$$

$$\overline{X}_{心理学} = 77.00, S_{心理学} = 14.93;$$

$$\overline{X}_{文学概论} = 73.00, S_{文学概论} = 11.89。$$

② 分别将这三组数据及 1 号、9 号学生的原始成绩代入式 7-2-1,得:

$$Z_{教育学1} = \frac{67 - 75.65}{14.99} = -0.58, Z_{心理学1} = \frac{97 - 77}{14.93} = 1.34, Z_{文学概论1} = \frac{95 - 73}{11.89} = 1.85;$$

$$Z_{教育学9} = \frac{95 - 75.65}{14.99} = 1.29, Z_{心理学9} = \frac{85 - 77}{14.93} = 0.54, Z_{文学概论9} = \frac{79 - 73}{11.89} = 0.50$$

③ 分别求出两位学生在三门学科的总标准分。

$$Z_{sum1} = Z_{教育学1} + Z_{心理学1} + Z_{文学概论1} = -0.58 + 1.34 + 1.85 = 2.61$$

$$Z_{sum9} = Z_{教育学9} + Z_{心理学9} + Z_{文学概论9} = 1.29 + 0.54 + 0.50 = 2.33$$

由于 $Z_{sum1} = 2.61 > 2.33 = Z_{sum9}$,所以 1 号学生三门学科总成绩的标准 Z 分数比 9 号学生标准 Z 分数略高出 0.28 个标准差,故 1 号学生的总成绩比 9 号学生的总成绩略胜一筹,他应获得奖学金。

值得注意的是,求 1 号与 9 号学生三科总成绩在团体中的位置时,在查表过程中不能直接用三科标准分数的总和(如 $Z_{sum1} = 2.61, Z_{sum9} = 2.33$)去查表,而必须分别用三科标准分数的平均数,即 $\overline{Z}_{sum1} = \frac{2.61}{3} = 0.87, \overline{Z}_{sum9} = \frac{2.33}{3} = 0.78$ 去查表。

(三)在选拔性考试中确定录取分数线

例如,某校招生考试中,将在参加考试的 2 300 人中录取 350 人。考试分数接近正态分布,平均数为 78,标准差为 16。求录取分数线的方法与步骤为:

① 计算录取率,即 $P = \frac{350}{2300} = 0.152$(曲线右端尾部面积)。

② 根据 $0.5 - 0.152 = 0.348$,查"附表 1 正态分布表",求得 $Z = 1.03$。

③ 根据式 7-2-1 的变式,计算录取分数线,即:

$$X = \overline{X} + Z \cdot S = 78 + 1.03 \times 16 = 94.48$$

可见,要想在 2 300 名应试者中录取 350 人,录取分数线应划为 94.48 分。

▶ 统计分析

步骤1：根据 p.213 表 7-2-1 新建数据文件→点击"分析(A)"→点击"描述统计(E)"→点击"描述(D)…"，弹出"描述"对话框→同时选中左框中的"教育学""心理学""文学概论"，将其移入右侧"变量(V)"框中→勾选对话框左下方的选项"将标准化值存为变量(Z)"（图 7-2-1）→点击"选项(O)…"，弹出"描述：选项"对话框（图 7-2-2），根据需要选择相应选项→点击"确定"提交系统运行，计算标准 Z 分数。

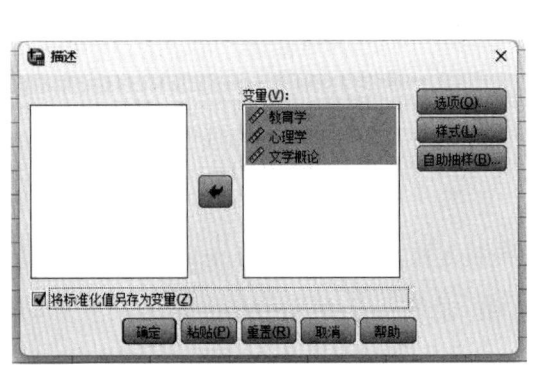
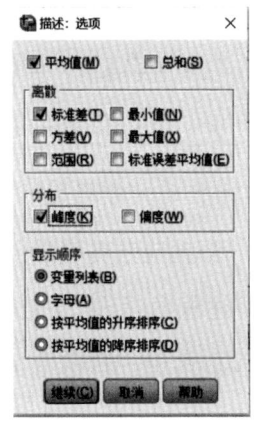

图 7-2-1 "描述"对话框　　　　图 7-2-2 "描述：选项"对话框

步骤2：点击菜单栏"转换(T)"→点击"计算变量(C)…"，弹出"计算变量"对话框（图 7-2-3）→在左上方"目标变量(T)"框中输入"Zsum"，将左下框中的"Z教育

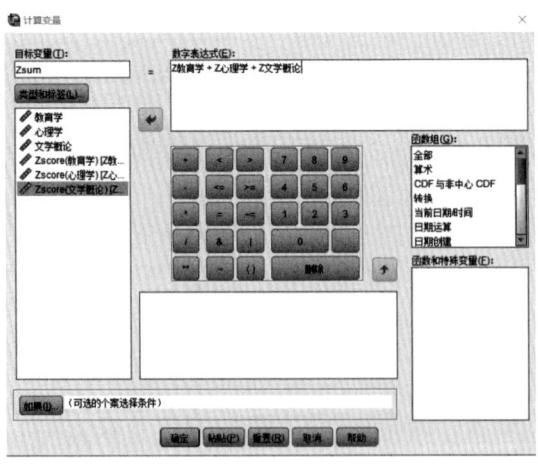

图 7-2-3 "计算变量"求 Z 总和的对话框

学""Z 心理学""Z 文学概论"分别移入右上方"数字表达式(E)"的框中,并用运算符"+"连接,即"Z 教育学+Z 心理学+Z 文学概论"→点击"确定",系统将自动运行并在原始数据文件中自动增加一列"Zsum",表示三门成绩标准 Z 分数的总分。

步骤 3:点击菜单栏"转换(T)"→点击"计算变量(C)…",弹出"计算变量"对话框→在左上方"目标变量(T)"框中输入"T 教育学",在右上方"数字表达式(E)"的框中输入数学运算式"50+10*",再将左框中"Z 教育学"移入右框,这样右框中的数值表达式就变成了"50+10*Z 教育学"(图 7-2-4)→点击"确定",系统自动运行,计算 20 位学生原始观察值教育学成绩 T 分数,而且在原始数据文件窗口中将自动增加一列变量"T 教育学"。同理,可重复上述操作步骤,在"目标变量(T)"中分别输入"T 心理学"和"T 文学概论",并在右上方"数字表达式 E"的框中分别输入"50+10*Z 心理学"和"50+10*Z 文学概论",这样就可以分别计算 20 位学生原始观察值心理学和文学概论成绩的 T 分数,即"T 心理学"和"T 文学概论"。

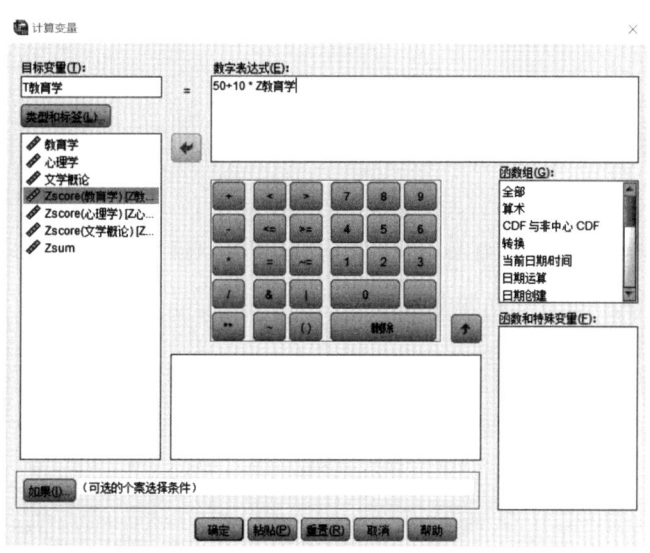

图 7-2-4 "计算变量"求 T 分数的对话框

步骤 4:与计算三门成绩标准 Z 分数的总分 Z_{sum} 一样,计算三门成绩标准 T 分数的总分 T_{sum}。点击菜单栏"转换(T)"→点击"计算变量(C)…",弹出"计算变量"对话框→在左上方"目标变量(T)"框中输入"Tsum",将左下框中的"T 教育学""T 心理学""T 文学概论"分别移入右上方"数字表达式(E)"的框中,并用运算符"+"连接,即

"T 教育学+T 心理学+T 文学概论"（图 7-2-5）→点击"确定"，系统自动运行并在原始数据文件中自动添加一列"Tsum"，表示三门成绩标准 T 分数的总分。

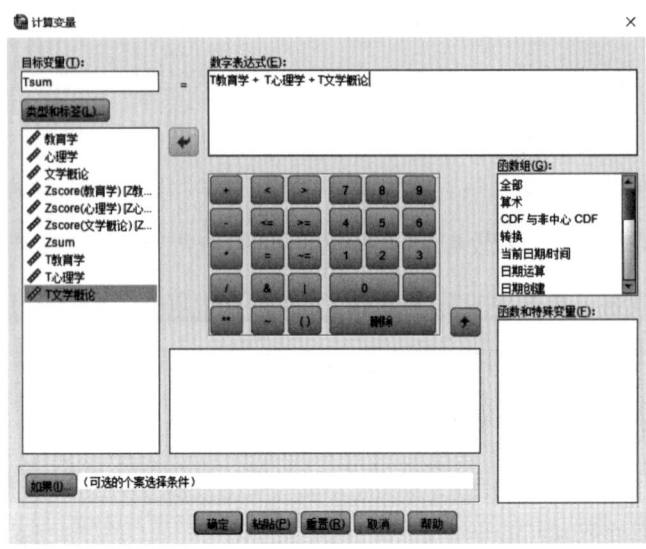

图 7-2-5　"计算变量"求 T 总和的对话框

▶ 结果解读

将上述指令提交系统运行后，将会在原始 SPSS 数据文件窗口中直接增加相应的结果列"变量"，其完整的运行结果如图 7-2-6 所示。

	教育学	心理学	文学概论	Z教育学	Z心理学	Z文学概论	Zsum	T教育学	T心理学	T文学概论	Tsum	Sum
1	67	97	95	-.57697	1.33946	1.85101	2.61	44.23	63.39	68.51	176.13	259.00
2	76	91	59	.02335	.93762	-1.17791	-.22	50.23	59.38	38.22	147.83	226.00
3	54	78	46	-1.44409	.06697	-2.27169	-3.65	35.56	50.67	27.28	113.51	178.00
4	89	87	67	.89046	.66973	-.50482	1.06	58.90	56.70	44.95	160.55	243.00
5	87	54	84	.75706	-1.54038	.92550	.14	57.57	34.60	59.26	151.42	225.00
6	78	68	65	.15675	-.60276	-.67309	-1.12	51.57	43.97	43.27	138.81	211.00
7	76	87	72	.02335	.66973	-.08414	.61	50.23	56.70	49.16	156.09	235.00
8	94	84	73	1.22397	.46881	.00000	1.69	62.24	54.69	50.00	166.93	251.00
9	95	85	79	1.29067	.53578	.50482	2.33	62.91	55.36	55.05	173.31	259.00
10	87	87	68	.75706	.66973	-.42068	1.01	57.57	56.70	45.79	160.06	242.00
11	57	68	63	-1.24398	-.60276	-.84137	-2.69	37.56	43.97	41.59	123.12	188.00
12	68	58	60	-.51027	-1.27248	-1.09378	-2.88	44.90	37.28	39.06	121.23	186.00
13	48	87	82	-1.84429	.66973	.75723	-.42	31.56	56.70	57.57	145.83	217.00
14	73	65	79	-.17676	-.80367	.50482	-.48	48.23	41.96	55.05	145.24	217.00
15	76	79	80	.02335	.13395	.58896	.75	50.23	51.34	55.89	157.46	235.00
16	71	57	65	-.31016	-1.33946	-.67309	-2.32	46.90	36.61	43.27	126.77	193.00
17	56	98	89	-1.31068	1.40643	1.34619	1.44	36.89	64.06	63.46	164.42	243.00
18	98	58	87	1.49078	-1.27248	1.17791	1.40	64.91	37.28	61.78	163.96	243.00
19	96	57	69	1.35737	-1.33946	-.33655	-.32	63.57	36.61	46.63	146.81	222.00
20	67	95	78	-.57697	1.20551	.42068	1.05	44.23	62.06	54.21	160.49	240.00

图 7-2-6　某班 20 位学生的三门学科成绩及其相应的 Z 分数和 T 分数

图中同时呈现了 20 位学生三门学科的原始成绩,每门学科相应的 Z 分数和 T 分数,以及三门学科的原始总分、Z 分数总分、T 分数总分。其中,第 1 列数据表示学生序号,第 2~4 列数据表示三门学科的原始成绩,第 5~7 列数据表示由原始分数转换而来的 Z 分数,第 8 列数据表示三门学科 Z 分数之和,第 9~11 列数据表示由原始分数(或 Z 分数)转换而来的 T 分数。第 12 列数据表示三门学科 T 分数之和,第 13 列数据表示三门学科原始成绩之和。

从中可以看出:

① Z 分数通常为非常小的小数,且带有正负号,而 T 分数均为正值,更符合于人们对成绩或分数认识与解释的习惯。

② 10 号学生的教育学与心理学两门学科的原始分数均为 87 分,但它们的 Z 分数与 T 分数都不相同,其中,两者的 Z 分数之差 = 0.757 06 - 0.669 73 = 0.087 33 个标准差,两者的 T 分数之差 = 57.57 - 56.70 = 0.87 个标准差,可见,尽管 10 号学生的教育学和心理学两门学科成绩都是 87 分,但实际上在这个 20 人的总体中,其教育学成绩稍好于心理学成绩。

③ 1 号学生与 9 号学生原始成绩的总分虽然都为 259 分(第 13 列),但他们的 Z_{sum} 却分别为 2.61 和 2.33(第 8 列),T_{sum} 分别为 176.13 和 173.31(第 12 列)。因此,1 号学生三门学科的标准化总成绩不论是 Z_{sum} 分数还是 T_{sum} 分数,均稍优于 9 号学生的标准化总成绩,故 1 号学生应获得奖学金。其结果与前面通过公式计算所得的结论是一致的。

第三节　正态分布

▶ 问题实例

［实例7-3-1］　假设实例7-2-1中20位学生的教育学成绩是来自一组数以万计的大数据样本,那么这个大数据样本数据通常呈现怎样的分布特征?

▶ 统计方法

可以用正态分布来表示这个大数据样本数据的分布特征。自然界和人类社会中大量的变量均按正态分布形式出现,如能力高低、学生成绩、社会态度、行为表现,以及身高、体重、智商等。在数理统计的理论与实际应用中,正态分布是一种占有重要地位的理论分布。

▶ 基本理论

一、正态分布与正态曲线

（一）正态分布与标准正态分布的概念

正态分布,又称常态分布、常态分配、高斯分布。它是1733年由阿伯拉罕·德莫弗尔(Abraham de Moivre)发现的,之后拉普拉斯(Marquis de Laplace)、高斯(Carl Friedrich Gauss)等学者对正态分布的研究也作出了贡献。

正态分布一般记为 $X \sim N(\mu, \sigma^2)$,其中,X 为随机变量;μ 为正态分布的均值;σ^2 为正态分布的方差。这种分布的密度函数为:

$$f(x) = \frac{1}{\sqrt{2\pi} \cdot \sigma} e^{-\frac{(x-\mu)^2}{2\sigma^2}} \quad (\sigma > 0, -\infty < x < +\infty) \qquad 式7\text{-}3\text{-}1$$

根据式 7-3-1 绘制的曲线称为正态分布曲线(简称为正态曲线),如图 7-3-1 所示。所以,正态分布也可用正态分布曲线来表示。

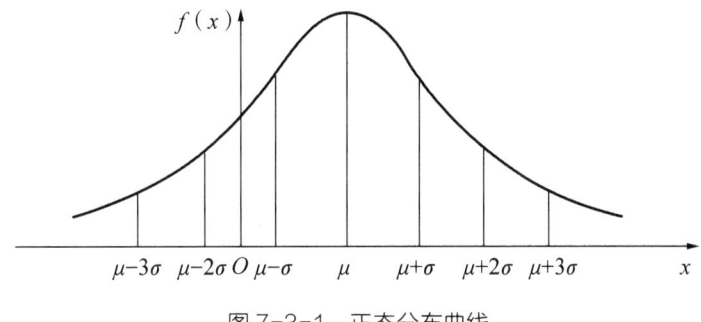

图 7-3-1　正态分布曲线

如果某一变量的观察值呈现正态分布,经转换后的 Z 分数所形成的分布称为标准正态分布(standard normal distribution)。此时,正态分布的随机变量 X 已经不是原始分数,而是 Z 分数,且 Z 分数呈正态分布,故又称为正态化 Z 分布。

在正态分布中,当 $\mu = 0$,$\sigma = 1$ 时,其密度函数为:

$$f(z) = \frac{1}{\sqrt{2\pi}} e^{-\frac{z^2}{2}} \quad (-\infty < z < +\infty) \qquad 式\ 7\text{-}3\text{-}2$$

即 Z 服从标准正态分布,记为 $Z \sim N(0, 1)$。它可以用标准正态曲线来表示,如图 7-3-2 所示。

(二)正态分布和标准正态分布的性质

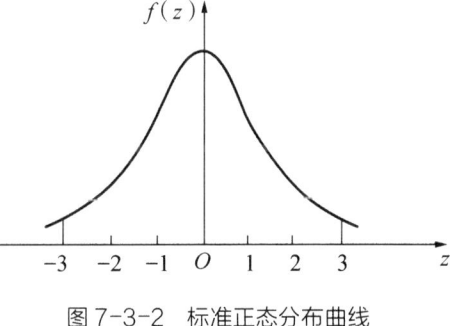

图 7-3-2　标准正态分布曲线

① 正态和标准正态分布都呈单峰对称。对称图形中的对称轴分别是直线 $x = \mu$ 和直线 $z = 0$。

② 当 $x = \mu$ 和 $z = 0$ 时,函数取最大值,即 $f(x = \mu) = \frac{1}{\sqrt{2\pi} \cdot \sigma}$,$f(z = 0) = \frac{1}{\sqrt{2\pi}} = 0.3989$。

③ 正态曲线与标准正态曲线均以基线(x 轴)为渐近线。

④ 正态曲线呈现的位置与形状会随着随机变量的均值 μ、标准差 σ 的大小和单位不同而变化。均值 μ 决定曲线的位置,标准差 σ 决定曲线的形状。σ 越

大,曲线越"矮胖",分布越分散;σ 越小,曲线越"高瘦",分布越集中。所以,正态分布形状随 σ 的变化而变化,体现出一簇分布的特征,如图 7-3-3 与图 7-3-4 所示。

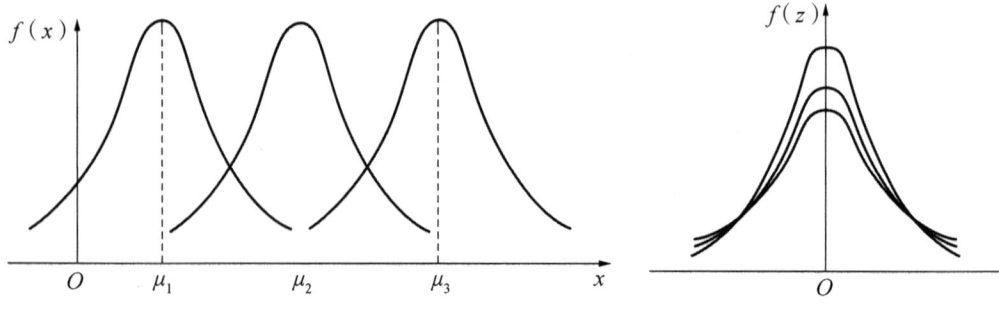

图 7-3-3　标准差相同,均值不同,曲线位置不同　　图 7-3-4　均值为 0,标准差不同,曲线形状比较

⑤ 正态曲线、标准正态曲线下的面积(概率)与标准差之间均有如下关系:正负 1 个标准差之间的面积是总面积的 68.26%,正负 1.96 个标准差之间的面积是总面积的 95.00%;正负 2.58 个标准差之间的面积是总面积的 99.01%。另一个我们最常听到的说法:在正态分布中,有 68.26% 的观察值落在 $\mu\pm\sigma$,即平均数加减一个标准差的区间内;有 95.44% 的观察值落在 $\mu\pm2\sigma$,即平均数加减两个标准差的区间内;有 99.73% 的观察值落在 $\mu\pm3\sigma$,即平均数加减三个标准差的区间内,如图 7-3-5 所示。这种 Z 值与概率间的关系,通过"附表 1　正态分布表"也可以很快查得。由

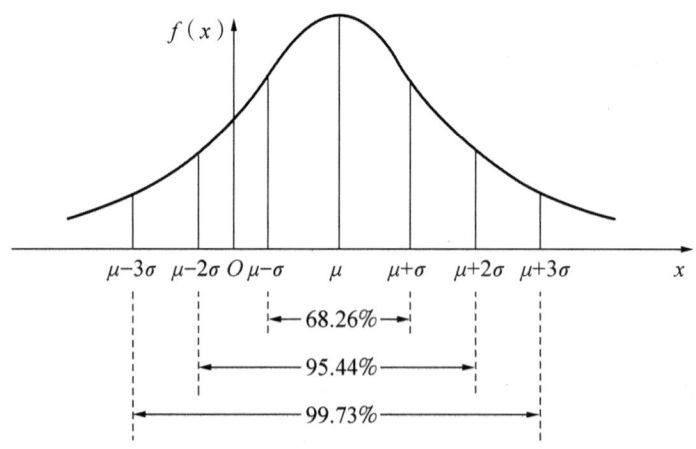

图 7-3-5　(标准)正态曲线下标准差与面积(概率)的关系

于 Z 分数代表距离平均值多少个标准差,因此随着 Z 分数的增减,分布的概率也呈规律性增减。

二、频数分布是否呈正态的检验方法

在教育领域的实际测量或实验中,所获得的一批数据的频数分布有可能不呈正态分布,这时我们称之为不对称分布或偏态分布,它可分为正偏态(图 7-3-6)和负偏态(图 7-3-7)两种形态。

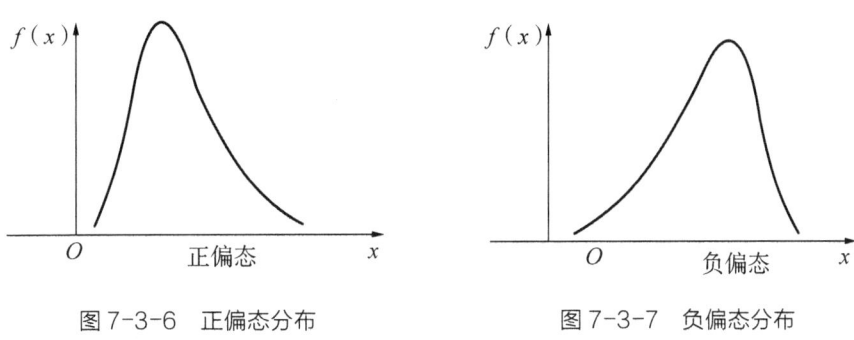

图 7-3-6　正偏态分布　　　　图 7-3-7　负偏态分布

在实际应用中,有时为统计分析的需要,首先要分析频数分布是否为正态分布。对于检验分布是否为正态的方法有很多,有拟合检验法(如 χ^2 检验,详见第十一章第一节)、皮尔逊偏态系数法、累加次数曲线法、偏度和峰度量数法等。因限于篇幅,这里仅介绍皮尔逊偏态系数法、偏度和峰度量数法这两种较为简单的方法。

(一)皮尔逊偏态系数法

皮尔逊发现,在偏态分布中,平均数与中数、众数三者存在着如下关系:正偏态分布中 $M > M_d > M_o$,负偏态分布中 $M < M_d < M_o$。后来,他在这三者关系的基础上又提出了一套计算偏态系数(SK)和判断分布形态的方法,具体公式如下:

$$SK = \frac{M - M_o}{S} \quad 或 \quad SK = \frac{3(M - M_d)}{S} \qquad 式 7\text{-}3\text{-}3$$

当 $SK = 0$ 时,分布呈正态;当 $SK > 0$ 时,分布呈正偏态;当 $SK < 0$ 时,分布呈负偏态。

(二)偏度和峰度量数法

这种方法是根据分布的偏度系数(skewness)与峰度系数(kurtosis)分析来确定分

布形态的。一般情况下,这种检验法只有在观测数据的数目足够大时才有意义。

偏度系数,通常用符号 g_1 表示,其大小可用下列公式计算:

$$g_1 = \frac{\sum(x_i - \bar{x})^3/N}{\left[\sum(x_i - \bar{x})^2/N\right]^{3/2}} \qquad \text{式 7-3-4}$$

若 $g_1 = 0$ 时,则分布是正态或对称的;若 $g_1 > 0$ 时,则分布为正偏态;若 $g_1 < 0$ 时,则分布呈负偏态。值得注意的是,只有当观测数据数目 $N > 200$ 时,这个偏态系数的统计量 g_1 才较可靠。

峰度系数,通常用符号 g_2 表示,其大小可用下列公式计算:

$$g_2 = \frac{\sum(x_i - \bar{x})^4/N}{\left[\sum(x_i - \bar{x})^2/N\right]^2} - 3 \qquad \text{式 7-3-5}$$

若 $g_2 = 0$ 时,则其分布的峰度为正态分布的峰度;当 $g_2 < 0$ 时,其分布的峰度比正态分布的峰度低阔;若 $g_2 > 0$ 时,则其分布的峰度比正态分布的峰度高狭。值得注意的是,只有当 $N > 100$ 时,计算出的统计量 g_2 才较可靠。

1. 查"附表1 正态分布表",求:① $Z = 1.5$ 以下的曲线面积;② $Z = -1.5$ 以上的曲线面积;③ $Z = \pm 1.5$ 之间的曲线面积;④ $Z = -0.5$ 与 $Z = 1.8$ 之间的曲线面积;⑤ $P = 0.85$、$P = 0.45$、$P = 0.50$、$P = 0.23$ 时的不同 Z 值。

2. 某区拟对参加英语竞赛的 3 000 人中的前 600 人予以奖励,考试的平均分数为 80,标准差为 9。请问授奖的分数线是多少?

3. 试比较表7-4-1中A、B两位学生三门学科的总成绩,并说明他们各科成绩及其总平均成绩在团体中的位置。

表7-4-1 A、B两位学生三科成绩比较

科目	学生 A	学生 B	团体平均分($\bar{x}$)	团体标准差(S)
数学	87	76	78	8
化学	79	75	80	6
物理	65	73	70	11

第八章 单总体平均数的估计与检验

内容提要

◎ 单样本平均数的抽样分布与类型

◎ 单样本总体平均数的区间估计

◎ 显著性检验及其理论依据

◎ 单样本平均数差异的显著性检验

◎ 单总体平均数区间估计的 SPSS 分析技术

◎ 单总体平均数检验的 SPSS 分析技术

第一节　单样本平均数的抽样分布

▶ **问题实例**

[实例8-1-1]　某小学五年级学生的数学期中测验成绩服从正态分布,平均分为110分。从中随机抽取50名学生的成绩如下所示。如果从中先后抽取(放回抽样)50名学生的成绩 N 次,那么这 N 个平均分呈现怎样的分布状态?这些平均分的平均分、平均分的标准差又分别是多少?

121	129	116	140	126	109	117	98	104	88	81	89	107
123	101	143	96	88	134	100	137	130	125	108	118	125
86	94	90	110	121	117	94	126	119	105	99	112	125
128	131	106	101	93	109	102	118	115	131	138		

▶ **统计方法**

可以根据样本平均数抽样分布理论确定 N 个平均分的分布形态、平均分的平均分及平均分的标准差。类似于实例8-1-1中数学成绩或智力、薪资等连续数据,适合以描述统计的集中趋势指标和离散程度指标来描绘观察结果,因此也常用平均数和方差等统计量来表示。该实例中仅涉及数学期中测验成绩这个单一样本,所以我们可以采用单样本平均数的抽样分布来分析。

该实例中,总体服从正态分布,每次从总体中抽取一个容量为50的样本,都可以计算得到一个样本平均数,总共抽取 N 次,而 N 是一个尚未确定的数值,由于是放回抽样,因而 N 可以是一个任意大的自然数。所以就无法按照第六章的方法计算这 N 个平均数的平均数和标准差。即便是 N 已确定,我们也没有必要去输入数据一遍遍地计算,而是只要根据有关的理论简单确定即可。

▶ 基本理论

一、样本平均数的基本概念

(一)总体、个体与样本

教育统计中,常把研究对象的全体称为总体,而把总体中的每一个对象称为个体。例如,在研究上海市小学生的体重时,该市全体小学生的体重就是总体,而该市每一位小学生的体重就是个体。又如,研究某校学生的数学思维能力时,该校全体学生的数学思维能力分数就是总体,每一位学生的数学思维能力分数即为个体。这里,小学生的体重、学生的数学思维能力一般是随个体而变化的,它是一个随机变量。上海市小学生的体重(或某校学生的数学思维能力)测量数据这一总体,就是该随机变量取值的全体,并且在总体中各种体重(或数学思维能力)的分布就对应着该随机变量的分布。

为了对全体的某些特征进行推断,必须从总体中随机抽取若干个个体来获取总体的部分信息。如果从总体 X 中抽取 n 个个体 $x_1, x_2, \cdots, x_n$,由于是随机抽取的,抽取之前并不知道这 n 个个体究竟是什么,因此 X 是随机变量,我们称 $x_1, x_2, \cdots, x_n$ 为总体 X 的一个样本。样本中个体的数目 n 称为样本容量,$n > 30$(或 $n > 50$)时称为大样本,$n \leqslant 30$(或 $n \leqslant 50$)时为小样本。要注意的是,合适的样本容量是一个相对概念,样本容量的大小是相对于研究对象的总体而言的。如果研究某个 50 人班级的小学生体质测试情况,在该班中抽取容量 $n = 40$ 的样本,可以认为是大样本。如果研究全区小学生的体质测试情况,那么从全区随机抽取 $n = 40$ 的样本显然是小样本。

当一次抽样完成之后,我们得到 n 个具体的数据,这 n 个具体的数据称为一个样本观察值(简称样本值)。总体与样本在不同的问题情境中可以互相转换。例如,随机抽取某小学 50 名五年级小学生的数学成绩,可看作是该小学所有五年级学生数学成绩的一个样本,也可看作是该小学所有学生数学成绩的一个样本,还可看作是该小学所在区小学生数学成绩的一个样本,甚至还可看作是该小学历年来五年级数学成绩的一个样本。

在实例 8-1-1,从某小学五年级学生的数学期中测验成绩中随机抽取 50 名学生的成绩,这 50 名小学生的数学期中测验成绩就构成了一个样本,这个样本可称作单样本。如果从中随机抽取男生和女生各 50 名学生的成绩,那么这 50 名男生和 50 名女生的成绩构成了两个样本。如果从该小学五年级 1 班、2 班、3 班各随机抽取 30 名学生的成绩,那么所抽取的三个班学生的成绩就构成了三个样本(或多样本)。

(二)统计量与参数

根据样本观察值计算得到的用以描述样本分布特征的一些量数,称为样本统计量,简称统计量。 如前文介绍的样本标准差(S)、样本方差(S^2)等都是样本统计量。参数一般由统计量推断得到,是指描述一个总体分布特征的量数。如总体标准差(σ)、总体方差(σ^2)。

(三)概率及其分布

在随机试验中(如学生考试),某一事件 A 发生的频数 f 与总试验次数 N 之比被称为该轮试验中事件 A 发生的频率。 试验次数较少时,事件发生的频率是一个很不稳定的数,但**随着试验次数的增多,频率值会越来越稳定地趋向于一个固定的数值,我们把这个数值称为事件 A 发生的概率,记为 $P(A)$**。通俗地说,某事件发生的概率就是该事件发生的可能性大小。通常概率的取值范围在[0,1]区间上。如果在随机试验中某事件 V 一次都不发生,这样的事件为不可能事件,则该事件发生的概率等于 0,即 $P(V) = 0$。若某事件 U 每次都发生,则该事件为必然事件,其概率等于 1,即 $P(U) = 1$。反之,概率等于 0 的事件在实际应用中有可能以特殊情况发生,即并不一定是不可能事件。同理,概率等于 1 的事件也不一定是必然事件。

概率分布是针对随机变量而言的。一个离散型随机变量数据的概率分布是指这个随机变量所有取值点的概率的分布情况。一个连续型随机变量数据的概率分布是指这个随机变量所有取值区间上概率取值的分布情况。通常把随机变量的定义域严格地划分为若干个互不重叠但又首尾衔接的区间,同时按序给出每一区间上取值的概率,就形成了一个连续变量的概率分布。

(四)样本平均数的抽样分布

总体中所有数据构成的分布为总体分布。从总体中抽取一个样本,由样本中数据构成的分布则为样本分布。如果我们在总体中抽取一个容量为 n 的样本,计算得到一个平均数记为 $\bar{X}_{(1)}$,然后放回再抽取一个容量为 n 的样本,又计算得到一个平均数 $\bar{X}_{(2)}$,这样多次重复抽取,就可以抽取一切可能个容量为 n 的样本,计算得到一切可能个样本平均数,由这些不可能完全相同的样本平均数 $\bar{X}_{(1)}$,$\bar{X}_{(2)}$,…,$\bar{X}_{(n)}$ 构成的分布,就称为样本平均数 $\bar{X}$ 的抽样分布,或称平均数抽样分布。如果每次抽样之后计算的是样本的标准差,则称为标准差的抽样分布。样本何种统计量取值所形成的分布,就称为该种统计量的抽样分布。

二、样本平均数抽样分布的类型

由于受到各种不同因素的影响,样本平均数的抽样分布会有不同的分布形态,通常分为正态分布、t 分布、渐进正态分布①。

(一)正态分布

当原总体服从正态分布,总体方差已知的情况下,样本平均数的抽样分布呈正态分布(图 8-1-1)。里斯-费希尔定理认为,如果一个总体服从正态分布且总体方差已知,那么从这个总体中随机抽取若干个容量相等的样本,所得样本平均数的分布为正态分布。这个呈正态分布的平均数抽样分布的平均数等于原总体平均数,这个分布的标准差等于原总体标准差的 $\sqrt{n}$ 分之一。如果记抽样分布的平均数和标准差分别为 $\mu_{\bar{X}}$、$\mathrm{SE}_{\bar{X}}$,那么 $\mu_{\bar{X}} = \mu$,$\mathrm{SE}_{\bar{X}} = \dfrac{\sigma}{\sqrt{n}}$。这里所说

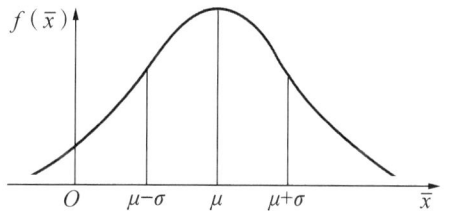

图 8-1-1 平均数抽样分布图

的平均数的抽样分布中的平均数 $\mu_{\bar{X}}$,实质上是所有容量相等的样本平均数的平均数;抽样分布的标准差 $\mathrm{SE}_{\bar{X}}$,实质上是所有样本平均数的标准差,通常称作平均数的标准误。

---

① 王秀玲,刘兰英.教育统计的基本理论与 SPSS 操作技术[M].杭州:杭州出版社,2002:69-71.

(二) t 分布

当原总体服从正态分布,但总体方差未知或样本数太小,无法估计抽样分布的标准误,无法适用于正态分布的概率模式,那么从这个总体中抽取容量为 n 的一切可能个样本,其平均数服从自由度 $df = n - 1$ 的 t 分布,这个 t 分布的平均数就是原总体平均数,标准误等于样本标准差的 $\sqrt{n-1}$ 分之一,即 $\mathrm{SE}_{\bar{X}} = \dfrac{S}{\sqrt{n-1}}$。这里的自由度 $df = n - 1$,是指所抽到的样本中能独立变化的数据的个数。

t 分布是一位化学工程师高赛特(W. S. Gosset)于 1908 年以笔名"Student"发表的一篇论文中推导出小样本下的一种抽样分布。t 分布是以样本的标准差来推导抽样分布的标准误,因此不受正态分布中总体标准差必须已知的限制。t 分布与正态分布一样,也是单峰对称分布,它关于 $t=0$ 对称,也以基线为渐近线。不同的是,t 分布不是单一的一个分布,而是随着样本数(或自由度)变化而变化的一组对称分布。随着样本数 n 的增大,t 分布曲线中间就越来越高,两头却越来越低,整条曲线越来越趋近于正态分布。当样本数 n 趋向无穷大,即 $n \to +\infty$ 时,t 分布就变成了正态分布(图 8-1-2)。

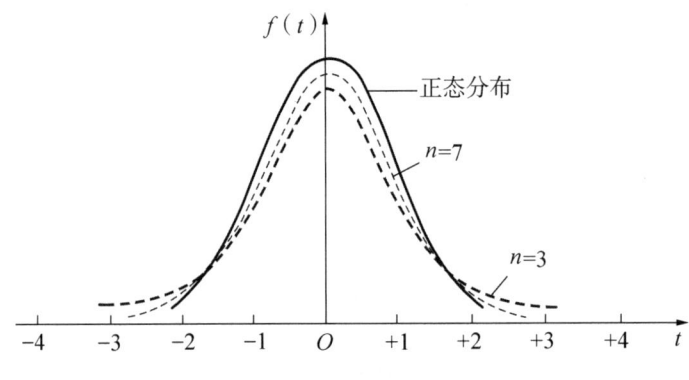

图 8-1-2 不同自由度下的 t 分布图

就实例 8-1-1 来说,某小学五年级学生的数学期中测验成绩可看作为一个呈正态分布的总体,从中随机抽取 N 次 $n = 50$ 的样本,可以计算得到 N 个平均数。由于总体标准差未知,这 N 个样本平均数可看作是服从自由度 $df = n - 1 = 49$ 的 t 分布。由于总体平均数为 110 分,那么样本平均数分布这个 t 分布的平均数就是原总体平均数即 110($\mu_{\bar{X}} = 110$)。根据第六章可以计算出这 50 个成绩样本的平均数和标准差,即 $\bar{X} =$

112.46，$S = 16.047$，为此样本平均数分布的标准差 $\mathrm{SE}_{\bar{x}} = \dfrac{S}{\sqrt{n-1}} = \dfrac{16.047}{\sqrt{50-1}} = 2.292$，即样本平均数分布的标准差 $\mathrm{SE}_{\bar{x}}$ 为 2.292。

（三）渐近正态分布

概率论研究结果表明，如果原总体不呈正态分布或原总体分布情况不明，只要样本足够大，那么无论总体方差已知或未知，平均数的抽样分布都渐近正态分布。抽样分布的平均数仍然等于原总体平均数，抽样分布的标准误分别是 $\mathrm{SE}_{\bar{x}} = \dfrac{\sigma}{\sqrt{n}}$（$\sigma$ 已知）和 $\mathrm{SE}_{\bar{x}} = \dfrac{S}{\sqrt{n-1}}$（$\sigma$ 未知）。这里指的"渐近正态分布"，是指当样本容量越来越大时，样本平均数的抽样分布也越来越接近正态分布，只有当样本容量 n 趋向无穷大时，它才服从正态分布。样本容量越小，平均数的抽样分布与正态分布的差异就越大。样本容量 n 多大，平均数抽样分布才接近正态分布？有关研究发现，当样本容量 $n > 30$（或 $n > 50$），抽样分布的形态与正态分布的差异已经很小。换言之，两者的差异对统计推断不会构成太大的影响。因此，当 $n > 30$（或 $n > 50$）时，可以根据样本对总体作出推断。

应注意的是，当原总体非正态分布或者总体分布情况不明，抽取的又是小样本时，那么就无法用样本去推断总体。因此，在进行教育量化研究时，必须抽取容量大于 30 或 50 的样本。

三、样本平均数抽样分布的用途

样本平均数的抽样分布，是估计和检验总体平均数的重要前提和理论依据。如需要对总体平均数进行区间估计，就要在一定可靠程度上求出总体平均数的置信区间。只有明确了样本平均数的分布形态，才能计算出样本平均数的标准误，才能通过获取的样本平均数对总体平均数作区间估计，也才能确定估计正确或错误的概率是多少。如需要对总体平均数的显著性或差异显著性进行检验时，也只有掌握不同前提条件下的样本平均数抽样分布形态，才能正确选择检验方法，计算相应统计量的值之后进行统计决断。

▶ 统计分析

根据实例8-1-1,新建数据文件→点击菜单栏"分析(A)"→点击"描述统计(E)"→点击"描述(D)…",打开"描述"对话框(图8-1-3)→选中左侧框中需计算统计量的变量"数学成绩"将其移入右侧"变量[V]"框中→点击"选项[O]…",弹出"描述:选项"对话框(图8-1-4)→勾选"平均值(M)""标准差(T)""标准误差平均值(E)"→点击"继续(C)"按钮,返回"描述"对话框→点击"确定"提交系统运行。

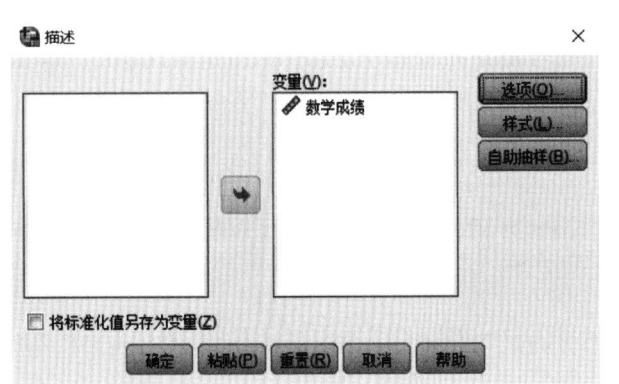
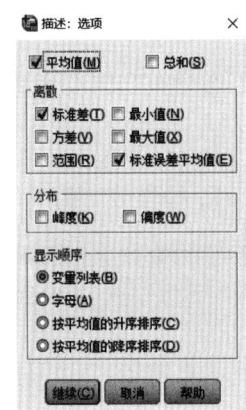

图 8-1-3 "描述"对话框　　　图 8-1-4 "描述:选项"对话框

▶ 结果解读

系统运行分析结果如表8-1-1所示。

表 8-1-1 某小学50名学生数学期中测验成绩描述统计表

	个案数统计	平均值		标准差统计
		统计	标准误差	
数学成绩	50	112.46	2.269	16.047
有效个案数(成列)	50			

由表中统计数据可见,这个样本由 50 名学生的数学期中测验成绩组成,有效个案数是 50,样本平均值为 112.46 分,标准差为 16.047。

假设某小学五年级学生的数学期中测验成绩是一个呈正态分布的总体,那么从中先后抽取 N 次各 50 名学生的成绩,由于总体方差未知,故这 N 个平均分数抽样分布呈现的是服从自由度 $df = n - 1 = 49$ 的 t 分布。根据 t 分布特征,可求得样本平均数分布的平均数就是原总体平均数 110,样本平均数分布的标准误为 2.269(即表中"平均值的标准误差")。需说明的是,此处标准误的值,由 SPSS 软件运行所得 2.269 与前文公式计算所得 2.292 略有差异,这与计算过程中小数点进位等计算误差有关。

第二节 单总体平均数的区间估计

▶ **问题实例**

[实例 8-2-1] 某小学五年级学生的数学期中测验成绩服从正态分布,平均分为 110 分。随机抽取某小学五年级 50 名学生的数学期中成绩(同实例 8-1-1)。请问该小学五年级学生的数学期中考试的平均成绩大概在什么范围?

▶ **统计方法**

用区间估计的方法,借助随机抽取的 50 名学生的平均成绩,以一定的概率对全体小学五年级学生的数学期中考试平均成绩作出推断。在统计学上就是以样本平均数的抽样分布为理论依据,按一定的概率要求,通过样本平均数对相应的总体平均数的取值范围进行估计。

▶ **基本理论**

一、总体平均数的区间估计

对总体平均数作区间估计,要考虑总体分布是否呈正态分布和是否已知总体方差等条件。

(一) 总体服从正态分布,总体方差已知时

当总体服从正态分布,总体方差已知时,样本平均数的抽样分布服从正态分布。

根据正态分布理论及平均数抽样分布理论可知: $P\left(-1.96 < \dfrac{\bar{x} - \mu}{\dfrac{\sigma}{\sqrt{n}}} < 1.96\right) = 0.95$,

对括号中的不等式进行同解变形,则可得 $P\left(-1.96\dfrac{\sigma}{\sqrt{n}} < \bar{x} - \mu < 1.96\dfrac{\sigma}{\sqrt{n}}\right) = 0.95$,这也可以说,样本平均数与总体平均数之差 $\bar{X} - \mu$ 落在区间 $\left(-1.96\dfrac{\sigma}{\sqrt{n}}, 1.96\dfrac{\sigma}{\sqrt{n}}\right)$ 内的概率为 0.95。于是就可以推论得出,总体平均数 μ 落在区间 $\left(\bar{x} - 1.96\dfrac{\sigma}{\sqrt{n}}, \bar{x} + 1.96\dfrac{\sigma}{\sqrt{n}}\right)$ 内的概率为 0.95。也就是说,当总体服从正态分布,总体方差已知时,估计正确的概率为 0.95 的总体平均数所在的区间为:

$$0.95\text{CI} = \left(\bar{x} - 1.96\dfrac{\sigma}{\sqrt{n}}, \bar{x} + 1.96\dfrac{\sigma}{\sqrt{n}}\right)$$

这里,估计正确的概率如 0.95(通常也说有 95% 的把握)称为置信度,$\left(\bar{x} - 1.96\dfrac{\sigma}{\sqrt{n}}, \bar{x} + 1.96\dfrac{\sigma}{\sqrt{n}}\right)$ 是置信度为 0.95 的置信区间,$\bar{x} - 1.96\dfrac{\sigma}{\sqrt{n}}$ 为区间的下限,$\bar{x} + 1.96\dfrac{\sigma}{\sqrt{n}}$ 为区间的上限。

同理可得,置信度为 0.99 的置信区间为:

$$0.99\text{CI} = \left(\bar{x} - 2.58\dfrac{\sigma}{\sqrt{n}}, \bar{x} + 2.58\dfrac{\sigma}{\sqrt{n}}\right)$$

(二)总体服从正态分布,总体方差未知时

当总体服从正态分布,总体方差未知时,样本平均数的抽样分布服从自由度为 $df = n - 1$ 的 t 分布,由于 $t = \dfrac{\bar{x} - \mu}{\dfrac{S}{\sqrt{n-1}}}$,故有:

$$P\left(-t_{(df),\frac{0.05}{2}} < \dfrac{\bar{x} - \mu}{\dfrac{S}{\sqrt{n-1}}} < t_{df,\frac{0.05}{2}}\right) = 0.95$$

对上式括号中的不等式进行同解变形,则有总体标准差未知条件下置信度为

0.95 的样本平均数与总体平均数之差 ($\bar{x} - \mu$) 的置信区间 $\left(- t_{(df), \frac{0.05}{2}} \frac{S}{\sqrt{n-1}}, \right.$ $\left. t_{(df), \frac{0.05}{2}} \frac{S}{\sqrt{n-1}} \right)$。由此可知总体平均数 μ 的置信区间为 $\left(\bar{x} - t_{(df), \frac{0.05}{2}} \frac{S}{\sqrt{n-1}}, \right.$ $\left. \bar{x} + t_{(df), \frac{0.05}{2}} \frac{S}{\sqrt{n-1}} \right)$，又可以写成 $0.95\text{CI} = \left(\bar{x} - t_{(df), \frac{0.05}{2}} \frac{S}{\sqrt{n-1}}, \bar{x} + t_{(df), \frac{0.05}{2}} \frac{S}{\sqrt{n-1}} \right)$。同理 $0.99\text{CI} = \left(\bar{x} - t_{(df), \frac{0.01}{2}} \frac{S}{\sqrt{n-1}}, \bar{x} + t_{(df), \frac{0.01}{2}} \frac{S}{\sqrt{n-1}} \right)$。式中，$t_{(df), \frac{0.05}{2}}$、$t_{(df), \frac{0.01}{2}}$ 等可由查"附表 2　t 值表"得到。

就实例 8-2-1 来说，已知 $n = 50$，由样本数据计算可得 $\bar{X} = 112.46$，$S = 16.05$。如题所示，某小学五年级所有学生的数学期中测验成绩可以看作是正态分布的总体，由于总体方差未知，根据总体平均数区间估计理论，估计正确的概率为 0.95 的总体平均数置信区间为：

$$0.95\text{CI} = \left(\bar{x} - t_{(df), \frac{0.05}{2}} \times \frac{S}{\sqrt{n-1}}, \bar{x} + t_{(df), \frac{0.05}{2}} \times \frac{S}{\sqrt{n-1}} \right)$$

因为

$$\bar{x} - t_{(df), \frac{0.05}{2}} \times \frac{S}{\sqrt{n-1}} = 112.46 - 1.98 \times \frac{16.05}{\sqrt{50-1}} = 107.92$$

$$\bar{x} + t_{(df), \frac{0.05}{2}} \times \frac{S}{\sqrt{n-1}} = 112.46 + 1.98 \times \frac{16.05}{\sqrt{50-1}} = 117.00$$

所以，$0.95\text{CI} = (107.92, 117.00)$，即该小学五年级学生的数学期中测验的平均成绩大概在 (107.92, 117.00) 范围内，估计正确的概率为 0.95。

同理可求得，$0.99\text{CI} = (106.54, 118.38)$，即该小学五年级学生的数学期中测验的平均成绩大概在 (106.54, 118.38) 范围内，估计正确的概率为 0.99。

（三）总体不服从正态分布，但抽取的是大样本时

当总体分布呈非正态分布时，只要样本足够大，则其样本平均数的分布渐近正态分布，因而可推导出总体平均数的置信区间为：

$$0.95\text{CI} = \left(\bar{x} - 1.96\frac{\sigma}{\sqrt{n}}, \bar{x} + 1.96\frac{\sigma}{\sqrt{n}}\right) \quad (\sigma \text{ 已知})$$

$$0.99\text{CI} = \left(\bar{x} - 2.58\frac{\sigma}{\sqrt{n}}, \bar{x} + 2.58\frac{\sigma}{\sqrt{n}}\right) \quad (\sigma \text{ 已知})$$

$$0.95\text{CI} = \left(\bar{x} - 1.96\frac{S}{\sqrt{n}}, \bar{x} + 1.96\frac{S}{\sqrt{n}}\right) \quad (\sigma \text{ 未知})$$

$$0.99\text{CI} = \left(\bar{x} - 2.58\frac{S}{\sqrt{n}}, \bar{x} + 2.58\frac{S}{\sqrt{n}}\right) \quad (\sigma \text{ 未知})$$

就实例8-2-1来说，假如某小学五年级所有学生的数学期中测验成绩总体不服从正态分布，且总体方差未知，由于抽取的样本为 $n=50$ 的大样本，所以估计正确的概率为0.95的总体平均数置信区间为：

$$0.95\text{CI} = \left(\bar{x} - 1.96\frac{\sigma}{\sqrt{n}}, \bar{x} + 1.96\frac{\sigma}{\sqrt{n}}\right)$$

因为

$$\bar{x} - 1.96 \times \frac{S}{\sqrt{n}} = 112.46 - 1.96 \times \frac{16.05}{\sqrt{50}} = 108.01$$

$$\bar{x} + 1.96 \times \frac{S}{\sqrt{n}} = 112.46 + 1.96 \times \frac{16.05}{\sqrt{50}} = 116.91$$

所以，0.95CI = (108.01, 116.91)，即当某小学五年级所有学生的数学期中测验成绩总体不服从正态分布，且总体方差未知时，该小学五年级学生的数学期中测验的平均成绩大概在(108.01, 116.91)范围内，估计正确的概率为0.95。

同理求得，0.99CI = (106.60, 118.32)，即当某小学五年级所有学生的数学期中测验成绩总体不服从正态分布，且总体方差未知时，该小学五年级学生的数学期中考试的平均成绩大概在(106.60, 118.32)范围内，估计正确的概率为0.99。

二、总体平均数区间估计的用途

在教育量化研究中，用样本平均数对总体平均数进行估计的运用非常广泛。例如,可通过收集一定量样本学生的学习成绩、体能测试等方面的指标,对样本所属特定总体的相应指标参数的取值范围进行估计。需注意的是,用样本平均数对总体平均数进行估计,其前提条件是该样本是从一个正态分布总体中抽取出来的,或者是从非正态总体中抽取的一个大样本($n > 30$)。而计算出来的实际样本平均数 $\bar{X}$ 的值是一切可能个容量为 n、均值为 $\bar{X}_{(i)}$ 中的一个。由于样本平均数的平均数实际上就是总体平均数,为此可以在一定的概率要求或说明估计正确的概率值情况下,由一个实得的样本平均数对样本所属的总体平均数加以估计。

▶ 统计分析

步骤1:根据实例8-1-1新建或打开数据文件→点击"分析(A)"→点击"比较平均值(M)"→点击"单样本T检验(S)…",弹出"单样本T检验"对话框(图8-2-1)→将左框中的变量"数学成绩"移入右侧"检验变量(T)"框中,在"检验值(V)"框中填入"110"→点击"选项(O)…"后弹出"单样本T检验:选项"对话框(图8-2-2)。

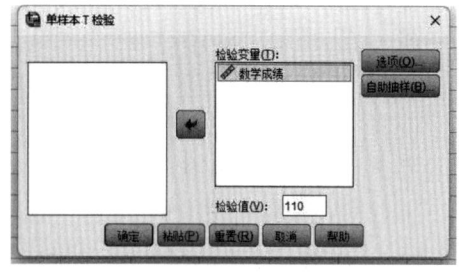
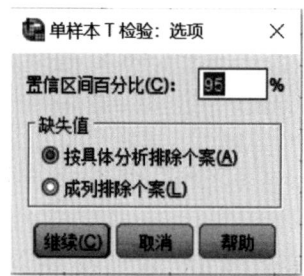

图8-2-1 "单个样本T检验"对话框　　图8-2-2 "单个样本T检验:选项"对话框

步骤2:在"单样本T检验:选项"对话框中,"置信区间百分比(C)"为置信度,系统默认值为95%,即显著性水平为0.05。此项可以修改,如改为99%,则此时显著性水平为0.01。在"缺失值"一栏中有两个选择缺失值方法的选项:"按具体分析排除个案(A)"选项,指带有缺失值的观察量,当它与分析有关时才被剔除(系统默认项);"成列排除个案(L)"选项,指剔除在"单样本T检验"对话框的"检验变量(T)"框中列出的变量带有缺失值的所有观测量。此例中可均取系统默认值,提交系统运行。

▶ **结果解读**

系统运行结果见表 8-2-1 和表 8-2-2。

表 8-2-1　单样本统计

	个案数	平均值	标准差	标准误差平均值
数学成绩	50	112.46	16.047	2.269

表 8-2-2　单样本平均数检验（检验值=110）

	t	自由度	显著性（双尾）	平均值差值	差值95%置信区间	
					下限	上限
数学成绩	1.084	49	0.284	2.460	-2.10	7.02

表 8-2-1 给出了样本统计量的值，"个案数"为 50 即样本容量为 50，"平均值"即单样本平均数为 112.46，"标准差"即样本标准差为 16.047，"标准误差平均值"即样本平均数分布的平均值（或称样本平均数的标准差）为 2.269。SPSS 软件运行所得的这些数据与本章第一节的结果相同。

表 8-2-2 中的检验值=110 是已知总体的平均数，"差值95%置信区间"表示置信度为 0.95 的平均数之差的置信区间，说明某小学五年级学生取样 50 个学生的数学平均成绩与该小学五年级学生的数学平均成绩之差 $\mu - \mu_0$ 落在区间（-2.10，7.02）内的概率为 0.95，用不等式表示为 $-2.10 < \mu - \mu_0 < 7.02$。而当检验值 $\mu_0 = 110$ 分时，$107.90 < \mu < 117.02$，即该小学五年级学生数学期中测验平均成绩的置信区间为 $0.95CI = （107.90, 117.02）$，或者可以说在估计正确的概率为 0.95 情况下，该小学五年级学生数学期中测验平均成绩大概在（107.90，117.02）范围内，即下限是 107.90 分，上限是 117.02 分。这与本节用公式计算所得到的置信区间 $0.95CI = （108.01, 116.91）$ 相比有很小的误差，可能是由计算过程中小数进位造成的。

第三节 单总体平均数的显著性检验

▶ 问题实例

[实例 8-3-1] 已知某小学所在区的全体五年级学生的数学期中测验成绩服从正态分布,平均分为 110 分。某小学校长想了解所在小学五年级学生的数学期中测验平均成绩与全区五年级学生的平均成绩是否有差异,抽取的 50 个学生数学成绩(同实例 8-1-1)可看作是该小学五年级学生数学期中测验成绩的一个样本。那么应如何判断某小学五年级数学平均成绩与全区小学五年级数学平均成绩是否有实质性差异?

[实例 8-3-2] 从五(1)班随机抽取 25 名学生的体育测验成绩,得到平均分为 80 分,标准差为 9。若全年级体育测验成绩服从正态分布且平均分为 83 分,请问该五(1)班学生的体育平均成绩是否显著低于全年级的平均成绩?

▶ 统计方法

"显著性检验"(或称假设检验),是教育统计中判断差异是否显著或是否有实质性差异的重要手段。通过对样本平均数与某个已知总体平均数的差异显著性检验,推断样本所在的总体平均数与某个已知总体平均数之间的差异是否显著。问题实例中的两个实例都是有关对单样本平均数和总体平均数进行差异检验的问题,有所不同的是,实例 8-3-1 是检验有无差异的问题,即对 50 名学生数学平均成绩与全区平均成绩(110 分)的差异显著性检验,来推断该小学所有五年级学生的数学平均成绩与全区平均成绩是否有差异。而实例 8-3-2 则是检验孰高孰低的问题,即对从五(1)班随机抽取 25 名学生的体育平均成绩是否明显低于全年级平均成绩的检验,来推断五(1)班全班学生的体育成绩是否低于全年级平均成绩。

由于抽样后的样本平均数与标准差往往与总体具有相当程度的差异,研究者无法确切知道其抽样过程是否具有偏差而违反正态分布的基本要求,所以必须透过一套以抽样分布为基础的推论统计理论,进行统计检验与决策。

根据是否已知总体的标准差,对应不同的平均数检验方法。当总体的标准差已知时,可确认抽样分布的标准误,并基于正态分布的假设,进行 Z 检验。而当总体标准差未知时,抽样分布的标准误必须由样本标准差来推估,因此可能因为样本过小而造成偏误,而需进行 t 检验。一般而言,总体的标准差多数情况下无法得知,因此使用 Z 检验的机会并不多。又由于 t 分布随着自由度的改变而改变,当 $n>30$ 时,t 分布与 Z 分布则十分接近,进行 t 检验其实涵盖了 Z 检验的应用。

▶ 基本理论

一、显著性检验的基本概念

(一)虚无假设与对立假设

教育量化研究中,常会用到"假设"这个概念。假设是指根据已知理论与事实对研究对象所作的假定性说明,而这种说明是预想的,希望得到证实的。在统计学中,假设是一组描述变量关系的陈述句,是根据统计学原理和事实,用统计学的术语对总体参数所作的假定性说明。在假设的前提下,采用样本数据进行计算分析,根据小概率原理,将推翻或证实假设的过程称为假设检验(又称为显著性检验)。

在假设检验中,假设是成对提出的,它们相互对立。其中一个是虚无假设(或称零假设、原假设),用符号 H_0 表示,它是"无差"假设。另一个是对立假设(或称备择假设),用符号 H_1 表示,对立假设是对虚无假设的否定。假设检验的目的在于:决定某一个样本统计量转换得到的检验统计量是否属于 H_0 分布上的一个随机观察值,如果属于 H_0 分布则接受 H_0,如果不属于 H_0 分布则拒绝 H_0 而接受 H_1。

① 当检验单样本平均数与总体平均数是否有显著差异时,可以假设:

$$H_0: \mu = \mu_0 \quad (\mu \text{ 和 } \mu_0 \text{ 无显著性差异})$$

$$H_1: \mu \neq \mu_0 \quad (\mu \text{ 和 } \mu_0 \text{ 有显著性差异})$$

或

$$H_0: \mu \leqslant \mu_0 \quad (\mu \text{ 不高于 } \mu_0)$$

$$H_1: \mu > \mu_0$$

或

$$H_0: \mu > \mu_0 \quad (\mu \text{ 高于 } \mu_0)$$

$$H_1: \mu \leqslant \mu_0$$

其中，μ 是样本所属总体的平均数；μ_0 是已知总体的平均数。

如实例 8-3-1 中，全区小学五年级学生的数学期中测验平均成绩为 110 分，即已知总体的平均数（$\mu_0 = 110$）。某小学五年级学生数学期中测验平均成绩即 μ，则一对假设为：

$H_0: \mu = 110$ （某小学五年级学生数学期中测验成绩与全区的无显著性差异）

$H_1: \mu \neq 110$ （某小学五年级学生数学期中测验成绩与全区的有显著性差异）

② 当检验两个总体平均数是否有显著差异时，可以假设为：

$$H_0: \mu_1 = \mu_2 \quad (\text{两个总体平均数无显著性差异})$$

$$H_1: \mu_1 \neq \mu_2 \quad (\text{两个总体平均数有显著性差异})$$

或

$$H_0: \mu_1 \leqslant \mu_2 \quad (\mu_1 \text{ 不高于 } \mu_2)$$

$$H_1: \mu_1 > \mu_2$$

或

$$H_0: \mu_1 > \mu_2 \quad (\mu_1 \text{ 高于 } \mu_2)$$

$$H_1: \mu_1 \leqslant \mu_2$$

因为 H_0 和 H_1 是相互对立的，也就是说，一对假设中有且只有一个正确。换言之，两个假设不可能同时是正确的，但也不可能同时是错误的。两个假设中若有一个被证实是错误的话，那么另一个假设自然就是正确的了。在统计学中往往是对 H_0 的真伪进行检验。因此,从 H_0 出发,如果根据样本信息,证明 H_0 为假,那么 H_1 为真,这时就要拒绝 H_0 而接受 H_1。反之,如果不能证明 H_0 为假,则接受 H_0 拒绝 H_1。

(二)小概率原理和显著性水平

假设 A 为随机事件,则 A 发生的概率为 $0 \leq P(A) \leq 1$。在教育量化研究过程中,会发现有一些随机事件发生的概率很小,比如有的事件发生的概率小于或等于0.05,有的事件发生的概率小于或等于0.01,有的甚至还不到0.001。在教育统计中,概率取值不到0.05 或 0.01 的随机事件,称之为小概率事件。小概率事件在一次抽样(或试验)中几乎是不可能发生的,这就是我们常说的小概率原理。例如,小明花10元去买一次彩票,中特等奖几乎是不可能的。显著性检验中,每次检验都要计算某事件可能发生的概率,如果该事件发生的概率很小,则就要依据小概率原理对结果作出判断。公认的小概率事件的概率值被称为统计假设检验的显著性水平,记为 α,α 的取值越小,则此检验的显著性水平越高。学术上惯用95%的置信区间,拒绝区5%,因此 α 也就常取0.05(5%);有的研究会采取更严格水平,取99%的置信区间,拒绝区1%,此时 α 也就取0.01(1%)。

当一个样本统计量转换成检验统计观察值(如 Z_1)并进行假设检验,得到 $P<0.05$ 的结果时,我们就知道这个观察值 Z_1 落入拒绝区,具有统计意义上的显著性差异,此时通常会在 Z_1 右上角标上一个星号($*$),如 $Z_1 = 2.05^*$,表示该统计量概率低于0.05,在 0.05 显著性水平上存在差异;如果 $P<0.01$,通常会在 Z_1 右上角标上两个星号($**$),表示在 0.01 的显著性水平上存在差异;如果 $P<0.001$,通常会在 Z_1 右上角标上三个星号($***$),表示在 0.001 的显著性水平上存在差异。这种标识法又称为星星法则,已普遍为学术界和统计软件采用。要注意的是,显著性星号必须标在统计量数值上,而非尾端概率值上。例如,$P=0.036^*$ 或 $P=0.009^{**}$ 都是错误的标识方法,因为 P 值不必标识就可以与 0.05、0.01 或 0.001 比较判断显著与否。

在运用 SPSS 软件进行各类显著性检验(如平均数检验、相关性检验)时,其运行结果会自动呈现检验统计量值所对应的显著性(significance,简写为"sig."),而省略了将检验统计量值与临界值的绝对值比较大小的过程。P 值和 sig. 值都是用来判断结果显著性的一种指标,从理论上来说,P 值是计算 sig. 值的依据之一,但在实际运用中,我们往往将 sig. 值看作是 P 值的近似值。也就是说,我们在实际应用中,只需将 SPSS 运行结果中的 sig. 值与预设的显著性水平 α(0.05、0.01 或 0.001)直接比较,即可作出是否存在显著性差异的结论。例如,假设在 $\alpha = 0.05$ 的显著性水平上,运用 SPSS 软件进行单样本检验,其运行结果为"显著性(双尾)= 0.023",说明经双尾检测其显著性为 0.023,这时只需将 0.023 与 0.05 直接作比较,因 0.023 小于 0.05,故可得出"存在显著性差异"的结论判断。

(三)检验统计量与判断法则

在假设检验中,最重要的步骤就是计算检验统计量,如计算某事件发生的概率,"某些事件发生的概率"实际上是指"在一定的抽样条件下,某些事先设计好的统计量其取值的概率"。这些统计量是根据检验目的和抽样分布而设计,专门用于统计假设检验的,故称为检验统计量。实际计算检验统计量的值时,计算的就是样本条件下相应抽样分布的分数变量的取值。当抽样分布呈正态时,所计算的是正态分布的 Z 分数;当抽样分布呈 t 分布时,计算的就是 t 分布的 t 分数。换言之,即将样本上所观察到的统计量(如平均数)经过特定的数学转换后获得一个可以配合某种抽样分布的检验值(如 Z 值或 t 值),来检测该统计量的意义,并据此决定研究者所提出的假设是否成立。

不同的检验统计量具有一个共通性:就是检验统计量多为检验值与抽样误差(标准误)的比值,检验值作为分子,抽样误差作为分母,除得的结果就是检验统计量。如果检验统计量越大,表示检验值大于随机抽样误差值,即检验值具有统计学意义上的显著性。相反,检验统计量越小,表示检验值没有不同于随机变化,即检验值只是一种随机出现的情况,没有统计学上的意义。

当我们要判断一个检验值是否具有统计学意义上的显著性时,必须确定一个临界值(critical value),临界值多是抽样分布的期望值如 95%(或 99%)置信区间的两端点。当统计检验值的绝对值小于或等于临界值的绝对值,或者说 P 大于或等于显著性水平 α,意即检验值落在置信区间内,接受虚无假设 H_0,比较结果无显著性差异;当统计检验值的绝对值大于临界值的绝对值,或者说 P 小于显著性水平 α,意即检验值落在置信区间外,不属于 H_0 分布(拒绝 H_0),比较结果有显著性差异。如下页图 8-3-1 所示,黑色区域即显著性水平 α 的面积,又可称为拒绝区,这就是我们常说的,当检验统计量落入拒绝区（$P < \alpha$）时，拒绝 H_0，接受 H_1，存在显著性差异。

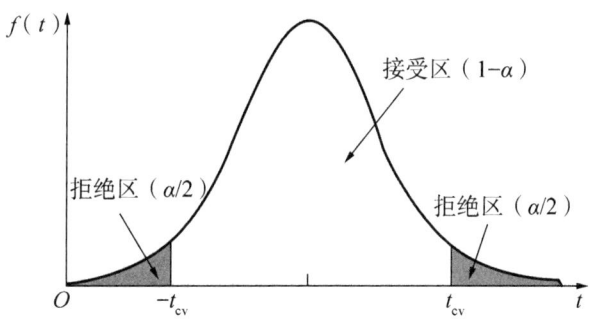

图 8-3-1　假设检验决策示意图

为了更方便地判断统计检验值是否具有统计意义上的显著水平差异，我们罗列出了检验统计量与临界值的比较、P（或 sig.）值、假设显著性水平，以及差异显著性程度的对应关系（表8-3-1）。

表 8-3-1　检验统计量与 P（或 sig.）值、显著性程度的对应关系

检验统计量与临界值的比较	P（或 sig.）值	假设显著性水平（α）	差异显著性程度
$\|Z\| \leq \|Z_{cv,\alpha}\|$ 或 $\|t\| \leq \|t_{cv,\alpha}\|$	P（或 sig.）$\geq \alpha$	0.05 或 0.01 或 0.001	不显著
$\|Z\| > \|Z_{cv,\alpha}\|$ 或 $\|t\| > \|t_{cv,\alpha}\|$	P（或 sig.）$< \alpha$	0.05	显著（*）
		0.01	非常显著（**）
		0.001	极显著（***）

（四）单侧检验和双侧检验

假设检验中常常会遇到双侧检验和单侧检验两种情况，那么如何区别双侧检验和单侧检验呢？其关键是看检验的目的。如果检验的目的是判断某个总体参数是否等于某个定值，或者是为了推断某两个总体参数是否相等，则应该用双侧检验。如果检验的目的是推断某个总体参数是否大于或是否小于某个定值，或是为了推断某两个总体参数之间有无大于或小于的关系，则应该用单侧检验。双侧检验中，在 μ_0 的两侧或者说在平均数抽样分布的两侧都有一个临界值，临界值之外都各有一个拒绝的区域，两个拒绝 H_0 的区域的面积（概率）之和为显著性水平 α 的值（下页图8-3-2）。而单

侧检验只在抽样分布的一尾部设有临界值,拒绝 H_0 的区域也只有一个,该拒绝区域的面积就等于显著性水平 α 的值(图 8-3-3)。

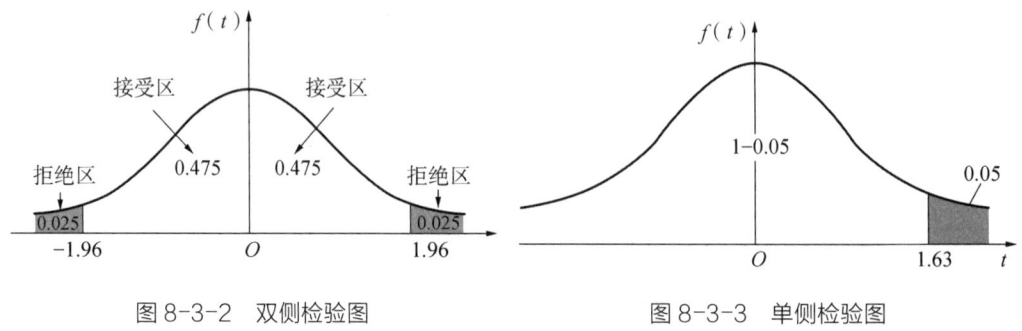

图 8-3-2　双侧检验图　　　　　图 8-3-3　单侧检验图

如实例 8-3-1 中,假设 $H_0: \mu = \mu_0 (\mu_0 = 110)$,$H_1: \mu \neq \mu_0 (\mu \neq 110)$。由于某小学五年级学生的数学期中测验成绩 μ 可能高于全区平均分 110 分,也可能低于 110 分,而我们实际关心的是该校五年级学生的数学平均水平与整个区的平均水平是否有差异,并不关心是否比 110 分高还是低。因此,这是一个双侧检验的问题。然而在实例 8-3-2 中,要解决的是五(1)班学生体育测验成绩和全年级体育测验成绩相比是低了还是高了,因此这是一个单侧检验的问题。

二、单总体平均数显著性检验的用途

单总体平均数显著性检验主要用来判断某样本平均数与总体平均数是否存在差异,以及孰高孰低这两类问题。例如,某市学生的某科成绩与该市所属省份所有同类学生某科成绩是否有显著性差异;在某区 8 所教学改革实验校中,A 学校的学生成绩与所有教学改革实验校学生成绩的平均水平相比是否有高低差异;等等。

三、单总体平均数显著性检验步骤

(一)根据检验目的提出假设

参见前文,此处省略。

(二)确定检验统计量并按已知条件计算统计量的值

检验统计量是根据总体分布的形态及总体方差是否已知来确定的,具体可分为 Z 统计量、t 统计量、Z' 统计量等。配合正态分布计算 Z 统计量,并根据概率原理进行决策的,称为 Z 检验;如果抽样分布不是正态分布,或有不符合正态的顾虑,则可计算 t

统计量,配合 t 分布进行决策的,称为 t 检验。

① Z 统计量——总体服从正态分布,总体方差已知(无论样本容量大小)时适用。

$$Z = \frac{\bar{x} - \mu}{\frac{\sigma}{\sqrt{n}}} \qquad 式 8\text{-}3\text{-}1$$

② t 统计量——总体服从正态分布,总体方差未知时适用。

$$t = \frac{\bar{x} - \mu}{\frac{S}{\sqrt{n-1}}} \qquad 式 8\text{-}3\text{-}2$$

我们知道 t 分布与正态分布之间的关系,当 $df = n - 1$ 趋于无穷大,或者说样本容量越来越大时,t 分布越接近正态分布。因此,检验统计量又可以是:

$$Z = \frac{\bar{x} - \mu}{\frac{S}{\sqrt{n}}} \qquad 式 8\text{-}3\text{-}3$$

③ Z' 统计量——总体为非正态分布,样本容量较大时适用。

$$Z' = \frac{\bar{x} - \mu}{\frac{\sigma}{\sqrt{n}}} \quad (\sigma^2 \text{ 已知}) \qquad 式 8\text{-}3\text{-}4$$

$$Z' = \frac{\bar{x} - \mu}{\frac{S}{\sqrt{n}}} \quad (\sigma^2 \text{ 未知}) \qquad 式 8\text{-}3\text{-}5$$

在教育领域中,大部分连续变量在总体上可以看成正态分布。事实上可以通过分布形态的检验(峰态、偏态检验)确定总体是否正态。如果检验后得出某变量的总体不呈正态分布,原则上应采用非参数检验(因篇幅所限,本章不作介绍),只有样本容量较大时,才可以作出近似处理。

(三)统计决断

计算检验统计量取值的概率,并与假设显著性水平比较。通常把统计量的值与小概率事件的临界值进行比较。如果检验统计量的值落在拒绝域内,则拒绝 H_0,接受

H_1,比较结果有显著差异;如果检验统计量的值落在拒绝域外,则接受 H_0,比较结果无显著差异。

实际应用中将计算所得的检验统计量与临界值比较时,可参考表 8-3-1 中的对应关系,直接判断是否有显著性差异及在什么显著性水平上存在怎样的显著差异。如果运用 SPSS 程序进行平均数检验,其结果会自动计算并呈现检验统计量取值的概率显著性。这时只需将 sig. 值与 0.05、0.01 或 0.001 进行比较,可直接作出是否存在显著性差异的结论。

四、单总体平均数显著性检验的实例解答

(一)对实例 8-3-1 的解答与检验

已知 50 名学生的数学成绩,可由样本先计算出样本平均分 $\bar{X} = 112.46$ 和标准差 $S = 16.047$。由于此例目的是判断某小学数学成绩与全区数学成绩是否有差异,故应采用双侧检验。由于全区小学五年级学生数学期中测验成绩服从正态分布,平均成绩为 110 分,但方差未知,所以可采用检验统计量式 8-3-2 计算 t 统计量,并按检验步骤进行 t 检验。完整的检验步骤如下。

① 提出假设:

$$H_0: \mu = 110, \ H_1: \mu \neq 110$$

② 确定检验统计量并计算其 t 值:

$$t = \frac{\bar{x} - \mu}{\frac{S}{\sqrt{n-1}}} = \frac{112.46 - 110}{\frac{16.047}{\sqrt{50-1}}} = 1.073$$

③ 统计决断:根据自由度 $df = 49$,$\alpha = 0.05$ 查"附表 2 t 值表"得到,双侧检验的临界值 $t_{(49),0.025} = 2.021$,由于计算得到的统计量的值 $|t| = 1.073 < 2.021$,则 $P > 0.05$,说明可以接受 H_0,两者无统计意义上的显著性差异。换言之,该小学 50 名学生数学期中测验成绩平均 112.46 分,比全区高出 2.46 分是由抽样误差造成的,而非实质水平的差异。所以可以得出结论:在 0.05 显著性水平上,某小学五年级学生的数学期中测验平均成绩与全区小学五年级学生的数学期中平均成绩无显著差异。

当然,此例由于全区总体成绩服从正态分布,总体方差未知,但由于样本容量较

大,也可以采用式 8-3-5 计算 Z' 检验统计量,按检验步骤进行 Z' 检验。如果采用式 8-3-5 计算 Z' 检验统计量,即:

$$Z' = \frac{\bar{x} - \mu}{\frac{S}{\sqrt{n}}} = \frac{112.46 - 110}{\frac{16.047}{\sqrt{50}}} = 1.084$$

由于 $|Z'| = 1.084 < 1.96$,则有 $P > 0.05$,说明接受 H_0,某小学五年级学生的数学成绩与全区小学五年级学生的数学成绩不存在显著性差异。此结论与 t 检验所得的结果一致。

(二)对实例 8-3-2 的解答与检验

实例 8-3-2 的问题是当总体方差未知时,通过对某班 25 名学生的体育平均成绩是否低于全年级平均成绩的显著性检验,进而对该班全体学生的体育平均成绩是否低于全年级平均成绩作出推断。其目的是判断某班体育成绩是否低于全年级体育成绩,故应采用单侧检验。因成绩总体服从正态分布,但方差未知,故可采用式 8-3-2 计算 t 统计量,并按检验步骤进行 t 检验。完整的检验步骤如下。

① 提出假设:

$H_0: \mu \geq 83$ (某班学生体育平均成绩不低于全年级的平均成绩)

$H_1: \mu < 83$ (某班学生体育平均成绩低于全年级的平均成绩)

② 确定检验统计量,并按已知条件计算 t 统计量的值,即:

$$t = \frac{\bar{x} - \mu}{\frac{S}{\sqrt{n-1}}} = \frac{80 - 83}{\frac{9}{\sqrt{25-1}}} = -1.633$$

③ 统计决断:根据自由度 $df = 24$,$\alpha = 0.05$ 查 t 值表得,单侧检验的临界值 $t_{(24),0.05} = 1.711$,由于计算得到的 $|t| = 1.633 < 1.711 = t_{(24),0.05}$,则有 $P > 0.05$,故在 0.05 显著性水平上接受 H_0。可得出结论:某班学生体育平均成绩并不显著低于全年级平均成绩。实例中五(1)班随机抽取的 25 名学生的体育测验平均成绩 80 分,与全年级的平均成绩 83 分表面上相差 3 分,很大可能是抽样误差等原因导致的。

▶ 统计分析

针对实例 8-3-1 的解答,如果直接运用 SPSS 软件进行单样本平均数检验,其操作步骤与本章第二节的步骤完全相同,具体可参见前文。

▶ 结果解读

对于实例 8-3-1,系统运行结果也与本章第二节的结果相同,如 p.243 表 8-2-1 和表 8-2-2 所示。

表 8-2-1 给出了样本统计量的值,即 50 个学生数学成绩平均为 112.46,标准差为 16.047,样本平均数的标准误是 2.269。

表 8-2-2 给出了单样本检验统计量及显著性差异,其中,检验值 = 110 是已知总体的平均数(μ_0 = 110 是定值),t = 1.084 是检验统计量的值,自由度 = 50−1 = 49;显著性(双尾)= 0.284,即系统已将 t 统计量与双侧检验的 t 临界值进行比较后显示了差异显著性水平情况。这时可直接将该值与 0.05 进行比较后作出判断。因为 0.284 > 0.05,说明接受 H_0,意即某小学五年级数学平均成绩与全区小学五年级数学平均成绩不存在显著差异或者说没有实质性差异。这与本节选择检验统计量公式计算方法得到的检验结果相同。

思考与练习

1. 何谓抽样分布？样本平均数抽样分布主要有哪些类型？

2. 双侧检验和单侧检验的主要区别是什么？

3. 单总体平均数显著性检验的一般步骤是怎样的？如何判断检验统计量是否存在显著性差异？

4. 对某校八年级学生进行数学建模能力测试，平均得分为 32 分。现从中随机抽取 25 位男生的测试成绩如下：

32 28 27 30 32 32 31 22 25 22 23 25 35 33 26 20
34 30 31 28 33 29 32 34 27

（1）该年级男生的数学建模能力与全年级学生数学建模能力的平均分有无显著性差异（$\alpha=0.05$）？

（2）请估计该年级男生数学建模能力平均分数的置信区间（要求估计正确率为 0.95）。

5. 已知某市 15 岁男孩的平均身高为 176.5 cm，标准差为 20。现在从该市的 M 小学中随机抽取 64 位 15 岁男孩，测得平均身高为 177.7 cm。请问：

（1）如何估计 M 小学全体 15 岁男孩平均身高的 95% 和 99% 的置信区间？

（2）在 $\alpha=0.05$ 水平上，判断 M 小学全体 15 岁男孩的平均身高是否显著高于全市 15 岁男孩的平均身高？

第九章 双总体平均数的差异检验：t 检验

内容提要

◎ 独立样本与相关样本的概念区别

◎ 两个独立样本平均数之差的抽样分布

◎ 两个相关样本平均数之差的抽样分布

◎ 双总体平均数之差的抽样分布形态

◎ 双独立总体方差的齐性检验

◎ 双独立总体平均数差异检验与 SPSS 分析技术

◎ 双相关总体平均数差异检验与 SPSS 分析技术

第一节　独立样本和相关样本的区别

▶ **问题实例**

下面有针对不同情境的 3 个实例,请判断这 3 个实例中的样本各有什么特点?如果学生成绩均服从正态分布,那么各实例中样本平均数之差的抽样分布各是什么形态?

［实例 9-1-1］　职初教师 Q 执教五年级(1)班和(2)班两个班的语文学科,期末考试后他想比较两个班学生的语文成绩有无差异。于是他从(1)班和(2)班分别抽取 25 名和 21 名学生,他们的语文期末成绩如下。

五(1)班: 86 45 74 89 75 82 84 85 90 74 59 76 83 79 81
　　　　 83 80 91 78 83 86 79 86 87 88

五(2)班: 79 86 78 89 90 91 84 68 90 86 84 78 92 59 76
　　　　 89 96 85 79 92 87

［实例 9-1-2］　教师 T 对三年级学生进行阅读能力训练,选取其中的 28 名学生进行训练前阅读能力测试。经过 3 个月阅读能力训练后,再对这 28 名学生的阅读能力进行测试,先后两次测试的满分均为 30 分,28 名学生的成绩如下。

训练前: 22 18 11 20 15 19 20 21 22 24 27 20 19 18 16
　　　　 19 20 21 22 23 21 23 11 16 20 26 22 29

训练后: 23 20 15 22 18 20 20 24 26 25 26 22 20 21 19
　　　　 22 25 23 23 25 24 24 16 19 19 26 24 30

［实例 9-1-3］　新学期对预初新生分配班级,教导主任根据学生的数学成绩基本相同的学生匹配成 20 对,然后从每一对中各抽取一人组成 A 班,余下对应的 20 人组成 B 班。A 班的数学课由数学专业毕业的教师执教,B 班的数学课由计算机教师执教。经过一学期教学后,进行统一测试,两个班的数学成绩如下页表 9-1-1。

表 9-1-1 A、B 班的数学成绩

配对号	1	2	3	4	5	6	7	8	9	10
A 班	91	90	88	86	85	78	65	86	92	84
B 班	88	86	89	84	86	80	65	79	90	85
配对号	11	12	13	14	15	16	17	18	19	20
A 班	79	80	75	66	69	93	84	78	92	83
B 班	75	81	72	63	70	86	82	80	89	81

▶ 统计方法

分析上述三个实例,可以很清楚地看到每个实例均由两个抽样样本组成,但这两个样本的来源有所不同,其特点也有差异。在此可根据随机抽取的样本是否独立来判断样本的属性类别,究竟是属于独立样本还是相关样本。针对不同属性类别的样本,通过对样本平均成绩之差的显著性检验来推断两个(双)总体平均数之差是否存在明显差异时,所运用的统计方法和 SPSS 分析技术是有区别的。所以,在分析和解决实际问题时,一定要先分析样本的实际情况如何,是解决单个样本与总体平均数之间的问题,还是解决两个样本之间平均数差异的问题;是解决两个独立样本总体平均数差异的问题,还是解决两个相关样本总体平均数差异的问题。只有正确判断样本类别的前提下,才有可能选用正确的统计方法和 SPSS 分析技术来有效解决问题。

▶ 基本理论

一、独立样本与相关样本的判断标准

两个总体是否独立,往往是根据从相应的总体中随机抽取的样本是否独立作出推断的。无论面临何种问题情境,我们都可以根据以下两种情况来判断两个样本是独立的还是相关的。

第一种情况,看两个样本的观察值是否由同一批实验(或调查等)对象获得。如果

两个样本的观察值是由同一批实验(或调查)对象获得的,则两个样本为相关样本;如果两个样本的观察值不是由同一批实验(或调查)对象获得的,则两个样本为独立样本。第二种情况,两个样本观察值是否由一一配对的两批实验(或调查等)对象获得。所谓一一配对是指按某些条件基本相同的要求匹配成对。由于条件基本相同,这两组对象可以看作同一组对象,对它们实施不同的实验处理(或调查)之后,对同一测验的得分或调查数据可以看作同一组被试实验前后对同一个测验的两次得分,因而也是两个相关样本。

在实例9-1-1中,两个样本的观察值是来自五(1)班和五(2)班学生的语文期末成绩,这两个班的学生是完全独立的不同个体,很显然这两个独立样本所对应的两个班的总体学生成绩是两个独立总体。类似地,如果抽取的是60名男生和50名女生的身高数据,那么这两个样本也是两个独立样本。

在实例9-1-2中,两个样本的观察值是来自同一批28名学生先后两次阅读能力测验的成绩,尽管分前测与后测,但这28名学生是同一批测试对象,所以前测成绩和后测成绩这两个样本属于相关样本。在实例9-1-3中,A班数学成绩和B班数学成绩,这两个样本是取自按条件基本相同的要求一一配对而成的A、B两个班的学生,这时A与B两个班的学生可视作为同一个班(如A班)20名学生先后进行了两次测验的得分,故A班成绩和B班成绩这两个样本也是相关样本。

二、双独立样本平均数之差的抽样分布

类似于前一章,样本平均数的抽样分布为总体平均数的显著性检验提供理论依据,两个(双)独立样本平均数之差的抽样分布,也将为两个(双)独立总体平均数之差的显著性检验提供理论依据。数理统计证明,两个(双)独立样本平均数之差的抽样分布有正态分布、t分布和渐进正态分布三种类型。

(一)正态分布

如果两个独立总体服从正态分布,且两个总体方差都已知,那么这两个独立样本平均数之差 $\bar{X}_{(1)} - \bar{X}_{(2)}$ 的抽样分布服从正态分布。这个正态分布的标准差也就是样本平均数之差 $\bar{X}_{(1)} - \bar{X}_{(2)}$ 的抽样分布标准误,即 $\mathrm{SE}_{[\bar{x}_{(1)}-\bar{x}_{(2)}]} = \sqrt{\dfrac{\sigma_1^2}{n_1} + \dfrac{\sigma_2^2}{n_2}}$。式中,$n_1$、$n_2$ 为两个样本的容量;σ_1^2、σ_2^2 为两个总体的方差。

(二)t分布

如果两个独立总体服从正态分布,两总体方差未知,且两总体方差无显著差异(同质性或一致性或齐性)时,那么这两个独立样本平均数之差 $\bar{X}_{(1)} - \bar{X}_{(2)}$ 的分布服从自由度 $df = n_1 + n_2 - 2$ 的 t 分布。这个 t 分布的标准差,即 $\bar{X}_{(1)} - \bar{X}_{(2)}$ 的分布服从 t 分布时的抽样标准误,即 $\mathrm{SE}_{\bar{X}_{(1)} - \bar{X}_{(2)}} = \sqrt{\dfrac{n_1 S_1^2 + n_2 S_2^2}{n_1 + n_2 - 2} \times \left(\dfrac{1}{n_1} + \dfrac{1}{n_2}\right)}$。式中,$S_1^2$、$S_2^2$ 为两个样本的方差。

对于两个总体方差有无显著差异的判断,可用方差分析(F 检验,详见第十章)对两个样本方差差异的显著性加以检验,从而推断两个相应总体方差是否存在显著差异。F 检验统计量为:

$$F = \frac{S_1^2}{S_2^2} \text{(样本方差较大者做分子)} \qquad \text{式 9-1-1}$$

经上述公式计算出统计量 F 后,由给定的显著性水平 α 查"附表3 F 值表"得到临界值 $F_{(df_1, df_2), \alpha}$,其中 $df_1 = n_1 - 1$ 为分子自由度,$df_2 = n_2 - 1$ 为分母自由度。如果 $F < F_{(df_1, df_2), \alpha}$,那么两个独立总体方差不存在差异;如果 $F \geq F_{(df_1, df_2), \alpha}$,那么两个独立总体方差存在显著差异。

(三)渐近正态分布

如果两个独立总体呈非正态分布或两个总体的分布形态不确切,但从两个总体中抽取的都是大样本,那么这两个独立样本平均数之差的抽样分布渐近正态分布。当两个样本容量都趋向无穷大时,这两个独立样本平均数之差的抽样分布服从正态分布。其标准误如下所示。

$$\mathrm{SE}_{\bar{X}_{(1)} - \bar{X}_{(2)}} = \sqrt{\dfrac{\sigma_1^2}{n_1} + \dfrac{\sigma_2^2}{n_2}} \qquad (\sigma_1^2 \text{、} \sigma_2^2 \text{ 已知})$$

$$\mathrm{SE}_{\bar{X}_{(1)} - \bar{X}_{(2)}} = \sqrt{\dfrac{S_1^2}{n_1} + \dfrac{S_2^2}{n_2}} \qquad (\sigma_1^2 \text{、} \sigma_2^2 \text{ 未知})$$

三、双相关样本平均数之差的抽样分布

两个(双)相关样本平均数之差的抽样分布,也可为两个(双)相关总体平均数之

差的显著性检验提供理论依据。数理统计证明,两个(双)相关样本平均数之差的抽样分布同样存在正态分布、t 分布和渐进正态分布三种类型,但不同类型抽样分布的标准误与双独立样本平均数之差的抽样分布标准误各有差异。

(一)正态分布

如果两个相关总体服从正态分布,且两总体方差都已知,那么这两个相关样本平均数之差 $\bar{X}_{(1)} - \bar{X}_{(2)}$ 的抽样分布服从正态分布。这个抽样分布的标准误为

$$\mathrm{SE}_{[\bar{x}_{(1)}-\bar{x}_{(2)}]} = \sqrt{\frac{\sigma_1^2 + \sigma_2^2 - 2r\sigma_1\sigma_2}{n}}$$

。式中,σ_1、σ_2 和 σ_1^2、σ_2^2 分别为两个相关样本所在总体的标准差和方差;n 为成对数据的数目,r 是两个样本的相关系数。

(二)t 分布

如果两个相关总体服从正态分布,且两总体方差未知,那么这两个相关样本平均数之差 $\bar{X}_{(1)} - \bar{X}_{(2)}$ 的抽样分布服从自由度为 $df = n - 1$ 的 t 分布。此分布的标准误为

$$\mathrm{SE}_{[\bar{x}_{(1)}-\bar{x}_{(2)}]} = \sqrt{\frac{S_1^2 + S_2^2 - 2rS_1S_2}{n - 1}}$$

。式中,S_1、S_2 和 S_1^2、S_2^2 分别为两个相关样本的标准差和方差。

(三)渐近正态分布

如果两个总体服从的不是正态分布,但抽取的是大样本,那么这两个相关样本平均数之差 $\bar{X}_{(1)} - \bar{X}_{(2)}$ 的抽样分布服从渐近正态分布,$\bar{X}_{(1)} - \bar{X}_{(2)}$ 分布的标准误如下。

$$\mathrm{SE}_{[\bar{x}_{(1)}-\bar{x}_{(2)}]} = \sqrt{\frac{\sigma_1^2 + \sigma_2^2 - 2r\sigma_1\sigma_2}{n}} \quad (\sigma_1 、 \sigma_2 \text{ 已知})$$

$$\mathrm{SE}_{[\bar{x}_{(1)}-\bar{x}_{(2)}]} = \sqrt{\frac{S_1^2 + S_2^2 - 2rS_1S_2}{n - 1}} \quad (\sigma_1 、 \sigma_2 \text{ 未知})$$

第二节 双独立总体平均数的差异检验

▶ **问题实例**

[实例 9-2-1] 职初教师 Q 执教五年级(1)班和(2)班两个班的语文学科,期末考试后他想比较两个班学生的语文成绩有无差异。于是他从(1)班和(2)班分别抽取 25 名和 21 名学生,他们的语文期末成绩如下。如果两个班学生的语文期末成绩呈正态分布,那么这两个班所有学生的语文期末成绩是否存在明显差异?

五(1)班: 86 45 74 89 75 82 84 85 90 74 59 76 83 79 81
83 80 91 78 83 86 79 86 87 88

五(2)班: 79 86 78 89 90 91 84 68 90 86 84 78 92 59 76
89 96 85 79 92 87

▶ **统计方法**

不少人习惯于从表面上看两个样本平均数的大小来评价两个团体某项水平的高低,其实这种做法缺乏一定的科学性。因为平均数的大小,并不一定是实质水平的高低,有可能是由偶然因素或抽样误差所致。因而,只有依据小概率原理,对一次抽样所得的两个样本平均数的差异进行检验,才能最终决断两个总体之间是否存在真正的显著性差异。如果检验结果属于差异显著,那么就意味着两个样本所来自的两个总体平均数存在显著性差异;如果检验结果差异不显著,那么这两个样本所来自的两个总体平均数之间没有实质差异,或者说这种表面差异是由抽样误差所造成的。

正如本章第一节分析的实例 9-2-1 中的样本属于两个(双)独立样本,要解决的问题是通过对两个班部分学生语文期末平均成绩之差的显著性检验,来推断两个班所有学生语文期末成绩是否存在明显差异。即根据两个(双)独立样本平均数是否存在显著差异,来推断相应两个(双)总体平均数之间是否存在显著差异的情况。

▶ 基本理论

一、双独立总体平均数差异检验的用途

对两个独立总体平均数进行差显著性检验,是教育研究中一种很常见的统计推断方法。例如,对两个班级、两所学校、两个地区、两个县市或性别的有关能力、学习成绩、综合素质等进行评价,教育实验中的实验班与对照班实验效应的比较,等等。如果只根据两个样本平均数的大小直接判定相应的两个总体有无差异,这种做法是不严谨的,必须根据样本平均数的差异检验进行两个总体平均数之差的显著性检验与判断。

二、双独立总体平均数差异检验的步骤

对两个独立总体平均数差异显著性检验,实质就是借助分别取自于这两个总体的样本平均数之差的显著性,根据独立样本平均数之差的抽样分布和小概率原理,推断两个独立总体平均数之间是否存在显著差异。检验的步骤与第八章单总体平均数显著性检验的步骤相同,只是假设和确定的检验统计量略有区别。两个独立总体平均数的差异检验步骤如下。

(一)根据检验目的提出假设

$$H_0: \mu_1 = \mu_2 \quad (或 \mu_1 \leq \mu_2 、 \mu_1 \geq \mu_2)$$

$$H_1: \mu_1 \neq \mu_2 \quad (或 \mu_1 > \mu_2 、 \mu_1 < \mu_2)$$

可假设两个独立总体平均数之间无差异,即 $H_0: \mu_1 = \mu_2$;或可以根据实际情况假设两个独立总体中,一个总体的平均数不高于另一个总体的平均数(即 $\mu_1 \leq \mu_2$);或假设两个独立总体中,一个总体的平均数不低于另一个总体的平均数(即 $\mu_1 \geq \mu_2$)。

(二)根据已知条件确定检验统计量并计算统计量的值

根据两个独立总体方差是否已知(或是否相等)和两个独立样本平均数之差的抽样分布,在 H_0 成立的条件下,其检验统计量分别有以下三种:

① Z 统计量——当两个独立总体服从正态分布且方差已知时。

$$Z = \frac{[\bar{X}_{(1)} - \bar{X}_{(2)}] - (\mu_1 - \mu_2)}{\sqrt{\dfrac{\sigma_1^2}{n_1} + \dfrac{\sigma_2^2}{n_2}}} \qquad 式\ 9\text{-}2\text{-}1$$

② t 统计量——当两个独立总体服从正态分布且方差未知,但两个总体方差无显著差异(同质性、一致性或齐性)时。

当符合两个总体方差齐性的假定下,可采用合并样本方差,t 统计量计算公式为:

$$t = \frac{[\bar{X}_{(1)} - \bar{X}_{(2)}] - (\mu_1 - \mu_2)}{\sqrt{\dfrac{(n_1 - 1)S_1^2 + (n_2 - 1)S_2^2}{n_1 + n_2 - 2} \times \left(\dfrac{1}{n_1} + \dfrac{1}{n_2}\right)}} \qquad 式\ 9\text{-}2\text{-}2$$

式中,$\dfrac{(n_1 - 1)S_1^2 + (n_2 - 1)S_2^2}{n_1 + n_2 - 2}$ 就是合并样本方差,即 S_p^2。

独立样本 t 检验要同时满足两个基本假设:其一是正态分布假设,即除了两个样本本身的抽样分布必须为正态分布之外,两个平均数之差的抽样分布也必须符合正态分布的特点。其二是方差同质性假设,即两个样本必须具有相似的离散情况,即两个样本的方差必须具有同质性、齐性或无显著差异。如果两个样本的方差不同质,表示两个样本在平均数差异之外,还另外存有变异的来源,或是由于抽样程序的干扰,两个样本有不同的抽样特性,数据的离散性(以方差表示)呈现不同质的情况。

两个独立样本方差是否满足同质性假设,可以利用方差分析(F 检验)的概念对两个样本方差差异的显著性加以检验,详见本章第一节式 9-1-1 的相关内容。

③ Z' 统计量——当两个独立总体服从非正态分布,且均为大样本时。

$$Z' = \frac{[\bar{X}_{(1)} - \bar{X}_{(2)}] - (\mu_1 - \mu_2)}{\sqrt{\dfrac{\sigma_1^2}{n_1} + \dfrac{\sigma_2^2}{n_2}}} (\sigma_1^2、\sigma_2^2\ 已知) \qquad 式\ 9\text{-}2\text{-}3$$

或

$$Z' = \frac{[\bar{X}_{(1)} - \bar{X}_{(2)}] - (\mu_1 - \mu_2)}{\sqrt{\dfrac{S_1^2}{n_1} + \dfrac{S_2^2}{n_2}}} (\sigma_1^2、\sigma_2^2\ 未知) \qquad 式\ 9\text{-}2\text{-}4$$

（三）统计决断

采用临界值法则或 P 法则，将检验统计量与相应分布临界值比较大小，或者将 SPSS 运行结果中的 sig. 值与显著性水平（$\alpha = 0.05$ 或 0.01 或 0.001）进行比较，从而作出是否接受 H_0 的结论判断。具体方法同第八章第三节的相关内容。

三、双独立总体平均数差异检验的实例解答

针对实例 9-2-1 的问题，已知两个班学生的语文期末成绩，可判断这是两个独立样本。由于两个班学生的语文期末成绩服从正态分布，但两个总体方差未知，为此我们必须先检验两个总体方差是否具有同质性、齐性或无显著差异。根据两个样本数据可先计算出两样本各自的平均分（$\bar{X}$）和方差（S^2），然后计算 F 统计量并用方差分析（F 检验）推断两个样本相应的总体方差是否存在显著差异，如果方差同质则确定并计算两个独立总体平均数差异检验的 t 统计量并进行显著性检验。

已知 $n_1 = 25$，$n_2 = 21$，由两个样本数据计算得：$\bar{X}_1 = 80.12$，$S_1^2 = 9.960^2$；$\bar{X}_2 = 83.71$，$S_2^2 = 8.736^2$。

（一）两个总体方差的差异（同质性或齐性）检验

① 提出假设：

$H_0: \sigma_A^2 = \sigma_B^2$（表示两个总体方差无显著差异或有同质性）

$H_1: \sigma_A^2 \neq \sigma_B^2$（表示两个总体方差有显著差异或不同质）

② 确定检验统计量并计算其 F 值：

$$F = \frac{S_1^2}{S_2^2} = \frac{9.960 \times 9.960}{8.736 \times 8.736} = 1.30$$

③ 统计决断：由 $df_1 = n_1 - 1 = 24$，$df_2 = n_2 - 1 = 20$，$\alpha = 0.05$，查"附表 3　F 值表"得 $F_{(24, 20), 0.05} = 2.08$。因为实际计算求得的检验统计量值 $F = 1.30 < 2.08 = F_{(24, 20), 0.05}$，$P > 0.05$，说明接受 H_0。也就是说两个总体方差齐性或同质性，不存在显著差异。

(二)两个总体平均数的差异检验

① 提出假设:

$$H_0: \mu_1 = \mu_2 \text{（表示两个总体平均数无显著差异）}$$

$$H_1: \mu_1 \neq \mu_2 \text{（表示两个总体平均数有显著差异）}$$

② 确定检验统计量并计算其 t 值:因为两个班学生的语文期末成绩服从正态分布,两个总体方差未知,且经检验两个总体方差齐性(无显著差异),故选择式 9-2-2 计算检验统计量 t 值。所以

$$t = \frac{[\bar{X}_{(1)} - \bar{X}_{(2)}] - (\mu_1 - \mu_2)}{\sqrt{\frac{(n_1-1)S_1^2 + (n_2-1)S_2^2}{n_1 + n_2 - 2} \times \left(\frac{1}{n_1} + \frac{1}{n_2}\right)}}$$

$$t = \frac{80.12 - 83.71 - 0}{\sqrt{\frac{24 \times 9.960 \times 9.96 + 20 \times 8.736 \times 8.736}{25 + 21 - 2} \times \left(\frac{1}{25} + \frac{1}{21}\right)}}$$

$$t = -1.287$$

③ 统计决断:根据自由度 $df = n_1 + n_2 - 2 = 44$,$\alpha = 0.05$ 查"附表 2 t 值表"得到,双侧检验的临界值 $t_{(44), 0.025} = 2.021$,由于计算得到的统计量的绝对值 $|t| = 1.287 < 2.021$,则 $P > 0.05$,说明接受 H_0。换言之,两个总体平均数在 0.05 显著性水平上无显著差异。所以得出结论:当职初教师 Q 所执教的五(1)班和五(2)班两个班学生的语文期末成绩服从正态分布时,尽管从两个样本的平均数来看,五(1)班 25 位学生的平均成绩比五(2)班 21 位学生的平均成绩低了 3.59 分,但经 0.05 显著性水平检验发现,这两个班所有学生的语文期末成绩并不存在明显差异。其样本平均成绩之间的差异可能是由抽样误差引起的。

▶ 统计分析

针对实例 9-2-1 的问题,采用 SPSS 软件来分析双独立总体平均数的显著差异情况,其操作步骤如下。

步骤1：建立数据文件。如何正确建立数据文件至关重要，由于五（1）班和五（2）班是一个类别变量或名义变量，故应设为一个变量（如班级）；语文成绩是一个连续型随机的标度变量。设定好两个变量，并正确输入原始成绩，保存数据文件（图9-2-1）。

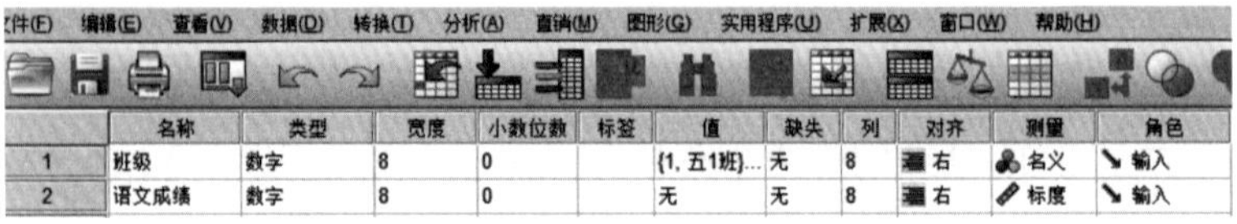

图9-2-1 两个独立样本的变量设定

步骤2：点击菜单栏"分析（A）"→点击"比较平均值（M）"→点击"独立样本T检验…"（图9-2-2），弹出"独立样本T检验"对话框（下页图9-2-3）→在左框中选择变量"语文成绩"（可同时选择多个检验变量），将其移入"检验变量（T）"框中→在左框中选择变量"班级"，将其移入"分组变量（G）"框中→点击"定义组（D）…"，弹出"定义组"对话框（下页图9-2-4）→选择"使用指定的值（U）"，并在"组1"和"组2"后面两个矩形框中输入分类变量值（如"1"和"2"），点击"继续（C）"，返回"独立样本T检验"对话框（下页图9-2-5），这样就确定了检验变量和分组变量。若指定的"分组变量（G）"是连续变量，则应在"定义组"对话框中选择"分割点（C）"，并在该项右侧的矩形框中输入一个分组变量的值，将观察值分为大于该值和小于该值两个组。

图9-2-2 两个独立样本T检验的菜单选项

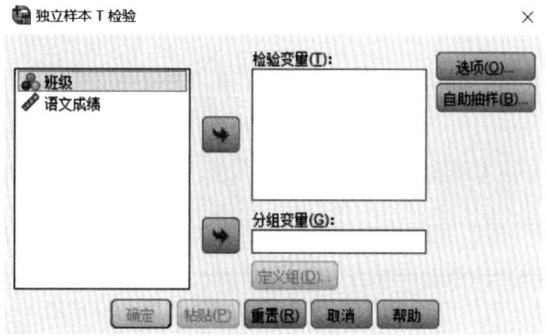

图9-2-3 "两个独立样本T检验"对话框

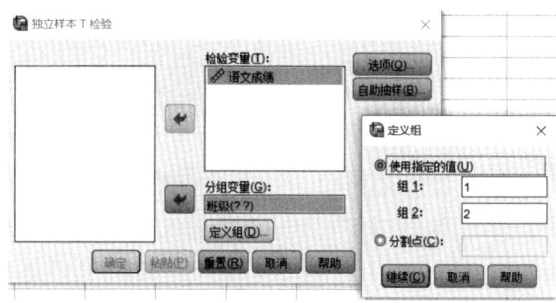

图9-2-4 "定义组"对话框

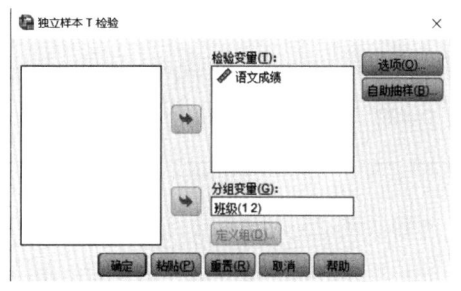

图9-2-5 确定检验变量和分组变量对话框

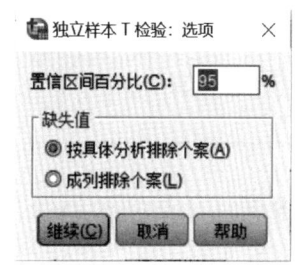

图9-2-6 "独立样本T检验：选项"对话框

步骤3：点击"选项（O）…"后弹出"独立样本T检验：选项"对话框（图9-2-6），按需指定置信区间及处理缺失值的方式。"置信区间百分比（C）"：此处可根据需要将系统默认的"95"改成"99"或其他值。"缺失值"：可选"按具体分析排除个案（A）"（当带有缺失值的观测量与分析有关时才被剔除）或者"成列排除个案（L）"（剔除所有有缺失值的观测量）。点击"继续（C）"，返回"独立样本T检验"对话框→点击"确定"，提交系统运行。

▶ 结果解读

双独立样本 T 检验系统运行后所得的结果如表 9-2-1 和表 9-2-2 所示。

表 9-2-1 组统计

	班级	个案数	平均值	标准差	标准误差平均值
语文成绩	五 1 班	25	80.12	9.960	1.992
	五 2 班	21	83.71	8.736	1.906

表 9-2-2 独立样本检验

		莱文方差等同性检验		平均值等同性 t 检验						
									差值95%置信区间	
		F	显著性	t	自由度	显著性（双尾）	平均值差值	标准误差差值	下限	上限
语文成绩	假定等方差	0.000	0.998	-1.289	44	0.204	-3.594	2.789	-9.216	2.027
	不假定等方差			-1.304	43.902	0.199	-3.594	2.757	-9.151	1.963

表 9-2-1 是各组统计量的值，五（1）班个案数为 25 人，五（2）班个案数为 21 人，即为两个样本的容量。五（1）班 25 位学生的平均值为 80.12，标准差为 9.960；五（2）班 21 位学生的平均值为 83.71，标准差为 8.736；两个样本平均数抽样分布的标准误分别为 1.992 和 1.906。

表 9-2-2 表示两个独立样本及总体平均数显著性检验结果。其中"莱文方差等同性检验"即两总体方差差异的同质性或齐性检验，由表中数据可知，F 统计量值为 0.000，显著性为 0.998，由于 0.998>0.05，说明两个总体方差没有显著差异，或者说两个总体方差相等（齐性或同质性）。

表 9-2-2 的"平均值等同性 t 检验"表示两总体平均数差异的 t 检验，但表中给出了"假定等方差"和"不假定等方差"两种情况下相应不同的 t 值及显著性检验结果。

那么,究竟要以哪一行的 t 值及其检验结果为准呢? 取决于检验的两总体方差是否齐性。由表中已判断出这两个总体方差是齐性的或无显著差异的,那么就应该选择"假定等方差"这一行所对应的 t 值及其显著性检验结果。即 $t=-1.289$,表示当两个独立总体方差无显著性差异时检验统计量 t 的值;自由度 $df = n_1 + n_2 - 2 = 44$,表示两个独立样本平均数之差抽样分布的自由度;平均值差值为 -3.594,表示五(1)班和五(2)班两个样本平均数之差;标准误差差值为 2.789,表示两个平均数之差抽样分布的标准误;差值95%置信区间表示置信度为 0.95 的平均数之差的置信区间,区间下限为 -9.216,区间上限为 2.027;显著性(双尾)= 0.204,表示双侧 t 检验差异的显著性水平,因为 0.204>0.05,所以接受虚无假设,两个总体平均数之间没有显著性差异。此结论与前文通过公式计算的结果相一致。

为了帮助读者更方便地解读 SPSS 运行结果,此处归纳出两个独立样本对应的总体平均数 t 检验结果的判断流程,如图 9-2-7 所示。

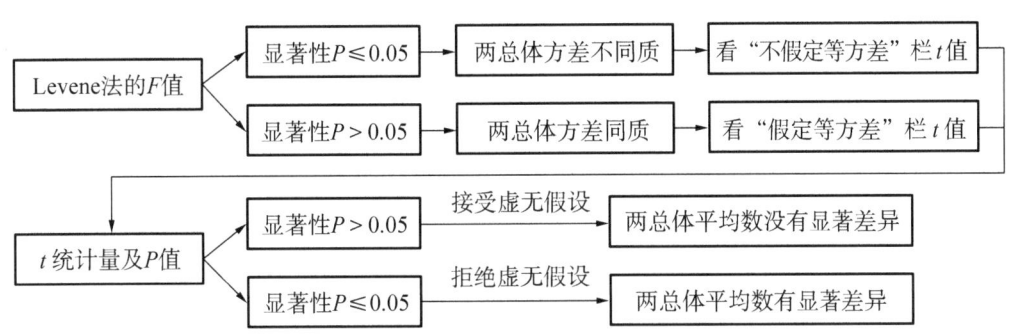

图 9-2-7 两个独立样本对应总体平均数 t 检验结果的判断流程

第三节 双相关总体平均数的差异检验

▶ **问题实例**

[实例9-3-1] 教师T对三年级学生进行阅读能力训练,选取其中的28名学生进行训练前阅读能力测试。经过3个月阅读能力训练后,再对这28名学生的阅读能力进行测试,先后两次测试的满分均为30分,28名学生的成绩如下。请问教师T 3个月的阅读能力训练效果如何?

训练前:22 18 11 20 15 19 20 21 22 24 27 20 19 18 16
   19 20 21 22 23 21 23 11 16 20 26 22 29

训练后:23 20 15 22 18 20 20 24 26 25 26 21 20 21 19
   22 25 23 23 25 24 24 16 19 26 24 30

[实例9-3-2] 预初新生分配班级时,教导主任将数学成绩基本相同的学生匹配成20对,然后从每一对中各抽取一人组成A班,余下的20人组成B班。A班由数学专业毕业的老师教数学课,B班由计算机老师教数学课。经过一学期教学后,进行统一测试,两个班的数学成绩见表9-3-1。已知两个班的数学成绩均服从正态分布,请问A、B两个班的数学成绩在0.01显著性水平上是否存在实质差异($\alpha=0.01$)?

表9-3-1 A、B两个班的数学成绩

配对号	1	2	3	4	5	6	7	8	9	10
A班	91	90	88	86	85	78	65	86	92	84
B班	88	86	89	84	86	80	65	79	90	85
配对号	11	12	13	14	15	16	17	18	19	20
A班	79	80	75	66	69	93	84	78	92	83
B班	75	81	72	63	70	86	82	80	89	81

▶ 统计方法

实例中问题的解决思路,类似于双独立总体平均数差异的显著性检验。通过对两个相关样本平均数差异的显著性检验,对两个相关总体平均数是否存在显著差异作出判断。与双独立总体平均数差异显著性检验有所不同的是,实例 9-3-2 提供的虽然是 A、B 两个班的数学成绩,但它们是由条件基本相同的学生匹配而成的,所以这两个班的成绩属于两个相关样本观察值,因此必须对两个(双)相关总体平均数进行差异检验。

▶ 基本理论

一、双相关总体平均数差异检验的用途

双相关总体平均数差异检验也是教育研究中常常采用的手段之一,它是通过两个相关样本平均数之差的显著性,来推断两个相关总体平均数差异是否显著。例如,研究某班通过一个阶段的教学后某科成绩是否有所提高,同一组学生经某项技能的强化训练后成效是否显著。通过培训后学生能力是否有显著提升等一系列类似的问题,均可以采用双相关总体平均数之差的显著性检验方法解决。

二、双相关总体平均数差异检验的步骤

双相关总体平均数差异的显著性检验步骤与双独立总体平均数差异的显著性检验步骤相同,只是在选择具体的检验统计量上略有区别,具体检验步骤如下。

(一)根据检验目的提出假设

提出假设的方法与第二节内容相同,此处省略。

(二)根据已知条件确定检验统计量并计算统计量的值

在虚无假设成立的条件下,双相关总体平均数差异显著性检验的几种检验统计量为:

① Z 统计量——当两个总体服从正态分布且方差已知时。

$$Z = \frac{[\bar{X}_{(1)} - \bar{X}_{(2)}] - (\mu_1 - \mu_2)}{\sqrt{\dfrac{\sigma_1^2 + \sigma_2^2 - 2r\sigma_1\sigma_2}{n}}} \qquad \text{式 9-3-1}$$

② t 统计量——当两个总体服从正态分布且方差未知时。

$$t = \frac{[\bar{X}_{(1)} - \bar{X}_{(2)}] - (\mu_1 - \mu_2)}{\sqrt{\dfrac{S_1^2 + S_2^2 - 2rS_1S_2}{n-1}}} \qquad \text{式 9-3-2}$$

③ Z' 统计量——当两个总体不服从正态分布,且抽取大样本时。

$$Z' = \frac{[\bar{X}_{(1)} - \bar{X}_{(2)}] - (\mu_1 - \mu_2)}{\sqrt{\dfrac{\sigma_1^2 + \sigma_2^2 - 2r\sigma_1\sigma_2}{n}}} (\sigma_1 \text{、} \sigma_2 \text{ 已知}, n > 30) \qquad \text{式 9-3-3}$$

或

$$Z' = \frac{[\bar{X}_{(1)} - \bar{X}_{(2)}] - (\mu_1 - \mu_2)}{\sqrt{\dfrac{S_1^2 + S_2^2 - 2rS_1S_2}{n}}} (\sigma_1 \text{、} \sigma_2 \text{ 未知}, n > 100) \qquad \text{式 9-3-4}$$

(三)统计决断

与第二节内容相同,此处省略。

三、双相关总体平均数差异检验的实例解答

针对实例 9-3-1 的问题,已知三年级 28 名学生训练前和训练后的两次阅读能力测验成绩,可判断这是两个相关样本。由于两个样本或总体成绩服从正态分布,但两个总体方差未知,为此我们必须选用 t 统计量进行显著性检验。可根据两个样本数据计算出各自的平均分($\bar{X}$)、标准差(S)及相关系数(r),然后计算两个相关总体平均数差异检验的 t 统计量值并对训练前后两次成绩总体差异作出显著性判断。

设训练前后两次阅读能力成绩为变量训练前成绩和训练后成绩,已知 $n = 28$,由样本数据计算得到训练前成绩和训练后成绩的平均分与标准差,即 $\bar{X}_1 = 20.18$,$S_1 = 4.074$;$\bar{X}_2 = 22.14$,$S_2 = 3.352$;训练前和训练后两次成绩的相关系数 $r = 0.928$("相

关系数"详见第十二章)。

① 提出假设:

$$H_0: \mu_1 = \mu_2 \text{（表示两个总体平均数无显著差异）}$$

$$H_1: \mu_1 \neq \mu_2 \text{（表示两个总体平均数有显著差异）}$$

② 确定检验统计量并计算其 t 值:因为 28 名学生训练前和训练后的两组阅读能力成绩都服从正态分布,且两个总体方差未知,故选择式 9-3-2 计算检验统计量 t 值。

$$t = \frac{[\bar{X}_{(1)} - \bar{X}_{(2)}] - (\mu_1 - \mu_2)}{\sqrt{\dfrac{S_1^2 + S_2^2 - 2rS_1S_2}{n-1}}}$$

$$t = \frac{20.18 - 22.14}{\sqrt{\dfrac{4.074^2 + 3.352^2 - 2 \times 0.928 \times 4.074 \times 3.352}{28-1}}} = -6.47$$

③ 统计决断:根据自由度 $df = n - 1 = 27$,$\alpha = 0.05$ 查"附表 2 t 值表"得到,双侧检验的临界值 $t_{(27), 0.025} = 2.052$,由于计算得到的统计量的绝对值 $|t| = 6.47 > 2.052$,则 $P < 0.05$,说明拒绝 H_0。换言之,两个总体平均数在 0.05 显著性水平上有显著差异。所以可以得出结论:当训练前和训练后的两组阅读能力成绩服从正态分布时,经过 3 个月的阅读能力训练,三年级学生训练前与训练后的阅读能力水平存在显著性差异。换句话说,教师 T 对三年级学生进行 3 个月的阅读能力训练是有效的或有明显效果的。

针对实例 9-3-2,由于 A、B 两个班学生是由基本相同条件——配对而成的,所以这两个班学生的数学成绩是两个相关样本,同样可以用两个(双)相关总体平均数的显著性差异检验来解决问题。由于两个样本或总体成绩均服从正态分布,但两个总体方差未知,因此同样应选用 t 统计量进行显著性检验。可根据两个样本数据计算出各自的平均分($\bar{X}$)、标准差(S)及相关系数(r),然后计算两个相关总体平均数差异检验的 t 统计量值,并对 A、B 两个班学生的数学成绩总体差异作出显著性检验。所不同的是,在统计决断时,应根据显著性水平 $\alpha = 0.01$ 的临界值进行比较并作出是否存在

显著性差异的结果判断。经计算得到 $t = 2.713$，根据自由度 $df = n - 1 = 19$，$\alpha = 0.01$ 查 "附表 2　t 值表"得到，双侧检验的临界值 $t_{(19), 0.005} = 2.861$，由于计算得到的统计量的绝对值 $|t| = 2.713 < 2.861$，则 $P > 0.01$，说明接受 H_0。换言之，原本基本条件相同的 A、B 两个班，经过一学期两个不同教师的教学后，两个班学生的数学成绩在 0.01 显著性水平上不存在实质差异。

▶ 统计分析

针对实例 9-3-1 和实例 9-3-2 的问题，采用 SPSS 软件来分析双相关总体平均数的显著差异情况，其操作步骤如下。

步骤 1：建立数据文件。注意这一步操作与第二节内容有较大区别。由于训练前成绩与训练后成绩是由同一组实验对象先后两次观察所得到的数据，A 班成绩与 B 班成绩是由条件基本相同的一对学生匹配而成所观察到的数据，为此训练前成绩与训练后成绩是成对出现的数据，故 A 班成绩与 B 班成绩也是成对出现的数据。所以在 SPSS 软件中定义变量时，应将训练前成绩（A 班成绩）和训练后成绩（B 班成绩）分别设为两个连续变量。设定好两个变量，并正确输入原始成绩，保存数据文件。这里，一定注意比较两个独立样本和两个相关样本在其变量设定上的区别（图 9-3-1）。

	班级	语文成绩	训练前	训练后	A班数学成绩	B班数学成绩
1	五1班	86	22	23	91	88
2	五2班	79	18	20	90	86
3	五2班	86	11	15	88	89
4	五1班	45	20	22	86	84
5	五1班	74	15	18	85	86
6	五1班	89	19	20	78	80
7	五1班	75	20	20	65	65
8	五1班	82	21	24	86	79
9	五1班	84	22	26	92	90
10	五1班	85	24	25	84	85
11	五1班	90	27	26	79	75
12	五1班	74	20	21	80	81
13	五1班	59	19	20	75	72
14	五1班	76	18	21	66	63
15	五1班	83	16	19	69	70

图 9-3-1　两个独立样本和两个相关样本的变量设定区别

步骤2：点击菜单栏"分析(A)"→点击"比较平均值(M)"→点击"成对样本T检验(P)…"(图9-3-2)，弹出"成对样本T检验"对话框(图9-3-3)→在左框中指定配对变量，将其移入"配对变量(V)"框中，两个配对变量应处于同一行并同时在变量1和变量2下显示(若要指定多对相关变量，只要重复操作即可)，如图9-3-4、图9-3-5所示。

图9-3-2　成对样本T检验的菜单选项

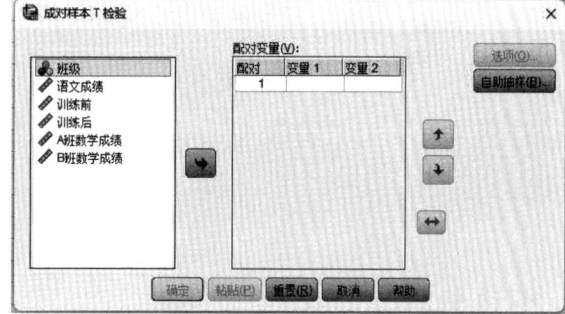

图9-3-3　"成对样本T检验"对话框

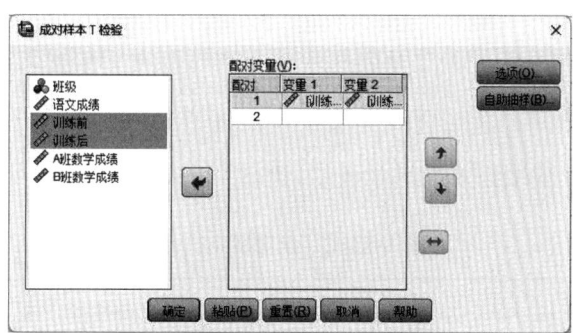

图9-3-4　一组成对样本T检验

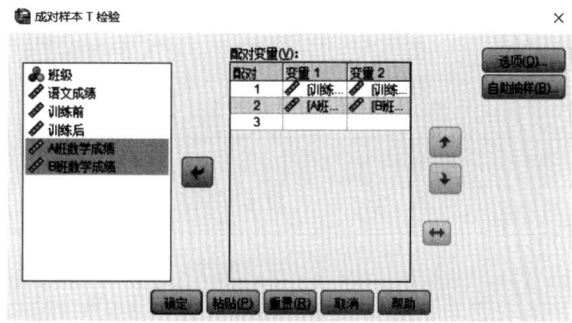

图9-3-5　两组成对样本T检验

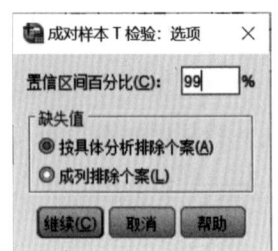

图 9-3-6 "成对样本 T 检验：选项"对话框

步骤 3：点击"选项(O)…"后弹出"成对样本 T 检验：选项"对话框(图 9-3-6)，在框中按需指定置信区间及处理缺失值的方式。对实例 9-3-1 来说，可选择系统默认值即置信区间百分比为 95%，但按照实例 9-3-2 的显著性水平要求，此处需将置信区间百分比改为 99%。在"缺失值"下可选"按具体分析排除个案(A)"（当带有缺失值的观测量与分析有关时才被剔除）或者"成列排除个案(L)"（剔除所有有缺失值的观测量），点击"继续(C)"，返回"成对样本 T 检验"对话框→点击"确定"，提交系统运行。

统计分析

双相关样本 T 检验系统运行后所得的结果如表 9-3-2、表 9-3-3、表 9-3-4、表 9-3-5 所示。其中，表 9-3-2 至表 9-3-4 是同时取用 95% 置信区间百分比对两组相关样本进行 t 检验的系统运行结果，表 9-3-5 是单独用 99% 置信区间百分比对一组配对样本（A 班数学成绩与 B 班数学成绩）进行 t 检验的系统运行结果。

表 9-3-2 配对样本统计

		平均值	个案数	标准差	标准误差平均值
配对 1	训练前	20.18	28	4.074	0.770
	训练后	22.14	28	3.352	0.634
配对 2	A 班数学成绩	82.20	20	8.458	1.891
	B 班数学成绩	80.55	20	7.877	1.761

表 9-3-3 配对样本相关性

		个案数	相关性	显著性
配对 1	训练前 & 训练后	28	0.928	0.000
配对 2	A 班数学成绩 & B 班数学成绩	20	0.947	0.000

表 9-3-4　配对样本检验

		配对差值					t	自由度	显著性（双尾）
		平均值	标准差	标准误差平均值	差值 95% 置信区间				
					下限	上限			
配对 1	训练前-训练后	-1.964	1.575	0.298	-2.575	-1.354	-6.600	27	0.000
配对 2	A 班数学成绩-B 班数学成绩	1.650	2.720	0.608	0.377	2.923	2.713	19	0.014

表 9-3-5　配对样本检验

		配对差值					t	自由度	显著性（双尾）
		平均值	标准差	标准误差平均值	差值 99% 置信区间				
					下限	上限			
配对 1	A 班数学成绩-B 班数学成绩	1.650	2.720	0.608	-0.090	3.390	2.713	19	0.014

▶ 结果解读

表 9-3-2 是两组配对样本各组统计量的值，在实例 9-3-1，即"配对 1"中，28 位学生训练前的阅读能力平均分为 20.18，标准差为 4.074；训练后的阅读能力平均分为 22.14，标准差为 3.352。训练前与训练后两个样本平均数抽样分布的标准误分别为 0.770 和 0.634。在实例 9-3-2，即"配对 2"中，A 班数学成绩的平均分为 82.20，标准差为 8.458；B 班数学成绩的平均分为 80.55，标准差为 7.877。两个样本平均数抽样分布的标准误分别为 1.891 和 1.761。

表 9-3-3 表示两组配对样本的相关系数及其显著性检验结果。在实例 9-3-1，即"配对 1"中，"相关性"为 0.928，表示由 28 对学生组成的两个相关样本的相关系数 r = 0.928。"显著性"为 0.000<0.001，表示由 28 对学生组成的两个样本之间的相关极其

显著。在实例9-3-2,即"配对2"中,"相关性"为0.947,表示——配对的各有20位学生的A班数学成绩与B班数学成绩这两个相关样本的相关系数$r=0.947$。"显著性"为0.000,同样表示这两个样本之间的相关极其显著。

表9-3-4同时呈现了95%置信区间百分比(即显著性水平为0.05)下对两组相关样本进行T检验的t值与差异显著性情况。在实例9-3-1,即"配对1"中,平均值为-1.964,表示训练前阅读能力与训练后阅读能力两个样本的平均数之差,或者说训练后阅读能力的平均分比训练前的平均分提高了1.964分;两个样本配对差值的标准差是1.575,两个样本配对差值抽样分布的标准误是0.298。经配对样本检验得到$t=-6.600$,表示两个相关样本所在总体服从正态分布且总体方差未知时检验统计量t的值为-6.600,自由度$df=n-1=27$,表示两个相关样本平均数之差抽样分布的自由度为27。显著性(双尾)=0.000,表示双侧t检验差异的显著性水平,因为$P=0.000<0.05$,所以拒绝虚无假设,两个相关总体平均数之间存在0.05水平上的显著差异,甚至存在0.001水平上的极显著差异(因为0.000<0.001)。所以我们也可以写成$t=-6.600^{***}$,说明经过3个月的阅读能力训练,三年级学生训练前与训练后的阅读能力水平存在极显著差异。换句话说,教师T对三年级学生进行3个月的阅读能力训练非常有效。此结论与前文通过公式计算的结果相一致。

比较表9-3-4和表9-3-5,我们会发现就实例9-3-2的问题而言,不论是采用95%置信区间百分比(显著性水平为0.05)或是99%置信区间百分比(显著性水平为0.01),经配对样本检验得到统计量t值均为2.713,显著性(双尾)均等于0.014,A班比B班学生的数学成绩均高出1.650分。但所不同的是,在统计决断时两者比照的显著性水平是有区别的,从而会影响最终的结论判断。如果以显著性水平0.05为检验标准,则$P=0.014<0.05$,说明两样本在0.05显著性水平上存在实质差异。但如果以显著性水平0.01为检验标准,则$P=0.014>0.01$,说明两样本在0.01显著性水平上不存在实质差异。这就得出结论为:对两个原先条件基本相同的两个班,分别由数学专业教师和由计算机专业教师上一学期数学课后,两个班的数学成绩从宽松水平(0.05显著性水平)上说的确存在一定差异,但从更严格的水平(0.01显著性水平)上说几乎无差异,这时只能写成$t=2.713^{*}$。此结论与前文通过公式计算的结果相一致。

思考与练习

1. 在某年级随机抽取 20 位女生和 20 位男生的英语成绩如下,请问:

(1) 所抽取的样本是属于什么类型的样本?

(2) 该年级男、女学生的英语成绩有无显著差异?选用统计量法和 SPSS 软件操作法分别进行显著性差异检验。

女生成绩:67　75　72　70　73　68　67　70　68　70　78　85　90

　　　　　73　73　69　80　81　69　79

男生成绩:67　69　66　66　67　68　67　70　75　67　65　90　75

　　　　　81　59　60　62　90　71　76

2. 某班 28 位学生的期中和期末数学成绩如表 9-4-1 所示,请问:

(1) 所抽取的期中成绩和期末成绩是什么类型的样本?

(2) 该班学生通过一个阶段学习后,数学成绩是否有明显提高?

表 9-4-1　某班 28 位学生期中和期末成绩

学生序号	1	2	3	4	5	6	7	8	9	10	11	12	13	14
期中成绩	70	80	55	82	66	96	92	58	78	74	85	82	80	81
期末成绩	81	80	66	75	70	94	93	60	82	77	72	76	75	76
学生序号	15	16	17	18	19	20	21	22	23	24	25	26	27	28
期中成绩	79	77	80	78	80	80	76	58	69	85	63	68	83	77
期末成绩	77	77	80	85	78	75	80	58	66	86	79	65	70	79

第十章　多总体平均数的方差分析：F 检验

内容提要

◎ 平均数方差分析的基本原理

◎ 平均数方差分析的适用条件

◎ 单因子方差分析的概念

◎ 独立样本单因子总体平均数的差异检验

◎ 相关样本单因子总体平均数的差异检验

第一节　方差分析的基本概念与方法

▶ **问题实例**

这里有两项研究实例,请分析这两个实例中的样本各有什么特点,想一想应该运用什么样的统计分析方法来解决研究问题。

[实例 10-1-1]　有位教育专家想开展一项有关初中生户外活动时间不足对青少年视力产生不良影响的研究,呼吁让初中生有更多的户外活动时间。他设计了研究方案并调查了一批初一学生,按每天户外活动时长不同,筛选出 36 名学生,并将他们分为三组,即 A 组"1 小时以内",B 组"1~2 小时",C 组"2 小时以上"。同时对这 36 名学生进行视力检测,测得每位学生左右眼的平均视力。具体数据见表 10-1-1。请问初中生户外活动时长对视力有显著影响吗?

表 10-1-1　每天户外活动时长与视力的关系

A 组: 1 小时以内		B 组: 1~2 小时		C 组: 2 小时以上	
4.5	4.6	4.7	4.5	4.8	4.8
4.7	4.6	4.5	4.7	4.8	4.9
4.8	4.4	4.8	4.8	4.7	4.8
4.7	4.8	4.8	4.9	4.9	4.9
4.5	4.7	4.6	5.0	5.0	5.0
4.7	4.5	4.6	4.8	4.9	4.8

[实例 10-1-2]　有研究想探讨初中生学习时间长短与注意力水平两者之间存在着怎样的关系。正值国庆放假,研究者对初三 15 名学生进行了调查研究。研究设计是:每位学生每天白天加晚上的学习时长维持不变均为 12 小时(上午 8:00~11:30,

下午 12:30~5:00,晚上 6:30~10:30),持续学习 5 天,每天下午 5 点测量他们察觉光源信息变化所花的反应时间(毫秒),数据详见表 10-1-2。请问学生的注意力水平是否与学习时间天数有关?

表 10-1-2　初中生学习天数与注意力水平之间的变化情况

序号	第1天	第2天	第3天	第4天	第5天	序号	第1天	第2天	第3天	第4天	第5天
1	6.4	6.5	7.3	7.7	8.5	9	6.3	6.4	7.2	7.9	8.6
2	5.6	5.0	6.0	7.1	7.9	10	8.0	8.1	9.0	9.8	10.2
3	7.2	7.1	7.5	8.3	9.1	11	7.7	7.2	8.6	9.0	9.8
4	7.5	7.3	7.9	8.7	9.5	12	6.3	6.4	7.3	7.6	8.5
5	5.9	6.1	6.8	6.9	7.7	13	5.5	5.4	6.6	6.9	7.8
6	4.9	5.1	5.8	6.4	7.3	14	4.6	4.8	5.4	6.0	7.1
7	5.2	5.6	6.5	6.6	7.7	15	5.0	5.3	6.2	6.6	7.3
8	4.8	5.1	5.6	6.2	7.0						

▶ 统计方法

分析上述两个实例,可以很清楚地看到每个实例均有两个变量。实例 10-1-1 中,一个变量是名义变量即"每天户外活动时长",另一个变量是标度变量即"视力";实例 10-1-2 中,一个变量是名义变量即"学习天数",另一个变量是标度变量即"注意力水平",而且两个实例都是根据样本的统计数来推断总体平均数之间是否有显著性差异的问题。但所不同的有两点:第一点是名义变量的数目不同。实例 10-1-1 的名义变量有 A、B、C 三个类别或水平,实例 10-1-2 的名义变量则可分为第 1 天至第 5 天五个类别或水平。第二点是样本的属性不同。实例 10-1-1 中 A、B、C 三个组的视力度数来自完全不同的 36 名学生,故这三个组构成的数据样本属于三个独立样本。而实例 10-1-2 中从第 1 天至第 5 天的注意力数据均来自同一批对象即相同的 15 位学生,故这五个组构成的数据样本属于五个相关样本。

从统计学上说,当只有一个名义变量存在,且该名义变量只有两种类别或水平的二分变量时,适用两个(双)总体平均数差异检验方法,如 Z 检验或 t 检验。但如果名义变量的类别或水平超过两种,即要比较的样本数超过两个,统计检验的总体超过两个(如实例 10-1-1 中有三个,实例 10-1-2 中有五个),这时 Z 检验或 t 检验就不再适用,而需要一种同时能对三个或三个以上的样本平均数进行差异检验的方法。这里,我们可以采用方差分析来解决两个实例中的问题。

▶ 基本理论

一、方差分析的基本概念

方差分析(analysis of variance,简称 ANOVA),适用于同时有三个或三个以上样本平均数进行差异比较时的一种统计方法,也是教育学等社会与行为科学中最常使用的统计方法之一。方差分析有很多种不同的变形,其问题的复杂程度也各不相同。方差分析中自变量一般为名义变量(离散型随机变量数据或间断数据),因变量一般为标度变量(连续型随机变量数据或连续数据)。根据自变量和因变量的数目及属性不同,会有众多方差分析的概念。下面简要介绍几个常用的基本概念。

单因子方差分析(one-way ANOVA):当自变量(名义变量)只有一个时,重在研究一个自变量各水平对因变量平均数的影响。如果自变量和因变量都只有一个时,需要检验自变量各水平在单一因变量观察值平均数的差异,称为**单因子单变量方差分析**(univariate analysis of variance),检验方法为 F 检验。根据研究样本是独立样本还是相关样本,单因子方差分析又可分为**独立样本单因子方差分析**和**相关样本单因子方差分析**。如果自变量 $K(K \geq 3)$ 种不同类别(或水平)的观察值,是由不同的样本观察对象获得的(如实例 10-1-1),就属于独立样本单因子方差分析。如果自变量 $K(K \geq 3)$ 种不同类别(或水平)的观察值,是由同一群样本(重复量数设计)或是具有配对关系的配对样本获得的(如实例 10-1-2),就属于相关样本单因子方差分析。

多因子方差分析(factorial ANOVA):当自变量(名义变量)有多个时,重在同时检测多个自变量对因变量平均数的差异影响。例如,要研究孩子的营养状况、运动量大小及母亲身高三个方面对孩子身高是否有显著影响。这里,孩子的营养状况、运动量大小、母亲身高就是三个自变量,每个自变量又可分为若干类别,研究的问题就是同步检测多个自变量对一个因变量"孩子身高"平均数的影响是否有显著性差异。

多变量方差分析(multivariate ANOVA):当自变量有一个或多个时,且因变量数目不止一个,要同时检测一个自变量 K 组间(或多个自变量间)在两个以上因变量是否有显著差异。例如,要研究不同教龄的教师对"教学语言使用的重要性""教学生成的重要性""课堂氛围的重要性"的感受是否有显著性差异?假设自变量"不同教龄教师"有三种类别(或水平):0~5 年,6~10 年,11 年以上,这时判断自变量"不同教龄教师"与"教学语言使用的重要性""教学生成的重要性""课堂氛围的重要性"三个因变量是否有显著性差异,属于较为复杂的方差分析。

二、方差分析的基本原理

方差分析是通过计算三个或三个以上样本平均数的方差,再利用 F 分布来检验该"平均数的方差"的统计显著性。方差分析的基本原理是因变量的总变异可以分解为几个部分的变异。如果不是采用方差分析,而是用最直观的方法将各平均数进行两两比较,分别进行多次 t 检验,就会出现误差膨胀问题和忽视多个平均数的整体效果(overall effect)检验问题。然而,一个名义变量的三个样本平均数,代表该名义变量的三种不同水平,三种不同水平的整体效果称为主要效果(main effect),在分析时不应被割裂比较。但是一旦主要效果的整体效果检验被证明具有显著性差异,才可以进一步针对不同水平进行两两比较(即事后比较)。

在独立样本单因子方差分析中,"几个部分的变异"分有两种,一种是组间变异,另一种为组内变异。组间变异(或称系统变异)是由主要因素决定的本质差异。实例 10-1-1 中自变量是"每天户外活动时长"(包括三种类型或水平),它在总变异中起较大的作用。而组内变异是各组内部不同被试之间的变异,表现在各组内部每个观察值与小组平均数之间,它主要产生于个别差异和实验误差,是非本质差异。借助方差进行方差分析时,在确定组间变异(用组间方差 MS_b 表示)和组内变异(用组内方差 MS_w 表示)之后,以组内变异为尺度去衡量组间变异,即计算 $F = \dfrac{MS_b}{MS_w}$,其抽样分布为 F 分布。F 分布最早是由英国统计学家罗纳德·费希尔(R. A. Fisher)于 1924 年推导得出,后来由美国统计学斯内德克(George W. Snedecor)于 1934 年将此比值分布定名为

Fisher 的缩写 F 分布。它是一种不对称分布,且位置不可互换。F 分布被广泛应用于方差分析等显著性检验。利用 F 分布进行的检验就称之为 F 检验。如果组间变异大小小于或等于组内变异差,即 $F \leq 1$,那么可以认为,引起组间变异的原因主要是受随机因素的影响,从而判定这 K 个平均数之间不存在显著性差异。如果组间变异比组内变异大得多,超过了方差分析的临界值,即 $F > F_{(df_b, df_W), \alpha}$,那么可认为,引起组间变异的原因主要是实验因素的作用,从而可判定至少有两个平均数之间存在着显著性差异。

在相关样本单因子方差分析中,"几个部分的变异"分有三种,即将组内变异中被试间个体差异与实验误差分开,使得总变异分解为组间变异、被试间个体差异与实验误差三部分,即 $SS_t = SS_b + SS_r + SS_e$。其中,$SS_t$ 表示总变异平方和,SS_b 表示组间变异平方和,SS_r 表示被试间个体差异平方和,SS_e 表示实验误差平方和。由于被试间个体差异与组间变异是彼此独立的,因而可计算 $F = \dfrac{MS_b}{MS_e}$,以实验误差方差为尺度去衡量组间方差,看组间方差是否大于实验误差的方差。如果组间方差与实验误差方差非常接近,达到 $F \leq 1$ 或者 $F < F_{(df_1, df_2), \alpha}$,那么可以认为多个相关总体平均数之间不存在显著性差异;如果 $F \geq F_{(df_1, df_2), \alpha}$,那么多个相关总体平均数至少有两者之间是存在显著性差异的。

三、方差分析适用的前提条件

方差分析的运用应同时满足以下三个前提条件。

（一）总体服从正态分布

方差分析 F 检验与 Z 检验、t 检验一样,因变量都是标度变量,且因变量必须服从正态分布。也就是说,方差分析将因变量的变异分解成组间变异和组内变异,组间变异反映的是自变量效果,在特定实验中为一恒定值,无分布一说,但组内变异反映的误差是一个随机变量,其分布应为以 0 为平均数的正态分布。只有符合这一前提条件,在各总体平均数无差异的虚无假设之下,合成样本(即 K 种类别样本合在一起的样本)的总体分布才服从正态分布。至于各样本所来自的总体是否服从正态分布,从理论上讲应该对数据作正态性检验,只有经检验确认各样本的总体服从正态分布,才能进行方差分析。但在教育研究过程中的许多变量可以假定其总体是服从正态分布的,可以不作正态性检验。如果总体确实不呈正态分布,那么采用第十一章介绍的 χ^2 检验(或其他的非参数检验法)进行差异检验。

(二)总变异量具有可加性

方差分析的前提条件是方差的各拆解项具有独立、直交的特性,可以进行加减乘除运算,具有可加性。数理统计证明,总的变异可以分解为几个部分变异之和,如组间差异与组内差异两部分之和,或者组间变异、被试间个体差异与实验误差三部分之和。如果分别用 SS_t、SS_b、SS_w 表示总的平方和、组间平方和及组内平方和,则有 $SS_t = SS_b + SS_w$。如果分别用 SS_t、SS_b、SS_r、SS_e 表示总的平方和、组间平方和、被试间个体差异平方和、实验误差平方和,则有 $SS_t = SS_b + SS_r + SS_e$。

(三)各总体方差具有同质性

方差分析与 t 检验类似,旨在比较不同样本的平均数差异,服从正态分布的每一个样本平均数必须具有相似的离散状况,即总体方差必须具有同质性,才能进行相互比较。方差分析中,计算组内变异即组内方差 MS_w,相当于把多个样本平均数抽样分布的方差合成,因而也要求各总体方差之间无显著性差异。只有各总体方差相近或具有同质性,才能确保平均数的差异,反映各组本质上类似但平均数不同的样本集中趋势状态的差异。哪怕在相关样本中,也要使每个被试尽量同质,即每个被试都要接受所有的或相同重复次数的实验处理。假如方差同质性这个条件不能成立,那么会使平均数的比较存有混淆因素。

四、方差分析的基本统计量

独立样本单因子方差分析和相关样本单因子方差分析过程中,会用到一系列基本统计量。为了方便区分,现将两者的基本统计量整理成表格形式呈现,如表 10-1-3 和下页表 10-1-4 所示。

表 10-1-3 独立样本单因子方差分析基本描述量

变异来源	SS	df	MS	F
组间	SS_b	$df_b = K - 1$(K 为组数)	$MS_b = SS_b/df_b$	$F = \dfrac{MS_b}{MS_w}$
组内(误差)	SS_w	$df_w = N - K$(N 为总人数)	$MS_w = SS_w/df_w$	
总体	SS_t	$N - 1$		

表 10-1-4 相关样本单因子方差分析基本描述量

变异来源	SS	df	MS	F
组间	SS_b	$df_b = K - 1$（K 为组数）	$MS_b = \dfrac{SS_b}{df_b}$	
组内（误差）	SS_w	$df_w = (N-1)K$（N 为总人数）		
被试间个体	SS_r	$df_r = N - 1$	$MS_r = \dfrac{SS_r}{df_r}$	$F = \dfrac{MS_b}{MS_e}$
残差	SS_e	$df_e = (K-1)(N-1)$	$MS_e = \dfrac{SS_e}{df_e}$	
总体	SS_t	$df_t = KN - 1$		

第二节 独立样本单因子方差分析

▶ 问题实例

[实例10-2-1] 有位教育专家想开展一项有关户外活动时间不足对青少年视力产生不良影响的研究,呼吁让初中生有更多的户外活动时间。他设计了研究方案并调查了一批初一学生,按每天户外活动时长不同,筛选出36名学生,并将他们分为三组,即A组"1小时以内",B组"1~2小时",C组"2小时以上"。同时对这36名学生进行视力检测,测得每位学生左右眼的平均视力。具体数据同表10-1-1。请问初中生户外活动时长对视力有显著影响吗?

▶ 统计方法

用独立样本单因子方差分析(F检验法)对A、B、C三组视力度数进行差异检验,这种方法通过一次检验就能确定三个平均数之间是否有显著性差异,既不增加检验的工作量,又不会增大犯错误的概率。需要注意的是,多次的t检验是以比较错误率为基础的统计检验,而F检验的相对优势在于采用实验错误率或族系错误率进行统计检验。所谓实验(或族系)错误率指统计决策是在整个实验(或每一个被检验的效果如主要效果、交互效果的统计检验)的型Ⅰ错误率维持一定(如0.05)的情况下,导出各次决策所犯的型Ⅰ错误的概率。而比较错误率则是将型Ⅰ错误率设定为每一次的统计检验,均有相同的犯型Ⅰ错误的概率。当使用实验(或族系)错误率时,为了维持整体的显著性水平α为0.05时,必须降低各次检验的α水平。快速计算实验(或族系)错误率的方法是:将特定实验(或族系)错误率水平(通常是整体显著性水平)除以比较次数所得的数值。例如,实例10-2-1方差分析中,需要对三组效果进行多重比较,即必须进行$C_3^2 = 3$次的配对比较,那么各次检验的单一显著性水平$\alpha = 0.05/3 =$

0.016 7。同理,如果需要对四组效果进行多重比较,则必须有 $C_4^2 = 6$ 次配对比较,那么各次检验的单一显著性水平 $\alpha = 0.05/6 = 0.008\ 3$。如果需要对五组效果进行多重比较,则必须有 $C_5^2 = 10$ 次配对比较,那么各次检验的单一显著性水平 $\alpha = 0.05/10 = 0.005$。

▶ 基本理论

一、独立样本单因子方差分析的用途

在教育量化研究中,独立样本单因子方差分析的用途极其广泛。例如,比较上海市各个区学生学习的总体水平差异,比较某区不同学校学生成绩的差异,比较某年级各班学生的某科成绩的差异,或者比较各省考生的高考情况是否有实质性差异,等等。具体的做法有,采取随机抽样方法,在全国各省抽取部分学生的成绩,根据多个样本平均数情况对全国各省所有考生的总体情况作出推断。总之,抽取的样本属于多个独立样本,凡符合多个独立总体平均数差异显著性检验条件的,均可采用独立样本单因子方差分析。

二、独立样本单因子方差分析的检验过程

独立样本单因子方差分析的检验过程,一般分为"总体方差齐性检验"和"总体平均数差异显著性检验"两个步骤,但在完成第二个步骤后如果经统计决断后发现总体平均数之间存在显著性差异时,那么还必须进行第三步即"逐对平均数差异的显著性检验"以探明这种显著性差异究竟存在于哪一对或哪几对平均数之间。独立样本单因子方差分析检验过程的三个具体步骤如下[①]。

(一)多个总体方差齐性检验

方差齐性是进行方差分析的前提条件,方差分析常常要先比较多个方差之间是否齐性。对于三个以上总体方差是否齐性的显著性检验常用哈特利(Hartley)最大 F 值法,基本步骤如下。

① 提出假设:

---

① 王秀玲,刘兰英.教育统计的基本理论与 SPSS 操作技术[M].杭州:杭州出版社,2002:69-71.

$$H_0: \sigma_1^2 = \sigma_2^2 = \cdots = \sigma_k^2 \text{（表示多个总体方差无显著差异或有同质性）}$$

$$H_1: \sigma_1^2, \sigma_2^2, \cdots, \sigma_k^2 \text{ 中至少有两个总体方差不相等}$$

② 确定检验统计量并计算其 F 值：

$$F_{\max} = \frac{S_{\max}^2}{S_{\min}^2} \qquad \text{式 10-2-1}$$

式中，$S_{\max}^2$ 和 $S_{\min}^2$ 是所有样本方差中的最大值和最小值。

③ 统计决断：将实际求得的 $F_{\max}$ 值与临界值 $F_{\max,(\alpha)}$ 进行比较，如果 $F < F_{\max,(\alpha)}$，那么被检验的 K 个总体方差两两之间均无显著差异，即总体方差齐性；如果 $F \geqslant F_{\max,(\alpha)}$，那么被检验的 K 个总体方差有显著差异。临界值 $F_{\max,(\alpha)}$ 可由"附表 4 $F_{\max}$ 临界值表"查得，具体可根据显著性水平 α，所求方差总个数（或数据组数）K，以及 $S_{\max}^2$ 和 $S_{\min}^2$ 所对应的自由度中较大者 $df = n - 1$ 查得。查表方法详见附录 A。

（二）独立样本多总体平均数差异的显著性检验

① 提出假设：

$$H_0: \mu_1 = \mu_2 = \cdots = \mu_k$$

$$H_1: \mu_1, \mu_2, \cdots, \mu_k \text{ 中至少有一对不相等}$$

② 计算 F 检验统计量的值：

$$F = \frac{MS_b}{MS_w} \qquad \text{式 10-2-2}$$

式中，$MS_b = \frac{SS_b}{df_b}$、$MS_w = \frac{SS_w}{df_w}$ 分别为组间和组内均方（方差）。

③ 统计决断：将计算得到的 F 统计量的值与"附表 3 F 值表" $F_{(df_b, df_w), \alpha}$ 相比较。

如果 $F < F_{(df_b, df_w), \alpha}$，那么 $P > \alpha$，可以在 α 水平上接受 H_0，说明这多个平均数之间无显著性差异。这时，独立样本单因子多总体平均数差异的显著性检验工作就到此结束了。

如果 $F \geqslant F_{(df_b, df_w), \alpha}$，那么 $P \leqslant \alpha$，在 α 水平上拒绝 H_0，说明多个平均数之间存在

显著差异。当然这并不意味着每一对平均数之间都存在显著差异,只是说至少有一对平均数之间差异显著。究竟是哪一对或哪几对平均数之间差异显著呢? 必须做进一步的事后多重比较。

(三) 逐对平均数差异的显著性检验

对多组平均数进行逐对平均数差异检验(或称多重比较)的方法较多,以纽曼(Newman)和科伊尔斯(Keuls)两人提出的 q 检验法最为常用。q 检验法又称纽曼-科伊尔斯法(Studunt-Newman-Keuls),或称 S-N-K 法、N-K 法,又称为事后比较。用 S-N-K 法进行逐对平均数差异检验的步骤如下。

① 提出假设:

$$H_0: \mu_i = \mu_j$$

$$H_1: \mu_i \neq \mu_j (i < j, i, j = 1, 2, \cdots, K)$$

② 确定各平均数之间的等级相差数:把各个平均数依照从小到大的顺序排列,如三个平均数的大小顺序为 $\overline{X}_C$、$\overline{X}_A$、$\overline{X}_B$,那么两个平均数间的等级相差数(记为 γ)等于这两个平均数间所含其他样本平均数的个数加 2。故 $\gamma_{AB} = \gamma_{AC} = 2$,$\gamma_{BC} = 3$。

③ 计算检验统计量 q 的值:

$$q_{ij}(r_{ij}) = \frac{\overline{X}_i - \overline{X}_j}{\sqrt{\frac{MS_w}{2}\left(\frac{1}{n_i} + \frac{1}{n_j}\right)}} \qquad \text{式 10-2-3}$$

④ 确定 q 的临界值:根据显著性水平 α、组内自由度 df_w 和等级相差数 γ 查"附表 5　q 分布临界值表",确定 q 的临界值 $q_{(df_w),(\gamma),\alpha}$。这里的 α 与多个平均数差异检验时的 α 相一致,$df_w = N - K$。应注意的是,由于每对平均数间的等级相差数不同,就有不同的临界值。在对一个具体问题检验时,有几个不同的等级差数,就必须查得相应个数 q 的临界值 $q_{(df_w),(\gamma),\alpha}$。

⑤ 统计决断:把求得的检验统计量 $q_{ij}(\gamma_{ij})$ 的绝对值 $|q_{ij}(\gamma_{ij})|$ 与相应的临界值 $q_{(df_w),(\gamma),\alpha}$ 比较,若 $|q_{ij}(\gamma_{ij})| < q_{(df_w),(\gamma),\alpha}$,则接受 H_0,说明两个平均数无显著差异;若 $|q_{ij}(\gamma_{ij})| \geq q_{(df_w),(\gamma),\alpha}$,则拒绝 H_0,说明被检验的两个平均数有显著差异。

在实际应用中,为了给人以直观的信息,当检验结束时,通常将方差分析结果与逐对平均数差异检验结果整理成表格的形式予以呈现。

▶ 统计分析

针对实例 10-2-1 的问题，采用 SPSS 软件进行独立样本单因子方差分析有两种操作方法，一种是比较均值法，另一种是一般线性模型法。具体操作步骤如下。

一、比较均值法

步骤 1：建立数据文件。由于 A、B、C 三组是一个名义变量的三种类别（或水平），故设一个变量为“户外活动时长”，也是自变量；“视力”是一个因变量，也是标度变量（图 10-2-1）。设定好两个变量，并正确输入原始数据，保存数据文件（图 10-2-2）。

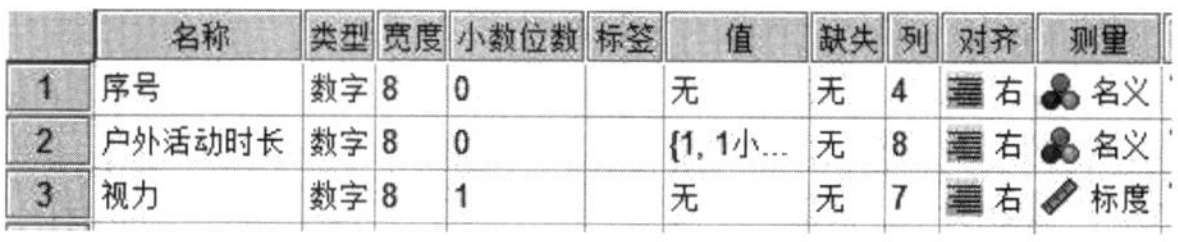

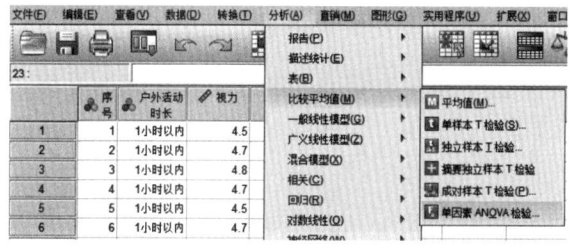

	名称	类型	宽度	小数位数	标签	值	缺失	列	对齐	测量
1	序号	数字	8	0		无	无	4	右	名义
2	户外活动时长	数字	8	0		{1, 1小...	无	8	右	名义
3	视力	数字	8	1		无	无	7	右	标度

图 10-2-1　独立样本的变量设定

序号	户外活动时长	视力
1	1小时以内	4.5
2	1小时以内	4.7
3	1小时以内	4.8
4	1小时以内	4.7
5	1小时以内	4.5
6	1小时以内	4.7

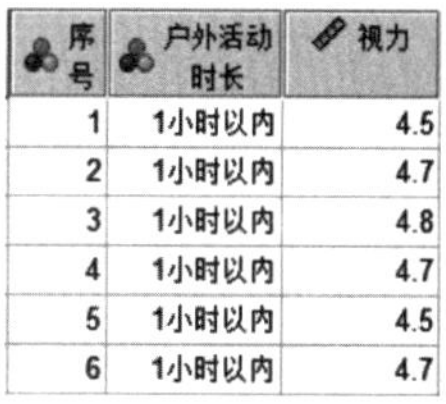

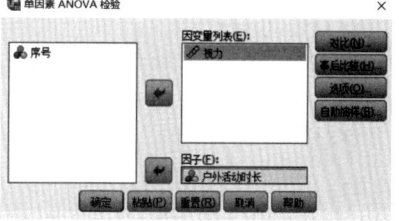

图 10-2-2　含三个独立样本的数据文件界面

步骤 2：点击菜单栏“分析（A）”→点击“比较平均值（M）”→点击“单因素 ANOVA 检验…”（图 10-2-3），弹出“单因素 ANOVA 检验”对话框，将左侧的“视力”变量右移至“因变量列表（E）”框中，将左侧的“户外活动时长”变量右移至“因子（F）”框中（图 10-2-4）。

图 10-2-3　独立样本单因素 ANOVA 检验的菜单选项

图 10-2-4　“单因素 ANOVA 检验”对话框

步骤 3：点击"选项(O)…"，弹出"单因素 ANOVA 检验：选项"对话框（图 10-2-5），按需选择"描述(D)""固定和随机效应(F)""方差齐性检验(H)"，勾选"平均值图(M)"→点击"继续(C)"，返回"单因素 ANOVA 检验"对话框。

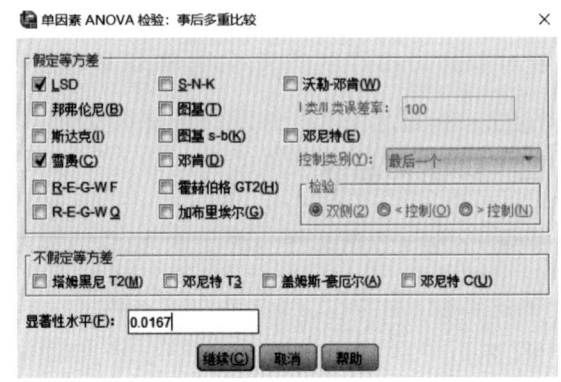

图 10-2-5　"单因素 ANOVA 检验：选项"对话框　　图 10-2-6　"单因素 ANOVA 检验：事后多重比较"对话框

步骤 4：点击"事后比较(H)…"，弹出"单因素 ANOVA 检验：事后多重比较"对话框(图 10-2-6)。这里提供了"假定等方差"（即方差同质）和"不假定等方差"（即方差不同质）两种情况下的多种多重比较方法。每种方法各有不同的适用条件和优劣，在实际应用中应视不同的统计条件选用相应的比较方法。如果已明确方差不同质，则必须在"不假定等方差"下属的四者中选用相应方法。

常用的方法有：

最小显著差异法(least significant difference，简称 LSD)：这种方法由费希尔(Fisher)发展而来，又称费希尔担保 t 检验(Fisher's protected test)，其检验原理与 t 检验原理相似，以平均数差异的检验为主要策略，但它主张 t 检验是在 F 检验达到显著之后再进行的后续检验，并在 F 检验的误差估计下进行。然而，这种方法适用于每一组样本人数相同的情况，但它存在一个缺点，就是并没有因为是多次比较而调整检验的观察显著水平，因此可以说这是一种较为粗糙的多重比较方法。

雪费法(Scheffe's method)：这种方法是由雪费(Scheffe)提出的以 F 检验为基础的 n 不相等的多重比较技术，它可适用于各组样本人数不相等的情况。这种方法是各种方法中最严格、检验力最低的一种多重比较。具体地说,雪费法检验的显著性水平被设计成可以检验组别平均的每一种线性组合,从最简单到最复杂的比较模式,样本人数相等或不相等时均可,所以这种检验方法可以被广泛地适用于成对比较及各种复杂比较。

S-N-K 法:它是考虑将相比较的两个平均数在排号列次序中等级相差数 γ 作为自由度的依据。对于每一组平均数的配对比较,基于等级相差数的不同,临界值就不同,所以这种比较方法就有多个临界值。

这里,我们在对话框中勾选"LSD""雪费(C)"。还需注意的是,实例 10-2-1 涉及对三组效果进行总共三次的多重比较,如前文所述,各次检验的单一显著性水平 $\alpha = \dfrac{0.05}{3} = 0.0167$,故需将"单因素 ANOVA 检验:事后多重比较"对话框下方"显著性水平(F)"改为 0.0167(图 10-2-6)→点击"继续(C)",返回"单因素 ANOVA 检验"对话框→点击"确定",提交系统运行。

二、一般线性模型法

步骤1:建立或打开数据文件,具体操作同前。

步骤2:点击菜单栏"分析(A)"→点击"一般线性模型(G)"→点击"单变量(U)…"(图 10-2-7),弹出"单变量"对话框,将左侧的"视力"变量右移至"因变量(D)"框中,将左侧的"户外活动时长"右移至"固定因子(F)"框中(图 10-2-8)。

图 10-2-7 独立样本方差分析的单变量菜单选项

图 10-2-8 独立样本方差分析的"单变量"对话框

步骤3：点击"选项(O)…"，弹出"单变量：选项"对话框(图10-2-9)→将左侧的"(OVERALL)""户外活动时长"右移至"显示下列各项的平均值(M)"框中，勾选"比较主效应(O)"，"置信区间调整(N)"默认采用 LSD 法→在"显示"下方按需选择"描述统计(D)""齐性检验(H)""效应量估算(E)""实测幂(B)"→将对话框下方的"显著性水平(V)"由默认值"0.05"改为"0.016 7"，置信区间自动变为 98.33%→点击"继续(C)"，返回"单变量"对话框。

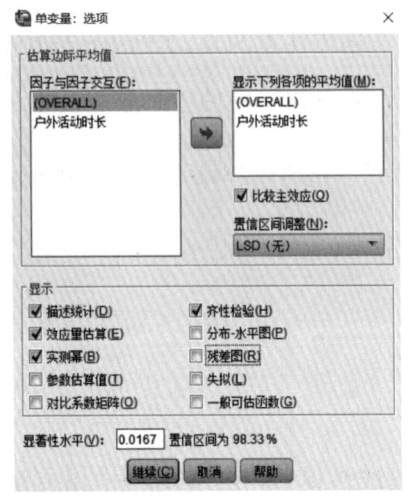

图 10-2-9 "单变量：选项"对话框

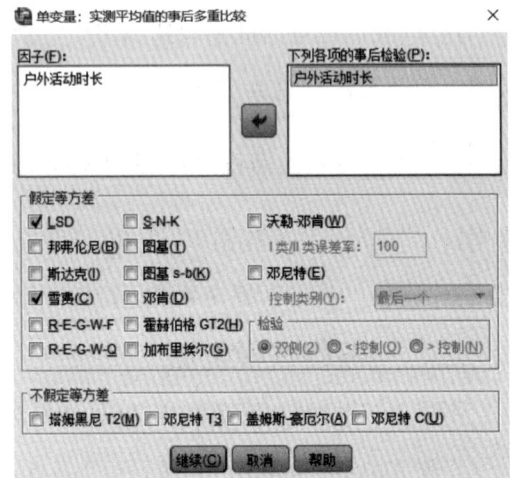

图 10-2-10 "单变量：事后多重比较"对话框

步骤4：点击"事后比较(H)…"进入"单变量：实测平均值的事后多重比较"对话框(图10-2-10)→将左侧需作事后检验的因子"户外活动时长"移至右框→在"假定等方差"下方勾选"LSD""雪费(C)"→点击"继续(C)"，返回"单变量"对话框→点击"确定"，提交系统运行。

▶ 结果解读

一、比较均值法的 SPSS 分析结果

用比较均值法进行 SPSS 分析，系统运行后所得的结果如表10-2-1、表10-2-2、表10-2-3、表10-2-4 和图10-2-11 所示。

表 10-2-1　描述性统计量

		个案数	平均值	标准差	标准误差	平均值的95%置信区间		最小值	最大值	成分间方差
						下限	上限			
	1小时以内	12	4.625	0.128 8	0.037 2	4.543	4.707	4.4	4.8	
	1~2小时	12	4.725	0.154 5	0.044 6	4.627	4.823	4.5	5.0	
	2小时以上	12	4.858	0.090 0	0.026 0	4.801	4.916	4.7	5.0	
	总计	36	4.736	0.157 0	0.026 2	4.683	4.789	4.4	5.0	
模型	固定效应			0.127 2	0.021 2	4.693	4.779			
	随机效应				0.067 6	4.445	5.027			0.012 4

表 10-2-2　方差齐性检验

莱文统计	自由度1	自由度2	显著性
1.855	2	33	0.172

表 10-2-3　ANOVA

	平方和	自由度	均方	F	显著性
组间	0.329	2	0.164	10.159	0.000
组内	0.534	33	0.016		
总计	0.863	35			

表 10-2-4　事后多重比较

	(I)户外活动时长	(J)户外活动时长	平均值差值(I-J)	标准误差	显著性	98.33%置信区间	
						下限	上限
雪费	1小时以内	1~2小时	−0.100 0	0.051 9	0.173	−0.258	0.058
		2小时以上	−0.233 3*	0.051 9	0.000	−0.392	−0.075
	1~2小时	1小时以内	0.100 0	0.051 9	0.173	−0.058	0.258
		2小时以上	−0.133 3	0.051 9	0.050	−0.292	0.025

续表

	(I)户外活动时长	(J)户外活动时长	平均值差值(I-J)	标准误差	显著性	98.33%置信区间 下限	98.33%置信区间 上限
雪费	2小时以上	1小时以内	0.2333*	0.0519	0.000	0.075	0.392
		1~2小时	0.1333	0.0519	0.050	-0.025	0.292
LSD	1小时以内	1~2小时	-0.1000	0.0519	0.063	-0.231	0.031
		2小时以上	-0.2333*	0.0519	0.000	-0.364	-0.102
	1~2小时	1小时以内	0.1000	0.0519	0.063	-0.031	0.231
		2小时以上	-0.1333	0.0519	0.015	-0.264	-0.002
	2小时以上	1小时以内	0.2333*	0.0519	0.000	0.102	0.364
		1~2小时	0.1333*	0.0519	0.015	0.002	0.264

*. 平均值差值的显著性水平为0.0167。

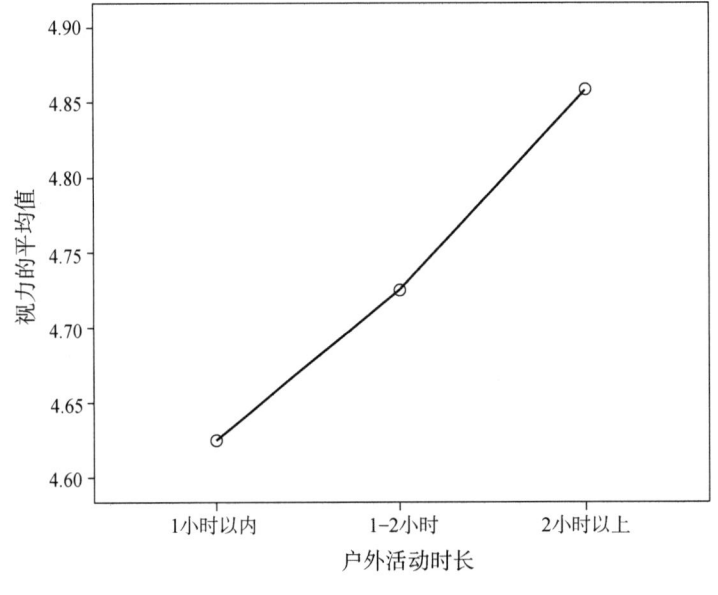

图10-2-11 平均值图

二、一般线性模型法的SPSS分析结果

用一般线性模型法进行SPSS分析,系统运行后所得的结果如表10-2-5至表10-2-13所示。

表 10-2-5 主体间因子

	值标签	个案数
户外活动时长	1　1 小时以内	12
	2　1~2 小时	12
	3　2 小时以上	12

表 10-2-6 描述统计

户外活动时长	平均值	标准偏差	个案数
1 小时以内	4.625	0.128 8	12
1~2 小时	4.725	0.154 5	12
2 小时以上	4.858	0.090 0	12
总计	4.736	0.157 0	36

表 10-2-7 描述统计误差方差的莱文等同性检验[a]

F	自由度 1	自由度 2	显著性
1.855	2	33	0.172

a. 设计：截距+户外活动时长。

表 10-2-8 主体间效应检验

源	III 类平方和	自由度	均方	F	显著性	偏 Eta 平方	非中心参数	实测幂[b]
修正模型	**0.329**[a]	**2**	**0.164**	**10.159**	**0.000**	**0.381**	**20.318**	**0.935**
截距	807.507	1	807.507	49 886.544	0.000	0.999	49 886.544	1.000
户外活动时长	0.329	2	0.164	10.159	0.000	0.381	20.318	0.935
误差	0.534	33	0.016					
总计	808.370	36						
修正后总计	0.863	35						

a. R 方 = 0.381（调整后 R 方 = 0.344）。
b. 使用 Alpha = 0.016 7 进行计算。

表 10-2-9　总平均值

平均值	标准误差	98.33%置信区间	
		下限	上限
4.736	0.021	4.683	4.790

表 10-2-10　户外活动时长估算值

户外活动时长	平均值	标准误差	98.33%置信区间	
			下限	上限
1 小时以内	4.625	0.037	4.532	4.718
1~2 小时	4.725	0.037	4.632	4.818
2 小时以上	4.858	0.037	4.766	4.951

表 10-2-11　成对比较

(I)户外活动时长	(J)户外活动时长	平均值差值(I-J)	标准误差	显著性[b]	差值的98.33%置信区间[b]	
					下限	上限
1 小时以内	1~2 小时	−0.100	0.052	0.063	−0.231	0.031
	2 小时以上	−0.233*	0.052	0.000	−0.364	−0.102
1-2 小时	1 小时以内	0.100	0.052	0.063	−0.031	0.231
	2 小时以上	−0.133*	0.052	0.015	−0.264	−0.002
2 小时以上	1 小时以内	0.233*	0.052	0.000	0.102	0.364
	1~2 小时	0.133*	0.052	0.015	0.002	0.264

*. 平均值差值的显著性水平为 0.016 7。
b. 多重比较调节：最低显著差异法（相当于不进行调整）。

表 10-2-12　单变量检验

	平方和	自由度	均方	F	显著性	偏 Eta 平方	非中心参数	实测幂[a]
对比	0.329	2	0.164	10.159	0.000	0.381	20.318	0.935
误差	0.534	33	0.016					

a. 使用 Alpha=0.016 7 进行计算。

表 10-2-13　事后多重比较

	(I)户外活动时长	(J)户外活动时长	平均值差值(I-J)	标准误差	显著性	98.33%置信区间	
						下限	上限
雪费	1 小时以内	1~2 小时	-0.100	0.051 9	0.173	-0.258	0.058
		2 小时以上	-0.233*	0.051 9	0.000	-0.392	-0.075
	1~2 小时	1 小时以内	0.100	0.051 9	0.173	-0.058	0.258
		2 小时以上	-0.133	0.051 9	0.050	-0.292	0.025
	2 小时以上	1 小时以内	0.233*	0.051 9	0.000	0.075	0.392
		1~2 小时	0.133	0.051 9	0.050	-0.025	0.292
LSD	1 小时以内	1~2 小时	-0.100	0.051 9	0.063	-0.231	0.031
		2 小时以上	-0.233*	0.051 9	0.000	-0.364	-0.102
	1~2 小时	1 小时以内	0.100	0.051 9	0.063	-0.031	0.231
		2 小时以上	-0.133*	0.051 9	0.015	-0.264	-0.002
	2 小时以上	1 小时以内	0.233*	0.051 9	0.000	0.102	0.364
		1~2 小时	0.133*	0.051 9	0.015	0.002	0.264

*. 平均值差值的显著性水平为 0.016 7。

三、SPSS 分析结果解读

比较上述两种分析方法的 SPSS 运行结果发现，两者的结果是完全一致的。

表 10-2-1 和表 10-2-6 均呈现了描述性统计量，即总样本量为 36 人，户外活动时长分别为 1 小时以内、1~2 小时、2 小时以上 A、B、C 三组的人数均为 12 人，三个独立样本的平均值分别为 4.625、4.725、4.858，样本总平均值为 4.736；三个样本的标准差分别为 0.128 8、0.154 5、0.090 0，样本总标准差为 0.157 0。

表 10-2-2 和表 10-2-7 均呈现了描述统计误差方差的同质性检验结果，运用的都是莱文方差等同性检验法，检验结果 F 值均为 1.855，自由度分别为 2 和 33，显著性水平 $P=0.172>0.05$。可表达为：经莱文方差同质性检验，三个样本所在的总体方差无显著性差异（莱文 $F=1.855$，$P=0.172$），或者说三个总体方差相等（同质或齐性）。

表 10-2-3、表 10-2-8 和表 10-2-12 的数据均呈现了在总体方差满足同质性的前

提条件下进行的整体检验方差分析结果,三个表所呈现的整体检验分析结果完全一致,即方差分析 F 值为 10.159,显著性水平 $P=0.000<0.016\,7$(这是每次检验的显著性水平比照标准)。为此,整体检验结果表明,户外活动时长不同的被试,其视力存在显著的差异($F=10.159$,$df_1=2$,$df_2=33$,$P=0.000<0.016\,7$)。而且,在第二种方法单变量检验中,结果还提供了"实测幂"的值为 0.935(表 10-2-8),即观察的检验能力,说明"户外活动时长"自变量对于"视力"因变量的解释力或统计检验力高达 0.935(一般超过 0.8 即可),统计检验力相当高。同时,单变量检验还给出了基于估算边际平均值所作的成对比较结果(表 10-2-11)。

在总体存在显著性差异的情况下,两种方法均进行了事后多重检验即进行两两比较,表 10-2-4 和表 10-2-13 均呈现了雪费法和 LSD 法两种方法的完全一致的比较结果。为了方便比较,在观察"平均值差值"这一列时,只需看正值带星号的即可。通过观察"平均值差值"一列,可以发现"2 小时以上"与"1 小时以内"的差值为 0.233,"2 小时以上"与"1~2 小时"的差值为 0.133,两个差值的右上角都有一颗"*",表明差值存在显著性差异。我们还可以通过观察"显著性"一列来得出同样的结论,即只有这两对的显著性 $P<0.016\,7$(分别为 0.000,0.015),说明这两对样本(户外活动 2 小时以上-户外活动 1 小时以内、户外活动 2 小时以上-户外活动 1~2 小时)所引起的因变量视力的差异是显著的。为此,整个检验可以得出最终结论:户外活动时长 2 小时以上和户外活动时长 1~2 小时、户外活动时长 1 小时以内的被试,其视力存在显著性差异(平均值差值分别为 $4.858-4.725=0.133^*$,$4.858-4.625=0.233^*$,$P=0.015<0.016\,7$,$P=0.000<0.016\,7$)。换句话说,户外活动 2 小时以上,对视力保护有非常好的效果。

第三节 相关样本单因子方差分析

▶ 问题实例

[实例10-3-1] 有研究想探讨初中生学习时间长短与注意力疲劳两者之间存在着怎样的关系。正值国庆放假,研究者对初三15名学生进行了调查研究。研究设计是：每位学生每天白天加晚上的学习时长维持不变均为12小时(上午8:00~11:30,下午12:30~5:00,晚上6:30~10:30),持续学习5天,每天下午5点测量他们察觉光源信息变化所花的反应时间(毫秒),数据同表10-1-2。请问学生的注意力水平是否与学习时间天数有关？

▶ 统计方法

由于实例10-3-1是对同一批15名学生分别进行先后第1天至第5天的五次注意力检测,故自变量为名义变量"学习天数",分为五种类型(或水平);因变量为"注意力水平",即察觉光源信息变化所花的反应时间长短,为标度变量。第1天至第5天的五个数据样本属于相关样本。现在需要对五组样本数据进行多重比较,则有 $C_5^2 = 10$ 次配对,故各次检测的显著性水平 $\alpha = 0.05/10 = 0.005$,应以此显著性水平作为判断结果是否显著的比照标准。所以,本实例问题适用相关样本单因子方差分析(F检验法)进行差异显著性检验,来判断学生的注意力水平与学习天数之间存在怎样的关系。

▶ 基本理论

一、相关样本单因子方差分析的用途

相关样本单因子方差分析被普遍运用。例如,在教育研究中,比较同一批学生某

门课程经过某段时间后测得的多次测验成绩是否有实质差异;条件基本相同的几个班级学生的成绩、能力、身体发育指标或心理素质等是否有本质差异;经过一轮教改实验或教学方法创新实验后,同一批测验对象前测与后测若干次测验结果是否有明显差异;对某些学困生分阶段实施某项干预措施后,前后分若干次测量某观察因素的变化成绩,来证明干预措施的实验效果如何;等等。总之,抽取的样本属于多个相关样本,凡符合相关样本总体平均数显著性差异检验条件的,均可采用相关样本单因子方差分析进行统计处理。

二、相关样本单因子方差分析的检验过程

相关样本单因子方差分析的检验过程与独立样本单因子方差分析的检验过程相类似,只是计算平方和与统计量的公式略有区别。

(一)多个总体方差齐性检验

总体方差齐性检验的基本步骤同本章第二节相关内容,此处不再赘述。

(二)相关样本多总体平均数差异显著性检验

1. 提出假设

$$H_0: \mu_1 = \mu_2 = \cdots = \mu_k$$

$$H_1: \mu_1, \mu_2, \cdots, \mu_k \text{ 中至少有一对不相等}$$

2. 计算 F 检验统计量的值

$$F = \frac{MS_b}{MS_e} \qquad \text{式 10-3-1}$$

式中,组间方差 $MS_b = \frac{SS_b}{df_b}$;误差均方 $MS_e = \frac{SS_e}{df_e}$。

各类方差 SS、各种自由度 df 等基本统计量的计算公式可详见本章第一节表 10-1-3 和表 10-1-4。

3. 统计决断

统计决断方法同本章第二节相关内容,此处不再赘述。需要注意的是,查"附表 3 F 值表"时,需要查 $df_b = K - 1$, $df_e = (K - 1)(N - 1)$ 所对应的 F 临界值即

$F_{(df_b, df_e), \alpha}$。如果总体方差分析 F 检验无差异,则相关样本单因子方差分析的显著性检验工作就此结束。如果总体方差分析 F 检验有显著性差异,那么还必须做进一步的事后多重两两比较。

(三)逐对平均数差异的显著性检验

具体步骤与方法可参见本章第二节的相关内容,此处省略。

▶ 统计分析

针对实例 10-3-1 问题,采用 SPSS 软件进行相关样本单因子方差分析,具体操作步骤如下。

步骤 1:建立数据文件。注意这一步与第二节内容有较大区别,但与第九章第三节的相关内容较为相似。由于第 1 天、第 2 天、第 3 天、第 4 天、第 5 天的注意力数据是由同一组实验对象 5 次观察所得,因此 5 个数据均是按某一被试成组出现的。所以在 SPSS 软件中定义变量时,应将第 1 天、第 2 天、第 3 天、第 4 天、第 5 天的数据分别设为 5 个标度变量。设定好 5 个变量,正确输入原始成绩,保存数据文件(图 10-3-1)。

	第1天	第2天	第3天	第4天	第5天
1	6.4	6.5	7.3	7.7	8.5
2	5.6	5.0	6.0	7.1	7.9
3	7.2	7.1	7.5	8.3	9.1
4	7.5	7.3	7.9	8.7	9.5
5	5.9	6.1	6.8	6.9	7.7
6	4.9	5.1	5.8	6.4	7.3
7	5.2	5.6	6.5	6.6	7.7
8	4.8	5.1	5.6	6.2	7.0
9	6.3	6.4	7.2	7.9	8.6
10	8.0	8.1	9.0	9.8	10.2
11	7.7	7.2	8.6	9.0	9.8
12	6.3	6.4	7.3	7.6	8.5
13	5.5	5.4	6.6	6.9	7.8
14	4.6	4.8	5.4	6.0	7.1
15	5.0	5.3	6.2	6.6	7.3

图 10-3-1 多个相关样本的变量设定

步骤 2:点击菜单栏"分析(A)"→点击"一般线性模型(G)"→点击"重复测量(R)…"(下页图 10-3-2),弹出"重复测量定义因子"对话框(下页图 10-3-3)→在

"主体内因子名(W)"中输入实例中涉及的自变量"天数",在"级别数(L)"中输入类别或水平数目"5",点击"添加(A)"后,"天数(5)"进入下框→点击"定义(F)",弹出"重复测量"对话框(图10-3-4),选中左侧的"第1天"至"第5天",移至右侧"主体内变量(W)"框中。

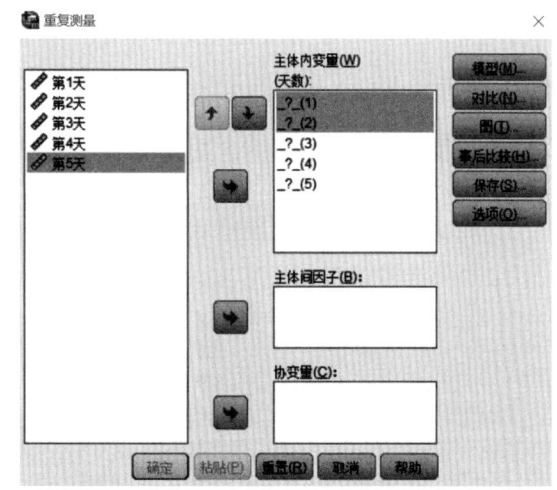

图10-3-2　相关样本方差分析的菜单选项

图10-3-3　"重复测量定义因子"对话框　　图10-3-4　重复测量"主体内变量"设定

步骤3:点击"选项(O)…",弹出"重复测量:选项"对话框(下页图10-3-5)→将左侧的"(OVERALL)""天数"右移至"显示下列各项的平均值(M)"框中,勾选"比较主效应(O)","置信区间调整(N)"选用LSD法→在"显示"下方按需选择"描述统计(D)""效应量估算(E)""齐性检验(H)""实测幂(P)"→将对话框下方的"显著性水平(V)"由默认值"0.05"改为"0.005",置信区间自动变为99.5%→点击"继续(C)",返回"重复测量"菜单→点击"确定",提交系统运行。

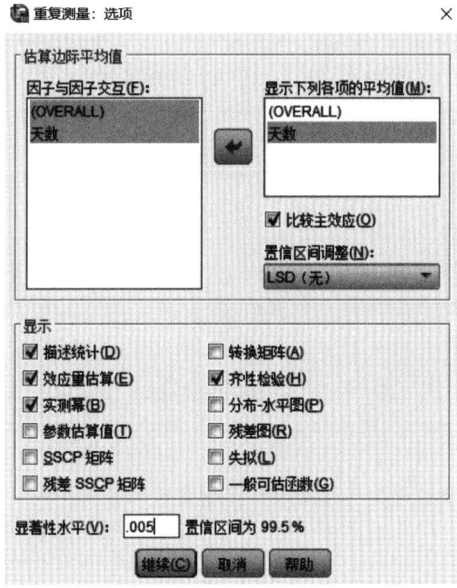

图 10-3-5 "重复测量：选项"对话框

▶ 结果解读

SPSS 程序运用一般线性模型进行相关样本单因子方差分析后，运行结果如表 10-3-1 至表 10-3-7 所示。

表 10-3-1 主体内因子

天数	因变量	天数	因变量
1	第 1 天	4	第 4 天
2	第 2 天	5	第 5 天
3	第 3 天		

表 10-3-2 描述统计

	平均值	标准偏差	个案数
第 1 天	6.060	1.119 2	15
第 2 天	6.093	1.009 6	15

续表

	平均值	标准偏差	个案数
第3天	6.913	1.0616	15
第4天	7.447	1.1160	15
第5天	8.267	1.0125	15

表 10-3-3　莫奇来球形度检验[a]

主体内效应	莫奇来 W	近似卡方	自由度	显著性	Epsilon[b]		
					格林豪斯-盖斯勒	辛-费德特	下限
天数	0.440	10.199	9	0.339	0.706	0.903	0.250

a. 设计：截距。主体内设计：天数。
b. 可用于调整平均显著性检验的自由度。修正检验将显示在"主体内效应检验"表中。

表 10-3-4　主体内效应检验

源		Ⅲ类平方和	自由度	均方	F	显著性	偏 Eta 平方	非中心参数	实测幂[a]
天数	假设球形度	52.611	4	13.153	380.350	0.000	0.964	1521.400	1.000
	格林豪斯-盖斯勒	52.611	2.824	18.632	380.350	0.000	0.964	1074.028	1.000
	辛-费德特	52.611	3.611	14.570	380.350	0.000	0.964	1373.428	1.000
	下限	52.611	1.000	52.611	380.350	0.000	0.964	380.350	1.000
误差（天数）	假设球形度	1.937	56	0.035					
	格林豪斯-盖斯勒	1.937	39.533	0.049					
	辛-费德特	1.937	50.553	0.038					
	下限	1.937	14.000	0.138					

a. 使用 Alpha=0.005 进行计算。

表 10-3-5　主体内对比检验

源	天数	Ⅲ类平方和	自由度	均方	F	显著性	偏 Eta 平方	非中心参数	实测幂[a]
天数	线性	49.882	1	49.882	1 568.136	0.000	0.991	1568.136	1.000
	二次	**1.774**	**1**	**1.774**	**46.745**	**0.000**	0.770	46.745	0.999
	三次	0.375	1	0.375	8.779	0.010	0.385	8.779	0.400
	第 4 阶	0.581	1	0.581	22.473	0.000	0.616	22.473	0.894
误差（天数）	线性	0.445	14	0.032					
	二次	0.531	14	0.038					
	三次	0.598	14	0.043					
	第 4 阶	0.362	14	0.026					

a. 使用 Alpha=0.005 进行计算。

表 10-3-6　主体间效应检验

转换后变量：平均

源	Ⅲ类平方和	自由度	均方	F	显著性	偏 Eta 平方	非中心参数	实测幂[a]
截距	3 628.945	1	3 628.945	**656.086**	**0.000**	0.979	656.086	1.000
误差	77.437	14	**5.531**					

a. 使用 Alpha=0.005 进行计算。

表 10-3-7　成对比较

(I) 天数	(J) 天数	平均值差值 (I-J)	标准误差	显著性[b]	差值的 99.5% 置信区间[b]	
					下限	上限
1	2	−0.033	0.074	0.660	−0.280	0.213
	3	−0.853*	0.074	0.000	−1.100	−0.606
	4	−1.387*	0.052	0.000	−1.561	−1.212
	5	−2.207*	0.052	0.000	−2.380	−2.034

续表

(I)天数	(J)天数	平均值差值(I-J)	标准误差	显著性	差值的99.5%置信区间[b]	
					下限	上限
2	1	0.033	0.074	0.660	−0.213	0.280
	3	−0.820*	0.067	0.000	−1.043	−0.597
	4	−1.353*	0.085	0.000	−1.636	−1.071
	5	−2.173*	0.078	0.000	−2.434	−1.913
3	1	**0.853***	0.074	0.000	0.606	1.100
	2	**0.820***	0.067	0.000	0.597	1.043
	4	−0.533*	0.073	0.000	−0.775	−0.291
	5	−1.353*	0.068	0.000	−1.580	−1.126
4	1	**1.387***	0.052	0.000	1.212	1.561
	2	**1.353***	0.085	0.000	1.071	1.636
	3	**0.533***	0.073	0.000	0.291	0.775
	5	−0.820*	0.043	0.000	−0.962	−0.678
5	1	**2.207***	0.052	0.000	2.034	2.380
	2	**2.173***	0.078	0.000	1.913	2.434
	3	**1.353***	0.068	0.000	1.126	1.580
	4	**0.820***	0.043	0.000	0.678	0.962

*. 平均值差值的显著性水平为0.005。
b. 多重比较调节：最低显著差异法（相当于不进行调整）。

仔细分析SPSS运行结果，可以解读出如下信息。

表10-3-1呈现了主体内因子（即自变量）为学习天数，第1天至第5天的注意力水平是因变量，即5个样本。表10-3-2呈现了描述性统计量的值，即第1天至第5天五个相关样本的人数均为15人，因变量"注意力水平"的平均值分别为6.060、6.093、6.913、7.447、8.267，标准差分别为1.119 2、1.009 6、1.061 6、1.116 0、1.012 5。

表 10-3-3 则呈现了莫奇来(Mauchly)球形度检验结果,莫奇来 W 系数为 0.440 (X^2 = 10.199, P = 0.339>0.05)。说明经莫奇来球形度检验,被试主体内效应内在无显著性差异,或者说这一相关样本的球面假设并未违反,被试主体内同质,不必进行修正。

表 10-3-4、表 10-3-5 和表 10-3-6 的数据提供了主体内效应检验、主体内对比检验和主体间效应检验的结果。由于 df_b = K - 1 = 5 - 1 = 4, df_e = (K - 1)(N - 1) = (5 - 1)(15 - 1) = 56,结合表中数据可见,当球面假设未违反时,残差 0.035 在计算时作为 F 检验的分母,组间效果的检验值 $F_{(4, 56)}$ = 380.350, P = 0.000 < 0.005,表示五个组的平均数差异达到显著水平,说明持续学习天数不同,学生的注意力水平的确有明显差异。表 10-3-4 中"格林豪斯-盖斯勒"这一行数据,表示当球面假设遭到违反时,需使用矫正方法得到的数据。表 10-3-6 中,误差的均方即平均平方和为 5.531,这是重复量数造成的影响。同时,表 10-3-5 主体内对比检验结果还提供了"实测幂"值(即观察的检验能力)和趋势分析,即线性模型达到显著水平,二次趋势也达到显著水平,说明平均数的变化模式可以利用多项式函数来表示。趋势分析的结果显示,平均数的变化趋势呈现二次方程式,且持续学习天数增长对因变量注意力降低的统计检验力高达 0.999,解释力非常高。

表 10-3-7 则呈现了总体存在显著差异情况下事后成对比较的结果。通过比较"平均值差值"这一列中正值且带星号的配对情况发现,除了第 1 天和第 2 天对比无显著差异外,其他配对均存在显著差异,实验(或族系)误差率的显著性水平为 0.005。五个类别或水平(即五天)两两比较的平均数差值及差异显著情况可清晰地罗列成下页表 10-3-8。为此,整个相关样本单因子方差分析 F 检验可以得出最终结论:随着持续学习天数增长,被试的注意力降低程度明显。除了第 1 天和第 2 天相比注意力下降不明显之外,其他天数的注意力下降程度均达显著水平,且对同一事物的反应用时平均数呈现逐步增高趋势,表示持续学习天数越长,反应时间增加,注意力越差。换句话说,若保持持续高强度学习,持续学习到第三天时,注意力就开始明显降低,随着持续学习越长,注意力就越差,学习效果越不好。

表 10-3-8　持续学习五天的平均数差值与显著性检验结果

	第1天	第2天	第3天	第4天	第5天
第1天					
第2天	0.033				
第3天	0.853*	0.820*			
第4天	1.387*	1.353*	0.533*		
第5天	2.207*	2.173*	1.353*	0.820*	

思考与练习

1. 在实例 10-1-1 中,如果选取 B 组 12 名学生,让他们每天保持户外活动 1~2 小时,每半年追踪测一次视力,那么追踪一年后得到一批数据,追踪两年后又会得到第二批数据。请问追踪一年后和追踪两年后的两批数据的样本有什么特点?用什么样的统计方法来分析一年后的视力情况与户外活动时间是否有关系?用什么样的统计方法来分析两年后的视力情况与户外活动时间是否有关系?自选一年或两年,假设一组数据,试用 SPSS 软件进行分析,并解读分析结果。

2. 小学数学教师 W 正在开展一项学困生干预研究,选取 5 人做实验,每干预两个月进行测一次数学成绩,进行四次测试后的结果如下。请问这位教师的干预策略是否有明显成效?为什么?

第一次测试成绩:79　85　78　79　68

第二次测试成绩:85　83　86　82　70

第三次测试成绩:85　84　85　81　72

第四次测试成绩:87　85　85　83　75

第十一章 计数数据的差异分析：χ^2 检验

内容提要

◎ χ^2 值、χ^2 分布和 χ^2 检验

◎ 单因素 χ^2 检验的概念与过程

◎ 双因素 χ^2 检验的概念与过程

◎ 单因素 χ^2 检验的 SPSS 分析技术

◎ 双因素 χ^2 检验的 SPSS 分析技术

第一节 χ^2 检验的基本概念与方法

▶ 问题实例

[实例 11-1-1] 某校随机抽取某班 36 名学生对中学实行男女分班的态度作调查，其中表示赞成 7 人，不赞成 19 人，中立 10 人。试问：

① 该班学生中持各态度的人数是否存在显著性差异？

② 如果全校学生中赞成者占 25%，不赞成者占 40%，中立者占 35%。那么该班学生对男女分班持不同态度的人数比率与全校是否一样？

[实例 11-1-2] 在一项小学数学教师课堂教学调控能力的调查研究中，84 位被调查教师中有青年、中年、老年三个年龄层次，其教学调控能力又有强、弱之分。人数分布如表 11-1-1 所示。请问用什么统计方法分析教师的课堂教学调控能力与年龄状况之间的关系？

表 11-1-1　84 名数学教师年龄与课堂教学调控能力状况

教师年龄	课堂教学调控能力		Σ
	强	弱	
青年	9	18	27
中年	19	10	29
老年	11	17	28
Σ	39	45	84

▶ 统计方法

分析上述两个问题实例中的样本发现，这些样本数据都是针对某一名义变量进行测量得到的以频数呈现的名称数据。例如,实例 11-1-1 中将"态度"这个名义变量分为赞成、不赞成、中立三种类别,实例 11-1-2 中将"教师年龄"这个名义变量分为青年、中年和老年三种类别。也就是说,这些样本的数据形式不同于前几章中以等距或等比尺度测量得到的连续型随机变量数据(如学业成绩等),这时的统计分析方法就不能再适用 Z 检验、t 检验或 F 检验,而需改用 χ^2(卡方)检验进行显著性差异检验。当然,如果将原始的连续型随机变量数据进行分组处理,将其转化为名义变量(如将学业成绩分为优秀、良好、中等、差四种类别)后,统计方法则也只能采用 χ^2 检验。

上述两个问题实例除了共有名义变量这个共同点外,两者具有名义变量的数目却有所不同。实例 11-1-1 中只有一个变量即"对分班的态度",而实例 11-1-2 中却有两个变量即"教师年龄"和"教学调控能力"。每个变量被划分成的具体类别各有差异,"态度"被分为赞成、不赞成、中立三种表现形式,"教师年龄"被分为青年、中年、老年三种具体类别,"教学调控能力"被分为强与弱两种水平层次。在解决实际问题时,因涉及样本的名义变量数目不同,使用的 χ^2 检验方法则有所不同。

▶ 基本理论

一、χ^2 值与 χ^2 分布

(一)χ^2 值

名称数据通常以次数分布的形式呈现,有时针对某一个名义变量,依不同的类别或水平,将观测频数在表格中标注出来;有时会将两个名义变量的观测频数数据同时显示在表格中。名义变量各单元格频数又可以换算成百分比,以此直观比较各数值分布的差异。然而以单元格百分比的变化进行比较,会受到边缘频数不平均的影响,造成判断上的困难。此时可利用期望值(expected value)的概念,求取各单元格在一般情况下"应该"出现的频数,期望值又可称为期望频数或理论频数。它是指一个分布最容易出现的数值,其数据在连续变量中最可能是平均数,在名义变量中即为各水平次

数相等时最可能出现的分布状况。因此,当只有一个名义变量的单因素卡方分析中,名义变量各水平的期望概率一般均相等;如果名义变量为二分变量时,则为 $p=q=0.05$;如果名义变量被分为三个类别组(或水平组)以上则为 N/K,其中,N 为总样本数,K 为组数。在实际研究中,研究者也可以自行指定一个特定比值,视为某一个理论总体值,作为与实际观测频数相比的标准。

χ^2 值即 χ^2 检验统计量的值,其基本形式为:

$$\chi^2 = \sum_i \frac{(f_{oi} - f_{ti})^2}{f_{ti}} \qquad 式\ 11\text{-}1\text{-}1$$

式中,f_{oi} 和 f_{ti} 分别表示各类别的实际频数和理论频数;$f_{oi} - f_{ti}$ 表示实际频数与期望频数的差,称为残差(residual)。残差的大小表示观察值与期望值的差异情况,可用来判断各单元格的特殊性,它也是一个未标准化的统计量数。残差越小,表示实际频数与理论频数之差越小,说明各单元格分布越接近期望,样本分布与假设的理论分布越相一致,两变量为独立无关联;残差越大,表示实际频数与理论频数之差越大,说明各单元格分布越不如期望般地出现,样本分布与假设的理论分布越不相一致。所以,可以通过求残差方式来说明各单元格的变化情况,这就是残差分析(residual analysis)。χ^2 值均为正值,其大小随实际频数与理论频数之差的大小而变化。

(二)χ^2 分布

χ^2 分布,又称 χ^2 的抽样分布,即多个容量为 n 的样本 χ^2 值的分布。就实例 11-1-1 中问题①而言,如果我们假设某班所有学生对中学是否要实行男女分班所持态度的人数不存在显著性差异,即持三种不同态度的人各为 $36/3=12$ 人。那么根据式 11-1-1,我们可以计算得到一个容量为 36 的统计量的值 $\chi^2_{(1)}$;如果将此样本放回到总体(全校学生)中去,重新随机抽取 36 个学生,那么,又可得到持不同态度的人数,这样又可以计算出一个样本统计量的值 $\chi^2_{(2)}$;……如此反复抽取,我们可以抽取一切可能个容量为 36 的样本,并得到一切可能个样本 $\chi^2_{(n)}$ 值。类似于样本平均数的抽样分布,那么,由这些不可能完全相同的样本统计量的卡方值 $\chi^2_{(1)}$、$\chi^2_{(2)}$、…、$\chi^2_{(n)}$ 构成的分布,就形成一个 χ^2 统计量的抽样分布,即 χ^2 分布,如下页图 11-1-1 所示。

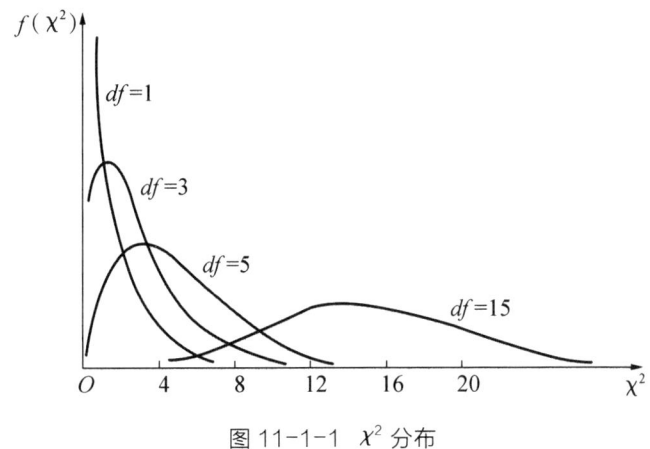

图 11-1-1 χ^2 分布

由上图可以看出，χ^2 分布具有以下三个特点：① χ^2 分布呈正偏态，曲线的右侧无限靠近基线（x 轴），但永不相交；② 它随自由度 df（指实际频数与理论频数的差数中能独立变化的个数）的变化而形成一簇分布；③ df 值越小，其分布偏斜度越大；df 值越大，分布形态越趋于对称。当自由度 df 很大时，χ^2 分布接近正态分布。

二、χ^2 检验

χ^2 检验是指对样本的频数分布所在的总体分布是否服从某种理论分布或某种假设分布所作的假设检验。也就是说，它是由样本的频数分布来推断样本所在总体的频数分布，或者说考察样本实际观测频数（f_o）与某一理论假定下的频数（f_t）之间的差异是否显著的检验方法。χ^2 检验是一种属于自由分布的非参数检验。由于单元格中的频数可以转换成百分比，因此 χ^2 检验又可称为百分比检验。

由此，χ^2 检验的基本原理实质上是将以名义变量各单元格的频数（或转换成百分比）与期望频数（期望百分比）之间的差异即残差进行标准化，再配合卡方分布所进行的假设检验。为此，我们不难发现，与平均数之差检验（参见第六章）相比，χ^2 检验具有以下三个主要特点：① 所检验的数据必须属于间断数据，而非连续数据；② 样本数据所在的总体分布通常是未知的；③ 它是对总体分布而并非是对总体参数或参数之差进行假设检验。

一般地，单元格数或人数越多，χ^2 值越大。但 χ^2 值本身的大小无法直接进行比较，为此统计学上以 χ^2 值或误差递减比为基础，发展出一套类似于相关系数形式的关联系数,以 0 至 1 或 -1 至 1 的系数来反映两个名义变量之间的关联情形。例如：

Phi 系数：用来反映两个均为二分变量(2×2 列联表)∅ 相关的关联性强度。此系数的绝对值越大,表示两个变量关联性越高；此系数为正值时,代表两个二分变量具有相同的变动方向；负值代表有相反的变动方向。Phi 系数与 χ^2 值存在如下关系：

$$Phi(\emptyset) = \sqrt{\frac{\chi^2}{n}} \qquad 式 11-1-2$$

列联 V 系数：当两个名义变量中有任何一个变量超过两个水平时,改用列联系数来表示其关联程度。尤其当样本越大时,列联系数会减小,这时可采用列联 V 系数。

Lambda 系数：这是由古德曼(Goodman)与库鲁斯卡(Kruskal)于 1954 年提出的一种以消减误差比来计算两个名义变量关联性的关联系数。此系数以从零次数为计算基础,作为一种非标准化的系数,其值会随着变量类别数目的变动而改变。当此系数为 0 时,是指以预测变量的众数来预测自变量时,无法消减自变量上的误差,并非代表两个变量没有任何关联。

根据自变量的名义变量数目情况,χ^2 检验至少有三种类型,即单因素 χ^2 检验、双因素 χ^2 检验和多重列联表分析。单因素 χ^2 检验仅针对单个名义变量的卡方检验；双因素 χ^2 检验是只针对两个名义变量的卡方检验；多重列联表分析(multiple contingency table analysis)则是针对同时有三个或三个以上名义变量的卡方检验。例如,要讨论小学生不同性别(男或女)、是否单亲家庭(双亲、单亲)与学习成绩水平(优秀、中等、良好或差)三个变量之间关联性的问题,就属于三因子列联表分析,这种情况的分析比较复杂,本书不作介绍。

三、单因素 χ^2 检验

单因素 χ^2 检验,又称拟合检验(Goodness of fit test),或称单向分类 χ^2 检验,是一种针对单个名义变量的 χ^2 检验。当研究某单一名义变量或某个特征因素进行分类得到的若干类计数数据的频数(或频数百分比)是否与某个理论频数(或某个假设分布)相符合时所进行的 χ^2 检验就属于此类型,主要包括不同类的计数数据频数之间的差异检验和不同类的频数百分比与总体百分比之间的差异检验两类。例如,把教师的健康状况分为好、中、差三类,或者把学生的成绩分为优、良、中、及格、不及格五等,或者

实验研究将被试分成实验组和对照组两组,对这些单因素类别(或等级)的计数数据的频数(或频率)分布特征及其差异所进行的检验就是单因素χ^2检验。如果检验统计量χ^2值未达到显著差异,则该样本在该变量的分布与该理论总体没有差异,反之可以说该样本在该变量的测量上与总体不相同,或者说只是一个特殊的样本。

单因素χ^2值的计算可分为以下两种情况:

① 当各类的理论频数$f_{ti} \geqslant 5$时,可直接用式11-1-1来计算。

② 当有一类的理论频数$f_{ti} < 5$,则选用亚茨(Yates)连续性校正公式作为检验统计量,即:

$$\chi^2 = \sum_i \frac{(|f_{oi} - f_{ti}| - 0.5)^2}{f_{ti}} \qquad \text{式11-1-3}$$

四、双因素χ^2检验

双因素χ^2检验,又称独立性检验,或双向分类χ^2检验,它是针对两个名义变量的卡方检验。双向分类就是按照两个分类特征或属性进行分类。例如,在不同性别学生对某问题的态度是否有差异的研究中,按性别分为男、女,按态度分为同意、反对、中立,而"性别"和"态度"是两个分类特征。把一批观测数据进行双向多项分类后,对数据结构中两个分类特征(属性)之间是否有关联关系或几种重复试验的结果是否相同所进行的χ^2检验,或者说当同时检测从样本得到的两个名义变量(X与Y)多项具体分类的频数分布是否存在特定关联所进行的χ^2检验,均属于双因素χ^2检验。

在教育教学研究实践中,通常把分类得到的计数数据编制成列联表(表11-1-1),表的横行是按某一特征变量(X)分成的若干类(行数),通常用r表示;纵列是按另一特征变量(Y)分成的若干类(列数),用c表示,由此构成的表格称为$r \times c$列联表。当$r=2$,$c=2$时,称为四格表(2×2列联表),它是$r \times c$列联表的特殊情况;当r和c中至少有一个大于2时,称为双因素多种类的χ^2检验。因而,双因素χ^2检验又称为列联表χ^2检验,其中四格表(2×2列联表)χ^2检验是$r \times c$列联表χ^2检验的特例。

如果检验统计量χ^2值未达到显著差异,则表示两个名义变量的频数分布没有特殊交互作用,两个名义变量相互独立;如果检验统计量χ^2值达到显著差异,则表示两个名义变量的频数分布具有特殊相互作用,两个变量具有相关性(或关联性)。需注意的是，这两个变量之间只是对称关系，并没有特定的因果关系或影响关系。

（一）$r\times c$ 列联表 χ^2 值的计算

$r\times c$ 列联表中，χ^2 值的计算公式即式 11-1-1。但其中理论频数为：

$$f_{ricj}=\frac{n_{ri}n_{cj}}{N} \qquad \text{式 11-1-4}$$

式中，f_{ricj} 为第 r_i 行第 c_j 列格中的理论频数；n_{ri} 为横行各组实际频数的总和；n_{cj} 为纵列各组实际频数的总和；N 为各单元格实际频数总和。也就是说，任一单元格的理论频数实际上为该单元格所对应行实际频数之和与其所对应列实际频数之和的乘积，再除以总人数的商。

（二）四格表（2×2 列联表）χ^2 值的计算

在四格表中，χ^2 值的计算应视样本的独立或相关情况而有所差别，具体表现为：

1. 两个独立样本四格表 χ^2 值的计算

例如，五(2)班 45 位学生在一次体育达标测试中，男女生的体育成绩分为达标与未达标。如果用 a、b、c、d 分别表示 4 个类别中的实际频数，那么这个独立样本四格表可表示为左边的模型(图 11-1-2)。

因素II（性别）	因素I（测试成绩）：达标	未达标
男	a	b
女	c	d

图 11-1-2　男女生体育成绩达标与未达标四格表模型

如果四格表中，每一个单元格的理论频数 $f_{rc}\geqslant 5$，或 $N\geqslant 30$ 时，那么可以用式 11-1-1 或下面的缩减公式加以校正来计算 χ^2 值，即：

$$\chi^2=\frac{(ad-bc)^2N}{(a+b)(a+c)(b+d)(c+d)} \qquad \text{式 11-1-5}$$

如果四格表中，有一个单元格的理论频数 $f_{rc}<5$，或者说 $N<30$ 时，则应采用校正公式进行校正计算 χ^2 值，即：

$$\chi^2=\frac{\left(|ad-bc|-\frac{N}{2}\right)^2N}{(a+b)(a+c)(b+d)(c+d)} \qquad \text{式 11-1-6}$$

2. 两个相关样本四格表 χ^2 值的计算

例如,初二(3)班 45 位学生在一次期中考试与期末考试中的成绩均分为及格与不及格。如果用 a、b、c、d 分别表示四个类别中的实际频数,而其中的 a、d 分别表示两个因素中分类项目前后不变的两格的实际频数,b、c 分别表示两个因素中分类不一致格子的实际频数。那么,这个相关样本四格表可表示为以下模型(图 11-1-3)。

	因素I（期中成绩）	
因素II（期末成绩）	合格	不合格
合格	a	b
不合格	c	d

图 11-1-3　期中与期末考试成绩均分及格与不及格四格表模型

如果 $(b + c) \geqslant 30$,则 χ^2 值的计算为:

$$\chi^2 = \frac{(b-c)^2}{b+c} \qquad \text{式 11-1-7}$$

如果 $(b + c) < 30$,则 χ^2 值为亚茨连续性校正公式为:

$$\chi^2 = \frac{(\mid b-c \mid -1)^2}{b+c} \qquad \text{式 11-1-8}$$

第二节 单因素 χ^2 检验

▶ 问题实例

[实例11-2-1] 某校随机抽取某班36名学生对中学是否要进行男女分班的态度作调查,其中表示赞成7人,不赞成19人,中立10人。试问:

① 该班所有学生在对中学是否要实行男女分班所持态度的人数上是否存在显著差异?

② 如果全校学生中赞成者占25%,不赞成者占40%,中立者占35%。那么该班学生对男女分班持不同态度的人数比率与全校是否一样?

▶ 统计方法

在上述实例中,其研究问题的实质是属于一个特征(对男女分班的态度)三种类别(赞成、不赞成、中立)的计数数据频数进行差异检验,以及检验样本所在总体频率(或百分比)与已知总体频率(或百分比)之间的差异。由于持各种态度的人数是计数数据(离散型随机变量的数据),且未知总体是否呈正态分布。所以,无法适用前几章所介绍的有关连续数据的检验方法,该实例的两个问题适于采用单因素 χ^2 检验即单向多项分类的计数数据的 χ^2 检验。

▶ 基本理论

一、单因素 χ^2 检验的主要用途

在教育教学实践或教育调查与教育评价研究中,单因素 χ^2 检验应用十分广泛。它普遍适用于检验某一个特征分类的两项或两项以上计数资料,如实际观测频数

(或其百分比)是否符合(或接近)某种理论频数(或总体百分比)分布这一类问题。例如,由样本中各类别的频数分布来检验总体分布是否呈均匀分布,或呈正态分布,或符合某一给定分布;由样本的百分比推断样本与总体百分比间是否存在显著差异;等等。

二、单因素 χ^2 检验的基本步骤

单因素 χ^2 检验主要包括以下几个基本步骤。

(一) 根据检验目的提出假设

H_0：实际频数与理论频数无差异,或者说样本对应的总体比率与已知总体比率无差异 ($f_o = f_t$)

H_1：实际频数与理论频数有差异,或者说样本对应的总体比率与已知总体比率有差异 ($f_o \neq f_t$)

(二) 根据已知条件计算 f_t 与 χ^2 统计量值

① 根据 H_0 计算各组的理论频数 f_t。

② 选择相应检验统计量的计算公式并计算 χ^2 值。

当各类的理论频数 $f_t \geq 5$ 时,可直接用本章第一节式 11-1-1 来计算 χ^2 值。

当有一类的理论频数 $f_t < 5$,则用本章第一节式 11-1-3 来计算 χ^2 值。

(三) 根据 df 与 χ^2 临界值进行统计决断

① 确定自由度 df,即 $df = K - 1$（K 为类别数）。

② 确定临界值。根据自由度和给定的显著性水平 α 查"附表 9 χ^2 分布临界值表",确定临界值 $\chi^2_{(df),\alpha}$。

③ 统计决断。比较 χ^2 与 $\chi^2_{(df),\alpha}$ 的大小并据此作出统计决断。

三、单因素 χ^2 检验的实例解答

下面以实例 11-2-1 为例,来说明单因素 χ^2 检验的分析过程。

由于实例 11-2-1 所涉及的数据属于单因素(对男女分班的态度)三种类(赞成、不赞成、中立)的间断性计数数据,已知各类别的样本实际频数,以及全校总体的理论频率。需要解决的问题是由某班 36 位学生持不同态度的人数来推断全班学生持各种态度的人数是否相同,以及全班持不同态度的人数的比率是否符合全校人数比率。所

以,我们需选用单因素 χ^2 检验。下面针对实例 11-2-1 第①小题和第②小题分别作出解答。

(一) 对实例 11-2-1 第①小题的解答

第①小题实质上是对单因素多类别频数之间是否存在显著差异进行 χ^2 检验。

已知:样本容量 $n = 36$,类别 $K = 3$,持三种态度的实际频数(人数) f_0 分别为 7、19、10。

① 根据检验目的提出假设:

H_0:该班所有学生对男女分班持三种态度的人数相同 $\left(\text{即该班学生对男女分班三种态度的人数各占}\frac{1}{3}\right)$

H_1:该班所有学生对男女分班持三种态度的人数不同 $\left(\text{即该班学生对男女分班三种态度的人数并非都各占}\frac{1}{3}\right)$

② 计算 f_t 与 χ^2 统计量值:在 H_0 成立的条件下,该班学生对男女分班表示赞成、不赞成、中立三种态度人数的理论频数(f_t)均为:$36 \times 1/3 = 12$。根据式 11-1-1 计算统计量的值

$$\chi^2 = \frac{(7-12)^2}{12} + \frac{(19-12)^2}{12} + \frac{(10-12)^2}{12} = 6.50$$

③ 统计决断:由 $df = K - 1 = 2$,$\alpha = 0.05$ 和 $\alpha = 0.01$ 查"附表 9 χ^2 分布临界值表"得 $\chi^2_{(2),0.05} = 5.99$,$\chi^2_{(2),0.01} = 9.21$。因为 $\chi^2_{(2),0.05} = 5.99 < \chi^2 = 6.50 < \chi^2_{(2),0.01} = 9.21$,所以 $0.01 < P < 0.05$,故可以在 0.05 显著性水平上拒绝 H_0 而接受 H_1。说明该班学生对男女分班所持各种态度的人数存在显著差异。

(二) 对实例 11-2-1 第②小题的解答

第②小题实质上是对单因素多类别的百分比与总体百分比是否有显著差异进行 χ^2 检验。

已知:样本容量 $n = 36$,类别 $K = 3$,持赞成、不赞成、中立三种态度的全校学生总

体理论频数分别为25%、40%、35%。

① 根据检验目的提出假设：

H_0：该班学生对男女分班持各种态度的人数比率与全校相同（即该班学生对男女分班各种态度的人数比率是25∶40∶35，即5∶8∶7）

H_1：该班学生对男女分班持各种态度的人数比率与全校不同（即该班学生对男女分班各种态度人数比率不是25∶40∶35，即5∶8∶7）

② 计算f_t与χ^2统计量值：在H_0成立的条件下，该班学生对男女分班表示赞成、不赞成、中立三种态度人数的理论频数（f_t）分别为：36×5÷20＝9；36×8÷20＝14.4；36×7÷20＝12.6。根据式11-1-1计算统计量值：

$$\chi^2 = \frac{(7-9)^2}{9} + \frac{(19-14.4)^2}{14.4} + \frac{(10-12.6)^2}{12.6} = 2.45$$

③ 统计决断：由于$\chi^2 = 2.45 < 5.99 = \chi^2_{(2)0.05}$，则$P > 0.05$，可以接受$H_0$，说明该班学生对男女分班持各种态度的人数比率与全校无显著差异，均为25∶40∶35，即5∶8∶7。

▶ 统计分析

以实例11-2-1为例，采用SPSS软件分析单因素χ^2检验的操作步骤如下。

步骤1：建立数据文件。此处可以建立两种不同数据形式的文件。

方法1：按原始数据输入，设置一个变量名称为“态度”，其中用“1”表示“赞成”，“2”表示“不赞成”，“3”表示“中立”，输入数据赞成7人，不赞成19人，中立10人。建立的数据文件如图11-2-1所示。

	态度
1	1
2	1
3	1
4	1
5	1
6	1
7	1
8	2
9	2
10	2
11	2

图11-2-1 原始数据形式的数据文件

方法2：以频数个案加权方式设置两个变量，一个变量名称为“态度”，另一个变量名称为“频数”。定义“态度”变量，用“1”表示“赞成”，“2”表示“不赞成”，“3”表示“中立”；在“频数”变量

	态度	频数
1	1	7
2	2	19
3	3	10

图 11-2-2 频数个案加权形式的数据文件

下输入三种态度各自相应的频数。建立的数据文件如图 11-2-2 所示。

步骤 2：根据文件的数据形式不同，具体操作步骤稍有区别。如果数据文件是由方法 2 建立的以频数个案加权形式呈现的数据文件，那么必须先完成个案加权步骤后再进行卡方分析。如果数据文件是由方法 1 建立的以原始数据形式呈现，那么可直接省略此步骤。具体操作为：打开数据文件→点击菜单栏"数据（D）"→点击"个案加权（W）…"（图 11-2-3），弹出"个案加权"对话框→点选"个案加权系数（W）"，再将左框中的变量"频数"右移至"频率变量（F）"框中（图 11-2-4）→点击"确定"。

图 11-2-3 频数个案加权的菜单选项

图 11-2-4 "个案权数"对话框

步骤 3：点击菜单栏"分析（A）"→点击"非参数检验（N）"→点击"旧对话框（L）"→点击"卡方（C）…"（下页图 11-2-5），进入"卡方检验"对话框（下页图 11-2-6、图 11-2-7）→在左框中选中需作 χ^2 检验的变量"态度"，将其移入右框。

第二部分　SPSS 分析技术应用 / 331

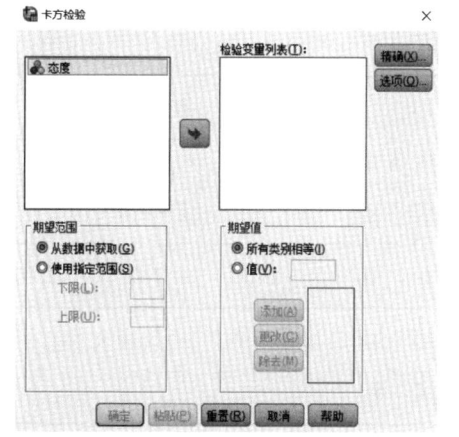

图 11-2-5　单因素 χ^2 检验的菜单选项

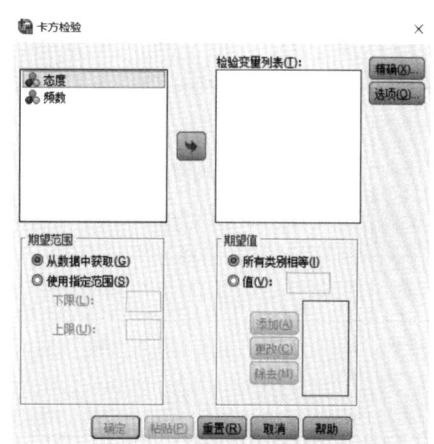

图 11-2-6　"卡方检验"对话框（方法 1）　　图 11-2-7　"卡方检验"对话框（方法 2）

在此对话框的左下方，"期望范围"下选择"从数据中获取（G）"（系统默认项）→在"期望值"下按需选择"所有类别相等（I）"（系统默认项，指所有组对应的理论频数都相同，意味着待检验总体是否服从均匀分布）或"值（V）"（意味着待检验总体是否服从某个特定分布，并需在其右框中键入相应各组所对应的给定分布中的期望值)。本实例中,解答第①小题时应选默认项"所有类别相等";而解答第②小题时应选"值"项,并分别输入 25、40、35 三个期望值,依次添加进入下方框中。

步骤四:点击"选项(O)…",弹出"卡方检验:选项"对话框(图 11-2-8)→在"统计"下方按需选择"描述(D)"或"四分位数(Q)"→在"缺失值"下可选"按检验排除个案(T)"或者"成列排除个案(L)"→点击"继续(C)",返回"卡方检验"对话框→点击"确定",提交系统运行。

图 11-2-8 "卡方检验:选项"对话框

▶ 结果解读

不论数据文件是以原始数据形式还是频数个案加权形式呈现的,运用 SPSS 进行单因素卡方检验系统运行后,第①小题的输出结果如表 11-2-1、表 11-2-2、表 11-2-3 所示,第②小题的输出结果如表 11-2-4 和表 11-2-5 所示。

表 11-2-1 描述统计

	个案数	平均值	标准差	最小值	最大值	百分位数		
						第 25 个	第 50 个(中位数)	第 75 个
态度	36	2.08	0.692	1	3	2.00	2.00	3.00

表 11-2-2 态度频率

	实测个案数	期望个案数	残差
1	7	12.0	−5.0
2	19	12.0	7.0
3	10	12.0	−2.0
总计	36		

表 11-2-3　检验统计

	态度
卡方	6.500ª
自由度	2
渐近显著性	0.039

a. 0 个单元格(0.0%)的期望频率低于 5。期望的最低单元格频率为 12.0。

表 11-2-4　态度频率

	实测个案数	期望个案数	残差
1	7	9.0	-2.0
2	19	14.4	4.6
3	10	12.6	-2.6
总计	36		

表 11-2-5　检验统计

	态度
卡方	2.450ª
自由度	2
渐近显著性	0.294

a. 0 个单元格(0.0%)的期望频率低于 5。期望的最低单元格频率为 9.0。

表 11-2-1 呈现了实例样本数据的基本描述统计量的信息,总个案数为 36 个。表 11-2-2 的四列数据分别表示:态度类别、实际频数(observed N,即 f_o)、理论频数(expected N,即 f_t)、实际频数与理论频数之差(residual, f_o-f_t)。其中,第一列中的"1" "2" "3"分别表示赞成、不赞成和中立三种态度;在 H_0(该班学生对男女分班持三种态度的人数相同)成立的条件下,各类别的理论频数均为 12;持三种不同态度的实际频数分别为 7、19、10;不同态度的实际频数与理论频数之差(即残差)分别为-5、7、-2。

表 11-2-3 给出了单因素多类别频数分布的卡方检验结果。其中卡方值 χ^2 =

6.500、自由度 $df=2$、渐近显著性 P 值为 0.039,则 $0.01<P<0.05$,故在 0.05 水平上可以拒绝 H_0 接受 H_1。说明该班学生对男女分班持各种态度的人数有显著差异,可见,不赞成男女分班的人数占主导地位。这与选择检验统计量法得到的结论是完全相同的。

表 11-2-4 的意义与表 11-2-2 的意义相似,它给出了在 H_0(该班学生对男女分班各种态度的人数比率与全校相同)成立的条件下,各类别的理论频数 f_t 分别为 9、14.4、12.6;实际频数与理论频数之差即残差 $(f_o - f_t)$ 分别为 -2.0、4.6、-2.6。

表 11-2-5 给出了按一个特征分类的百分比与总体百分比差异检验结果,包括 $\chi^2=2.45$、$df=2$、渐近显著性 P 为 $0.294>0.05$,故应接受 H_0 拒绝 H_1。说明该班所有学生对男女分班持各种态度的人数比率与全校一样,都是 25∶40∶35,即 5∶8∶7。可见,两种方法得到的结论也是完全一致的。

第三节 双因素 χ^2 检验

▶ **问题实例**

[实例 11-3-1] 一项小学数学教师课堂教学调控能力的调查研究中,收集到有关资料如表 11-3-1 所示。问教师的课堂教学调控能力与年龄是否有关联?

表 11-3-1 84 名数学教师年龄与课堂教学调控能力状况

教师年龄	教学调控能力		Σ
	强	弱	
青年	9	18	27
中年	19	10	29
老年	11	17	28
Σ	39	45	84

▶ **统计方法**

在本实例中,按"教师年龄"和"教学调控能力"两个维度(因素)对同一批对象观测得到的数据进行分类,每个因素下又分别分为两类或三类,如"教师年龄"分为"青年""中年""老年","教学调控能力"分为"强"和"弱"。这时需要解决的问题是,依据分类后的计数数据分析和判断两个因素即两种分类特征之间是否有关联,或者说不同年龄层次的小学数学教师在课堂教学调控能力上是否存在显著关联。这里仅涉及两个分类因素,因而我们应采用双因素的 χ^2 检验。

基本理论

一、双因素 χ^2 检验的主要用途

双因素 χ^2 检验适用于检验两个因素(或特征)各有两项或两项以上分类之间是否有关联或是否有独立性等问题。例如,将同一批教师的健康状况按好、中、差分成三类,他们的教学绩效分成优、良、中、差四个等级;检验教师的教学绩效是否与健康状况有关联。又如对同一批学生,把他们的学习成绩分成优、良、中、差,又把他们按思想品德表现分成 A、B、C 三等,检验学习成绩与思想品德水平之间的关联性。再如要研究某大学新本科生的性别与其来自城乡地域特点(分为大城市、中等城市、小城镇、乡镇、农村)之间的分布特征,或者要研究结婚状况(已婚、未婚、离异)与生活幸福感(幸福、不幸福)之间的关联性。诸如此类的数据,均可以采用双因素 χ^2 检验。在教育教学实验研究中,如果收集到的是间断数据(或计数数据),数据来自的总体分布未知,符合上述情况的问题均可采用双因素 χ^2 检验。

二、双因素 χ^2 检验的一般步骤

双因素($r×c$ 列联表或 $2×2$ 四格表)χ^2 检验的过程与单因素 χ^2 检验步骤基本相同。所不同的主要有三点:一是理论频数 f_t 的计算公式不同;二是在计算 χ^2 时需视样本的独立或相关等实际情况选用相应的公式或校正公式;三是自由度的计算公式不同。

(一)根据检验目的提出假设

H_0:两个分类变量无关联关系

H_1:两个分类变量有关联关系

(二)计算 f_t 与 χ^2 统计量值

1. $r×c$ 列联表 χ^2 检验统计量

该检验统计量的计算,可以先用式 11-1-4 计算出各单元格的理论频数,再用式 11-1-1 计算 $r×c$ 列联表中 χ^2 值。

2. 四格表($2×2$ 列联表)χ^2 检验统计量

四格表 χ^2 值的计算应视样本的独立或相关情况而有所差别。独立样本四格表 χ^2

值可运用式 11-1-5 或式 11-1-6 来计算;相关样本四格表 χ^2 值可运用式 11-1-7 或式 11-1-8 计算。

(三)统计决断

把 χ^2 统计量的值与临界值 $\chi^2_{(df),\alpha}$ 作比较,其中 $df=(r-1)(c-1)$。如果 $r×c$ 列联表 χ^2 检验结果没有达到显著性水平,那么可以认为,总体上两个分类变量是相互独立而无关联的,就此结束 χ^2 检验工作。但如果检验的结论达到显著性水平,那么如同多个总体平均数差异显著性检验,我们还需作进一步的四格表检验。即把 $r×c$ 列联表中的各个类别进行两两配对,构成不同的四格表,然后再对这些四格表分别进行 χ^2 检验,并根据这些检验结果最后判定两种分类变量的关联情况。

三、双因素 χ^2 检验的实例解答

下面以实例 11-3-1 为例,来说明双因素 χ^2 检验的分析过程。

由于该实例所涉及的计数数据样本含有两个因素"教师年龄"和"课堂教学调控能力",且每个因素下又分为两类或两类以上,即 $r=3$、$c=2$。所需解决问题的实质是,由样本的实际频数来推测教师课堂教学调控能力与教师年龄层次之间是否有关联,为此我们必须采用双因素多种类数据(3×2 列联表)的 χ^2 检验进行关联性分析。

按照双因素 χ^2 检验的一般过程,我们需要先对 3×2 列联表进行 χ^2 统计量计算及其显著性检验。如果检验结论出现差异不显著,那么我们就此完成检验工作,并推断两个因素之间是相互独立无关联的。但如果检验结论出现差异显著,那么还需作进一步两两配对的四格表 χ^2 检验,进而根据四格表 χ^2 检验结论判定两因素各类别间的关联情况。

(一)3×2 列联表 χ^2 检验

① 提出假设:

H_0:教师课堂教学调控能力与教师年龄无关联

H_1:教师课堂教学调控能力与教师年龄有关联

② 计算 χ^2 值:在 H_0 成立的条件下,用式 11-1-4 计算 3×2 列联表中各组别的理论频数。例如,青年教师课堂教学调控能力强的理论频数 $f_{r1c1}=\dfrac{n_{r1}n_{c1}}{N}=\dfrac{27×39}{84}=$

12.5；青年教师课堂教学调控能力弱的理论频数 $f_{r1c2} = \dfrac{27 \times 45}{84} = 14.5$。同理，可算出其他各组的理论频数（见表 11-3-2 中括号内的数据）。

表 11-3-2　84 名数学教师年龄与课堂教学调控能力的人数分布

教师年龄	课堂教学调控能力		Σ
	强（理论频数）	弱（理论频数）	
青年	9(12.5)	18(14.5)	$27 = nr_1$
中年	19(13.5)	10(15.5)	$29 = nr_2$
老年	11(13.0)	17(15.0)	$28 = nr_3$
Σ	$39 = nc_1$	$45 = nc_2$	$84 = N$

将有关数据代入式 11-1-1 计算 χ^2 值，即：

$$\chi^2 = \frac{(9 - 12.5)^2}{12.5} + \frac{(18 - 14.5)^2}{14.5} + \cdots + \frac{(17 - 15.0)^2}{15.0} = 6.59$$

③ 统计决断：由 $df = (3 - 1)(2 - 1) = 2$，查"附表 9　χ^2 分布临界值表"得 $\chi^2_{(2), 0.05} = 5.99, \chi^2_{(2), 0.01} = 9.21$。由于 $\chi^2_{(2), 0.05} = 5.99 < \chi^2 = 6.595 < 9.21 = \chi^2_{(2), 0.01}$，所以 $0.01 < P < 0.05$，故可以在 0.05 显著性水平上接受 H_1。这说明小学数学教师课堂教学调控能力与教师年龄有显著关联。

但是这一结论并不意味着各组之间均有显著关联，那么到底哪些组之间存在关联呢？我们必须进行 2×2 列联表的 χ^2 检验。将 3×2 列联表中按两个因素分成的各个类别进行两两配对，构成三个不同的四格表（2×2 列联表），如表 11-3-3 至表 11-3-5 所示。

表 11-3-3　教师年龄与课堂教学调控能力的四格表一

教师年龄	课堂教学调控能力		Σ
	强	弱	
青年	9	18	27
中年	19	10	29

续表

教师年龄	课堂教学调控能力		Σ
	强	弱	
Σ	28	28	56

表 11-3-4　教师年龄与教师课堂教学调控能力的四格表二

教师年龄	课堂教学调控能力		Σ
	强	弱	
青年	9	18	27
老年	11	17	28
Σ	20	35	55

表 11-3-5　教师年龄与教师课堂教学调控能力的四格表三

教师年龄	课堂教学调控能力		Σ
	强	弱	
中年	19	10	29
老年	11	17	28
Σ	30	27	57

（二）四格表的 χ^2 检验

这里，我们以表 11-3-3 的数据来说明四格表 χ^2 检验的主要步骤。

① 提出假设：

H_0：教师课堂教学调控能力与教师是否为青年、中年无关

H_1：教师课堂教学调控能力与教师是否为青年、中年有关

② 选择检验统计量并计算 χ^2 值：由于 $N = 56 > 30$，将有关数据代入式 11-1-5 计算 χ^2 值，即：

$$\chi^2 = \frac{(9 \times 10 - 18 \times 19)^2 \times 56}{27 \times 28 \times 28 \times 29} = 5.79$$

③ 统计决断：由 $df = (2-1)(2-1) = 1$ 查"附表9 χ^2 分布临界值表"，得 $\chi^2_{(1),0.05} = 3.84$，$\chi^2_{(1),0.01} = 6.63$。因为 $\chi^2_{(1),0.05} = 3.84 < \chi^2 = 5.79 < 6.63 = \chi^2_{(1),0.01}$，所以 $0.01 < P < 0.05$，故可以在 0.05 显著性水平上接受 H_1。这说明小学数学教师群体中，青年教师与中年教师在课堂教学调控能力上有显著差异，可以得出结论：中年教师的教学调控能力要明显强于青年教师。

同理，对表 11-3-4 中数据进行检验，检验结果为 $\chi^2 = 0.21 < \chi^2_{(1),0.05} = 3.84$，则 $P > 0.05$，故可以接受 H_0。也就是说，青年教师与老年教师在课堂教学调控能力上无显著差异。

对表 11-3-5 中数据进行检验，检验结果为 $\chi^2_{(1),0.05} = 3.84 < \chi^2 = 3.93 < 6.63 = \chi^2_{(1),0.01}$，则 $0.01 < P < 0.05$，故可以在 0.05 显著性水平上接受 H_1。也就是说，中年教师与老年教师在课堂教学调控能力上存在显著差异。

综合以上两部分的检验结果，我们可以得到如下结论：小学数学教师的课堂教学调控能力的高低与教师年龄状况两者在 0.05 水平上存在显著关联，尤其是青年教师与中年教师，以及中年教师与老年教师之间存在着较明显的能力差异。

▶ 统计分析

以实例 11-3-1 为例，用 SPSS 软件进行双因素 χ^2 检验的操作步骤如下。

一、$r \times c$ 列联表 χ^2 检验的 SPSS 操作步骤

步骤1：建立数据文件。类似于单因素 χ^2 检验，可以建立两种不同形式的数据文件。

方法1：按原始数据输入，设置一个变量名称为"教师年龄"，其中用"1"表示"青年"，"2"表示"中年"，"3"表示"老年"；设置另一个变量名称为"教学调控能力"，其中用"1"表示"强"，"2"表示"弱"。输入相应数据，建立数据文件如下页图 11-3-1 所示。

方法2：以频数个案加权方式设置三个变量，分别为"教师年龄""教学调控能力"和"频数"。定义"教师年龄"变量，用"1"表示"青年"，"2"表示"中年"，"3"表示"老

年”;定义“教学调控能力”变量,用“1”表示“强”,“2”表示“弱”;在“频数”变量下输入三种态度各自相应的频数。建立数据文件如图 11-3-2 所示。

	教师年龄	教学调控能力
1	1	1
2	1	1
3	1	1
4	1	1
5	1	1
6	1	1
7	1	1
8	1	1
9	1	1
10	1	2
11	1	2

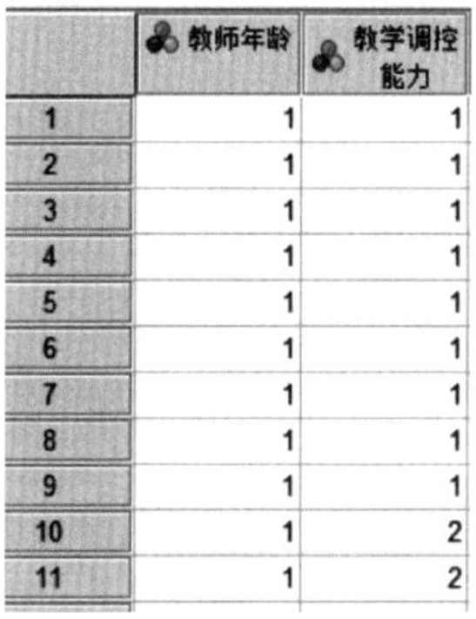

图 11-3-1　原始数据形式的数据文件

	教师年龄	教学调控能力	频数
1	1	1	9
2	2	1	19
3	3	1	11
4	1	2	18
5	2	2	10
6	3	2	17

图 11-3-2　频数个案加权形式的数据文件

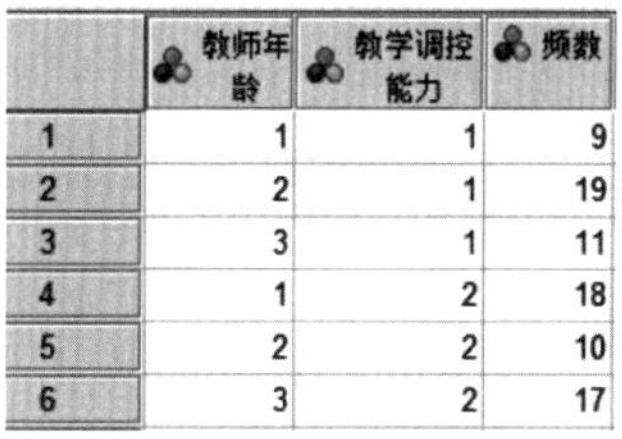

步骤 2：根据文件的数据形式不同,此步骤有所区别。如果数据文件是由方法 2 建立的以频数个案加权形式呈现的数据文件,那么必须先完成个案加权步骤后再进行卡方分析。如果数据文件是由方法 1 建立的以原始数据形式呈现,那么可直接省略此步骤。具体操作为：打开数据文件→点击菜单栏“数据(D)”→点击“个案加权(W)…”,弹出“个案加权”对话框→点选“个案加权系数(W)”,再将左框中的变量“频数”右移至“频率变量(F)”框中(图 11-3-3)→点击“确定”。

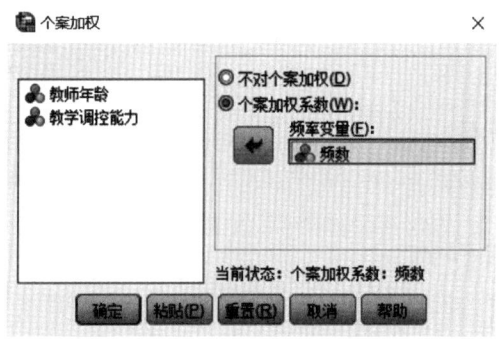

图 11-3-3　定义权数对话框

步骤 3：点击菜单栏“分析(A)”→点击“描述统计(E)”→点击“交叉表(C)…”(下页图 11-3-4),弹出“交叉表”对话框(下页图 11-3-5)→将变量“教师年龄”右移至“行(O)”框中,将“教学调控能力”右移至“列(C)”框中。

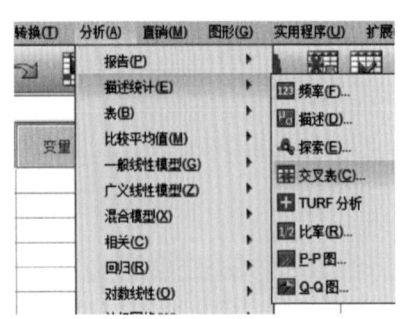
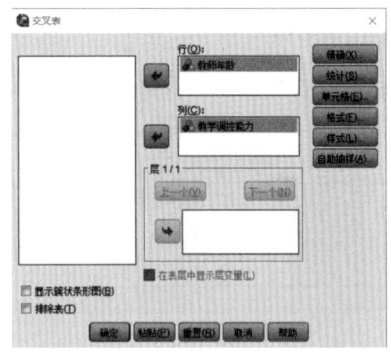

图 11-3-4　双因素 χ^2 检验的菜单选项　　图 11-3-5　"交叉表"对话框

步骤 4：在"交叉表"对话框中，点击"统计(S)…"，弹出"交叉表：统计"对话框→勾选"卡方(H)"，在"名义"下方按需可选"列联系数(O)""Phi 和克莱姆 V""Lambda"（图 11-3-6）→点击"继续(C)"返回"交叉表"对话框→点击"单元格(E)…"，弹出"交叉表：单元格显示"对话框（图 11-3-7）→选择"实测(O)""期望(E)""行(R)""列(C)""总计(T)"→点击"继续(C)"，返回"交叉表"对话框→点击"确定"，提交系统运行。

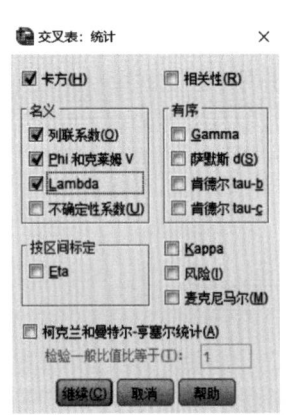
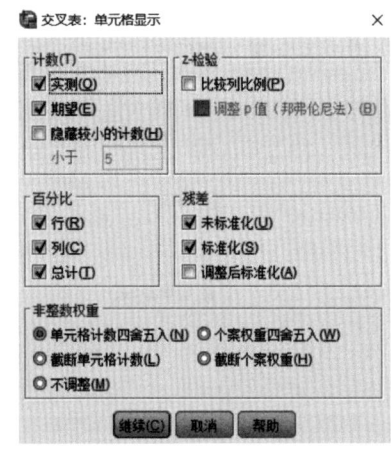

图 11-3-6　"交叉表：统计"对话框　　图 11-3-7　"交叉表：单元格显示"对话框

二、四格表 χ^2 检验的 SPSS 操作步骤

在四格表检验分析时，应将 3×2 列联表分成三个 2×2 列联表。其 SPSS 分析操作步骤与前面 3×2 列联表中的步骤完全相同，只是在建立数据文件与设置变量时有细微差异而已。

步骤 1：建立数据文件。例如，对于表 11-3-3 的数据，在设置变量"教师年龄"时只需取 r=1 表示"青年"，r=2 表示"中年"；设置变量"教学调控能力"时，仍可取 c=1 表示"强"，c=2 表示"弱"。其在 SPSS 中显示的数据文件如图 11-3-8 所示。依此类推，其他两个 2×2 列联表的数据文件如图 11-3-9 和图 11-3-10 所示。

	教师年龄	教学调控能力	频数
1	1	1	9
2	1	2	18
3	2	1	19
4	2	2	10

图 11-3-8　青年-中年教师＊教学调控能力的数据文件

	教师年龄	教学调控能力	频数
1	1	1	9
2	1	2	18
3	3	1	11
4	3	2	17

图 11-3-9　青年-老年教师＊教学调控能力的数据文件

	教师年龄	教学调控能力	频数
1	2	1	19
2	2	2	10
3	3	1	11
4	3	2	17

图 11-3-10　中年-老年教师＊教学调控能力的数据文件

步骤 2：频数个案加权。与本节前文"$r×c$ 列联表 χ^2 检验的 SPSS 操作步骤"中的"步骤 2"完全相同，如果数据文件是以图 11-3-8 这种方式设置变量的，则需进行频数个案加权；如果数据文件是原始数据，则直接跳过这一步进入后续步骤即可。具体操作此处省略。

步骤 3：交叉表卡方检验。具体操作与本节前文"$r×c$ 列联表 χ^2 检验的 SPSS 操作步骤"中的"步骤 3"与"步骤 4"完全相同，此处不再赘述。

▶ 结果解读

一、$r \times c$ 列联表 χ^2 检验的分析结果解读

$r \times c$ 列联表 χ^2 检验的 SPSS 系统运行结果如表 11-3-6、表 11-3-7、表 11-3-8、表 11-3-9 和表 11-3-10 所示。

表 11-3-6　个案处理摘要

	个案					
	有效 N	百分比	缺失 N	百分比	总计 N	百分比
教师年龄 * 教学调控能力	84	100.0%	0	0.0%	84	100.0%

表 11-3-7　教师年龄 * 教学调控能力交叉表

			教学调控能力		总计
			1	2	
教师年龄	1	计数	9	18	27
		期望计数	12.5	14.5	27.0
		占教师年龄的百分比/%	33.3	66.7	100.0
		占教学调控能力的百分比/%	23.1	40.0	32.1
		占总计的百分比/%	10.7	21.4	32.1
		残差	-3.5	3.5	
		标准化残差	-1.0	0.9	
	2	计数	19	10	29
		期望计数	13.5	15.5	29.0
		占教师年龄的百分比/%	65.5	34.5	100.0
		占教学调控能力的百分比/%	48.7	22.2	34.5
		占总计的百分比/%	22.6	11.9	34.5

续表

			教学调控能力		总计
			1	2	
教师年龄	2	残差	5.5	−5.5	
		标准化残差	1.5	−1.4	
	3	计数	11	17	28
		期望计数	13.0	15.0	28.0
		占教师年龄的百分比/%	39.3	60.7	100.0
		占教学调控能力的百分比/%	28.2	37.8	33.3
		占总计的百分比/%	13.1	20.2	33.3
		残差	−2.0	2.0	
		标准化残差	−0.6	0.5	
总计		计数	39	45	84
		期望计数	39.0	45.0	84.0
		占教师年龄的百分比/%	46.4	53.6	100.0
		占教学调控能力的百分比/%	100.0	100.0	100.0
		占总计的百分比/%	46.4	53.6	100.0

表 11-3-8 卡方检验

	值	自由度	渐进显著性(双侧)
皮尔逊卡方	6.684[a]	2	0.035
似然比(L)	6.765	2	0.034
线性关联	0.170	1	0.680
有效个案数	84		

a. 0 个单元格(0.0%)的期望计数小于 5。最小期望计数为 12.54。

表 11-3-9　定向测量

			值	渐近标准误差[a]	近似 T[b]	渐进显著性
名义到名义	Lambda	对称	0.181	0.088	1.982	0.047
		教师年龄因变量	0.145	0.089	1.533	0.125
		教学调控能力因变量	0.231	0.121	1.700	0.089
	古德曼和克鲁斯卡尔 tau	教师年龄因变量	0.040	0.030		0.035[c]
		教学调控能力因变量	0.080	0.059		0.037[c]

a. 未假定原假设。
b. 在假定原假设的情况下使用渐近标准误差。
c. 基于卡方近似值。

表 11-3-10　对称测量

		值	渐进显著性
名义到名义	Phi	0.282	0.035
	克莱姆 V	0.282	0.035
	列联系数	0.271	0.035
有效个案数		84	

表 11-3-6 给出了教师年龄与教学调控能力两个因素相互作用的样本容量信息,包括样本大小和有效样本大小。由上表可知,本实例中有效样本容量 $N = 84$,无缺失数据。

表 11-3-7 给出了教师年龄与教学调控能力两个因素相互作用的各单元格频数与百分比的信息,包括各类别的实际频数、理论频数、相应的百分比,以及各行与各列的总频数和百分比。其中,每个单元格中的第一行"计数"均为实际频数,第二行"期望频数"即为理论频数,第三、四行均为所在格占的百分比。例如,第 1 格中的数据表示:青年教师课堂教学调控能力强的实际频数 $f_o = 9$,理论频数 $f_t = 12.5$,在所有青年教师中占 33.3%,在所有调控能力强的教师中占 23.1%,在全体样本中占 10.7%。同时,结果还呈现了各单元格的"残差"和"标准化残差"。

表 11-3-8 是 3×2 列联表的 χ^2 检验结果。在表中同时输出三个不同的 χ^2 值,在

实际应用中需视实际情况选用合适值。一般地,在最小期望频数(minimum expected count)大于1即$f_{rc(\min)} > 1$,小于20%单元格的期望频数$f_{rc} < 5$(或者80%以上单元格的期望频数$f_{rc} > 5$),且有效人数$N > 40$时,经常选用皮尔逊χ^2值(Pearson chi-square)。由表中信息可知,本实例中,$N = 84 > 40$, $f_{rc(\min)} = 12.54 > 1$,所有的$f_{rc} > 5$,故应选皮尔逊χ^2值 = 6.684,自由度$df = 2$,渐进显著性(双侧)$P = 0.035$。因$P = 0.035 < 0.05$,故我们可以认为:分别属于青年、中年、老年三个年龄层次的小学数学教师在课堂教学调控能力上存在着显著差异。而表11-3-9和表11-3-10则表示经定向测量和对称测量所得Lambda、Phi、克莱姆V和列联系数均小于0.05,再次证明了教师年龄与课堂教学调控能力存在显著关联。

基于此检验结果,我们有必要继续进行四格表(2×2列联表)的χ^2检验。

二、四格表χ^2检验的分析结果解读

四格表χ^2检验的SPSS系统运行结果如表11-3-11至表11-3-19所示。

表11-3-11 青年-中年教师*教学调控能力个案处理摘要

	个案					
	有效N	百分比	缺失N	百分比	总计N	百分比
教师年龄*教学调控能力	56	100.0%	0	0.0%	56	100.0%

表11-3-12 青年-中年教师*教学调控能力交叉表

			教学调控能力		总计
			1	2	
教师年龄	1	计数	9	18	27
		期望计数	13.5	13.5	27.0
		占教师年龄的百分比/%	33.3	66.7	100.0
		占教学调控能力的百分比/%	32.1	64.3	48.2
		残差	-4.5	4.5	
		标准化残差	-1.2	1.2	

续表

			教学调控能力		总计
			1	2	
教师年龄	2	计数	19	10	29
		期望计数	14.5	14.5	29.0
		占教师年龄的百分比/%	65.5	34.5	100.0
		占教学调控能力的百分比/%	67.9	35.7	51.8
		残差	4.5	-4.5	
		标准化残差	1.2	-1.2	
总计		计数	28	28	56
		期望计数	28.0	28.0	56.0
		占教师年龄的百分比/%	50.0	50.0	100.0
		占教学调控能力的百分比/%	100.0	100.0	100.0

表 11-3-13　青年-中年教师 * 教学调控能力卡方检验

	值	自由度	渐进显著性(双侧)	精确显著性(双侧)	精确显著性(单侧)
皮尔逊卡方	5.793[a]	1	0.016		
连续性修正[b]	4.577	1	0.032		
似然比(L)	5.898	1	0.015		
费希尔精确检验				0.031	0.016
线性关联	5.690	1	0.017		
有效个案数	56				

a. 0 个单元格(0.0%)的期望计数小于 5。最小期望计数为 13.50。
b. 仅针对 2×2 列联表进行计算。

表 11-3-14　青年-老年教师 * 教学调控能力个案处理摘要

	个案					
	有效 N	百分比	缺失 N	百分比	总计 N	百分比
教师年龄 * 教学调控能力	55	100.0%	0	0.0%	55	100.0%

表 11-3-15　青年-老年教师＊教学调控能力交叉表

			教学调控能力		总计
			1	2	
教师年龄	1	计数	9	18	27
		期望计数	9.8	17.2	27.0
		占教师年龄的百分比/%	33.3	66.7	100.0
		占教学调控能力的百分比/%	45.0	51.4	49.1
	3	计数	11	17	28
		期望计数	10.2	17.8	28.0
		占教师年龄的百分比/%	39.3	60.7	100.0
		占教学调控能力的百分比/%	55.0	48.6	50.9
总计		计数	20	35	55
		期望计数	20.0	35.0	55.0
		占教师年龄的百分比/%	36.4	63.6	100.0
		占教学调控能力的百分比/%	100.0	100.0	100.0

表 11-3-16　青年-老年教师＊教学调控能力卡方检验

	值	自由度	渐进显著性(双侧)	精确显著性(双侧)	精确显著性(单侧)
皮尔逊卡方	0.210[a]	1	0.646		
连续性修正[b]	0.032	1	0.858		
似然比(L)	0.211	1	0.646		
费希尔精确检验				0.781	0.430
线性关联	0.207	1	0.649		
有效个案数	55				

a. 0 个单元格(0.0%)的期望计数小于5。最小期望计数为9.82。
b. 仅针对2×2列联表进行计算。

表 11-3-17　中年-老年教师 * 教学调控能力个案处理摘要

	个案					
	有效 N	百分比	缺失 N	百分比	总计 N	百分比
教师年龄 * 教学调控能力	57	100.0%	0	0.0%	57	100.0%

表 11-3-18　中年-老年教师 * 教学调控能力交叉表

			教学调控能力		总计
			1	2	
教师年龄	2	计数	19	10	29
		期望计数	15.3	13.7	29.0
		占教师年龄的百分比/%	65.5	34.5	100.0
		占教学调控能力的百分比/%	63.3	37.0	50.9
	3	计数	11	17	28
		期望计数	14.7	13.3	28.0
		占教师年龄的百分比/%	39.3	60.7	100.0
		占教学调控能力的百分比/%	36.7	63.0	49.1
总计		计数	30	27	57
		期望计数	30.0	27.0	57.0
		占教师年龄的百分比/%	52.6	47.4	100.0
		占教学调控能力的百分比/%	100.0	100.0	100.0

表 11-3-19　中年-老年教师 * 教学调控能力卡方检验

	值	自由度	渐进显著性(双侧)	精确显著性(双侧)	精确显著性(单侧)
皮尔逊卡方	3.932[a]	1	0.047		
连续性修正[b]	2.950	1	0.086		
似然比(L)	3.978	1	0.046		
费希尔精确检验				0.065	0.043

续表

	值	自由度	渐进显著性（双侧）	精确显著性（双侧）	精确显著性（单侧）
线性关联	3.863	1	0.049		
有效个案数	57				

a. 0 个单元格(0.0%)的期望计数小于 5。最小期望计数为 13.26。
b. 仅针对 2×2 列联表进行计算。

表 11-3-11、表 11-3-14 和表 11-3-17 的意义相同，它们分别给出了三种情况下教师的年龄状况与教学调控能力相互作用的样本容量信息。如 $N=56、55$ 和 57。

表 11-3-12、表 11-3-15 和表 11-3-18 的意义相同，它们分别给出了三种情况下教师年龄类别与教学调控能力相互作用的各单元格频数与百分比的信息，包括各组别的实际频数、理论频数、相应的百分比，以及各行与各列的总频数和百分比。

表 11-3-13、表 11-3-16 和表 11-3-19 的意义相同，它们分别给出了三个四格表的 χ^2 检验结果。从表中提供的信息可以看出，年龄为青年和中年时期的教学调控能力关联性 χ^2 检验结果是：$\chi^2_{(1-2)} = 5.793$，$P = 0.016 < 0.05$；年龄为青年和老年时期的教学调控能力关联性 χ^2 检验结果是：$\chi^2_{(1-3)} = 0.210$，$P = 0.646 > 0.05$；年龄为中年和老年时期的教学调控能力关联性 χ^2 检验结果是：$\chi^2_{(2-3)} = 3.932$，$P = 0.047 < 0.05$。所以，在课堂教学调控能力上，中年教师的教学调控能力要明显好于青年教师和老年教师，而青年教师与老年教师之间却无显著差异。这些结论与检验统计量法所得的结果完全一致。

思考与练习

1. 某市小学教师不布置家庭作业的占 65%，该市某校 37 个教师中不给学生布置家庭作业的有 14 人，请问该校教师不布置家庭作业的人数比率与全市是否有显著性差异？

2. 小学五年级（1）（2）（3）三个班级学生的一次"数学计算能力"测验成绩情况如表 11-4-1 所示，请问这三个班学生的测验成绩是否存在显著差异？如果有差异，具体又是哪两者间的差异？

表 11-4-1　三个班的数学成绩

班级	及格	不及格	$\sum$
五（1）	32	17	49
五（2）	31	9	40
五（3）	25	16	41
$\sum$	88	42	$N=130$

3. 某小学五年级 89 名学生实施"小学生数学计算能力训练方法"的实验，在实验一个月前后两次的数学计算能力测验及格情况如图 11-4-1 所示，请问实验所使用的计算能力训练方法是否有效？

		训练后测验	
		及格	不及格
训练前测验	及格	$a=24$	$b=2$
	不及格	$c=39$	$d=24$

图 11-4-1　训练前后对比

第十二章 线性关系分析：相关与回归

内容提要

◎ 相关与相关系数的概念

◎ 两变量相关分析及其主要类别特征

◎ 两变量相关系数的计算与显著性检验

◎ 偏相关分析的概念与显著性检验

◎ 回归列联表预测的 Logic 回归分析

◎ 预测变量为连续变量的 Logic 回归分析

第一节　两变量间的相关分析

▶ 问题实例

[实例12-1-1]　10名三年级学生的语文成绩与数学成绩如表12-1-1所示，请问这两列成绩之间的相关系数是多少？从总体上看，三年级学生的语文成绩与数学成绩是否存在相关？（为说明与计算方便，此处特取小样本）

表12-1-1　10名学生的语文成绩与数学成绩

学生编号	1	2	3	4	5	6	7	8	9	10
性别	1	0	1	1	1	0	0	0	0	1
语文成绩	78	98	95	82	76	58	74	69	72	83
数学成绩	86	85	96	78	71	62	66	82	67	75

[实例12-1-2]　一次小学毕业生数学思维能力测试中，A班40名学生在数学推理能力分数与数学想象能力分数之间的相关系数 $r_1=0.65$，B班36名学生在这两项能力分数之间的相关系数 $r_2=0.54$。请问A、B两个班小学毕业生在数学推理能力与数学想象能力两者之间的相关有无明显差异？

[实例12-1-3]　10名初三学生的语言能力测验等级（x，等级数越小表示能力越强）与英语测试成绩分数（y）如表12-1-2所示，请问初三学生的语言能力与英语成绩之间的相关情况如何？

表12-1-2　10名学生语言能力测验等级和英语测试分数

学生编号	1	2	3	4	5	6	7	8	9	10
x	7	3	4	7	6	2	1	8	5	2
y	69	86	72	65	81	93	89	61	77	81

[实例12-1-4] 16名小学毕业生,其中农村学校有7人,城市学校有9人,他们在有关"意志品质问卷调查"中的得分如表12-1-3所示。请问小学毕业生的意志品质测试分数(X)高低与其所在的学校地域(Y)类别是否有关?(注:学校地域栏中"0"代表城市学校、"1"代表农村学校)

表12-1-3 16名学生的意志品质测试分数和学校地域

学生编号	x	y	学生编号	x	y
1	70	1	9	71	0
2	75	1	10	83	1
3	86	0	11	85	1
4	63	0	12	67	1
5	78	1	13	72	0
6	68	0	14	55	0
7	74	0	15	49	1
8	56	0	16	60	0

[实例12-1-5] 一项有关学生学习能力与学习成绩关系的调查研究,使用相同的测量工具,在某地区随机抽取三个县分别展开调查,并分别得到学生学习能力与学习成绩之间的三个相关系数(数据如下)。那么如何从这些数据出发分析该地区学生的学习能力与学习成绩之间的相关关系?

样本1:$n_1 = 30$, $r_1 = 0.519$ 样本2:$n_2 = 64$, $r_2 = 0.487$

样本3:$n_3 = 176$, $r_3 = 0.725$

▶ 统计方法

在上述前4个实例中,尽管所具有的条件各有差异,变量的类别也有所不同(如有连续变量、间断变量等),但它们所涉及的都是对两个变量之间的相互关系进行描述与分析,即为两变量的相关分析。可以通过计算两变量的相关系数并进行显著性检验,即采用相关分析的方法来推断各题中两个变量间的相关情况。

▶ 基本理论

一、两变量相关分析的基本概念

(一) 共变与线性关系

上述实例中涉及不止一个单一的连续变量,而是同时牵涉到两个连续变量关系的探讨。这时,不能用前面章节提到的仅适用于单独一个连续变量时适用的次数分布表或图示法来表现数据的内容与特性,或以平均数与标准差来描述数据的集中或离散程度。所以研究一个问题时,通常会同时涉及两个或两个以上连续变量关系的探讨,这时两个连续变量的共同变化情形,称为共变(covariance)。这是连续变量关联分析非常重要的基础。

两个连续变量间的共变关系有多种形式,统计学上最常见也是最简单的关联形态是线性关系(linear relationship),也就是说涉及两个连续变量的关系多以线性关系的形式进行分析。线性关系指的是两个变量的关系呈现直线般的共同变化,即将两个变量的关系以直线方程式的原理来估计关联强度。例如,用积差相关系数来表示,积差相关系数越大,表示线性关联越强;积差相关系数越小,则表示线性关联越弱,两变量间可能没有关联,或是呈现非线性关系。对于两变量之间是否呈线性关系,也可以用两变量中的每对数据作为直角坐标系中的坐标(X, Y)描点,通过相关散点分布图的形状作出初步判断。如图 12-1-1 所示,图 a、b 在不同程度上接近于一条直线,说明两个变量呈线性关系;而图 c、d 分别表示两变量为零相关和曲线相关。

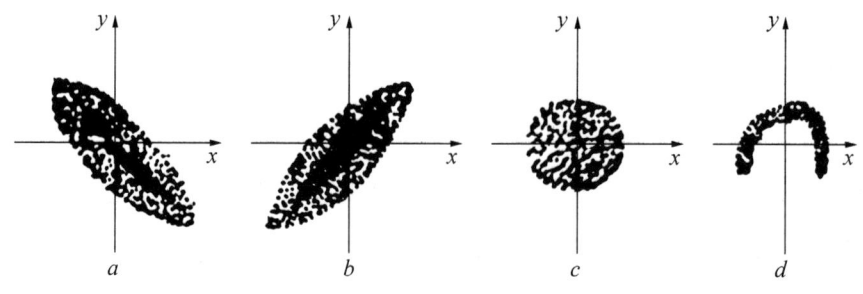

图 12-1-1 两变量相关散布(点)图

（二）相关

相关又称相关关系，是指两个变量之间存在的一种不精确、不稳定的变化关系。

一般地，我们已熟知两个变量间存在的函数（因果）关系：其中一个变量值变大（小），另一个变量值也随之变大（小）；或者一个变量值变大（小），另一个变量值却随之变小（大）。也就是说，一个变量依赖于另一个变量的变化而变化，变化的值是精确而又稳定的。两个变量中，一个变量是因，而另一个变量是果，这就通常表现为我们平时所说的因果关系。然而，相关关系中的"不精确""不稳定"是说两个变量中，一个变量值变大（小），有可能另一个变量值始终保持不变，或可能变大也可能变小，而且也无法确定究竟何者为因何者为果。例如，智力水平与学习成绩之间的关系，智力水平高的，学习成绩可能好也可能差；某一试题上的得分与全卷总分之间的关系，某一试题上得高分，考试总分可能高也可能低。

根据不同的分类标准，相关可划分为不同的种类。按两变量的变化方向不同，相关可分为正相关、负相关和零相关。正相关指的是两个变量的变化方向一致，即一个变量值变大时，另一个变量值也随之变大；反之亦变小。如练习打字的次数越多，则打字速度越快。负相关指的是两个变量的变化方向相反，即一个变量值变大时，另一个变量值反而变小；反之则变大。如练习打字次数增多，出错率随之降低。零相关（又称无相关）指的是两个变量值变化方向无一定规律，即一个变量值变大时，另一个变量值可能始终保持不变或作无规则的变化。例如，孩子身高增长与小树长高两组数据之间毫无关系。按照两变量关系的密切程度不同，相关又可分为高相关、中相关和低相关。根据两变量的类型和所具有的条件，相关又可分为积差相关、等级相关和质量相关。

（三）相关系数

相关系数是指描述两个变量相互之间变化方向与密切程度的数量指标。常用 ρ 表示总体相关系数，r 表示样本相关系数。

相关系数的取值范围为 $[-1, +1]$，即 $|r| \leqslant 1$。其中，"±"号表示两个变量之间变化的方向，"+"号表示变化方向一致，即正相关；而"-"号表示变化方向相反，即负相关。$|r|$ 的大小表示两个变量之间的密切程度，$|r|$ 越接近 1，表示两个变量之间相关程

度越高；|r|越接近0，表示两个变量相关程度越低。当 $r=1$ 时，表示两个变量完全正相关；当 $r=-1$ 时，表示两个变量完全负相关；当 $r=0$ 时，表示两个变量无相关。假设相关系数 $r_1=0.7$，$r_2=-0.7$，则 r_1 表示两变量呈正相关，r_2 表示两变量呈负相关，但它们的相关程度相同。

在理解相关系数这一概念时，需注意以下三点：

① 相关系数仅仅是一个相关程度的比较值，而不是等距量值，也不是百分比，因此，不能直接作加、减、乘、除运算。例如，$r_1=0.50$，$r_2=0.25$，我们只能说相关系数为 $r_1=0.50$ 的两变量比相关系数为 $r_2=0.25$ 的两变量之间的关系程度更密切，而绝不能说两者的相关程度之差是 0.25，也不能说前者的相关程度是后者的两倍。

② 相关系数只能描述两个变量之间的变化方向与关系的密切程度，却不能揭示两者之间的内在本质联系。也就是说，存在相关的两个变量，却未必一定存在因果关系。例如，智力水平与数学成绩之间的相关系数 $r=0.78$，这只能说明两者关系较为密切，却不能断定智力水平就是直接影响数学成绩高低的原因。所以，要想判定相关关系是否存在着内在本质联系或蕴含因果关系，还须根据与这两个变量有关的知识、经验做进一步的分析研究。

③ 以相关系数的取值大小来判定变量间是否存在实质性的相关关系时，应综合考虑取样的大小等条件，经过统计检验后方能确定。抽样误差的存在，可能会导致原本并不相关的两变量间出现较大的相关系数，或者原本存在相关的两变量间却出现较小的相关系数。因此我们不能简单地由|r|的大小，对变量 X 与 Y 之间的关系程度直接作判断，而必须对相关系数进行显著性检验。如果差异不显著，那么即使|r|较大，也不能认为 X 与 Y 显著相关。反之，如果有显著性差异，那么即使|r|较小，也应认为 X 与 Y 之间的相关显著。

统计学上，样本数的大小是影响相关系数统计显著性的重要因素。提高样本数可以提升统计意义，但不改变实质意义；影响实质意义大小的决定因子不是样本规模，而是变量间的实质关系。相关系数的大小与意义的对应情况见下页表12-1-4。

表 12-1-4　相关系数的大小与意义对应表

相关系数绝对值的范围	变量关联程度	相关系数绝对值的范围	变量关联程度
1.0	完全相关	0.10~0.39	低度相关
0.70~0.99	高度相关	0.10 以下	弱或无相关
0.40~0.69	中度相关		

一般地,通过计算两变量相关系数并进行显著性检验,从而对两变量之间的关系作出推断的统计方法,称之为两变量的相关分析。

二、相关系数的计算及其显著性检验

（一）积差相关系数的计算及其显著性检验

1. 积差相关系数的概念与计算

积差相关系数,又称皮尔逊(Pearson)相关系数,是指用以表示两个呈线性关系且均为正态连续变量之间相关关系的数量指标,通常用 r 表示。计算公式为:

$$r = \frac{\sum (x_i - \bar{x})(y_i - \bar{y})}{nS_x S_y} \quad \text{式 12-1-1}$$

式中,n 表示成对数据的数目;$\bar{x}$、$\bar{y}$ 分别表示变量 x、y 的平均数;S_x、S_y 分别表示变量 x、y 的标准差。

与式 12-1-1 等价的直接取原始数据计算的公式:

$$r = \frac{\sum x_i y_i - \dfrac{\sum x_i \sum y_i}{n}}{\sqrt{\sum x_i^2 - \dfrac{(\sum x_i)^2}{n}} \sqrt{\sum y_i^2 - \dfrac{(\sum y_i)^2}{n}}} \quad \text{式 12-1-2}$$

式中,$\sum x_i$、$\sum y_i$ 分别表示变量 x、y 值的和;$\sum x_i y_i$ 表示 x 与 y 乘积之和;$\sum x_i^2$、$\sum y_i^2$ 分别表示 x、y 平方之和。

2. 积差相关系数的适用条件

积差相关系数的运用,须同时满足以下条件:

① 两个样本均为容量 $n>30$。

② 两列变量均为呈正态或接近正态分布的连续变量。

③ 两变量之间呈线性关系。

3. 积差相关系数的显著性检验过程

在对相关问题的初步分析中，经常需要对相关系数为 r 的样本是否来自零相关（$\rho=0$）的总体，以及两个相关系数是否存在显著性差异这两种情况进行检验。

（1）相关系数为 r 的两个样本是否来自 $\rho=0$ 的两个独立总体的显著性检验

方法1：选择统计量法

用这种方法检验相关系数的差异显著性，其检验步骤与统计决断均同于第八、九章中的相关内容，在此不再赘述。只是其检验统计量有所不同。在 $H_0: \rho=0$ 成立的条件下，其检验统计量为：

$$Z = \frac{r\sqrt{n-1}}{1-r^2} \quad (n>30) \qquad \text{式 12-1-3}$$

或

$$t = \frac{r\sqrt{n-2}}{\sqrt{1-r^2}} \quad (n<30,\ df=n-2) \qquad \text{式 12-1-4}$$

方法2：查表法

根据 $df=n-2$ 及所确定的检验形式（单侧或双侧），直接查"附表6　积差相关系数临界值表"，寻找 r 的临界值 $r_{(df),\alpha}$，然后将样本 $|r|$ 与临界值 $r_{(df),\alpha}$ 直接比较大小，并据此对相关系数为 r 的样本是否来自 $\rho=0$ 的总体作出决断。

（2）两个独立总体相关系数 ρ_1、ρ_2 差异的显著性检验

两个独立总体相关系数 ρ_1 与 ρ_2 之间的差异显著性，是通过对两个样本相关系数 r_1、r_2 的差异检验后作出推断得到的。r_1、r_2 的差异检验在 $H_0: \rho_1=\rho_2$ 成立的条件下进行。其检验统计量为：

$$Z = \frac{(Z_{r1} - Z_{r2}) - (Z_{\rho 1} - Z_{\rho 2})}{\sqrt{\frac{1}{n_1-3} + \frac{1}{n_2-3}}} \qquad \text{式 12-1-5}$$

Z_{r1} 与 Z_{r2} 可根据 r_1、r_2 查"附表7　相关系数 r 的 Z_r 转换表"得到。

(二)等级相关系数的计算及其显著性检验

1. 等级相关系数的概念与计算

等级相关系数是指用来描述以等级次序排列或以等级次序表示变量之间相关关系的数量指标。通常用符号 r_R 表示。此处仅介绍斯皮尔曼(Spearman)二列等级相关系数。其计算公式为:

$$r_R = 1 - \frac{6 \sum D_i^2}{n(n^2 - 1)} \qquad 式\ 12\text{-}1\text{-}6$$

式中,D_i^2 表示两个变量每对数据等级(非原来的等次)之差的平方。

2. 斯皮尔曼等级相关系数的适用条件

斯皮尔曼等级相关系数的运用,须同时满足以下条件:

① 两变量中至少有一个是以等级次序排列的等级变量或可以转化为等级次序表示的连续变量。

② 两变量间呈线性关系。

③ 两变量的总体未必服从正态分布。

④ 样本容量未必大于30。

3. 斯皮尔曼等级相关系数的显著性检验过程

方法 1:选择检验统计量法

检验步骤如同积差相关系数的检验。但在 $H_0: \rho = 0$ 成立的条件下,其检验统计量为:

$$t = \frac{r_R \sqrt{n-2}}{\sqrt{1 - r_R^2}} \quad (df = n - 2) \qquad 式\ 12\text{-}1\text{-}7$$

方法 2:查表法

当 n 介于 1~1 000 之间时,可根据 $df = n - 2$ 和显著性水平 α,查"附表 6 积差相关系数临界值表"找到相应于 r_R 的单侧或双侧临界值 $r_{(df),\alpha}$ 和 $r_{(df),\frac{\alpha}{2}}$,将实际求得的样本 $|r_R|$ 与临界值比较,从而作出统计决断。而当 n 介于 4~50 之间时,还可以根据样本容量 n 和显著性水平 α,查"附表 8 等级相关系数临界值表",得到单侧或双侧

临界值 $r_{R,(df,\alpha)}$ 和 $r_{R,(df,\frac{\alpha}{2})}$，再将实际求得的样本 $|r_R|$ 值与临界值比较，并据此作出统计决断。

（三）质量相关系数的计算及显著性检验

1. 质量相关系数的概念与计算

质量相关系数指的是用以表示两个变量中一个质变量与一个量变量之间相关关系的指标。其中，"量变量"一般指连续变量，如智商、学科成绩、身高、体重等；而"质变量"是以二分法所得的变量（故又称二分变量），如男与女、优与劣、好与差、合格与不合格、通过与未通过、健康与不健康等。根据质变量是否被人为划分的这一特点，质量相关系数可分为二列相关系数与点二列相关系数两种。**如果质变量是被人为划分成的二分变量（名义二分变量），那么质量相关系数为二列相关系数。如果质变量是被按性质划分成的二分变量（真正二分变量）或者虽非真正的二分变量但属于双峰分布的变量，那么质变量相关系数为点二列相关系数。** 例如，实例 12-1-1 中的数据，若要分析男生和女生在语文成绩上的相关是否显著时，就需要采用点二列相关系数来计算并加以判断。类似于未婚与已婚、死亡与非死亡都属于真正的二分变量。

二列相关系数通常用符号 r_b 表示。其计算公式为：

$$r_b = \frac{\overline{x_p} - \overline{x_q}}{\sigma_t} \cdot \frac{pq}{y} \qquad 式\ 12\text{-}1\text{-}8$$

或

$$r_b = \frac{\overline{x_p} - \overline{x_t}}{\sigma_t} \cdot \frac{p}{y} \qquad 式\ 12\text{-}1\text{-}9$$

式中，r_b 表示二列相关系数；p 表示人为划分的名义二分变量中某一类别的频率，q 表示另一类别的频率，$p+q=1$；$\overline{x_p}$ 表示与人为二分变量中 p 类相对应的连续变量的平均数；$\overline{x_q}$ 表示与人为二分变量中 q 类相对应的连续变量的平均数；$\overline{x_t}$ 表示连续变量的平均数；σ_t 表示连续变量的标准差；y 表示正态曲线下与 p 相对应的纵线高度。

点二列相关系数通常用符号 r_{pb} 表示。其计算公式为：

$$r_{pb} = \frac{\overline{x_p} - \overline{x_q}}{\sigma_t} \sqrt{pq} \qquad 式\ 12\text{-}1\text{-}10$$

或

$$r_{pb} = \frac{\overline{x_p} - \overline{x_t}}{\sigma_t} \sqrt{\frac{p}{q}} \qquad 式\ 12\text{-}1\text{-}11$$

2. 质量相关系数的适用条件

二列相关系数的运用,须同时满足以下条件:

① 两个样本容量均为 $n>30$。

② 两个变量之间呈线性关系。

③ 两个变量均为正态连续变量,其中一个被人为划分成名义二分变量。

点二列相关系数的运用,须同时满足以下条件:

① 两个样本容量均为 $n>30$。

② 两个变量之间呈线性关系。

③ 两个变量中一个为正态连续变量,另一个为真正二分变量。

3. 质量相关系数的显著性检验过程

其检验过程如同积差相关系数的检验步骤。其中:

二列相关系数显著性检验统计量为:

$$Z = \frac{r_b}{\frac{1}{y}\sqrt{\frac{pq}{n}}} \qquad \text{式 12-1-12}$$

点二列相关系数显著性检验统计量为:

$$t = \frac{r_{pb}\sqrt{n-2}}{\sqrt{1-r_{pb}^2}} \qquad \text{式 12-1-13}$$

为便于比较相关系数各种类别的特点与差异,在此梳理成表格形式呈现(下页表 12-1-5)。

三、两变量相关分析的主要用途

在教育量化研究中,相关分析是一种常见且极有意义的统计方法。它主要用于对不同情况或不同属性的两个变量之间变化方向及其关系密切程度进行描述与分析。例如,对学生身体发育指标如身高与体重之间关系的研究,对两门学科成绩、能力与学习成绩、性别与学习成绩、高考成绩与大学一年级成绩之间关系的分析。两变量相关分析还可用于考试的信度和效度、调查问卷的信度或效度,以及两个相关总体平均数差异显著性检验等领域的研究。换言之,凡符合两变量相关分析条件的均可采用相关分析。

表 12-1-5 不同类别相关系数比较表

类别	定义	适用条件	计算公式	检验
积差相关系数（皮尔逊相关系数）	表示两个呈线性关系的正态连续变量之间的相关关系	◆ 两个样本均容量 n>30 ◆ 两列变量均为呈正态或接近正态分布的连续变量 ◆ 两变量间呈线性关系	$r = \dfrac{\sum(x_i-\bar{x})(y_i-\bar{y})}{nS_xS_y}$ $r = \dfrac{\sum x_iy_i - \dfrac{\sum x_i \sum y_i}{n}}{\sqrt{\sum x_i^2 - \dfrac{(\sum x_i)^2}{n}}\sqrt{\sum y_i^2 - \dfrac{(\sum y_i)^2}{n}}}$	$Z = \dfrac{r\sqrt{n-1}}{1-r^2}\ (n>30)$ $t = \dfrac{r\sqrt{n-2}}{\sqrt{1-r^2}}\ (n<30, df=n-2)$ $Z = \dfrac{(Z_{r1}-Z_{r2})-(Z_{\rho 1}-Z_{\rho 2})}{\sqrt{\dfrac{1}{n_1-3}+\dfrac{1}{n_2-3}}}$
等级相关系数（斯皮尔曼相关系数）	表示以等级次序排列或以等级次序表示的两个变量之间的相关关系	◆ 两变量中至少有一个是以等级次列化为等级次序的连续变量 ◆ 两变量间呈线性关系 ◆ 两变量的总体未必服从正态分布 ◆ 两样本容量未必大于 30	$r_R = 1 - \dfrac{6\sum D_i^2}{n(n^2-1)}$	$t = \dfrac{r_R\sqrt{n-2}}{\sqrt{1-r_R^2}}\ (df=n-2)$
质量相关系数	表示两变量中一个质变量与一个量变量之间的相关关系	"量变量"指连续变量，"质变量"以二分变量表示。根据二分变量是否被人为划分的特点，质量相关系数又分为二列相关系数与点二列相关系数		

续表

类别	定义	适用条件	计算公式	检验
二列相关系数	两个均为正态连续变量，其中一个为名义二分变量	◆ 两个样本容量 $n>30$ ◆ 两个变量之间呈线性关系 ◆ 两个变量均为正态连续变量，其中一个被人为划分成名义二分变量	$r_\mathrm{b} = \dfrac{\overline{x_p} - \overline{x_q}}{\sigma_\mathrm{t}} \cdot \dfrac{pq}{y}$ 或 $r_\mathrm{b} = \dfrac{\overline{x_p} - \overline{x_\mathrm{t}}}{\sigma_\mathrm{t}} \cdot \dfrac{p}{y}$	$Z = \dfrac{r_\mathrm{b}}{\dfrac{1}{y}\sqrt{\dfrac{pq}{n}}}$
点二列相关系数	两个变量中，一个为正态连续变量，另一个为真正二分变量	◆ 两个样本容量 $n>30$ ◆ 两个变量之间呈线性关系 ◆ 两个变量中一个为正态连续变量；另一个为真正二分变量	$r_\mathrm{pb} = \dfrac{\overline{x_p} - \overline{x_q}}{\sigma_\mathrm{t}}\sqrt{pq}$ 或 $r_\mathrm{pb} = \dfrac{\overline{x_p} - \overline{x_\mathrm{t}}}{\sigma_\mathrm{t}}\sqrt{\dfrac{p}{q}}$	$t = \dfrac{r_\mathrm{pb}\sqrt{n-2}}{\sqrt{1-r_\mathrm{pb}^2}}$

四、两变量相关分析的实例解答

下面采用检验统计量法,分别对实例 12-1-1 至实例 12-1-5 进行解答。

(一)实例 12-1-1 的解答技术

实例 12-1-1 涉及的两个变量是成对的且相互独立的连续变量,我们可以把两个变量的总体看作是正态分布,并且两者间具有线性关系。这里,理论上应取大样本,但为了计算与说明方便,只以 10 对数据为例。由此,对题中的两个问题,我们可以采用积差相关系数的计算及其显著性检验的方法进行解决,即先计算两样本数据的积差相关系数并进行检验,然后对全体三年级学生的语文成绩(X)与数学成绩(Y)之间是否存在相关关系作出推断。具体步骤为如下。

1. 积差相关系数的计算

先将原始数据列成表,并求出计算积差相关系数所需的各统计量 x_i^2、y_i^2、$\sum x_i$、$\sum y_i$、$\sum x_i^2$、$\sum y_i^2$、$\sum x_i y_i$ 的值(数据见表 12-1-6)。

表 12-1-6　10 位学生语文成绩与数学成绩积差相关系数计算

序号	x_i	y_i	x_i^2	y_i^2	$x_i y_i$
1	78	86	6 084	7 396	6 708
2	98	85	9 604	7 225	8 330
3	95	96	9 025	9 216	9 120
4	82	78	6 724	6 084	6 396
5	76	71	5 776	5 041	5 396
6	58	62	3 364	3 844	3 596
7	74	66	5 476	4 356	4 884
8	69	82	4 761	6 724	5 658
9	72	67	5 184	4 489	4 824
10	83	75	6 889	5 625	6 225
$\sum$	785	768	62 887	60 000	61 137

再将相应数据代入式 12-1-2,得

$$r = \frac{61\,137 - \frac{785 \times 768}{10}}{\sqrt{62\,887 - \frac{785^2}{10}} \sqrt{60\,000 - \frac{768^2}{10}}} = 0.75$$

2. 相关系数的显著性检验

对相关系数进行检验时,我们可以采用查临界值表法和假设检验法两种方法进行。

方法 1：查临界值表法

由 $df = n - 2 = 8$,查"附表 6 积差相关系数临界值表",得到 r 的双侧临界值 $r_{(8),\frac{0.05}{2}} = 0.632$,$r_{(8),\frac{0.01}{2}} = 0.765$。由于 $r_{(8),\frac{0.05}{2}} = 0.632 < r = 0.75 < r_{(8),\frac{0.01}{2}} = 0.765$,所以 $0.01 < P < 0.05$。

方法 2：假设检验法

① 提出假设：

$$H_0 : \rho = 0$$

$$H_1 : \rho \neq 0$$

② 选择检验统计量并计算其值：选择式 12-1-4 为检验统计量,并将相应的数据代入,得

$$t = \frac{0.75 \times \sqrt{10 - 2}}{\sqrt{1 - 0.75^2}} = 3.20$$

③ 统计决断：由 $df = 10 - 2 = 8$,$\alpha = 0.05$ 或 $\alpha = 0.01$,查"附表 2 t 值表"得 $t_{(8),\frac{0.05}{2}} = 2.306$,$t_{(8),\frac{0.01}{2}} = 3.355$。因为 $t_{(8),\frac{0.05}{2}} = 2.306 < t = 3.207 < 3.355 = t_{(8),\frac{0.01}{2}}$,所以 $0.01 < P < 0.05$。说明应在 0.05 水平上拒绝 H_0,即样本相关系数 $r = 0.75$ 与总体零相关($\rho = 0$)在 0.05 水平上有显著差异。从而可以推断,三年级学生的语文成绩与数学成绩两者在 0.05 水平上有显著相关。这与上述用直接查表法得到的结论完全一致。

（二）实例 12-1-2 的解答技术

已知：$n_1 = 40$,$n_2 = 36$,$r_1 = 0.65$,$r_2 = 0.54$,我们可以采用选择检验统计量法来

解决 A、B 两个班学生的数学推理能力与数学想象能力之间的相关问题。

① 提出假设：

$$H_0: \rho_1 = \rho_2$$

$$H_1: \rho_1 \neq \rho_2$$

② 将 r_1 与 r_2 转换成 Z_{r1} 和 Z_{r2}：查"附表 7　相关系数 r 的 Z_r 转换表"，找到与 r_1 = 0.65 相对应的 Z_{r1} = 0.775；与 r_2 = 0.54 相对应的 Z_{r2} = 0.604。

③ 选择检验统计量并计算其值：

$$Z = \frac{(Z_{r1} - Z_{r2})}{\sqrt{\frac{1}{n_1 - 3} + \frac{1}{n_2 - 3}}} = \frac{0.775 - 0.604}{\sqrt{\frac{1}{40 - 3} + \frac{1}{36 - 3}}} = 0.71$$

④ 统计决断：由于 $|Z|$ = 0.71 < 1.96，则 P > 0.05，为此，可以得出结论：A、B 两个班学生的数学推理能力与数学想象能力的相关没有显著性差异。

（三）实例 12-1-3 的解答技术

实例 12-1-3 涉及两个变量，其中一个为等级变量（X），另一个为正态连续变量（Y）。我们可以采用斯皮尔曼等级相关系数来分析这两个变量之间的相关情况。具体步骤如下。

① 赋予等级：分别将两个变量的成绩按同一方向从优到劣赋予等级，将最优者赋为 1，最劣者赋为 n，（也可以最劣者赋为 1，最优者赋为 n）。在原始等级分数中若遇相同等级时，可用它们所占等级位置的平均值作为它们的等级。例如，语言能力测验的原等级分数中，有 2 个 7，它们所占等级位置数分别为 2、3，其平均数为 2.5，则它们的等级数均为 2.5。又如英语成绩分数中 2 个 81 分，它们所占等级位置数分别为 4、5，其平均数为 4.5，则它们的等级数均为 4.5。其他依次类推，具体数据见下页表 12-1-7 中第③⑤列。

② 计算两个变量每对数据的等级数之差 D 和差数平方 D_i^2。具体数据见表 12-1-7 中第⑥⑦列。

表 12-1-7　10 名初三学生语言能力与英语成绩等级相关统计量的计算

① 序号	语言能力(x_i)		英语成绩(y_i)		⑥ 等级差数 (D_i)	⑦ 差数平方 (D_i^2)
	② 名次	③ 等级	④ 分数	⑤ 等级		
1	2	8.5	69	8	0.50	0.25
2	6	4	86	3	1	1
3	5	5	72	7	−2	4
4	2	8.5	65	9	−0.5	0.25
5	3	7	81	4.5	2.5	6.25
6	7	2.5	93	1	1.5	2.25
7	8	1	89	2	−1	1
8	1	10	61	10	0	0
9	4	6	77	6	0	0
10	7	2.5	81	4.5	−2	4
∑						19

③ 计算等级相关系数：将有关数据代入式 12-1-6，计算等级相关系数，得

$$r_R = 1 - \frac{6 \times 19}{10 \times (100 - 1)} = 0.885$$

④ 统计决断：由于 $n = 10$，介于 4~50 之间，所以可以选择直接查"附表 8　等级相关系数临界值表"的方法进行相关显著性检验。当 $n = 10$、$\alpha = 0.01$ 时，双侧检验的临界值 $r_{R(10), \frac{0.01}{2}} = 0.794$，因为 $r_R = 0.885 > 0.794 = r_{R(10), \frac{0.01}{2}}$，则 $P < 0.01$，于是在 0.01 显著性水平上拒绝 H_0 而接受 H_1，说明语言能力与英语成绩之间的相关极其显著。

（四）实例 12-1-4 的解答技术

实例 12-1-4 所涉及的两个变量中，"测试分数"可看作是正态连续性变量，"学校地域"则是我们根据需要人为划分出来的名义二分变量，故此处需用二列相关系数来

分析个两变量之间的相关情况。

1. 计算二列相关系数

根据题意可得：$n = 16$，$p = \dfrac{7}{16} = 0.44$，$q = 1 - 0.44 = 0.56$，$\overline{x_P} = \dfrac{507}{7} = 72.4$，$\overline{x_t} = \dfrac{1\,112}{16} = 69.5$，$\sigma_t = 10.89$；由 p 值查"附表1　正态分布表"得 $Y = 0.394\,48$。将有关数据代入式12-1-9，得：

$$r_b = \dfrac{72.4 - 69.5}{10.89} \times \dfrac{0.44}{0.394\,48} = 0.297$$

2. 检验二列相关系数的显著性

① 提出假设：

$$H_0: \rho = 0$$

$$H_1: \rho \neq 0$$

② 选择检验统计量并计算其值：将有关数据代入式12-1-12，得

$$Z = \dfrac{0.297}{\dfrac{1}{0.394\,48} \times \sqrt{\dfrac{0.44 \times 0.56}{16}}} = 0.944$$

③ 统计决断：由于 $|Z| = 0.944 < 1.96$，则 $P > 0.05$，故在 0.05 显著性水平上接受 H_0 而拒绝 H_1。说明从总体上看，小学毕业生意志品质的高低与其学校所在地域无关，或者说城市学校与农村学校的小学毕业生的意志品质水平没有显著差异。

（五）实例12-1-5的解答技术

实例12-1-5所要解决的问题不再是简单地就两个变量计算相关系数及其显著性检验，而是需要对多个相关系数进行合成，从而来说明某地区学生的学习能力与学习成绩之间的相关关系。

由于相关系数是非等距量值，故不能采用简单合成的方法。又由于三个样本取自同一总体且相互接近，研究对象与使用的测量工具均相同，所以我们可认为这三个样

本符合同质性的前提。为此,我们可以将其转换成标准分数之后再求平均,以达到合成的目的。其计算步骤如下。

① 将各样本的 r 转换成 Fisher(费舍)Z 分数:查"附表 7 相关系数 r 的 Z_r 转换表"得到与 r 最接近的 Z 值。具体数据见表 12-1-8 第 5 列所示。

表 12-1-8 取自同一总体三个样本的积差相关系数的平均数计算

样本	n_i	n_i-3	r_i	Z_i	$(n_i-3)Z_i$
1	30	27	0.519	0.576	15.552
2	64	61	0.487	0.530	32.330
3	176	173	0.725	0.918	158.814
∑		261			206.696

② 求 Z 分数的平均数:

$$\bar{Z} = \frac{\sum(n_i-3)Z_i}{\sum(n_i-3)} = \frac{206.696}{261} = 0.792$$

③ 将 $\bar{Z}$ 转换成 $\bar{r}$:查"附表 7 相关系数 r 的 Z_r 转换表",在表的 Z 列中找到与 $\bar{Z}$ 最接近的值,其所对应的 r 值就是 $\bar{r}$。本实例中,与 $\bar{Z}$ = 0.792 相对应的 $\bar{r}$ = 0.660,说明该地区三个县学生的学习能力与学习成绩之间相关关系的平均数为 $\bar{r}$ = 0.660。

▶ 统计分析

以实例 12-1-1 和实例 12-1-3 为例,用 SPSS 软件进行两变量相关分析的操作步骤如下。

步骤 1:建立或打开数据文件。所不同的是,实例 12-1-1 中的数据文件,应设置两个变量均为连续变量,而实例 12-1-3 中的数据文件,应设置一个变量为连续变量,另一个变量为等级变量(下页图 12-1-2)。

	语文成绩	数学成绩	英语成绩	语言能力等级
1	78	86	69	7
2	98	85	86	3
3	95	96	72	4
4	82	78	65	7
5	76	71	81	6
6	58	62	93	2
7	74	66	89	1
8	69	82	61	8
9	72	67	77	5
10	83	75	81	2

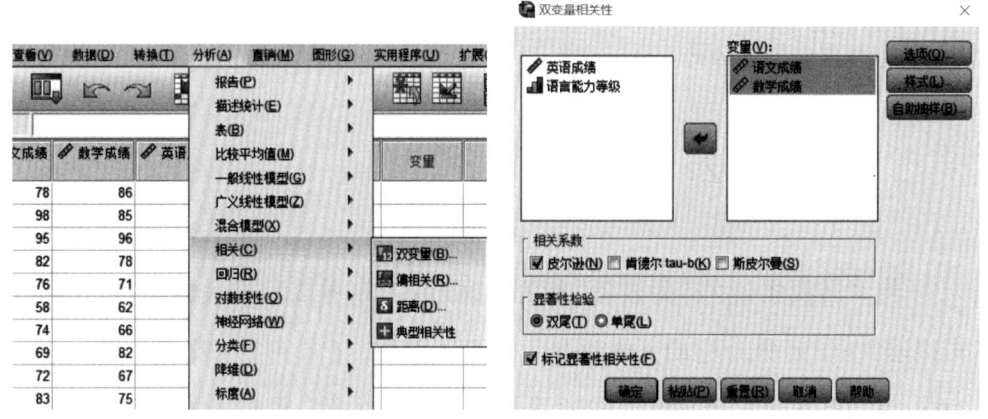

图 12-1-2 两个样本的变量设定

步骤 2：点击菜单栏“分析(A)”→点击“相关(C)”→点击“双变量(B)…”(图 12-1-3)，打开“双变量相关性”对话框。

图 12-1-3 双变量相关分析的菜单选项

图 12-1-4 “双变量相关性”对话框

步骤 3：根据题目所需作相关分析的实际情况选择相应变量和相关系数。实例 12-1-1 涉及的是两个连续变量，故在“双变量相关性”对话框中，将左侧“语文成绩”“数学成绩”两个变量右移至“变量(V)”框中→在“相关系数”下方勾选“皮尔逊(N)”(系统默认项)→在“显著性检验”下点选“双尾(T)”(系统默认项)→勾选“标记显著性相关性(F)”(图 12-1-4)。

如果此例中加上一个“性别”变量，分析“性别”变量和“语文成绩”变量之间的相关关系，则只需将这两个变量右移至“变量(V)”框中，同样勾选“皮尔逊(N)”相关系数(下页图 12-1-5)，即可得到点二列相关系数。

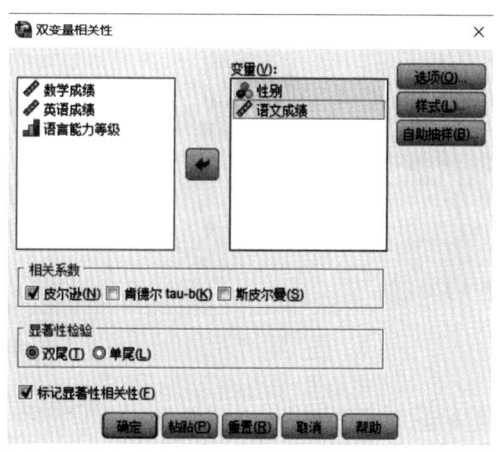

图 12-1-5　皮尔逊点二列相关系数的选项框

实例 12-1-3 两个变量中有一个为等级变量,故在"双变量相关性"话框中应将左侧"英语成绩""语言能力等级"两个变量右移至"变量(V)"框中→在"相关系数"下方应勾选"斯皮尔曼(S)"→勾选"标记显著性相关性(F)"(图 12-1-6)。

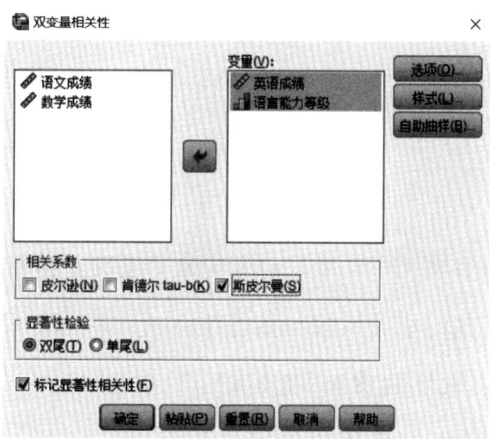

图 12-1-6　斯皮尔曼相关分析的选项框

当然,如果多个不同类别的变量在同一个数据文件中,需同时分析积差相关、斯皮尔曼相关、二列相关或点二列相关的关联程度,SPSS 实际操作时也可以将不同类别的变量同步都右移至"变量(V)",在"相关系数"下方,同时勾选"皮尔逊(N)""斯皮尔曼(S)"(下页图 12-1-7)。系统则会根据需要计算相应的相关系数。例如,将原来两个连续变量中的一个转换成等级变量后计算斯皮尔曼相关系数。

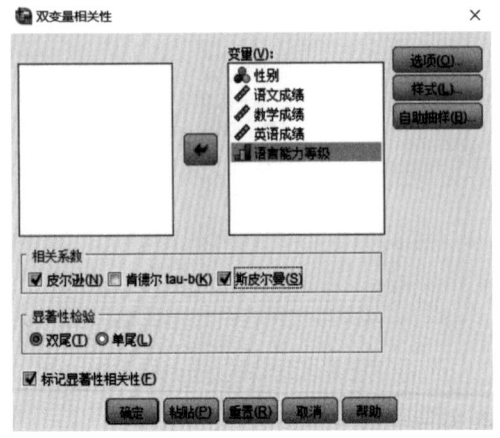

图 12-1-7 两变量的相关分析的选项框

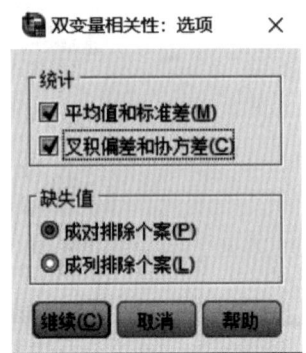

图 12-1-8 两变量相关分析的选项框

步骤 3：点击"选项(O)…"，弹出"双变量相关性：选项"对话框→按需选择统计量指标，如可选平均值和标准差(M)，也可以选"叉积偏差和协方差(C)"（图 12-1-8）→点击"继续(C)"，返回"双变量相关性"对话框→点击"确定"，提交系统运行。

▶ 结果解读

针对实例 12-1-1 和实例 12-1-3，对两变量分别独立进行皮尔逊相关分析和斯皮尔曼相关分析后，得到的相关系数与显著性检验结果见表 12-1-9 至表 12-1-12。如果将需分析的变量一次性右移至"变量(V)"，如图 12-1-7 所示进行一次性操作，那么得到的相关系数与显著性检验结果见表 12-1-13、表 12-1-14 和表 12-1-15。

表 12-1-9 相关的描述性统计

	平均值	标准差	个案数
语文成绩	78.50	11.853	10
数学成绩	76.80	10.633	10

表 12-1-10　积差相关的相关性

		语文成绩	数学成绩
语文成绩	皮尔逊相关性	1	0.748*
	显著性(双尾)	.	0.013
	个案数	10	10
数学成绩	皮尔逊相关性	0.748*	1
	显著性(双尾)	0.013	.
	个案数	10	10

*. 在 0.05 水平(双尾),相关性显著。

表 12-1-11　点二列相关的相关性

		性别	语文成绩
性别	皮尔逊相关性	1	0.382
	显著性(双尾)	.	0.275
	个案数	10	10
语文成绩	皮尔逊相关性	0.382	1
	显著性(双尾)	0.275	.
	个案数	10	10

表 12-1-12　斯皮尔曼相关性

			英语成绩	语言能力等级
斯皮尔曼 Rho	英语成绩	相关系数	1.000	**−0.884****
		显著性(双尾)	.	0.001
		个案数	10	10
	语言能力等级	相关系数	**−0.884****	1.000
		显著性(双尾)	0.001	.
		个案数	10	10

**. 在 0.01 水平(双尾),相关性显著。

表 12-1-13　描述统计

	平均值	标准差	个案数
性别	0.50	0.527	10
语文成绩	78.50	11.853	10
数学成绩	76.80	10.633	10
英语成绩	77.40	10.543	10
语言能力等级	4.50	2.461	10

表 12-1-14　皮尔逊相关性

		性别	语文成绩	数学成绩	英语成绩	语言能力等级
性别	皮尔逊相关性	1	0.382	0.436	−0.380	0.300
	显著性(双尾)	.	0.275	0.208	0.279	0.400
	个案数	10	10	10	10	10
语文成绩	皮尔逊相关性	**0.382**	1	0.748*	−0.148	−0.055
	显著性(双尾)	**0.275**	.	0.013	0.682	0.880
	个案数	10	10	10	10	10
数学成绩	皮尔逊相关性	**0.436**	0.748*	1	−0.585	0.374
	显著性(双尾)	**0.208**	0.013	.	0.076	0.287
	个案数	10	10	10	10	10
英语成绩	皮尔逊相关性	**−0.380**	−0.148	−0.585	1	−0.869**
	显著性(双尾)	**0.279**	0.682	0.076	.	0.001
	个案数	10	10	10	10	10
语言能力等级	皮尔逊相关性	0.300	−0.055	0.374	−0.869**	1
	显著性(双尾)	0.400	0.880	0.287	0.001	.
	个案数	10	10	10	10	10

*. 在 0.05 水平(双尾),相关性显著。

**. 在 0.01 水平(双尾),相关性显著。

表 12-1-15　斯皮尔曼相关性

		性别	语文成绩	数学成绩	英语成绩	语言能力等级
性别	相关系数	1.000	0.522	0.453	−0.384	0.280
	显著性(双尾)	.	0.122	0.189	0.273	0.433
	个案数	10	10	10	10	10
语文成绩	相关系数	0.522	1.000	0.673*	−0.085	−0.091
	显著性(双尾)	0.122	.	0.033	0.815	0.802
	个案数	10	10	10	10	10
数学成绩	相关系数	0.453	0.673*	1.000	−0.620	0.488
	显著性(双尾)	0.189	0.033	.	0.056	0.153
	个案数	10	10	10	10	10
英语成绩	相关系数	−0.384	−0.085	−0.620	1.000	−0.884**
	显著性(双尾)	0.273	0.815	0.056	.	0.001
	个案数	10	10	10	10	10
语言能力等级	相关系数	0.280	−0.091	0.488	−0.884**	1.000
	显著性(双尾)	0.433	0.802	0.153	0.001	.
	个案数	10	10	10	10	10

*. 在 0.05 水平(双尾),相关性显著。
**. 在 0.01 水平(双尾),相关性显著。

表 12-1-9 给出了两个连续变量各自的平均值和标准差,语文成绩平均值为 78.50,标准差为 11.853;数学成绩平均值为 76.80,标准差为 10.633。可见,从平均值上看,语文成绩总体高于数学成绩;从数据分布上看,语文成绩相对分散,而数学成绩相对更集中一些。

表 12-1-10 给出了两变量间的积差相关系数及其显著性检验结果。表中只需看对角线左下方或右上方,对角线两侧对称且对角线上的值均为 1,说明任一变量与其自身的积差相关系数(皮尔逊相关性)r 均为 1,即自身呈完全正相关。语文成绩与数学成绩之间的皮尔逊相关系数 r 为 0.748。经双侧检验,这两个变

量的显著性水平值(双尾检验)为0.013,由于0.01<0.013<0.05,故可得出结论:经双侧检验,"语文成绩"与"数学成绩"的皮尔逊积差相关系数$r=0.748^*$,在0.05水平上相关性显著。这一点也可从表注"*在0.05水平(双尾),相关性显著"中得以说明。在计算结果中若无星标"*",则表示无显著相关;若显示"*",则表示相关系数在0.05水平上有显著性;若显示"**",则表示相关系数在0.01水平上有显著性。

表12-1-11给出了两变量间的点二列相关系数及其显著性检验结果。"性别"变量为二分变量,"语文成绩"为连续变量,此处所计算出来的皮尔逊相关系数即为点二列相关系数。故可得出结论:经双侧检验,"性别"与"语文成绩"的点二列相关系数$r=0.382$,在0.05水平上无显著相关($P=0.275>0.05$)。

表12-1-12给出了两个变量斯皮尔曼等级相关系数及其显著性检验结果。其中,$N=10$表示样本容量为10,任一变量与其自身的斯皮尔曼等级相关系数r_R均为1.000;"语言能力"和"英语成绩"两个变量间的等级相关系数r_R为-0.884,表示两变量间的相关程度为反向正相关,由于题意中明确表示等级数越小表示语言能力越强,意即语言能力等级数越小,英语能力越强,英语成绩越高;"显著性(双尾)"表示"语言能力"和"英语成绩"两个变量之间的双侧检验显著性水平值为0.001,故可得出结论:经双侧检验,"语言能力"和"英语成绩"的斯皮尔曼相关系数$r_R=-0.884^{**}$,表明两者在0.01显著性水平(系统默认)上存在非常显著的负相关,这一点也可从表注"**.在0.01水平(双尾),相关性显著"中得以证明。事实上,我们也可以由两变量双侧检验的显著性水平$P=0.001$直接判断,得出结论:两者在0.001显著性水平上存在极显著的负相关,可记为$r_R=-0.884^{***}$。

表12-1-13、表12-1-14和表12-1-15三个表综合呈现了诸对两变量之间的相关关系。由表12-1-13可知,"性别"和"语言能力等级"这两个变量的平均值和标准差没有解释上的意义,"语文成绩""数学成绩"和"英语成绩"这三个变量的平均值各为78.50、76.80和77.40。表12-1-14呈现了皮尔逊相关性,语文成绩和数学成绩的皮尔逊积差相关系数为0.748^*($P=0.013<0.05$),说明语文成绩与数学成绩有显著正相关。将语言能力等级变量转换成连续变量后也可以求出皮尔逊相关系数为-0.869^{**},说明语言能力等级变量与英语成绩呈极为显著的负相关(即等级数越小,

英语成绩越高）。由于性别是二分变量，与性别有关的相关系数即为点二列相关系数（表12-1-14中加粗数据），其中性别与语文成绩、数学成绩、英语成绩的点二列相关系数分别为 0.382（$P=0.275>0.05$）、0.436（$P=0.208>0.05$）、-0.380（$P=0.279>0.05$），说明性别与这三个连续变量之间均无显著相关。表12-1-15呈现了斯皮尔曼相关性分析结果。语言能力等级与英语成绩的斯皮尔曼相关系数为-0.884**（$P=0.001<0.01$），显然语言能力等级与英语成绩呈极为显著的负相关。这里，虽然斯皮尔曼相关系数与皮尔逊相关系数的值不相同，但都揭示了共同的共变规律，即等级数越小，英语能力越强，英语成绩越高。同理，SPSS软件系统将语文成绩和数学成绩将连续变量转换成名次化的等级变量后，计算出斯皮尔曼相关系数为 0.673*（$P=0.033<0.05$），说明语文成绩和数学成绩之间呈现显著的正相关，这一结论与上述经皮尔逊积差相关检验的结论本质上是一致的。

第二节 两个以上变量的偏相关分析

▶ **问题实例**

[实例12-2-1] 随机抽取10位小学教师,对他们的年度工作绩效、性别、年龄、学历年限,以及工作年限等信息资料进行调查,其结果如表12-2-1所示。请问小学教师的工作绩效与哪些因素有关?(注:"性别"栏中的"1"表示男,"2"表示女)

表12-2-1 10位教师的性别、工作绩效、年龄、学历年限和工作年限

编号	性别	工作绩效	年龄	学历年限	工作年限
1	1	79	20	4	1
2	1	80	24	3	2
3	1	87	26	2	5
4	1	74	22	3	1
5	1	89	34	2	13
6	1	90	42	2	16
7	2	82	38	4	4
8	2	81	25	3	2
9	2	76	23	4	1
10	2	78	22	3	1

▶ **统计方法**

在实例中,如果用两变量相关系数计算,可得出教师的工作绩效与其年龄、学历年

限、工作年限三者均存有较高的相关系数,分别为 0.750、-0.725、0.884,即出现年龄越大,工作年限越长,工作绩效越大等现象。但事实上,由于年龄与工作年限可能具有某种程度的相关,而工作年限与工作绩效之间也可能存在某种程度的相关,由于工作年限的掩盖作用,会在某种程度上模糊年龄与工作绩效之间的真正相关,它们之间呈现出"虚假的"较高的相关关系。所以,在线性关系中,如果两个连续变量之间的关系,很可能受到其他变量的干扰,或者想要把影响这两个变量的第三个变量效果排除掉,那么要真正回答两个变量之间的本质关系,我们必须借助偏相关分析技术。

▶ 基本理论

所谓偏相关(partial correlation),又称净相关或部分相关,是指在研究两个变量之间的线性相关关系时控制可能对其产生影响的变量,或者说在计算两个连续变量的相关时,将第三变量与两个相关变量的相关均予以排除之后的纯净相关。用以描述偏相关程度的指标称为偏相关系数。通过控制可能产生影响的变量而对某两个变量进行分析,并对其相关程度作出推断的方法,称为偏相关分析。

在实例 12-2-1 中,当有三个或三个以上的变量时,其中某两个变量间的相关,往往受到第三个变量的作用,使得相关系数不能真实地反映两个变量间的相关程度。因此,在这种情况下,要分析其中两个变量之间的线性相关关系,就必须控制可能对其产生影响的变量。例如,在分析工作绩效与年龄的相关关系时,应控制学历年限和工作年限这两个因素的影响。同理,分析工作绩效与学历年限、工作绩效与工作年限的相关时,控制其他的两个因素。

假设两个连续变量为 X_1 和 X_2,第三个变量为 X_3,其中两个连续变量的相关系数为 r_{12},第一个变量、第二个变量与第三个变量的相关系数分别为 r_{13},r_{23},将第三个变量与两个相关变量的相关 r_{13} 与 r_{23} 排除后的纯净相关用 $r_{12.3}$ 表示,则纯净相关的计算公式为:

$$r_{12.3} = \frac{r_{12} - r_{13}r_{23}}{\sqrt{1-(r_{13})^2}\sqrt{1-(r_{23})^2}} \qquad 式 12\text{-}2\text{-}1$$

在计算排除效果时，如果仅仅处理第三变量与 X_1 和 X_2 当中某一个变量的相关，所计算出来的相关系数，称之为部分相关，或称为半净相关（semipartial correlation）。

▶ 统计分析

以实例 12-2-1 的问题为例，用 SPSS 软件来分析偏相关情况的操作步骤如下。

步骤 1：建立或打开数据文件（图 12-2-1）。

	性别	工作绩效	年龄	大学学习年限	工作年限
1	1	79	20	4	1
2	1	80	24	3	2
3	1	87	26	2	5
4	1	74	22	3	1
5	1	89	34	2	13
6	1	90	42	2	16
7	2	82	38	4	4
8	2	81	25	3	2
9	2	76	23	4	1
10	2	78	22	3	1

图 12-2-1　偏相关分析的多变量数据文件

步骤 2：点击菜单栏“分析（A）”→点击“相关（C）”→点击“偏相关（R）…”（图 12-2-2），打开“偏相关性”对话框。

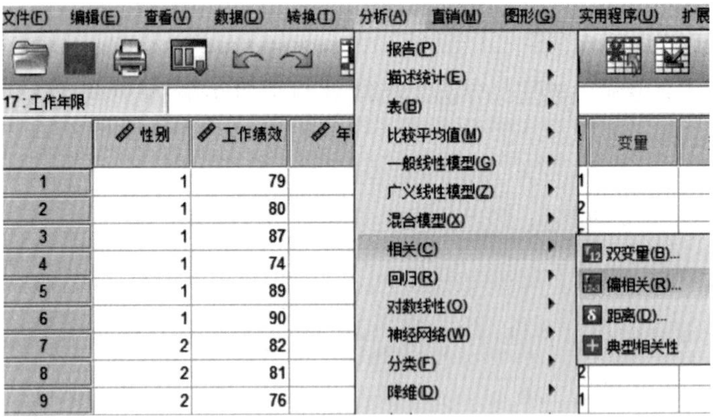

图 12-2-2　偏相关分析的菜单选项

步骤 3：根据题目所需作相关分析的实际情况选择相应变量，分别将其右移至

"变量(V)"或"控制(C)"框中。例如,从左边的源变量框中选择需分析的两个主变量(如"工作绩效"与"年龄"),将其移入"变量(V)"框中→选择控制变量(如"大学学习年限"和"工作年限"),将其移入"控制(C)"框中→在"显著性检验"下选择检验类型"双尾(T)"(系统默认值)或"单尾(N)"→勾选"显示实际显著性水平(D)"(图12-2-3)。

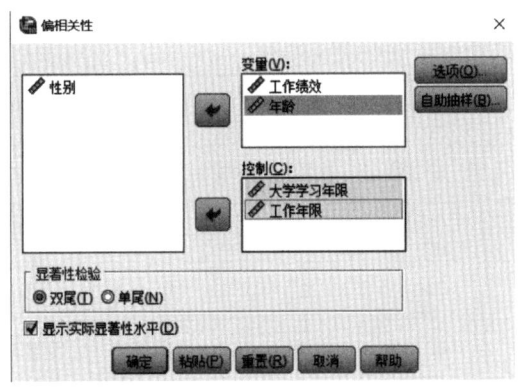

图12-2-3 "偏相关性"对话框

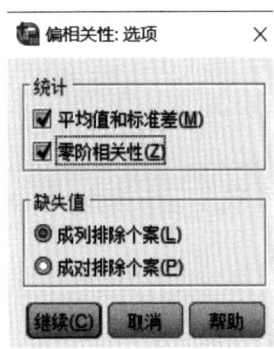

图12-2-4 偏相关分析的选项框

步骤4:点击"选项(O)…",弹出"偏相关性:选项"对话框→可选择基本统计量,如"平均值和标准差(M)""零阶相关性(Z)"(图12-2-4)→点击"继续(C)",返回"偏相关性"对话框→点击"确定",提交系统运行。

步骤5:同理,如需继续分析"工作绩效"与"大学学习年限"的偏相关,只需重复上述步骤,并在步骤3中将这两个变量选择移入"变量(V)"框中,选择"年龄"和"工作年限"两个变量移入"控制(C)"框中即可。如需继续分析"工作绩效"与"工作年限"的偏相关,则重复上述操作,只需在步骤3中将这两个变量移入"变量(V)"框中,将"年龄"和"大学学习年限"移入"控制(C)"框中即可。

▶ 结果解读

偏相关分析系统运行后所得的结果如表12-2-2至表12-2-5所示。若将三者的偏相关数据整理后,即可构成表12-2-6。

表 12-2-2 各变量的描述统计

	平均值	标准差	个案数
工作绩效	81.60	5.441	10
年龄	27.60	7.604	10
大学学习年限	3.00	0.816	10
工作年限	4.60	5.441	10

表 12-2-3 工作绩效与年龄的偏相关性

控制变量			工作绩效	年龄	大学学习年限	工作年限
-无-[a]	工作绩效	相关性	1.000	0.750	−0.725	0.884
		显著性(双尾)	.	0.012	0.018	0.001
		自由度	0	8	8	8
	年龄	相关性	**0.750**	1.000	−0.376	0.836
		显著性(双尾)	**0.012**	.	0.285	0.003
		自由度	8	0	8	8
	大学学习年限	相关性	**−0.725**	−0.376	1.000	−0.700
		显著性(双尾)	**0.018**	0.285	.	0.024
		自由度	8	8	0	8
	工作年限	相关性	**0.884**	0.836	−0.700	1.000
		显著性(双尾)	**0.001**	0.003	0.024	.
		自由度	8	8	8	0
大学学习年限 & 工作年限	工作绩效	相关性	1.000	0.269		
		显著性(双尾)	.	0.519		
		自由度	0	6		
	年龄	相关性	0.269	1.000		
		显著性(双尾)	0.519	.		
		自由度	6	0		

a. 单元格包含零阶(皮尔逊)相关性。

表 12-2-4　工作绩效与大学学习年限的偏相关性

控制变量			工作绩效	大学学习年限	工作年限	年龄
-无-[a]	工作绩效	相关性	1.000	−0.725	0.884	0.750
		显著性(双尾)	.	0.018	0.001	0.012
		自由度	0	8	8	8
	大学学习年限	相关性	**−0.725**	1.000	−0.700	−0.376
		显著性(双尾)	**0.018**	.	0.024	0.285
		自由度	8	0	8	8
	工作年限	相关性	**0.884**	−0.700	1.000	0.836
		显著性(双尾)	**0.001**	0.024	.	0.003
		自由度	8	8	0	8
	年龄	相关性	**0.750**	−0.376	0.836	1.000
		显著性(双尾)	**0.012**	0.285	0.003	.
		自由度	8	8	8	0
工作年限 & 年龄	工作绩效	相关性	1.000	−0.406		
		显著性(双尾)	.	0.318		
		自由度	0	6		
	大学学习年限	相关性	−0.406	1.000		
		显著性(双尾)	0.318	.		
		自由度	6	0		

a. 单元格包含零阶(皮尔逊)相关性。

表 12-2-5　工作绩效与工作年限的偏相关性

控制变量			工作绩效	工作年限	年龄	大学学习年限
-无-[a]	工作绩效	相关性	1.000	0.884	0.750	−0.725
		显著性(双尾)	.	0.001	0.012	0.018
		自由度	0	8	8	8

续表

控制变量			工作绩效	工作年限	年龄	大学学习年限
-无-a	工作年限	相关性	**0.884**	1.000	0.836	-0.700
		显著性(双尾)	**0.001**	.	0.003	0.024
		自由度	8	0	8	8
	年龄	相关性	**0.750**	0.836	1.000	-0.376
		显著性(双尾)	**0.012**	0.003	.	0.285
		自由度	8	8	0	8
	大学学习年限	相关性	**-0.725**	-0.700	-0.376	1.000
		显著性(双尾)	**0.018**	0.024	0.285	.
		自由度	8	8	8	0
年龄 & 大学学习年限	工作绩效	相关性	1.000	0.349		
		显著性(双尾)	.	0.397		
		自由度	0	6		
	工作年限	相关性	0.349	1.000		
		显著性(双尾)	0.397	.		
		自由度	6	0		

a. 单元格包含零阶(皮尔逊)相关性。

表 12-2-6 教师工作绩效与各因素的偏相关矩阵

	年龄	工作年限	大学学习年限
相关性	0.269	0.349	-0.406
显著性(双尾)	0.519	0.397	0.318
自由度	6	6	6

表 12-2-2 给出了各变量的描述性统计量,包括每个变量的平均数、标准差和样本容量。其中,工作绩效、年龄、大学学习年限、工作年限的平均值分别为 81.60、27.60、3.00 和 4.60。

表 12-2-3 给出了各变量间的零阶相关系数和偏相关系数。从表中加粗的数据可知,在无控制变量的情况下,各变量间的零阶相关系数即教师的工作绩效与其年龄、大学学习年限、工作年限三者的皮尔逊相关系数分别为 0.750、−0.725、0.884,P 值均小于 0.05,这说明工作绩效与这三个因素之间均呈现出明显的线性关系,其中工作绩效与年龄、工作年限这两个因素间均有高度正相关,而与大学学习年限这一因素之间有高度负相关。进而分析表 12-2-3 中控制了"大学学习年限 & 工作年限"这两个因素后发现,年龄与工作绩效的偏相关(净相关)系数降为 0.269($P=0.519>0.05$),年龄与工作绩效不存在显著相关,这一结论说明前面由零阶相关系数所表现出来的工作绩效与年龄存在的显著正相关只是一种"虚假"现象。

同理,我们依据偏相关分析原理,分别控制相关因素对工作绩效与各因素单独进行偏相关分析以寻找最终结论。表 12-2-3 至表 12-2-5 给出了控制其他因素后的教师工作绩效与其中某一因素之间的偏相关分析结果。从三个表中的结果看来,在控制其他因素的前提下,教师的工作绩效与其年龄、工作年限、大学学习年限三者之间的相关系数都较小,检验结果均无显著相关($P>0.05$)。在此基础上,表 12-2-6 综合列出了教师工作绩效与各变量的偏相关系数,从表中很清晰地看出:教师工作绩效与教师的年龄、工作年限、大学学习年限三者在 0.05 的显著性水平上均不存在显著相关关系。

可见,从加粗数据即零阶相关系数所表现出来的工作绩效与另外三个变量之间所存在的明显线性关系是"虚假"而非真实的。其原因可能是由于此三者间有着非常密切的相互关系,而这种关系也就直接影响到各自变量与工作绩效的关系,并在一定程度上"提高"了这种关系的程度。

第三节 简单回归分析

▶ **问题实例**

[实例 12-3-1] 某高三数学老师对全班 20 名学生的数学模考成绩和高考成绩作对比如表 12-3-1，应如何分析数学模考成绩对高考成绩预测的有效性？

表 12-3-1　20 名学生的数学模考成绩和高考成绩

学生编号	1	2	3	4	5	6	7	8	9	10
模考成绩	121	130	115	90	98	104	102	111	93	89
高考成绩	115	128	126	100	106	101	116	109	98	95
学生编号	11	12	13	14	15	16	17	18	19	20
模考成绩	108	102	118	142	116	109	96	127	125	136
高考成绩	115	110	115	138	109	120	108	125	120	136

▶ **统计方法**

上述实例涉及两个连续变量的关系分析，但目的不在于描述两个连续变量的线性关系强度，而在于分析两变量之间线性关系的基础上进一步探讨变量间的解释与预测关系，即用某一自变量去解释或预测另一个因变量。为此，本实例的统计方法不再适用相关分析，而应采用回归分析通过回归方程式的建立与检验来检测两变量之间的关系并进行预测。

▶ 基本理论

一、回归分析的基本概念
(一)回归分析

"回归"这个概念是英国学者弗兰西斯·高尔顿(Francis Galton)在研究人类遗传问题时提出来的。1855年,他以《遗传的身高向平均数方向的回归》(Regression toward mediocrity in heredity stature)为题的论文,分析了孩子身高与父母身高之间的关系,发现父母的身高可以预测子女的身高,当父母身高越高或越矮时,子女的身高会较一般孩子高或矮;但当父母身高很高或很矮(极端倾向)时,子女的身高反而不呈现极端化,而是朝向平均数移动,这就是著名的均值回归(regression toward the mean)现象。此后"回归"这个名词被看作是研究变量间因果或预测关系的同义词。

简单线性回归分析(simple linear regression analysis,简称 SLR):当两个变量之间具有显著线性关系时,用单一自变量 X(或称为预测变量、解释变量)去预测或解释对一个因变量 Y(或称为效标变量、反应变量)影响的过程,称为简单回归分析。预测过程运用线性方程式进行,这个线性方程式为:

$$Y' = bX + a \qquad \text{式 12-3-1}$$

例如,用模考成绩(X)去预测高考成绩(Y)的回归分析,可获得一个回归方程式,利用该方程式所进行的统计分析,称为 Y 对 X 的回归分析(Y regress on X)。简单直线回归分析可以用图 12-3-1 表示。

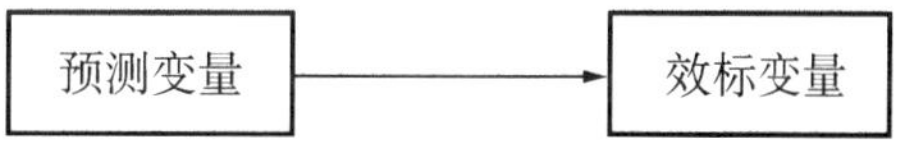

图 12-3-1 简单直线回归分析

复回归分析或多元线性回归分析(multiple linear regression analysis,简称 MLR):回归分析中如果自变量有两个以上,用两个或两个以上的预测变量去解释或预测因变量的过程,或者说旨在找到一个自变量的线性结合(回归方程式)来说明一组预测变量与效标变量之间关系的强度有多大(或整体解释变异量是否达到统计上的显著水平)的时候,则称为复回归分析。例如,要研究高中生的智力、毕业成绩、高考模拟考

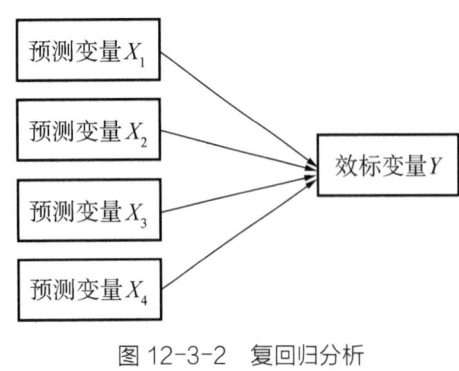

图 12-3-2 复回归分析

平均成绩、期望动机等四个变量是否能有效预测高考成绩,都属于复回归分析。具体可以用图 12-3-2 表示。

复回归分析中,要求所有的自变量(预测变量)和因变量(效标变量)都必须为数据变量属性。如果因变量不是连续变量,而是名义变量,则必须改用区别分析(discriminant analysis)或逻辑斯回归分析(logistic regression analysis,或 LRA)。如果自变量为名义变量,一般不作回归分析,除非这个名义变量与因变量的关系甚为密切或经差异比较分析中已证明名义变量与因变量的差异显著。但仍需注意的是,哪怕需要将名义变量纳入自变量中,也必须将其转化为虚拟变量或效果变量。否则即使将名义变量(或间断变量)选入回归模型,其回归系数也是无法作出合理解释的。由于复回归分析较为复杂,本书不作展开讨论。

回归线(regression line):在线性关系中,如果变量之间呈完全相关时即 $r = \pm 1$,那么 X 与 Y 的关系呈一直线,两个变量的观察值可以完全地被方程式 $Y' = bX + a$ 涵盖。但是,如果两个变量之间的关系未达到完全相关时即 $r \neq \pm 1$,那么 X 与 Y 的关系是分布在一个区域内,无法以一条直线来表示,而必须以数学方式求取最具代表性的线,这条线就是回归线。如图 12-3-3 所示,散点即为实际值;回归线表示预测值。

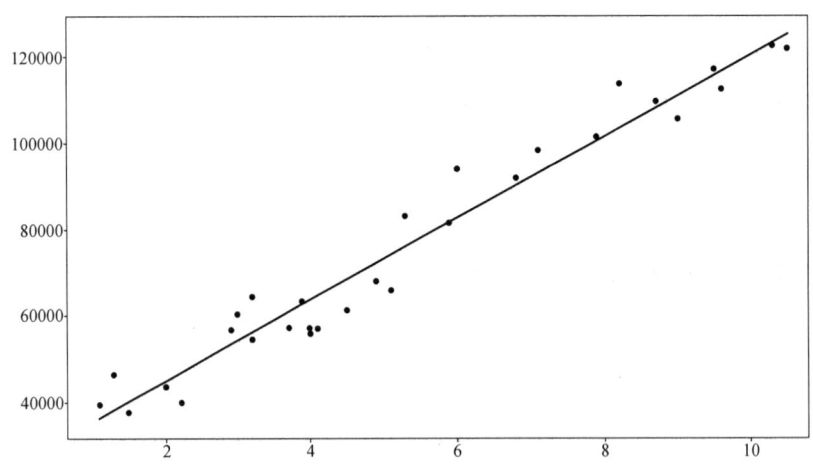

图 12-3-3 简单线性回归中的回归线与散点图

普通最小平方回归分析,又称普通最小二乘法(ordinal least square regression,简称 OLS 回归):这是最常见的回归分析算法之一,用于为最小平方误差总和找到正确的系数,它对模型条件要求最少,或者说使散点图上的所有观察值到回归直线距离的平方和最小。例如,对于某一个配对观察值(x_i, y_i),将x_i值代入方程式所得到的数值为对 Y 变量的预测值,记为y_i',两者的差值$y_i - y_i'$称为残差(residual),表示利用回归方程式无法准确预测的误差,最小平方法即为求取最小化的残差平方和 $\min \sum (y_i - y_i')^2$,所求得的回归方程式称为最小平方回归线(least square regression line),这种分析就是普通最小平方回归分析。

(二)回归系数

回归系数(regression coefficient):实际上是一个带有单位的非标准化统计量,可以反映预测变量对因变量影响的数量,但由于单位的差异无法直接进行相对比较,必须将回归系数进行标准化处理后才能对回归系数进行比较。

根据 OLS 回归的最小平方法原理,回归方程式的斜率与截距计算式如下:

$$b_{Y.X} = \frac{\text{cov}(X, Y)}{S_X^2} = \frac{\sum (x_i - \bar{x})(y_i - \bar{y})}{\sum (x_i - \bar{x})^2} = \frac{SS_{XY}}{SS_X} \qquad \text{式 12-3-2}$$

$$a_{Y.X} = \bar{y} - b\bar{x} \qquad \text{式 12-3-3}$$

由于 X 与 Y 变量两者都有可能作为因变量,因此使用回归线去推测 X 与 Y 的预测关系,有以 X 预测 $Y(X \to Y)$ 与以 Y 预测 $X(Y \to X)$ 两种可能,方程式分别为:

$$Y' = b_{Y.X} X + a_{Y.X} \qquad \text{式 12-3-4}$$

或

$$X' = b_{X.Y} + a_{X.Y} \qquad \text{式 12-3-5}$$

回归方程式中,斜率 $b_{Y.X}$ 的意义是当 X 每变化一个单位时 Y 的变化量;$b_{X.Y}$ 则表示当 Y 每变化一个单位时 X 的变化量。两变量只有一个相关系数 r,但有两个回归系数 $b_{Y.X}$ 与 $b_{X.Y}$,三者间的关系为:$r^2 = b_{Y.X} \times b_{X.Y}$。其中,$r^2$ 决定了回归的预测力或解释力,故又称为决定系数;$b_{Y.X}$ 与 $b_{X.Y}$ 就是两个未标准化的回归系数。

标准化回归系数(standardized regression coefficient),又称为 β(beta)系数。在回

归方程式中，$b_{Y.X}$ 是一个带有单位的未标准化回归系数，如果将 $b_{Y.X}$ 值乘以 X 变量的标准差再除以 Y 变量的标准差，即可去除单位的影响，得到一个标准化回归系数。β 系数也是将 X 与 Y 变量所有数值转换成 Z 分数后，所计算得到的斜率：

$$\beta_{Y.X} = b_{Y.X} \frac{S_X}{S_Y} \qquad \text{式 12-3-6}$$

由于标准化的结果，β 系数的数值类似相关系数，介于 -1 至 $+1$ 之间，其绝对值越大，表示预测能力越强；反之其绝对值越小，表示预测能力越弱；正负号则表示 X 与 Y 变量的关系方向，两者呈现的是同方向变化还是反方向变化。简单回归分析中，由于仅有一个自变量，因此标准化回归系数 β 值恰好等于相关系数。

（三）回归解释力

OLS 回归分析采用最小平方法的原理，在 X 与 Y 两个变量的原始观察值 (x_i, y_i) 当中，寻求一条最佳回归预测线 $Y' = bX + a$。一旦方程式建立之后，代入一个 x_i 值，可以获得一个预测值 y'_i，在完全相关的情况下，该值等于原始配对值 y_i；但是在非完全相关的情况下，y'_i 与 y_i 之间存在一定的差距，是回归无法解释的误差部分 (e)。每一个原始配对值 $(x_i$ 与 $y_i)$ 可用 $y_i = bx_i + a + e$ 来表示，$e = y'_i - y_i$。误差平方和 $\sum(y_i - Y')^2$ 表示回归方程式无法充分解释因变量的变异比例。

相对于回归无法充分预测的部分，预测值 y'_i 与 $\bar{y}$ 的离均差平方和 $(y'_i - \bar{y})^2$，则是导入回归后所能解释的变异。这两个部分加总即得到 Y 变量的总离均差的平方和 $\sum(y'_i - \bar{y})^2$。以 SS 形式表示如下：

$$SS_t = \sum(y_i - \bar{y})^2 = \sum(y' - \bar{y})^2 + \sum(y_i - y')^2 = SS_{reg} + SS_e \qquad \text{式 12-3-7}$$

同除 SS_t 后得到：

$$1 = \frac{SS_{reg}}{SS_t} + \frac{SS_e}{SS_t} = \frac{\sum(y'_i - \bar{y})^2}{\sum(y_i - \bar{y})^2} + \frac{\sum(y_i - y'_i)^2}{\sum(y_i - \bar{y})^2} \qquad \text{式 12-3-8}$$

令

$$R^2 = 1 - \frac{SS_e}{SS_t} = \frac{SS_{reg}}{SS_t} = \text{PRE} \qquad \text{式 12-3-9}$$

式中，R^2 表示回归模型的解释力，反映出 Y 变量被自变量所削减的误差百分比。当 R^2 为 0 时，表示自变量对因变量没有解释力；当 R^2 为 1 时，表示自变量能够完全解释因变量的变异。R^2 开方后可得 R，称为**多元相关**（multiple correlation），表示因变量数值 y 与预测值 y' 的相关系数。

需注意的是，回归分析中，研究者往往会为了提高模型的解释力而不断增加解释自变量，然而每增加一个自变量，就会损失一个自由度，导致模型中无关的自变量过多，自由度太低，失去简效性（parsimony）。为此，需要对 R^2 进行调整，将自由度作为分子与分母项的除项加以控制，以反映由于自变量数目变动而导致的简效性损失的影响。R^2 调整公式为：

$$\mathrm{adj}R^2 = 1 - \frac{SS_e/df_e}{SS_t/df_t} = 1 - \frac{SS_e/(N-p-1)}{SS_t/(N-1)} \qquad \text{式 12-3-10}$$

由此可见，自变量数目 p 越多，$\mathrm{adj}R^2$ 值越小，对于简效性损失的处罚就越大。如果研究的目的在于比较不同模型的解释力大小，各模型的自变量数目的差异会造成简效性程度的不同，这时应采用调整后 R^2。一般情况下，样本数越大，对于简效性处罚的作用越不明显。**当样本数较少时，自变量数目对于 R^2 估计的影响越大，应采用调整后 R^2 来描述模型的解释力。**如果样本数越大，R^2 与调整后 R^2 就会逐渐趋近而无差异。简单回归分析时，由于自变量只有一个，调整前与调整后的数据不会有差异。

二、简单线性回归分析的基本假设

回归分析进行变量关系的探讨，是基于某些统计假设的。当假设被违反时，回归分析将导致偏误的发生。简单线性回归分析的五个重要的基本假设如下①。

（一）固定自变量（fixed variable）

回归分析中，自变量是研究者在进行研究初期，依照文献或理论所挑选出来的能够解释因变量的主要变量，然后再从样本所获得的自变量数据建立回归方程式，这时的自变量数据并非随机选择得来，应被视为已知数，因此无须受到统计分布的限制，也

---

① 邱皓政．量化研究与统计分析：SPSS（PASW）数据分析范例解析［M］．重庆：重庆大学出版社．2013：231-232．

就是说自变量往往被看作为固定变量。

（二）线性关系（linear relationship）

由于回归分析是在相关基础上的延伸,因此必须建立在变量之间具有线性关系的假设之上。非线性的变量关系,必须将数据进行数学转换为线性关系才能回归分析,或是改用曲线回归等非线性模型来处理。如果自变量为名义变量,则须采用一定的方法将其转化为类似连续变量的形式再进行分析。

（三）正态性（normality）

回归分析假设残差呈正态分布。也就是说,预测值 Y' 与实际 Y 之间的残差应呈正态分布 $N(0, \sigma_e^2)$。对于一个观察值的线性方程式 $Y = bX + a + e$,其中 $bX + a$ 即为回归模型,各项均不是随机变量,仅有残差 e 为正态化随机变量,故 Y 也应呈正态分布。

（四）残差独立性（independence）

残差 e 除了呈现随机化的正态分布之外,不同的 X 所产生的残差之间应相互独立,而且残差项也需与自变量 X 相互独立。当残差项出现自我相关时,虽然仍可以进行参数估计,但是标准误会产生偏误从而降低统计检验力,容易产生回归模型不易达到显著水平。

（五）残差等分散性（homoscedasticity）

特定 X 水平的残差项,除了应呈现随机化的正态分布外,其变异量也应相等,这就是残差等分散性。不相等的残差变异量（即残差变异歧异性,heteroscedasticity）,反映出不同水平的 X 与 Y 的关系不同,不应以单一的回归方程式去预测 Y。当研究数据中有极端值存在时,或非线性关系存在时,残差方差歧异性的问题就容易出现。违反这个假设时,对参数的估计检验力就会显得不足。

三、回归系数的显著性检验

在回归分析中,R^2 表示整个回归方程式的预测效果,个别的回归系数 b 则可以表示预测变量对因变量的解释力,其值的大小亦需经过假设检验来证明其显著性程度。换句话说,R^2 的 F 检验可以说是回归分析的整体检验（overall test）,如果 R^2 具有统计学上的意义,则可继续针对回归系数的统计检验进行 F 检验。检验统计量公式为：

$$F(p, N-p-1) = \frac{MS_{reg}}{MS_e} = \frac{SS_{reg}/df_{reg}}{SS_e/df_e} = \frac{SS_{reg}/p}{SS_e/N-p-1}$$ 式12-3-11

Y 变量离均差平方和可以拆解成回归离均差平方和与误差平方和，若将两项各除以自由度，即可得到方差，相除后得到 F 统计量，配合 F 分布，即可进行回归模型的方差分析检验，用来检验回归分析模型是否具有统计意义。

回归无法解释的误差为平均数0、方差 σ_e^2 的正态随机变量。以样本来计算求得变异误为 S_e^2，开方后的 S_e 称为估计标准误（standard error of estimate）。标准误越大，估计误差越大；标准误越小，估计误差越小。

$$S_e = \sqrt{\frac{\sum(Y-Y')^2}{N-K-1}} = \sqrt{\frac{SS_e}{df_e}}$$ 式12-3-12

对个别的回归系数 b 的统计检验则与相关系数检验的原理相同，使用 t 检验来进行，虚无假设可以写成 $H_0: \beta = 0$。S_b 为回归系数标准误，反映了回归系数 b 的随机变动情形；自由度 $df = N - p - 1$。t 检验统计量的检验公式为：

$$t = \frac{b}{S_b} = \frac{b}{\sqrt{\frac{S_e^2}{SS_x}}}$$ 式12-3-13

▶ 统计分析

针对实例12-3-1的问题，采用SPSS软件进行线性简单回归分析的操作步骤如下。

步骤1：建立或打开数据文件。设置两个变量均为标度变量（数据类型为连续型随机变量数据），20位学生的模考成绩和高考成绩为两个相关样本。

步骤2：点击菜单栏"分析（A）"→点击"回归（R）"→点击"线性（L）…"（图12-3-4），打开"线性回归"对话框。

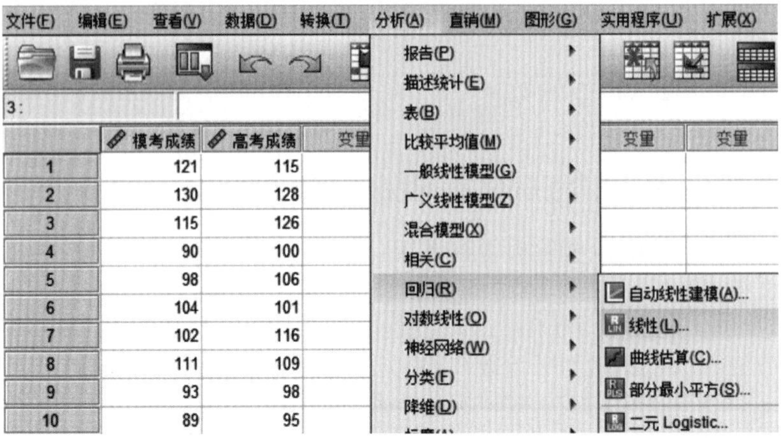

图 12-3-4　线性回归分析的菜单选项

步骤3：将左侧框中的"高考成绩"右移至"因变量(D)"框中→将左侧框中的"模考成绩"作为自变量右移至"块(B)1/1"框中→在"方法(M)"右侧选择系统默认的"输入"法(图 12-3-5)。

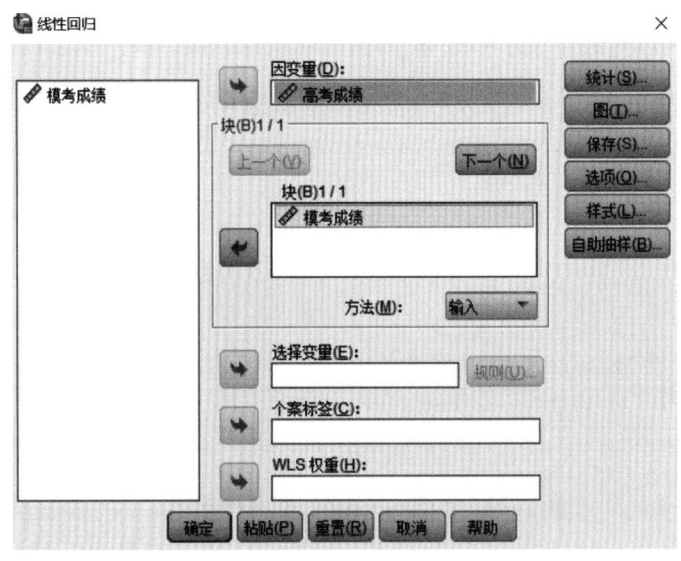

图 12-3-5　"线性回归"对话框

步骤4：点击"统计(S)…",弹出"线性回归：统计"对话框→在"回归系数"下方勾选"估算值(E)""置信区间(N)"→勾选"模型拟合(M)""R 方变化量(S)""描述(D)"→点击"继续(C)",返回"线性回归"对话框(下页图 12-3-6)。

图 12-3-6　线性回归分析的统计对话框

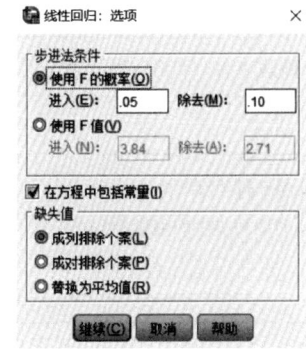
图 12-3-7　线性回归分析的选项对话框

步骤5：点击"选项(O)…"，弹出"线性回归：选项"对话框，一般选择系统默认选项→点击"继续(C)"（图12-3-7），返回"线性回归"对话框→点击"确定"，提交系统运行。

▶ 结果解读

针对实例12-3-1进行上述线性回归分析后，得到的线性回归系数和显著性检验结果见表12-3-2至表12-3-7。

表12-3-2　简单回归的描述性统计

	平均值	标准偏差	个案数
高考成绩	114.50	12.015	20
模考成绩	111.60	15.302	20

表12-3-3　相关性

		高考成绩	模考成绩
皮尔逊相关性	高考成绩	1.000	0.899
	模考成绩	0.899	1.000
显著性（单尾）	高考成绩	.	0.000
	模考成绩	0.000	.
个案数	高考成绩	20	20
	模考成绩	20	20

表 12-3-4　输入/除去的变量[a]

模型	输入的变量	除去的变量	方法
1	模考成绩[b]	.	输入

a. 因变量：高考成绩。
b. 已输入所请求的所有变量。

表 12-3-5　模型摘要

模型	R	R方	调整后R方	标准估算的误差	更改统计				
					R方变化量	F变化量	自由度1	自由度2	显著性F变化量
1	0.899[a]	0.809	0.798	5.395	0.809	76.236	1	18	0.000

a. 预测变量：（常量），模考成绩。

表 12-3-6　ANOVA[a]

模型		平方和	自由度	均方	F	显著性
1	回归	2 219.062	1	2 219.062	76.236	0.000[b]
	残差	523.938	18	29.108		
	总计	2 743.000	19			

a. 因变量：高考成绩。
b. 预测变量：（常量），模考成绩。

表 12-3-7　系数[a]

模型		未标准化系数		标准化系数	t	显著性	B 的95.0%置信区间	
		B	标准误差	Beta			下限	上限
1	（常量）	35.682	9.107		3.918	0.001	16.548	54.815
	模考成绩	0.706	0.081	0.899	8.731	0.000	0.536	0.876

a. 因变量：高考成绩。

由模考成绩预测高考成绩，这是一种线性的简单回归分析。表 12-3-2 和表 12-3-3 给出了两个变量的描述统计量值和相关系数，由表中数据可知，20 个考生的模考成绩和高考成绩的平均分分别为 111.60 和 114.50，其标准差分别为 15.302 和

12.015。模考成绩和高考成绩两个连续变量的皮尔逊积差相关系数 $r=0.899$,显著性(单尾)$P=0.000$,表示两者高度正相关。

表 12-3-4 给出了线性简单回归分析方法即输入法,将模考成绩作为自变量(或预测变量),高考成绩作为因变量进行分析。表 12-3-5 给出了两个变量的相关系数 $R=0.899$,相关系数 R 的平方为 0.809,调整后的 R 平方为 0.798,这里的 R 平方提供回归变异量,呈现了以自变量(模考成绩)预测因变量(高考成绩)的整体解释力,也就是说模考成绩可以解释因变量 80.9%的变异,调整后的 R 平方为 79.8%。表 12-3-6 呈现了调整后 R 平方的 F 检验为 $F(1,18)=76.236(P=0.000)$,达到极显著水平,表明该解释力具有统计学上的意义。

表 12-3-7 给出了系数估计结果,即个别变量 B、标准化系数 $\text{Beta}(\beta)$ 值及显著性检验结果。从表中数据可见,自变量"模考成绩"的标准化系数 $\text{Beta}(\beta)$ 值为 0.899($t=8.731,P=0.000$),"模考成绩"与"高考成绩"的相关系数为 0.899,达到极显著水平,表示模考成绩越高,高考成绩越好,即模考成绩能够很有效地预测高考成绩。

思考与练习

1. 什么是相关和相关系数？什么是线性简单回归？在理解相关和回归这两个概念时，应注意哪些问题？

2. 什么是两变量相关系数，它主要有哪些类别？

3. 积差相关系数、斯皮尔曼等级相关系数、二列相关系数、点二列相关系数的概念、适用条件、计算公式及其显著性检验的统计量分别是什么？

4. 表12-4-1所示的是10位学生在两次考试中的成绩分数，假设其分布为正态。分别用积差相关与等级相关方法计算相关系数，并讨论就这份资料用哪种相关分析法更恰当，为什么？

表12-4-1 10名学生两次考试成绩

学生编号	1	2	3	4	5	6	7	8	9	10
Ⅰ	79	91	64	82	75	86	58	32	76	50
Ⅱ	88	86	78	76	57	84	53	24	59	71

5. 180个中学生的智商(X)和数学成绩(Y)之间的相关系数$r=0.58$，试问从总体上看，中学生的智商与数学成绩之间是否存在相关？

6. 已知18个学生的英语期中与期末考试成绩的$r=0.60$，请问全年级英语期中与期末考试成绩的相关系数是否为0.87？

7. 以[实例12-1-1]的数据为例，试用回归分析判断：能否以语文成绩来有效预测数学成绩？

附录
统计数值表

附录 A 常见统计数值表的结构与使用方法

一、正态分布表（附表1）的结构与使用方法

（一）正态分布表的结构

正态分布表包含以下三栏：第一栏是 Z 值，一般从 $0\sim3.99$，也有的从 $0\sim5.00$；第二栏是 Y 值，表示正态分布某一分数对应的纵线高度，当 $Z=0$ 时，$Y_{max}=0.39894$；第三栏是 P 值，表示正态曲线下 $Z=0$ 与某一 Z 值（$Z\neq 0$）之间的面积（概率）。

（二）正态分布表的使用方法

1. 已知 Z 值求 P 值（概率或面积）

（1）求 $Z=0$ 与某一值 Z 之间的概率

求 $Z=0$ 与某一值 Z 之间的概率就是 Z 所对应的 P 值。如 $Z=1.96$（即 $0\sim 1.96$）时，$P=0.47500$，则记为 $P(0<Z\leqslant 1.96)=0.47500$，或 $P(Z=1.96)=0.47500$。因为正态曲线关于 $Z=0$ 对称，所以 $Z=-1.96$ 时，$P=0.47500$。

（2）求某一 Z 值以上或以下的概率

例如，求 Z 等于 2.58 以上的概率。即求 $P(Z\geqslant 2.58)$ 时，先查出 $Z=2.58$ 时的概率 $P=0.49506$，那么 $Z=2.58$ 以上的概率就等于 $0.5-0.49506=0.00494$，即 $P(Z\geqslant 2.58)=0.00494$。根据正态分布曲线的对称性，用同样的方法可以求得 $Z=-2.58$ 以下的概率 $P(Z\leqslant -2.58)=0.00494$。

如果求 $Z=2.58$ 以下或者 $Z=-2.58$ 以上的概率，那么应该是 $P(Z\leqslant 2.58)=P(Z\geqslant -2.58)=0.5+0.49506=0.99506$。

（3）求两个 Z 值即 Z_1 与 Z_2 之间的概率

如果 Z_1 与 Z_2 互为相反数，那么它们之间的概率就等于 $Z=0$ 与 Z_1（或 Z_2）之间概率的 2 倍。如 $Z_1=-1.96$ 与 $Z_2=1.96$ 之间的概率 $P(-1.96<Z<1.96)=2\times 0.47500=0.95000$。如果 Z_1 与 Z_2 绝对值大小不同且符号相反，那么它们之间的概率就等于 $Z=0$ 与 Z_1、Z_2 之间概率之和。如 $Z_1=-2$ 与 $Z_2=1$ 之间的概率，就是 $Z_1=$

-2 至 $Z=0$ 之间的概率 $P_1(Z_1=-2)=P_1(Z=2)=0.47725$ 与 $Z=0$ 至 $Z_2=1$ 之间的概率 $P_2(Z_2=1)=0.34134$ 之和,即为 $P(-2<Z<1)=P_1(-2<Z_1<0)+P_2(0<Z_2<1)=0.47725+0.34134=0.81859$。如果 Z_1 与 Z_2 绝对值大小不同且符号相同,那么它们之间的概率就等于 $Z=0$ 至绝对值较大 Z 值间的概率减去 $Z=0$ 至绝对值较小 Z 值间的概率。如 $Z_1=-2$ 与 $Z_2=-1$ 之间的概率 $P(-2<Z<-1)=P(Z=2)-P(Z=1)=0.47725-0.34134=0.13591$。

2. 已知概率 P 求 Z 值

（1）已知从 $Z=0$ 开始的概率 P 求 Z 值

可以从附表1中查找与已知 P 值相对应的 Z 值,或与已知 P 值最接近的 P 所对应的 Z 值。如已知 $Z=0$ 以上的概率是 0.4835,求 Z。在附表1的 P 列中找到最接近 0.4835 的值是 0.48341,与之对应的 $Z=2.13$。如果已知 $Z=0$ 以下的概率是 0.4835 求 Z。因为是 $Z=0$ 以下的概率,而且小于0的 Z 值均为负值,所以 $Z=-2.13$。

（2）已知正态曲线尾端的概率 P 求 Z 值

由于附表1是从 $Z=0$ 开始计算概率的,所以当已知正态曲线尾端的概率 P 求 Z 时,不能由已知的概率直接查表,而必须先用0.5减去尾端的概率再查表。如已知曲线右端的概率 $P=0.05$ 求 Z,则查表时的概率应为 $P=0.5-0.05=0.45$,因表中无法直接找到 0.45,而较接近 0.45 的两个概率值是 0.44950 和 0.45053,它们对应的两个 Z 值是 1.64、1.65,则可取其中之一,或取两者的平均数 1.645。即正态曲线右端的概率 $P=0.05$ 时,所对应的 $Z=1.645$。如果已知正态曲线左端的概率 $P=0.05$ 时,所对应的 $Z=-1.645$。

（3）已知正态曲线的正中央部位的概率 P 求 Z 值

已知正中央部位的概率（设为 P_1）求 Z 时,先将已知概率 P_1 除以2,然后在 P 列查找 $\frac{P_1}{2}$ 所对应的 Z 值。需注意的是,此时的 Z 值有两个,它们互为相反数。例如,已知正中央的概率 P 为 0.95,查表时的概率 P 为 $\frac{0.95}{2}=0.475$,与之对应的 Z 值为 $Z_1=-1.96$ 与 $Z_2=1.96$。换言之,在 $Z_1=-1.96$ 与 $Z_2=1.96$ 之间的概率 P 为 0.95。

3. 已知 Z 值或 P 值求 Y 值

无论已知 Z 值或 P 值，均可从附表 1 中查到其对应的 Y 值。查表时应注意正确区分已知的概率是位于正态曲线中间还是尾端。

二、t 值表（附表 2）的结构与使用方法

（一）t 值表的结构

t 值表的左列为自由度 df，最上行的数值（0.5~0.001）指的是不同自由度 df 时 t 分布曲线两端的概率之和（又称最大 t 值的概率）；表的最底端一行的数值（0.25~0.0005）指的是 df 不同时 t 分布曲线一端的概率（也称更大 t 值的概率，它正好是最大 t 值概率的一半）；表中间的数值表示自由度为 df，两端概率之和是 0.5~0.001 或一端概率是 0.25~0.0005 时的双侧或单侧临界值。

（二）t 值表的使用方法

1. 已知自由度 df 及概率 P 求 t 值

例如，已知 $df=15$，双侧概率 $P=0.05$（最大 t 值概率）时，查到对应的 $t=2.131$，记作 $t_{(15), \frac{0.05}{2}}=2.131$。一般情况下，其均记为 $t_{(df), \frac{\alpha}{2}}$（$\alpha$ 为最大 t 值概率，$\frac{\alpha}{2}$ 表示左侧或右侧一尾端的概率）。如果 $df=15$，单侧（更大 t 值）概率 $P=0.05$ 时，查得相对应的 t 值为 1.753，记作 $t_{(15), 0.05}=1.753$。一般情况下，其均记为 $t_{(df), \alpha}$（α 为更大 t 值概率）。

2. 已知自由度 df 及 t 值求概率 P

例如，$df=20$，$t=2.845$，查附表 2 得到双侧概率 P 为 0.01，单侧概率 P 为 0.005。有时在表中不能直接查到已知的 t 值，此时可用最接近已知 t 的值代替，去查找相应的概率值。如 $df=16$，$t=2.58$，查找时的 t 值为 2.583，其所对应的双侧概率 P 为 0.02，单侧概率 P 为 0.01。

三、F 值表（附表 3）的结构与使用方法

（一）F 值表的结构

F 值表的左边第一列为分母自由度 df_2；表的最上行为分子自由度 df_1；表中间的数值表示不同分子、分母自由度，在尾端概率取值 α 为 0.05、0.01 时，F 分布的临界值

$F_{(df_1, df_2), \alpha}$。

（二）F 值表的使用方法

例如，分子自由度 $df_1 = 2$，分母自由度 $df_2 = 10$ 时，查 F 值表：当 $\alpha = 0.05$ 时，对应数值4.10；当 $\alpha = 0.01$ 时，对应数值7.56。其中，4.10是 $df_1 = 2$，$df_2 = 10$，$\alpha = 0.05$ 时的临界值，记为 $F_{(2, 10), 0.05} = 4.10$；而7.56则是 $df_1 = 2$，$df_2 = 10$，$\alpha = 0.01$ 时的临界值 $F_{(2, 10), 0.01} = 7.56$。

四、F_{max} 临界值表（附表4）的结构与使用方法

（一）F_{max} 临界值表的结构

该表中左边第一列是方差 S^2_{max}、S^2_{min} 所对应的最大容量样本分布的自由度 df；第二列 α 为哈特莱方差齐性检验的显著性水平；最上面一行 K 是所求方差总个数（或数据的组数）；表中间的数据是一定条件下 $F_{max} = \dfrac{\sigma^2_{max}}{\sigma^2_{min}}$ 的临界值 $F_{max, (0.05)}$。

（二）F_{max} 临界值表的使用方法

如果由 A、B、C、D 四组数据计算得到的方差分别是 $S^2_A = 5$、$S^2_B = 16.5$、$S^2_C = 12.3$、$S^2_D = 5.5$；而 $n_A = 5$，$n_B = 11$，$n_C = 9$，$n_D = 13$；$F_{max} = \dfrac{16.5}{5} = 3.3$。那么，$df = 11 - 1 = 10$（查表时的自由度），$K = 4$，由此查表得 $F_{max, (0.05)} = 5.67$。要注意的是，查表时通常采用 S^2_{max}、S^2_{min} 所对应的自由度中较大者，但这并非一定是 S^2_{max} 对应的自由度就较大。如果 S^2_{min} 对应的自由度较大，查表时就应采用该自由度；如果 S^2_{max} 和 S^2_{min} 对应的自由度相等，则取任意一个作为查表时的自由度。

五、q 分布临界值表（附表5）的结构与使用方法

（一）q 分布临界值表的结构

该表中左边第一列是组内自由度 df_w，第二列中的 $1-\alpha = 0.95$ 和 0.99 表示显著性水平 α 为 0.05 和 0.01，中间的数据则表示组内自由度为 df_w、显著性水平 α 和等级相差数为 γ 时 q 分布的临界值 $q_{(df_w), \alpha, \gamma}$。

（二）q 分布临界值表的使用方法

如 $df_w = 20$，$\alpha = 0.01$，$\gamma = 5$ 时，可直接查表得到 $q_{(20), 0.01, 5} = 5.29$。但是，当 $df_w = $

25，$\alpha = 0.01$，$\gamma = 4$，需要求 $q_{(25), 0.01, 4}$ 的临界值时，因在附表5中没有 $df_w = 25$，可用最接近该值的值代替（如 $df_w = 24$），于是，查得 $df_w = 24$、$\alpha = 0.01$、$\gamma = 4$ 时的临界值 $q_{(24), 0.01, 4} = 4.91$。

六、积差相关系数临界值表（附表6）的结构与使用方法

（一）积差相关系数临界值表的结构

该表中左列 $df = n - 2$ 表示样本积差相关系数 r 的抽样分布自由度；横表头第2行表示双侧尾端概率 α，第3行表示单侧尾端概率 α；表中间的数据则表示不同自由度 df、单侧或双侧尾端概率为 α 时，r 的临界值 $r_{(df), \alpha}$ 或 $r_{(df), \frac{\alpha}{2}}$。

（二）积差相关系数临界值表的使用方法

根据研究问题中 r 分布的自由度 df、单侧或双侧概率 α，经查表即可得到相应的积差相关系数临界值 $r_{(df), \alpha}$。如当 $n = 15$，$df = n - 2 = 13$，双侧概率 $\alpha = 0.05$ 时，$r_{(13), \frac{0.05}{2}} = 0.514$。

七、相关系数 r 的 Z_r 转换表（附表7）的结构与使用方法

（一）相关系数 r 的 Z_r 转换表的结构

全表共分为五大列，每一大列中都含有 r 与其相对应的 Z_r 两列数据。即奇数列均为 r，而偶数列均为 Z_r；每一行中的任一 r 值有且只有一个 Z_r 与之对应。

（二）相关系数 r 的 Z_r 转换表的使用方法

使用这个表，可以将相关系数 r 转换成相应的 Z_r。如已知相关系数 $r = 0.625$ 时，那么先在表中 r 列中找到 0.625，然后找到它所对应的转换值 $Z_r = 0.733$。但由于在此表中，每两个 r 值之间间距均为 0.005，所以在实际应用中，有时会遇到在表中不能直接查到已知 r 值的情况。这时，可用最接近已知 r 的表中值代替，并查得相应的 Z_r 转换值。如 $r = 0.627$，因表中无法直接查到 $r = 0.627$，故可用 $r = 0.625$ 所对应的 $Z_r = 0.733$ 与 $r = 0.630$ 所对应的 $Z_r = 0.741$ 的平均数代替，即 $r = 0.627$ 时的转换值 $Z_r = 0.737$。

用同样的查表方法，也可以将 Z_r 转换成相应的相关系数 r。

八、等级相关系数临界值表（附表8）的结构与使用方法

（一）等级相关系数临界值表的结构

该表中左列 n 为样本容量，横表头第2行、第3行分别表示双侧、单侧尾端概率 α

的值,表中间的数据表示不同样本容量 n 和尾端概率 α 时,等级相关系数 r_R 的临界值 $r_{R_{(df),\alpha}}$。

(二)等级相关系数临界值表的使用方法

该表的使用方法与积差相关系数临界值表相同。

九、χ^2 分布临界值表(附表 9)的结构与使用方法

(一)χ^2 值表的结构

该表中左边第一列 df 是 χ^2 分布的自由度,横表头第一行"χ^2 大于表内所列 χ^2 值的概率"是指 χ^2 分布右侧尾端的面积;中间的数据是在不同自由度 df 和显著性水平 α 时,χ^2 的临界值 $\chi^2_{(df),\alpha}$。当 α 确定之后,临界值随着 df 的不同而有变化。

(二)χ^2 值表的使用方法

例如,当 $df = 5$,$\alpha = 0.01$ 时,查表得 $\chi^2_{(5),0.01} = 15.1$。当 $df = 35$,$\alpha = 0.05$ 时,因表中没有 $df = 35$,因此无法直接查到 $\chi^2_{(35),0.05}$,故可用 $\chi^2_{(30),0.05} = 43.8$ 与 $\chi^2_{(40),0.05} = 55.8$ 的平均数代替,即 $\chi^2_{(35),0.05} = 49.8$。

附录 B 常见统计数值表

附表 1 正态分布表

Z	Y	P	Z	Y	P	Z	Y	P
0.00	0.398 94	0.000 00	0.30	0.381 39	0.117 91	0.60	0.333 22	0.225 75
0.01	0.398 92	0.003 99	0.31	0.380 23	0.121 72	0.61	0.331 21	0.229 07
0.02	0.398 86	0.007 98	0.32	0.379 03	0.125 52	0.62	0.329 18	0.232 37
0.03	0.398 76	0.011 97	0.33	0.377 80	0.129 30	0.63	0.327 13	0.235 65
0.04	0.398 62	0.015 95	0.34	0.376 54	0.133 07	0.64	0.325 06	0.238 91
0.05	0.398 44	0.019 94	0.35	0.375 24	0.136 83	0.65	0.322 97	0.242 15
0.06	0.398 22	0.023 92	0.36	0.373 91	0.140 58	0.66	0.320 86	0.245 37
0.07	0.397 97	0.027 90	0.37	0.372 55	0.144 31	0.67	0.318 74	0.248 57
0.08	0.397 67	0.031 88	0.38	0.371 15	0.148 03	0.68	0.316 59	0.251 75
0.09	0.397 33	0.035 86	0.39	0.369 73	0.151 73	0.69	0.314 43	0.254 90
0.10	0.396 95	0.039 83	0.40	0.368 27	0.155 42	0.70	0.312 25	0.258 04
0.11	0.396 54	0.043 80	0.41	0.366 78	0.159 10	0.71	0.310 06	0.261 15
0.12	0.396 08	0.047 76	0.42	0.365 26	0.162 76	0.72	0.307 85	0.264 24
0.13	0.395 59	0.051 72	0.43	0.363 71	0.166 40	0.73	0.305 63	0.267 30
0.14	0.395 05	0.055 67	0.44	0.362 13	0.170 03	0.74	0.303 39	0.270 35
0.15	0.394 48	0.059 62	0.45	0.360 53	0.173 64	0.75	0.301 14	0.273 37
0.16	0.393 87	0.063 56	0.46	0.358 89	0.177 24	0.76	0.298 87	0.276 37
0.17	0.393 22	0.067 49	0.47	0.357 23	0.180 82	0.77	0.296 59	0.279 35
0.18	0.392 53	0.071 42	0.48	0.355 53	0.184 39	0.78	0.294 31	0.282 30
0.19	0.391 81	0.075 35	0.49	0.353 81	0.187 93	0.79	0.292 00	0.285 24
0.20	0.391 04	0.079 26	0.50	0.352 07	0.191 46	0.80	0.289 69	0.288 14
0.21	0.390 24	0.083 17	0.51	0.350 29	0.194 97	0.81	0.287 37	0.291 03
0.22	0.389 40	0.087 06	0.52	0.348 49	0.198 47	0.82	0.285 04	0.293 89
0.23	0.388 53	0.090 95	0.53	0.346 67	0.201 94	0.83	0.282 69	0.296 73
0.24	0.387 62	0.094 83	0.54	0.344 82	0.205 40	0.84	0.280 34	0.299 55
0.25	0.386 67	0.098 71	0.55	0.342 94	0.208 84	0.85	0.277 98	0.302 34
0.26	0.385 68	0.102 57	0.56	0.341 05	0.212 26	0.86	0.275 62	0.305 11
0.27	0.384 66	0.106 42	0.57	0.339 12	0.215 66	0.87	0.273 24	0.307 85
0.28	0.383 61	0.110 26	0.58	0.337 18	0.219 04	0.88	0.270 86	0.310 57
0.29	0.382 51	0.114 09	0.59	0.335 21	0.222 40	0.89	0.268 48	0.313 27

续表

Z	Y	P	Z	Y	P	Z	Y	P
0.90	0.266 09	0.315 94	1.20	0.194 19	0.384 93	1.50	0.129 52	0.433 19
0.91	0.263 69	0.318 59	1.21	0.191 86	0.386 86	1.51	0.127 58	0.434 48
0.92	0.261 29	0.321 21	1.22	0.189 54	0.388 77	1.52	0.125 66	0.435 74
0.93	0.258 88	0.323 81	1.23	0.187 24	0.390 65	1.53	0.123 76	0.436 99
0.94	0.256 47	0.326 39	1.24	0.184 94	0.392 51	1.54	0.121 88	0.438 22
0.95	0.254 06	0.328 94	1.25	0.182 65	0.394 35	1.55	0.120 01	0.439 43
0.96	0.251 64	0.331 47	1.26	0.180 37	0.396 17	1.56	0.118 16	0.440 62
0.97	0.249 23	0.333 98	1.27	0.178 10	0.397 96	1.57	0.116 32	0.441 79
0.98	0.246 81	0.336 46	1.28	0.175 85	0.399 73	1.58	0.114 50	0.442 95
0.99	0.244 39	0.338 91	1.29	0.173 60	0.401 47	1.59	0.112 70	0.444 08
1.00	0.241 97	0.341 34	1.30	0.171 37	0.403 20	1.60	0.110 92	0.445 20
1.01	0.239 55	0.343 75	1.31	0.169 15	0.404 90	1.61	0.109 15	0.446 30
1.02	0.237 13	0.346 14	1.32	0.166 94	0.406 58	1.62	0.107 41	0.447 38
1.03	0.234 71	0.348 50	1.33	0.164 74	0.408 24	1.63	0.105 67	0.448 45
1.04	0.232 30	0.350 83	1.34	0.162 56	0.409 88	1.64	0.103 96	0.449 50
1.05	0.229 88	0.353 14	1.35	0.160 38	0.411 49	1.65	0.102 26	0.450 53
1.06	0.227 47	0.355 43	1.36	0.158 22	0.413 09	1.66	0.100 59	0.451 54
1.07	0.225 06	0.357 69	1.37	0.156 08	0.414 66	1.67	0.098 93	0.452 54
1.08	0.222 65	0.359 93	1.38	0.153 95	0.416 21	1.68	0.097 28	0.453 52
1.09	0.220 25	0.362 14	1.39	0.151 83	0.417 74	1.69	0.095 66	0.454 49
1.10	0.217 85	0.364 33	1.40	0.149 73	0.419 24	1.70	0.094 05	0.455 43
1.11	0.215 46	0.366 50	1.41	0.147 64	0.420 73	1.71	0.092 46	0.456 37
1.12	0.213 07	0.368 64	1.42	0.145 56	0.422 20	1.72	0.090 89	0.457 28
1.13	0.210 69	0.370 76	1.43	0.143 50	0.423 64	1.73	0.089 33	0.458 18
1.14	0.208 31	0.372 86	1.44	0.141 46	0.425 07	1.74	0.087 80	0.459 07
1.15	0.205 94	0.374 93	1.45	0.139 43	0.426 47	1.75	0.086 28	0.459 94
1.16	0.203 57	0.376 98	1.46	0.137 42	0.427 86	1.76	0.084 78	0.460 80
1.17	0.201 21	0.379 00	1.47	0.135 42	0.429 22	1.77	0.083 29	0.461 64
1.18	0.198 86	0.381 00	1.48	0.133 44	0.430 56	1.78	0.081 83	0.462 46
1.19	0.196 52	0.382 98	1.49	0.131 47	0.431 89	1.79	0.080 38	0.463 27

续表

Z	Y	P	Z	Y	P	Z	Y	P
1.80	0.078 95	0.464 07	2.10	0.043 98	0.482 14	2.40	0.022 39	0.491 80
1.81	0.077 54	0.464 85	2.11	0.043 07	0.482 57	2.41	0.021 86	0.492 02
1.82	0.076 14	0.465 62	2.12	0.042 17	0.483 00	2.42	0.021 34	0.492 24
1.83	0.074 77	0.466 38	2.13	0.041 28	0.483 41	2.43	0.020 83	0.492 45
1.84	0.073 41	0.467 12	2.14	0.040 41	0.483 82	2.44	0.020 33	0.492 66
1.85	0.072 06	0.467 84	2.15	0.039 55	0.484 22	2.45	0.019 84	0.492 86
1.86	0.070 74	0.468 56	2.16	0.038 71	0.484 61	2.46	0.019 36	0.493 05
1.87	0.069 43	0.469 26	2.17	0.037 88	0.485 00	2.47	0.018 89	0.493 24
1.88	0.068 14	0.469 95	2.18	0.037 06	0.485 37	2.48	0.018 42	0.493 43
1.89	0.066 87	0.470 62	2.19	0.036 26	0.485 74	2.49	0.017 97	0.493 61
1.90	0.065 62	0.471 28	2.20	0.035 47	0.486 10	2.50	0.017 53	0.493 79
1.91	0.064 39	0.471 93	2.21	0.034 70	0.486 45	2.51	0.017 09	0.493 96
1.92	0.063 16	0.472 57	2.22	0.033 94	0.486 79	2.52	0.016 67	0.494 13
1.93	0.061 95	0.473 20	2.23	0.033 19	0.487 13	2.53	0.016 25	0.494 30
1.94	0.060 77	0.473 81	2.24	0.032 46	0.487 45	2.54	0.015 85	0.494 46
1.95	0.059 59	0.474 41	2.25	0.031 74	0.487 78	2.55	0.015 45	0.494 61
1.96	0.058 44	0.475 00	2.26	0.031 03	0.488 09	2.56	0.015 06	0.494 77
1.97	0.057 30	0.475 58	2.27	0.030 34	0.488 40	2.57	0.014 68	0.494 92
1.98	0.056 18	0.476 15	2.28	0.029 65	0.488 70	2.58	0.014 31	0.495 06
1.99	0.055 08	0.476 70	2.29	0.028 98	0.488 99	2.59	0.013 94	0.495 20
2.00	0.053 99	0.477 25	2.30	0.028 33	0.489 28	2.60	0.013 58	0.495 34
2.01	0.052 92	0.477 78	2.31	0.027 68	0.489 56	2.61	0.013 23	0.495 47
2.02	0.051 86	0.478 31	2.32	0.027 05	0.489 83	2.62	0.012 89	0.495 60
2.03	0.050 82	0.478 82	2.33	0.026 43	0.490 10	2.63	0.012 56	0.495 73
2.04	0.049 80	0.479 32	2.34	0.025 82	0.490 36	2.64	0.012 23	0.495 85
2.05	0.048 79	0.479 82	2.35	0.025 22	0.490 61	2.65	0.011 91	0.495 98
2.06	0.047 80	0.480 30	2.36	0.024 63	0.490 86	2.66	0.011 60	0.496 09
2.07	0.046 82	0.480 77	2.37	0.024 06	0.491 11	2.67	0.011 30	0.496 21
2.08	0.045 86	0.481 24	2.38	0.023 49	0.491 34	2.68	0.011 00	0.496 32
2.09	0.044 91	0.481 69	2.39	0.022 94	0.491 58	2.69	0.010 71	0.496 43

续表

Z	Y	P	Z	Y	P	Z	Y	P
2.70	0.010 42	0.496 53	3.00	0.004 43	0.498 65	3.30	0.001 72	0.499 52
2.71	0.010 14	0.496 64	3.01	0.004 30	0.498 69	3.31	0.001 67	0.499 53
2.72	0.009 87	0.496 74	3.02	0.004 17	0.498 74	3.32	0.001 61	0.499 55
2.73	0.009 61	0.496 83	3.03	0.004 05	0.498 78	3.33	0.001 56	0.499 57
2.74	0.009 35	0.496 93	3.04	0.003 93	0.498 82	3.34	0.001 51	0.499 58
2.75	0.009 09	0.497 02	3.05	0.003 81	0.498 86	3.35	0.001 46	0.499 60
2.76	0.008 85	0.497 11	3.06	0.003 70	0.498 89	3.36	0.001 41	0.499 61
2.77	0.008 61	0.497 20	3.07	0.003 58	0.498 93	3.37	0.001 36	0.499 62
2.78	0.008 37	0.497 28	3.08	0.003 48	0.498 97	3.38	0.001 32	0.499 64
2.79	0.008 14	0.497 36	3.09	0.003 37	0.499 00	3.39	0.001 27	0.499 65
2.80	0.007 92	0.497 44	3.10	0.003 27	0.499 03	3.40	0.001 23	0.499 66
2.81	0.007 70	0.497 52	3.11	0.003 17	0.499 06	3.41	0.001 19	0.499 68
2.82	0.007 48	0.497 60	3.12	0.003 07	0.499 10	3.42	0.001 15	0.499 69
2.83	0.007 27	0.497 67	3.13	0.002 98	0.499 13	3.43	0.001 11	0.499 70
2.84	0.007 07	0.497 74	3.14	0.002 88	0.499 16	3.44	0.001 07	0.499 71
2.85	0.006 87	0.497 81	3.15	0.002 79	0.499 18	3.45	0.001 04	0.499 72
2.86	0.006 68	0.467 88	3.16	0.002 71	0.499 21	3.46	0.001 00	0.499 73
2.87	0.006 49	0.497 95	3.17	0.002 62	0.499 24	3.47	0.000 97	0.499 74
2.88	0.006 31	0.498 01	3.18	0.002 54	0.499 26	3.48	0.000 94	0.499 75
2.89	0.006 13	0.498 07	3.19	0.002 46	0.499 29	3.49	0.000 90	0.499 76
2.90	0.005 95	0.498 13	3.20	0.002 38	0.499 31	3.50	0.000 87	0.499 77
2.91	0.005 78	0.498 19	3.21	0.002 31	0.499 34	3.51	0.000 84	0.499 78
2.92	0.005 62	0.498 25	3.22	0.002 24	0.499 36	3.52	0.000 81	0.499 78
2.93	0.005 45	0.498 31	3.23	0.002 16	0.499 38	3.53	0.000 79	0.499 79
2.94	0.005 30	0.498 36	3.24	0.002 10	0.499 40	3.54	0.000 76	0.499 80
2.95	0.005 14	0.498 41	3.25	0.002 03	0.499 42	3.55	0.000 73	0.499 81
2.96	0.004 99	0.498 46	3.26	0.001 96	0.499 44	3.56	0.000 71	0.499 81
2.97	0.004 85	0.498 51	3.27	0.001 90	0.499 46	3.57	0.000 68	0.499 82
2.98	0.004 71	0.498 56	3.28	0.001 84	0.499 48	3.58	0.000 66	0.499 83
2.99	0.004 57	0.498 61	3.29	0.001 78	0.499 50	3.59	0.000 63	0.499 83

续表

Z	Y	P	Z	Y	P	Z	Y	P
3.60	0.000 61	0.499 84	3.75	0.000 35	0.499 91	3.90	0.000 20	0.499 95
3.61	0.000 59	0.499 85	3.76	0.000 34	0.499 92	3.91	0.000 19	0.499 95
3.62	0.000 57	0.499 85	3.77	0.000 33	0.499 92	3.92	0.000 18	0.499 96
3.63	0.000 55	0.499 86	3.78	0.000 31	0.499 92	3.93	0.000 18	0.499 96
3.64	0.000 53	0.499 86	3.79	0.000 30	0.499 92	3.94	0.000 17	0.499 96
3.65	0.000 51	0.499 87	3.80	0.000 29	0.499 93	3.95	0.000 16	0.499 96
3.66	0.000 49	0.499 87	3.81	0.000 28	0.499 93	3.96	0.000 16	0.499 96
3.67	0.000 47	0.499 88	3.82	0.000 27	0.499 93	3.97	0.000 15	0.499 96
3.68	0.000 46	0.499 88	3.83	0.000 26	0.499 94	3.98	0.000 14	0.499 97
3.69	0.000 44	0.499 89	3.84	0.000 25	0.499 94	3.99	0.000 14	0.499 97
3.70	0.000 42	0.499 89	3.85	0.000 24	0.499 94			
3.71	0.000 41	0.499 90	3.86	0.000 23	0.499 94			
3.72	0.000 39	0.499 90	3.87	0.000 22	0.499 95			
3.73	0.000 38	0.499 90	3.88	0.000 21	0.499 95			
3.74	0.000 37	0.499 91	3.89	0.000 21	0.499 95			

附表2 t 值 表

df	最大 t 值的概率（双侧界限）								
	0.5	0.4	0.3	0.2	0.1	0.05	0.02	0.01	0.001
1	1.000	1.376	1.963	3.078	6.314	12.706	31.821	63.657	636.619
2	0.816	1.061	1.386	1.886	2.920	4.303	6.965	9.925	31.598
3	0.765	0.987	1.250	1.638	2.353	3.182	4.541	5.841	12.941
4	0.741	0.941	1.190	1.533	2.132	2.776	3.747	4.604	8.610
5	0.727	0.920	1.156	1.476	2.015	2.571	3.365	4.032	6.859
6	0.718	0.906	1.134	1.440	1.943	2.447	3.143	3.707	5.959
7	0.711	0.896	1.119	1.415	1.896	2.365	2.998	3.499	5.405
8	0.706	0.889	1.108	1.397	1.860	2.306	2.896	3.355	5.041
9	0.703	0.883	1.100	1.383	1.833	2.262	2.821	3.250	4.781
10	0.700	0.879	1.093	1.372	1.812	2.228	2.764	3.169	4.587
11	0.697	0.876	1.088	1.363	1.796	2.201	2.718	3.106	4.437
12	0.695	0.873	1.083	1.356	1.782	2.179	2.681	3.055	4.318
13	0.694	0.870	1.079	1.350	1.771	2.160	2.650	3.012	4.221
14	0.692	0.868	1.076	1.345	1.761	2.145	2.624	2.977	4.140
15	0.691	0.866	1.074	1.341	1.753	2.131	2.602	2.947	4.073
16	0.690	0.865	1.071	1.337	1.746	2.120	2.583	2.921	4.015
17	0.689	0.863	1.069	1.333	1.740	2.110	2.567	2.898	3.965
18	0.688	0.862	1.067	1.330	1.734	2.101	2.552	2.878	3.922
19	0.688	0.861	1.066	1.328	1.729	2.093	2.539	2.861	3.883
20	0.687	0.860	1.064	1.325	1.725	2.086	2.528	2.845	3.850
21	0.686	0.859	1.063	1.323	1.721	2.080	2.518	2.831	3.819
22	0.686	0.858	1.061	1.321	1.717	2.074	2.508	2.819	3.792
23	0.685	0.858	1.060	1.319	1.714	2.069	2.500	2.807	3.767
24	0.685	0.857	1.059	1.318	1.711	2.064	2.492	2.797	3.745
25	0.684	0.856	1.058	1.316	1.708	2.060	2.485	2.787	3.725
26	0.684	0.856	1.058	1.315	1.706	2.056	2.479	2.779	3.707
27	0.684	0.855	1.057	1.314	1.703	2.052	2.473	2.771	3.690
28	0.683	0.855	1.056	1.313	1.701	2.048	2.467	2.763	3.674
29	0.683	0.854	1.055	1.311	1.699	2.045	2.462	2.756	3.659
30	0.683	0.854	1.055	1.310	1.697	2.042	2.457	2.750	3.646

续表

df	最大 t 值的概率（双侧界限）								
	0.5	0.4	0.3	0.2	0.1	0.05	0.02	0.01	0.001
40	0.681	0.851	1.050	1.303	1.684	2.021	2.423	2.704	3.551
60	0.679	0.848	1.046	1.296	1.671	2.000	2.390	2.660	3.460
100	0.677	0.845	1.041	1.289	1.658	1.980	2.358	2.617	3.373
∞	0.674	0.842	1.036	1.282	1.645	1.960	2.326	2.576	3.291

df	0.25	0.2	0.15	0.1	0.05	0.025	0.01	0.005	0.0005
	更大 t 值的概率（单侧界限）								

附表3 F 值 表

$\alpha = 0.05$

df_2	df_1（分子的自由度）															df_2
	1	2	3	4	5	6	7	8	9	10	12	14	16	18	20	
1	161	200	216	225	230	234	237	239	241	242	244	245	246	247	248	1
2	18.5	19.0	19.2	19.2	19.3	19.3	19.4	19.4	19.4	19.4	19.4	19.4	19.4	19.4	19.4	2
3	10.1	9.55	9.28	9.12	9.01	8.94	8.89	8.85	8.81	8.79	8.74	8.71	8.69	8.67	8.66	3
4	7.71	6.94	6.59	6.39	6.26	6.16	6.09	6.04	6.00	5.96	5.91	5.87	5.84	5.82	5.80	4
5	6.61	5.79	5.41	5.19	5.05	4.95	4.88	4.82	4.77	4.74	4.68	4.64	4.60	4.58	4.56	5
6	5.99	5.14	4.76	4.53	4.39	4.28	4.21	4.15	4.10	4.06	4.00	3.96	3.92	3.90	3.87	6
7	5.59	4.74	4.35	4.12	3.97	3.87	3.79	3.73	3.68	3.64	3.57	3.53	3.49	3.47	3.44	7
8	5.32	4.46	4.07	3.84	3.69	3.58	3.50	3.44	3.39	3.35	3.28	3.24	3.20	3.17	3.15	8
9	5.12	4.26	3.86	3.63	3.48	3.37	3.29	3.23	3.18	3.14	3.07	3.03	2.99	2.96	2.94	9
10	4.96	4.10	3.71	3.48	3.33	3.22	3.14	3.07	3.02	2.98	2.91	2.86	2.83	2.80	2.77	10
11	4.84	3.98	3.59	3.36	3.20	3.09	3.01	2.95	2.90	2.85	2.79	2.74	2.70	2.67	2.65	11
12	4.75	3.89	3.49	3.26	3.11	3.00	2.91	2.85	2.80	2.75	2.69	2.64	2.60	2.57	2.54	12
13	4.67	3.81	3.41	3.18	3.03	2.92	2.83	2.77	2.71	2.67	2.60	2.55	2.51	2.48	2.46	13
14	4.60	3.74	3.34	3.11	2.96	2.85	2.76	2.70	2.65	2.60	2.53	2.48	2.44	2.41	2.39	14
15	4.54	3.68	3.29	3.06	2.90	2.79	2.71	2.64	2.59	2.54	2.48	2.42	2.38	2.35	2.33	15
16	4.49	3.63	3.24	3.01	2.85	2.74	2.66	2.59	2.54	2.49	2.42	2.37	2.33	2.30	2.28	16
17	4.45	3.59	3.20	2.96	2.81	2.70	2.61	2.55	2.49	2.45	2.38	2.33	2.29	2.26	2.23	17
18	4.41	3.55	3.16	2.93	2.77	2.66	2.58	2.51	2.46	2.41	2.34	2.29	2.25	2.22	2.19	18
19	4.38	3.52	3.13	2.90	2.74	2.63	2.54	2.48	2.42	2.38	2.31	2.26	2.21	2.18	2.16	19
20	4.35	3.49	3.10	2.87	2.71	2.60	2.51	2.45	2.39	2.35	2.28	2.22	2.18	2.15	2.12	20
21	4.32	3.47	3.07	2.84	2.68	2.57	2.49	2.42	2.37	2.32	2.25	2.20	2.16	2.12	2.10	21
22	4.30	3.44	3.05	2.82	2.66	2.55	2.46	2.40	2.34	2.30	2.23	2.17	2.13	2.10	2.07	22
23	4.28	3.42	3.03	2.80	2.64	2.53	2.44	2.37	2.32	2.27	2.20	2.15	2.11	2.07	2.05	23
24	4.26	3.40	3.01	2.78	2.62	2.51	2.42	2.36	2.30	2.25	2.18	2.13	2.09	2.05	2.03	24
25	4.24	3.39	2.99	2.76	2.60	2.49	2.40	2.34	2.28	2.24	2.16	2.11	2.07	2.04	2.01	25
26	4.23	3.37	2.98	2.74	2.59	2.47	2.39	2.32	2.27	2.22	2.15	2.09	2.05	2.02	1.99	26
27	4.21	3.35	2.96	2.73	2.57	2.46	2.37	2.31	2.25	2.20	2.13	2.08	2.04	2.00	1.97	27
28	4.20	3.34	2.95	2.71	2.56	2.45	2.36	2.29	2.24	2.19	2.12	2.06	2.02	1.99	1.96	28
29	4.18	3.33	2.93	2.70	2.55	2.43	2.35	2.28	2.22	2.18	2.10	2.05	2.01	1.97	1.94	29
30	4.17	3.32	2.92	2.69	2.53	2.42	2.33	2.27	2.21	2.16	2.09	2.04	1.99	1.96	1.93	30

续表

df_2	df_1(分子的自由度)															df_2
	1	2	3	4	5	6	7	8	9	10	12	14	16	18	20	
32	4.15	3.29	2.90	2.67	2.51	2.40	2.31	2.24	2.19	2.14	2.07	2.01	1.97	1.94	1.91	32
34	4.13	3.28	2.88	2.65	2.49	2.38	2.29	2.23	2.17	2.12	2.05	1.99	1.95	1.92	1.89	34
36	4.11	3.26	2.87	2.63	2.48	2.36	2.28	2.21	2.15	2.11	2.03	1.98	1.93	1.90	1.87	36
38	4.10	3.24	2.85	2.62	2.46	2.35	2.26	2.19	2.14	2.09	2.02	1.96	1.92	1.88	1.85	38
40	4.08	3.23	2.84	2.61	2.45	2.34	2.25	2.18	2.12	2.08	2.00	1.95	1.90	1.87	1.84	40
42	4.07	3.22	2.83	2.59	2.44	2.32	2.24	2.17	2.11	2.06	1.99	1.93	1.89	1.86	1.83	42
44	4.06	3.21	2.82	2.58	2.43	2.31	2.23	2.16	2.10	2.05	1.98	1.92	1.88	1.84	1.81	44
46	4.05	3.20	2.81	2.57	2.42	2.30	2.22	2.15	2.09	2.04	1.97	1.91	1.87	1.83	1.80	46
48	4.04	3.19	2.80	2.57	2.41	2.29	2.21	2.14	2.08	2.03	1.96	1.90	1.86	1.82	1.79	48
50	4.03	3.18	2.79	2.56	2.40	2.29	2.20	2.13	2.07	2.03	1.95	1.89	1.85	1.81	1.78	50
60	4.00	3.15	2.76	2.53	2.37	2.25	2.17	2.10	2.04	1.99	1.92	1.86	1.82	1.78	1.75	60
80	3.96	3.11	2.72	2.49	2.33	2.21	2.13	2.06	2.00	1.95	1.88	1.82	1.77	1.73	1.70	80
100	3.94	3.09	2.70	2.46	2.31	2.19	2.10	2.03	1.97	1.93	1.85	1.79	1.75	1.71	1.68	100
125	3.92	3.07	2.68	2.44	2.29	2.17	2.08	2.01	1.96	1.91	1.83	1.77	1.72	1.69	1.65	125
150	3.90	3.06	2.66	2.43	2.27	2.16	2.07	2.00	1.94	1.89	1.82	1.76	1.71	1.67	1.64	150
200	3.89	3.04	2.65	2.42	2.26	2.14	2.06	1.98	1.93	1.88	1.80	1.74	1.69	1.66	1.62	200
300	3.87	3.03	2.63	2.40	2.24	2.13	2.04	1.97	1.91	1.86	1.78	1.72	1.68	1.64	1.61	300
500	3.86	3.01	2.62	2.39	2.23	2.12	2.03	1.96	1.90	1.85	1.77	1.71	1.66	1.62	1.59	500
1 000	3.85	3.00	2.61	2.38	2.22	2.11	2.02	1.95	1.89	1.84	1.76	1.70	1.65	1.61	1.58	1 000
∞	3.84	3.00	2.60	2.37	2.21	2.10	2.01	1.94	1.88	1.83	1.75	1.69	1.64	1.60	1.57	∞

df_2	df_1(分子的自由度)														df_2
	22	24	26	28	30	35	40	45	50	60	80	100	200	500	∞	
1	249	249	249	250	250	251	251	251	252	252	252	253	254	254	254	1
2	19.5	19.5	19.5	19.5	19.5	19.5	19.5	19.5	19.5	19.5	19.5	19.5	19.5	19.5	19.5	2
3	8.65	8.64	8.63	8.62	8.62	8.60	8.59	8.59	8.58	8.57	8.56	8.55	8.54	8.53	8.53	3
4	5.79	5.77	5.76	5.75	5.75	5.73	5.72	5.71	5.70	5.69	5.67	5.66	5.65	5.64	5.63	4
5	4.54	4.53	4.52	4.50	4.50	4.48	4.46	4.45	4.44	4.43	4.41	4.41	4.39	4.37	4.37	5
6	3.86	3.84	3.83	3.82	3.81	3.79	3.77	3.76	3.75	3.74	3.72	3.71	3.69	3.68	3.67	6
7	3.43	3.41	3.40	3.39	3.38	3.36	3.34	3.33	3.32	3.30	3.29	3.27	3.25	3.24	3.23	7
8	3.13	3.12	3.10	3.09	3.08	3.06	3.04	3.03	3.02	3.01	2.99	2.97	2.95	2.94	2.93	8
9	2.92	2.90	2.89	2.87	2.86	2.84	2.83	2.81	2.80	2.79	2.77	2.76	2.73	2.72	2.71	9
10	2.75	2.74	2.72	2.71	2.70	2.68	2.66	2.65	2.64	2.62	2.60	2.59	2.56	2.55	2.54	10

续表

df_2	df_1(分子的自由度)														df_2
	22	24	26	28	30	35	40	45	50	60	80	100	200	500	∞	
11	2.63	2.61	2.59	2.58	2.57	2.55	2.53	2.52	2.51	2.49	2.47	2.46	2.43	2.42	2.40	11
12	2.52	2.51	2.49	2.48	2.47	2.44	2.43	2.41	2.40	2.38	2.36	2.35	2.32	2.31	2.30	12
13	2.44	2.42	2.41	2.39	2.38	2.36	2.34	2.33	2.31	2.30	2.27	2.26	2.23	2.22	2.21	13
14	2.37	2.35	2.33	2.32	2.31	2.28	2.27	2.25	2.24	2.22	2.20	2.19	2.16	2.14	2.13	14
15	2.31	2.29	2.27	2.26	2.25	2.22	2.20	2.19	2.18	2.16	2.14	2.12	2.10	2.08	2.07	15
16	2.25	2.24	2.22	2.21	2.19	2.17	2.15	2.14	2.12	2.11	2.08	2.07	1.95	2.02	2.01	16
17	2.21	2.19	2.17	2.16	2.15	2.12	2.10	2.09	2.08	2.06	2.03	2.04	1.94	1.97	1.96	17
18	2.17	2.15	2.13	2.12	2.11	2.08	2.06	2.05	2.04	2.02	1.99	2.02	1.91	1.93	1.92	18
19	2.13	2.11	2.10	2.08	2.07	2.05	2.03	2.01	2.00	1.98	1.96	1.99	1.91	1.89	1.83	19
20	2.10	2.08	2.07	2.05	2.04	2.01	1.99	1.98	1.97	1.95	1.92	1.98	1.88	1.86	1.84	20
21	2.07	2.05	2.04	2.02	2.01	1.98	1.96	1.95	1.94	1.92	1.89	1.88	1.84	1.82	1.81	21
22	2.05	2.03	2.01	2.00	1.98	1.96	1.94	1.92	1.91	1.89	1.86	1.85	1.82	1.80	1.78	22
23	2.02	2.00	1.99	1.97	1.96	1.93	1.91	1.90	1.88	1.86	1.84	1.82	1.79	1.77	1.76	23
24	2.00	1.98	1.97	1.95	1.94	1.91	1.89	1.88	1.86	1.84	1.82	1.80	1.77	1.75	1.73	24
25	1.98	1.96	1.95	1.93	1.92	1.89	1.87	1.86	1.84	1.82	1.80	1.78	1.75	1.73	1.71	25
26	1.97	1.95	1.93	1.91	1.90	1.87	1.85	1.84	1.82	1.80	1.78	1.76	1.73	1.71	1.69	26
27	1.95	1.93	1.91	1.90	1.88	1.86	1.84	1.82	1.81	1.79	1.76	1.74	1.71	1.69	1.67	27
28	1.93	1.91	1.90	1.88	1.87	1.84	1.82	1.80	1.79	1.77	1.74	1.73	1.69	1.67	1.65	28
29	1.92	1.90	1.88	1.87	1.85	1.83	1.81	1.79	1.77	1.75	1.73	1.71	1.67	1.65	1.64	29
30	1.91	1.89	1.87	1.85	1.84	1.81	1.79	1.77	1.76	1.74	1.71	1.70	1.66	1.64	1.62	30
32	1.88	1.86	1.85	1.83	1.82	1.79	1.77	1.75	1.74	1.71	1.69	1.67	1.63	1.61	1.59	32
34	1.86	1.84	1.82	1.80	1.80	1.77	1.75	1.73	1.71	1.69	1.66	1.65	1.61	1.59	1.57	34
36	1.85	1.82	1.81	1.79	1.78	1.75	1.73	1.71	1.69	1.67	1.64	1.62	1.59	1.56	1.55	36
38	1.83	1.81	1.79	1.77	1.76	1.73	1.71	1.69	1.68	1.65	1.62	1.61	1.57	1.54	1.53	38
40	1.81	1.79	1.77	1.76	1.74	1.72	1.69	1.67	1.66	1.64	1.61	1.59	1.55	1.53	1.51	40
42	1.80	1.78	1.76	1.74	1.73	1.70	1.68	1.66	1.65	1.62	1.59	1.57	1.53	1.51	1.49	42
44	1.79	1.77	1.75	1.73	1.72	1.69	1.67	1.65	1.63	1.61	1.58	1.56	1.52	1.49	1.48	44
46	1.78	1.76	1.74	1.72	1.71	1.68	1.65	1.64	1.62	1.60	1.57	1.55	1.51	1.48	1.46	46
48	1.77	1.75	1.73	1.71	1.70	1.67	1.64	1.62	1.61	1.59	1.56	1.54	1.49	1.47	1.45	48
50	1.76	1.74	1.72	1.70	1.69	1.66	1.63	1.61	1.60	1.58	1.54	1.52	1.48	1.46	1.44	50

续表

df_2	df_1（分子的自由度）															df_2
	22	24	26	28	30	35	40	45	50	60	80	100	200	500	∞	
60	1.72	1.70	1.68	1.66	1.65	1.62	1.59	1.57	1.56	1.53	1.50	1.48	1.44	1.41	1.39	60
80	1.68	1.65	1.63	1.62	1.60	1.57	1.54	1.52	1.51	1.48	1.45	1.43	1.38	1.35	1.32	80
100	1.65	1.63	1.61	1.59	1.57	1.54	1.52	1.49	1.48	1.45	1.41	1.39	1.34	1.31	1.28	100
125	1.63	1.60	1.58	1.57	1.55	1.52	1.49	1.47	1.45	1.42	1.39	1.36	1.31	1.27	1.25	125
150	1.61	1.59	1.57	1.55	1.53	1.50	1.48	1.45	1.44	1.41	1.37	1.34	1.29	1.25	1.22	150
200	1.60	1.57	1.55	1.53	1.52	1.48	1.46	1.43	1.41	1.39	1.35	1.32	1.26	1.22	1.19	200
300	1.58	1.56	1.53	1.51	1.50	1.46	1.43	1.41	1.39	1.36	1.32	1.30	1.23	1.19	1.15	300
500	1.56	1.54	1.52	1.50	1.48	1.45	1.42	1.40	1.38	1.34	1.30	1.28	1.21	1.16	1.11	500
1 000	1.55	1.53	1.51	1.49	1.47	1.44	1.41	1.38	1.36	1.33	1.29	1.26	1.19	1.13	1.08	1 000
∞	1.54	1.52	1.50	1.48	1.46	1.42	1.39	1.37	1.35	1.32	1.27	1.24	1.17	1.11	1.00	∞

$\alpha = 0.01$

df_2	df_1（分子的自由度）															df_2
	1	2	3	4	5	6	7	8	9	10	12	14	16	18	20	
1	4 052	5 000	5 403	5 625	5 764	5 859	5 928	5 981	6 022	6 056	6 106	6 142	6 169	6 190	6 209	1
2	98.5	99.0	99.2	99.2	99.3	99.3	99.4	99.4	99.4	99.4	99.4	99.4	99.4	99.4	99.4	2
3	34.1	30.8	29.5	28.7	28.2	27.9	27.7	27.5	27.3	27.2	27.1	26.9	26.8	26.8	26.7	3
4	21.2	18.0	16.7	16.0	15.5	15.2	15.0	14.8	14.7	14.5	14.4	14.2	14.2	14.1	14.0	4
5	16.3	13.3	12.1	11.4	11.0	10.7	10.5	10.3	10.2	10.1	9.89	9.77	9.68	9.61	9.55	5
6	13.7	10.9	9.78	9.15	8.75	8.47	8.26	5.61	7.98	5.81	7.72	7.60	7.52	7.45	7.40	6
7	12.2	9.55	8.45	7.85	7.46	7.19	8.10	6.03	7.87	5.35	6.47	6.36	6.27	6.21	6.16	7
8	11.3	8.65	7.59	7.01	6.63	6.37	6.99	5.20	6.72	5.26	5.67	5.56	5.48	5.41	5.36	8
9	10.6	8.02	6.99	6.42	6.06	5.80	6.84	5.47	6.62	4.94	5.11	5.00	4.92	4.86	4.81	9
10	10.0	7.56	6.55	5.99	5.64	5.39	6.18	5.06	5.91	4.85	4.71	4.60	4.52	4.46	4.41	10
11	9.65	7.21	6.22	5.67	5.32	5.07	4.89	4.74	4.63	4.54	4.40	4.29	4.21	4.15	4.10	11
12	9.33	6.93	5.95	5.41	5.06	4.82	4.64	4.50	4.39	4.30	4.16	4.05	3.97	3.91	3.86	12
13	9.07	6.70	5.74	5.21	4.86	4.62	4.44	4.30	4.19	4.10	3.96	3.86	3.78	3.71	3.66	13
14	8.86	6.51	5.56	5.04	4.70	4.46	4.28	4.14	4.03	3.94	3.80	3.70	3.62	3.56	3.51	14
15	8.68	6.36	5.42	4.89	4.56	4.32	4.14	4.00	3.89	3.80	3.67	3.56	3.49	3.42	3.37	15

续表

df_2	df_1（分子的自由度）															df_2
	1	2	3	4	5	6	7	8	9	10	12	14	16	18	20	
16	8.53	6.23	5.29	4.77	4.44	4.20	4.03	3.89	3.18	3.69	3.55	3.45	3.37	3.31	0.26	16
17	8.40	6.11	5.18	4.67	4.34	4.10	3.93	3.79	3.68	3.59	3.46	3.35	3.27	3.21	3.16	17
18	8.29	6.01	5.09	4.58	4.25	4.01	3.84	3.71	3.60	3.51	3.37	3.27	3.19	3.13	3.08	18
19	8.18	5.93	5.01	4.50	417	3.94	3.77	3.63	3.52	3.43	3.30	3.19	3.12	3.05	3.00	19
20	8.10	5.85	4.94	4.43	4.10	3.87	3.70	3.56	3.46	3.37	3.23	3.13	3.05	2.99	2.94	20
21	8.02	5.78	4.87	4.37	4.04	3.81	3.64	3.51	3.40	3.31	3.17	3.07	2.99	2.93	2.88	21
22	7.95	5.72	4.82	4.31	3.99	3.76	3.59	3.45	3.35	3.26	3.12	3.02	2.94	2.88	2.83	22
23	7.88	5.66	4.76	4.26	3.94	3.71	3.54	3.41	3.30	3.21	3.07	2.97	2.89	2.83	2.78	23
24	7.82	5.61	4.72	4.22	3.90	3.67	3.50	3.36	3.26	3.17	3.03	2.93	2.85	2.79	2.74	24
25	7.77	5.57	4.68	4.18	3.86	3.63	3.46	3.32	3.22	3.13	2.99	2.89	2.81	2.75	2.70	25
26	7.72	5.53	4.64	4.14	3.82	3.59	3.42	3.29	3.18	3.09	2.96	2.86	2.78	2.72	2.66	26
27	7.68	5.49	4.60	4.11	3.78	3.56	3.39	3.26	3.15	3.06	2.93	2.82	2.75	2.68	2.63	27
28	7.64	5.45	4.57	4.07	2.75	3.53	3.36	3.23	3.12	3.03	2.90	2.79	2.72	2.65	2.60	28
29	7.60	5.42	4.54	4.04	3.73	3.50	3.33	3.20	3.09	3.00	2.87	2.77	2.69	2.62	2.57	29
30	7.56	5.39	4.51	4.02	3.70	3.47	3.30	3.17	3.07	2.98	2.84	2.74	2.66	2.60	2.55	30
32	7.50	5.34	4.46	3.97	3.65	6.43	3.26	3.13	3.02	2.93	2.80	2.70	2.62	2.55	2.50	32
34	7.44	5.29	4.42	3.93	3.61	3.39	3.22	3.09	2.98	2.89	2.76	2.66	2.58	2.51	2.46	34
36	7.40	5.25	4.38	3.89	3.57	3.35	3.18	3.05	2.95	2.86	2.72	2.62	2.54	2.48	2.43	36
38	7.35	5.21	4.34	3.86	3.54	3.32	3.15	3.02	2.92	2.83	2.69	2.59	2.51	2.45	2.40	38
40	7.31	5.18	4.31	3.83	3.51	3.29	3.12	2.99	2.89	2.80	2.66	2.56	2.48	2.42	2.37	40
42	7.28	5.15	4.29	3.80	3.49	3.27	3.10	2.97	2.86	2.78	2.64	2.54	2.46	2.40	2.34	42
44	7.25	5.12	4.26	3.78	3.47	3.24	3.08	2.95	2.84	2.75	2.62	2.52	2.44	2.37	2.32	44
46	7.22	5.10	4.24	3.76	3.44	3.22	3.06	2.93	2.82	2.73	2.60	2.50	2.42	2.35	2.30	46
48	7.20	5.08	4.22	3.74	3.43	3.20	3.04	2.91	2.80	2.72	2.58	2.48	2.40	2.33	2.28	48
50	7.17	5.06	4.20	3.72	3.41	3.19	3.02	2.89	2.79	2.70	2.56	2.46	2.38	2.32	2.27	50
60	7.08	4.98	4.13	3.65	3.34	3.12	2.95	2.82	2.72	2.63	2.50	2.39	2.31	2.25	2.20	60
80	6.96	4.88	4.04	3.56	3.26	3.04	2.87	2.74	2.64	2.55	2.42	2.31	2.23	2.17	2.12	80
100	6.90	4.82	3.98	3.51	3.21	2.99	2.82	2.69	2.59	2.50	2.37	2.26	2.19	2.12	2.07	100
125	6.84	4.78	3.94	3.47	3.17	2.95	2.79	2.66	2.55	2.47	2.33	2.23	2.15	2.08	2.03	125
150	6.81	4.75	3.92	3.45	3.14	2.92	2.76	2.63	2.53	2.44	2.31	2.20	2.12	2.06	2.00	150

续表

df_2	df_1（分子的自由度）															df_2
	1	2	3	4	5	6	7	8	9	10	12	14	16	18	20	
200	6.76	4.71	3.88	3.41	3.11	2.89	2.73	2.60	2.50	2.41	2.27	2.17	2.09	2.02	1.97	200
300	6.72	4.68	3.85	3.38	3.08	2.86	2.70	2.57	2.47	2.38	2.24	2.14	2.06	1.99	1.94	300
500	6.69	4.65	3.82	3.36	3.05	2.84	2.68	2.55	2.44	2.36	2.22	2.12	2.04	1.97	1.92	500
1 000	6.66	4.63	3.80	3.34	3.04	2.82	2.66	2.53	2.43	2.34	2.20	2.10	2.02	1.95	1.90	1 000
∞	6.63	4.61	3.78	3.32	3.02	2.80	2.64	2.51	2.41	2.32	2.18	2.08	2.00	1.93	1.88	∞

df_2	df_1（分子的自由度）															df_2
	22	24	26	28	30	35	40	45	50	60	80	100	200	500	∞	
1	6 220	6 234	6 240	6 250	6 258	6 280	6 286	6 300	6 302	6 310	6 334	6 330	6 352	6 361	6 366	1
2	99.5	99.5	99.5	99.5	99.5	99.5	99.5	99.5	99.5	99.5	99.5	99.5	99.5	99.5	99.5	2
3	26.6	26.6	26.6	26.5	26.5	26.5	26.4	26.4	26.4	26.3	26.3	26.2	26.2	26.1	26.6	3
4	14.0	13.9	13.9	13.9	13.8	13.8	13.7	13.7	13.7	13.7	13.6	13.6	13.5	13.5	14.0	4
5	9.51	9.47	9.43	9.40	9.38	9.33	9.29	9.26	9.24	9.20	9.16	9.13	9.08	9.04	9.51	5
6	7.35	7.31	7.28	7.25	7.23	7.18	7.14	7.11	7.09	7.06	7.01	6.99	6.93	6.90	6.88	6
7	6.11	6.07	6.04	6.02	5.99	5.94	5.91	5.88	5.86	5.82	5.78	5.75	5.70	5.67	5.65	7
8	5.32	5.28	5.25	5.22	5.20	5.15	5.12	5.00	5.07	5.03	4.99	4.96	4.91	4.88	4.86	8
9	4.77	4.73	4.70	4.67	4.65	4.6	4.57	4.54	4.52	4.48	4.44	4.42	4.36	4.33	4.31	9
10	4.36	4.33	4.30	4.27	4.25	4.2	4.17	1.14	4.12	4.08	4.04	4.01	3.96	3.93	3.91	10
11	4.06	4.02	5.99	3.96	3.94	3.89	3.86	3.83	3.81	3.78	3.73	3.71	3.66	3.62	3.60	11
12	3.82	3.78	3.75	3.12	3.70	3.65	3.62	3.59	3.57	3.54	3.49	3.47	3.41	3.38	3.36	12
13	3.62	3.59	3.56	3.53	3.51	3.46	3.43	3.40	3.38	3.34	3.30	3.27	9.22	3.19	3.17	13
14	3.46	3.43	3.40	3.37	3.35	3.30	3.27	3.24	3.22	3.18	3.14	3.11	3.06	3.03	3.00	14
15	3.33	3.29	3.26	3.24	3.21	3.17	3.13	3.10	3.08	3.05	3.00	2.98	2.92	2.89	2.87	15
16	3.22	3.18	3.15	3.12	3.10	3.05	3.02	2.99	2.97	2.93	2.89	2.86	2.81	2.78	2.75	16
17	3.12	3.08	3.05	3.03	3.00	2.96	2.92	2.89	2.87	2.83	2.79	2.76	2.71	2.68	2.65	17
18	3.03	3.00	2.97	2.94	2.92	2.87	2.84	2.81	2.78	2.75	2.70	2.68	2.62	2.59	2.57	18
19	2.96	2.92	2.89	2.87	2.84	2.80	2.76	2.73	2.71	2.67	2.63	2.60	2.55	2.51	2.49	19
20	2.90	2.86	2.83	2.80	2.78	2.73	2.69	2.67	2.64	2.61	2.56	2.54	2.48	2.44	2.42	20
21	2.84	2.80	2.77	2.74	2.72	2.67	2.64	2.61	2.58	2.55	2.50	2.48	2.42	2.38	2.36	21
22	2.78	2.75	2.72	2.69	2.67	2.62	2.58	2.55	2.53	2.50	2.45	2.42	2.36	2.33	2.31	22
23	2.74	2.70	2.67	2.64	2.62	2.57	2.54	2.51	2.48	2.45	2.40	2.37	2.32	2.28	2.26	23
24	2.70	2.66	2.63	2.60	2.58	2.53	2.49	2.46	2.44	2.40	2.36	2.33	2.27	2.24	2.21	24
25	2.66	2.62	2.59	2.56	2.54	2.49	2.45	2.42	2.40	2.36	2.32	2.29	2.23	2.19	2.17	25

续表

df_2	df_1(分子的自由度)														df_2
	22	24	26	28	30	35	40	45	50	60	80	100	200	500	∞	
26	2.62	2.58	2.55	2.53	2.50	2.45	2.42	2.39	2.36	2.33	2.28	2.25	2.19	2.16	2.13	26
27	2.59	2.55	2.52	2.49	2.47	2.42	2.38	2.35	2.33	2.29	2.25	2.22	2.16	2.12	2.10	27
28	2.56	2.52	2.49	2.46	2.44	2.39	2.35	2.32	2.30	2.26	2.22	2.19	2.13	2.09	2.06	28
29	2.53	2.49	2.46	2.44	2.41	2.36	2.33	2.30	2.27	2.23	2.19	2.16	2.10	2.06	2.03	29
30	2.51	2.47	2.44	2.41	2.39	2.34	2.30	2.27	2.25	2.21	2.16	2.13	2.07	2.03	2.01	30
32	2.46	2.42	2.39	2.36	2.34	2.29	2.25	2.22	2.20	2.16	2.11	2.08	2.02	1.98	1.96	32
34	2.42	2.38	2.35	2.32	2.30	2.25	2.21	2.18	2.16	2.12	2.07	2.04	1.98	1.94	1.91	34
36	2.38	2.35	2.32	2.29	2.26	2.21	2.17	2.14	2.12	2.08	2.03	2.00	1.94	1.90	1.87	36
38	2.35	2.32	2.28	2.26	2.23	2.18	2.14	2.11	2.09	2.05	2.00	1.97	1.90	1.86	1.84	38
40	2.33	2.29	2.26	2.23	2.20	2.15	1.11	2.08	2.06	2.02	1.97	1.94	1.87	1.83	1.80	40
42	2.30	2.26	2.23	2.20	2.18	2.13	2.09	2.06	2.03	1.99	1.94	1.91	1.85	1.80	1.78	42
44	2.28	2.24	2.21	2.18	2.15	2.10	2.06	2.03	2.01	1.97	1.92	1.89	1.82	1.78	1.75	44
46	2.26	2.22	2.19	2.16	2.13	2.08	2.04	2.01	1.99	1.95	1.90	1.86	1.80	1.75	1.73	46
48	2.24	2.20	2.17	2.14	2.12	2.06	2.02	1.99	1.97	1.93	1.88	1.84	1.78	1.73	1.70	48
50	2.22	2.18	2.15	2.12	2.10	2.05	2.01	1.97	1.95	1.91	1.86	1.82	1.76	1.71	1.68	50
60	2.15	2.12	2.08	2.05	2.03	1.98	1.94	1.90	1.88	1.84	1.78	1.75	1.68	1.63	1.60	60
80	2.07	2.03	2.00	1.97	1.94	1.89	1.85	1.81	1.79	1.75	1.69	1.66	1.58	1.53	1.49	80
100	2.02	1.98	1.94	1.92	1.89	1.84	1.80	1.76	1.73	1.69	1.63	1.60	1.52	1.47	1.43	100
125	1.98	1.94	1.91	1.88	1.85	1.80	1.76	1.72	1.69	1.65	1.59	1.55	1.47	1.41	1.37	125
150	1.96	1.92	1.88	1.85	1.83	1.77	1.73	1.69	1.66	1.62	1.56	1.52	1.43	1.38	1.33	150
200	1.93	1.89	1.85	1.82	1.79	1.74	1.69	1.66	1.63	1.58	1.52	1.48	1.39	1.33	1.28	200
300	1.89	1.85	1.82	1.79	1.76	1.71	1.66	1.62	1.59	1.55	1.48	1.44	1.35	1.28	1.22	300
500	1.87	1.83	1.79	1.76	1.74	1.68	1.63	1.60	1.56	1.52	1.45	1.41	1.31	1.23	1.16	500
1 000	1.85	1.81	1.77	1.74	1.72	1.66	1.61	1.57	1.54	1.50	1.43	1.38	1.28	1.19	1.11	1 000
∞	1.83	1.79	1.76	1.72	1.70	1.64	1.59	1.55	1.52	1.47	1.40	1.36	1.25	1.15	1.00	∞

附表4 F_{max} 临界值表

$$F_{max} = S_{max}^2/S_{min}^2$$

$df=n-1$	α	K=所求方差总个数（或数据的组数）										
		2	3	4	5	6	7	8	9	10	11	12
4	0.05	9.60	15.50	20.60	25.20	29.50	33.60	37.50	41.40	44.60	48.00	51.40
	0.01	23.20	37.00	49.00	59.00	69.00	79.00	89.00	97.00	106.00	113.00	120.00
5	0.05	7.15	10.80	13.70	16.30	18.70	20.80	22.90	24.70	26.50	28.20	29.90
	0.01	14.90	22.00	28.00	33.00	38.00	42.00	46.00	50.00	54.00	57.00	60.00
6	0.05	5.82	8.38	10.40	12.10	13.70	15.00	16.30	17.50	18.60	19.70	20.70
	0.01	11.10	15.50	19.10	22.00	25.00	27.00	30.00	32.00	34.00	36.00	37.00
7	0.05	4.99	6.94	8.44	9.70	10.80	11.80	12.70	13.50	14.30	15.10	15.80
	0.01	8.89	12.10	14.50	16.50	18.40	20.00	22.00	23.00	24.00	26.00	27.00
8	0.05	4.43	6.00	7.18	8.12	9.03	9.78	10.50	11.10	11.70	12.20	12.70
	0.01	7.50	9.90	11.70	13.20	14.50	15.80	16.90	17.90	18.90	19.80	21.00
9	0.05	4.03	5.34	6.31	7.11	7.80	8.41	8.95	9.45	9.91	10.30	10.70
	0.01	6.54	8.50	9.90	11.10	12.10	13.10	13.90	14.70	15.30	16.00	16.60
10	0.05	3.72	4.85	5.67	6.34	6.92	7.42	7.87	8.28	8.66	9.01	9.34
	0.01	5.85	7.40	8.60	9.60	10.40	11.10	11.80	12.40	12.90	13.40	13.90
12	0.05	3.28	4.16	4.79	5.30	5.72	6.09	6.42	6.72	7.00	7.25	7.48
	0.01	4.91	6.10	6.90	7.60	8.20	8.70	9.10	9.50	9.90	10.20	10.60
15	0.05	2.86	3.54	4.01	4.37	4.68	4.95	5.19	5.40	5.59	5.77	5.93
	0.01	4.07	4.90	5.50	6.00	6.40	6.70	7.10	7.30	7.50	7.80	8.00
20	0.05	2.46	2.95	3.29	3.54	3.76	3.94	4.10	4.24	4.37	4.49	4.59
	0.01	3.32	3.80	4.30	4.60	4.90	5.10	5.30	5.50	5.60	5.80	5.90
30	0.05	2.07	2.40	2.61	2.78	2.91	3.02	3.12	3.21	3.29	3.36	3.39
	0.01	2.63	3.00	3.30	3.40	3.60	3.70	3.80	3.90	4.00	4.10	4.20
60	0.05	1.67	1.85	1.96	2.04	2.11	2.17	2.22	2.26	2.30	2.33	2.36
	0.01	1.96	2.20	2.30	2.40	2.40	2.50	2.50	2.60	2.60	2.70	2.70
∞	0.05	1.00	1.00	1.00	1.00	1.00	1.00	1.00	1.00	1.00	1.00	1.00
	0.01	1.00	1.00	1.00	1.00	1.00	1.00	1.00	1.00	1.00	1.00	1.00

附表5　q 分布临界值表

df_w	$1-\alpha$	\multicolumn{9}{c	}{等级相差数 γ}
		2	3	4	5	6	7	8	9	10
1	0.95	18.0	27.0	32.8	37.1	40.4	43.1	45.4	47.4	49.1
	0.99	90.0	135	164	186	202	216	227	237	246
2	0.95	6.09	8.3	9.8	10.9	11.7	12.4	13.0	13.5	14.0
	0.99	14.0	19.0	22.3	24.7	26.6	28.2	29.5	30.7	31.7
3	0.95	4.50	5.91	6.82	7.50	8.04	8.48	8.85	9.18	9.46
	0.99	8.26	10.6	12.2	13.3	14.2	15.0	15.6	16.2	16.7
4	0.95	3.93	5.04	5.76	6.29	6.71	7.05	7.35	7.60	7.83
	0.99	6.51	8.12	9.17	9.96	10.6	11.1	11.5	11.9	12.3
5	0.95	3.64	4.60	5.22	5.67	6.03	6.33	6.58	6.80	6.99
	0.99	5.70	6.97	7.80	8.42	8.91	9.32	9.67	9.97	10.2
6	0.95	3.46	4.34	4.90	5.31	5.63	5.89	6.12	6.32	6.49
	0.99	5.24	6.33	7.03	7.56	7.97	8.32	8.61	8.87	9.10
7	0.95	3.34	4.16	4.69	5.06	5.36	5.61	5.82	6.00	6.16
	0.99	4.95	5.92	6.54	7.01	7.37	7.68	7.94	8.17	8.37
8	0.95	3.26	4.04	4.53	4.89	5.17	5.40	5.60	5.77	5.92
	0.99	4.74	5.63	6.20	6.63	6.96	7.24	7.47	7.68	7.87
9	0.95	3.20	3.95	4.42	4.76	5.02	5.24	5.43	5.60	5.74
	0.99	4.60	5.43	5.96	6.35	6.66	6.91	7.13	7.32	7.49
10	0.95	3.15	3.88	4.33	4.65	4.91	5.12	5.30	5.46	5.60
	0.99	4.48	5.27	5.77	6.14	6.43	6.67	6.87	7.05	7.21
11	0.95	3.11	3.82	4.25	4.57	4.82	5.03	5.20	5.35	5.49
	0.99	4.39	5.14	5.62	5.97	6.25	6.48	6.67	6.84	6.99
12	0.95	3.08	3.77	4.20	4.51	4.75	4.95	5.12	5.27	5.40
	0.99	4.32	5.04	5.50	5.84	6.10	6.32	6.51	6.67	6.81
13	0.95	3.06	3.73	4.15	4.45	4.69	4.88	5.05	5.19	5.32
	0.99	4.26	4.96	5.40	5.73	5.98	6.19	6.37	6.53	6.67
14	0.95	3.03	3.70	4.11	4.41	4.64	4.83	4.99	5.13	5.25
	0.99	4.21	4.89	5.32	5.63	5.88	6.08	6.26	6.41	6.54
16	0.95	3.00	3.65	4.05	4.33	4.56	4.74	4.90	5.03	5.15
	0.99	4.13	4.78	5.19	5.49	5.72	5.92	6.08	6.22	6.35
18	0.95	2.97	3.61	4.00	4.28	4.49	4.67	4.82	4.96	5.07
	0.99	4.07	4.70	5.09	5.38	5.60	5.79	5.94	6.08	6.20

续表

df_w	$1-\alpha$	等级相差数 γ								
		2	3	4	5	6	7	8	9	10
20	0.95	2.95	3.58	3.96	4.23	4.45	4.62	4.77	4.90	5.01
	0.99	4.02	4.64	5.02	5.29	5.51	5.69	5.84	5.97	6.09
24	0.95	2.92	3.53	3.90	4.17	4.37	4.54	4.68	4.81	4.92
	0.99	3.96	4.54	4.91	5.17	5.37	5.54	5.69	5.81	5.92
30	0.95	2.89	3.49	3.84	4.10	4.30	4.46	4.60	4.72	4.83
	0.99	3.89	4.45	4.80	5.05	5.24	5.40	5.54	5.56	5.76
40	0.95	2.86	3.44	3.79	4.04	4.23	4.39	4.52	4.63	4.74
	0.99	3.82	4.37	4.70	4.93	5.11	5.27	5.39	5.50	5.60
60	0.95	2.83	3.40	3.74	3.98	4.16	4.51	4.44	4.55	4.65
	0.99	3.76	4.28	4.60	4.82	4.99	5.12	5.25	5.36	5.45
120	0.95	2.80	3.36	3.69	3.92	4.10	4.24	4.36	4.48	4.56
	0.99	3.70	4.20	4.50	4.71	4.87	5.01	5.12	5.21	5.30
∞	0.95	2.77	3.31	3.63	3.86	4.03	4.17	4.29	4.39	4.47
	0.99	3.64	4.12	4.40	4.60	4.76	4.88	4.99	5.08	5.16

附表6　积差相关系数临界值表

$df = n - 2$	α(双侧概率和单侧概率)								
	0.50	0.20	0.10	0.05	0.02	0.01	0.005	0.002	0.001
	0.25	0.10	0.05	0.025	0.01	0.005	0.0025	0.001	0.0005
1	0.707	0.951	0.988	0.997	1.000	1.000	1.000	1.000	1.000
2	0.500	0.800	0.900	0.950	0.980	0.990	0.995	0.998	0.999
3	0.404	0.687	0.805	0.878	0.934	0.959	0.974	0.986	0.991
4	0.347	0.608	0.729	0.811	0.882	0.917	0.942	0.963	0.974
5	0.309	0.551	0.669	0.755	0.833	0.875	0.906	0.935	0.951
6	0.281	0.507	0.621	0.707	0.789	0.834	0.870	0.905	0.925
7	0.260	0.472	0.582	0.666	0.750	0.798	0.836	0.875	0.898
8	0.242	0.443	0.549	0.632	0.715	0.765	0.805	0.847	0.872
9	0.228	0.419	0.521	0.602	0.685	0.735	0.776	0.820	0.847
10	0.216	0.398	0.497	0.576	0.658	0.708	0.750	0.795	0.823
11	0.206	0.380	0.476	0.553	0.634	0.684	0.726	0.772	0.801
12	0.197	0.365	0.457	0.532	0.612	0.661	0.703	0.750	0.780
13	0.189	0.351	0.441	0.514	0.592	0.641	0.683	0.730	0.760
14	0.182	0.338	0.426	0.497	0.574	0.623	0.664	0.711	0.742
15	0.176	0.327	0.412	0.482	0.558	0.606	0.647	0.694	0.725
16	0.170	0.317	0.400	0.468	0.542	0.590	0.631	0.678	0.703
17	0.165	0.308	0.389	0.456	0.529	0.575	0.616	0.662	0.693
18	0.160	0.299	0.378	0.444	0.515	0.561	0.602	0.648	0.679
19	0.156	0.291	0.369	0.433	0.503	0.549	0.589	0.635	0.665
20	0.152	0.284	0.360	0.423	0.492	0.537	0.576	0.622	0.652
21	0.148	0.277	0.352	0.413	0.482	0.526	0.565	0.610	0.640
22	0.145	0.271	0.344	0.404	0.472	0.515	0.554	0.599	0.629
23	0.141	0.265	0.337	0.396	0.462	0.505	0.543	0.588	0.618
24	0.138	0.260	0.330	0.388	0.453	0.496	0.534	0.578	0.607
25	0.136	0.255	0.323	0.381	0.445	0.487	0.524	0.568	0.597
26	0.133	0.250	0.317	0.374	0.437	0.479	0.515	0.559	0.588
27	0.131	0.245	0.311	0.367	0.430	0.471	0.507	0.550	0.579
28	0.128	0.241	0.306	0.361	0.423	0.463	0.499	0.541	0.570
29	0.126	0.237	0.301	0.355	0.416	0.456	0.491	0.533	0.562
30	0.124	0.233	0.296	0.349	0.409	0.449	0.484	0.526	0.554

续表

df = n − 2	α(双侧概率和单侧概率)								
	0.50	0.20	0.10	0.05	0.02	0.01	0.005	0.002	0.001
	0.25	0.10	0.05	0.025	0.01	0.005	0.0025	0.001	0.0005
31	0.122	0.229	0.291	0.344	0.403	0.442	0.477	0.518	0.546
32	0.120	0.225	0.287	0.339	0.397	0.436	0.470	0.511	0.539
33	0.118	0.222	0.283	0.334	0.392	0.430	0.464	0.504	0.532
34	0.116	0.219	0.279	0.329	0.386	0.424	0.458	0.498	0.525
35	0.115	0.216	0.275	0.325	0.381	0.418	0.452	0.492	0.519
36	0.113	0.213	0.271	0.320	0.376	0.413	0.446	0.486	0.513
37	0.111	0.210	0.267	0.316	0.371	0.408	0.441	0.480	0.507
38	0.110	0.207	0.264	0.312	0.367	0.403	0.435	0.474	0.501
39	0.108	0.204	0.261	0.308	0.362	0.398	0.430	0.469	0.495
40	0.107	0.202	0.257	0.304	0.358	0.393	0.425	0.463	0.490
41	0.106	0.199	0.254	0.301	0.354	0.389	0.420	0.458	0.484
42	0.104	0.197	0.251	0.297	0.350	0.384	0.416	0.453	0.479
43	0.103	0.195	0.248	0.294	0.346	0.380	0.411	0.449	0.474
44	0.102	0.192	0.246	0.291	0.342	0.376	0.407	0.444	0.469
45	0.101	0.190	0.243	0.288	0.338	0.372	0.403	0.439	0.465
46	0.100	0.188	0.240	0.285	0.335	0.368	0.399	0.435	0.460
47	0.099	0.186	0.238	0.282	0.331	0.365	0.395	0.431	0.456
48	0.098	0.184	0.235	0.279	0.328	0.361	0.391	0.427	0.451
49	0.097	0.182	0.233	0.276	0.325	0.358	0.387	0.423	0.447
50	0.096	0.181	0.231	0.273	0.322	0.354	0.384	0.419	0.443
52	0.094	0.177	0.226	0.268	0.316	0.348	0.377	0.411	0.435
54	0.092	0.174	0.222	0.263	0.310	0.341	0.370	0.404	0.428
56	0.090	0.171	0.218	0.259	0.305	0.336	0.364	0.398	0.421
58	0.089	0.168	0.214	0.254	0.300	0.330	0.358	0.391	0.414
60	0.087	0.165	0.211	0.250	0.295	0.325	0.352	0.385	0.408
62	0.086	0.162	0.207	0.246	0.290	0.320	0.347	0.379	0.402
64	0.084	0.160	0.204	0.242	0.286	0.315	0.342	0.374	0.396
66	0.083	0.157	0.201	0.239	0.282	0.310	0.337	0.368	0.390
68	0.082	0.155	0.198	0.235	0.278	0.306	0.332	0.363	0.385
70	0.081	0.153	0.195	0.232	0.274	0.302	0.327	0.358	0.380

续表

$df = n-2$	α(双侧概率和单侧概率)								
	0.50	0.20	0.10	0.05	0.02	0.01	0.005	0.002	0.001
	0.25	0.10	0.05	0.025	0.01	0.005	0.0025	0.001	0.0005
72	0.080	0.151	0.193	0.229	0.270	0.298	0.323	0.354	0.375
74	0.079	0.149	0.190	0.226	0.266	0.294	0.319	0.349	0.370
76	0.078	0.147	0.188	0.223	0.263	0.290	0.315	0.345	0.365
78	0.077	0.145	0.185	0.220	0.260	0.286	0.311	0.340	0.361
80	0.076	0.143	0.183	0.217	0.257	0.283	0.307	0.336	0.357
82	0.075	0.141	0.181	0.215	0.253	0.280	0.304	0.333	0.328
84	0.074	0.140	0.179	0.212	0.251	0.276	0.300	0.329	0.349
86	0.073	0.138	0.177	0.210	0.248	0.273	0.297	0.325	0.345
88	0.072	0.136	0.174	0.207	0.245	0.270	0.293	0.321	0.341
90	0.071	0.135	0.173	0.205	0.242	0.267	0.290	0.318	0.338
92	0.070	0.133	0.171	0.203	0.240	0.264	0.287	0.315	0.334
94	0.070	0.132	0.169	0.201	0.237	0.262	0.284	0.312	0.331
96	0.069	0.131	0.167	0.199	0.235	0.259	0.281	0.308	0.327
98	0.068	0.129	0.165	0.197	0.232	0.256	0.279	0.305	0.324
100	0.068	0.128	0.164	0.195	0.230	0.254	0.276	0.303	0.321
105	0.066	0.125	0.160	0.190	0.225	0.248	0.270	0.296	0.314
110	0.064	0.122	0.156	0.186	0.220	0.242	0.264	0.289	0.307
115	0.063	0.119	0.153	0.182	0.215	0.237	0.258	0.283	0.300
120	0.062	0.117	0.150	0.178	0.210	0.232	0.253	0.277	0.294
125	0.060	0.114	0.147	0.174	0.206	0.228	0.248	0.272	0.289
130	0.059	0.112	0.144	0.171	0.202	0.223	0.243	0.267	0.283
135	0.058	0.110	0.141	0.168	0.199	0.219	0.239	0.262	0.278
140	0.057	0.108	0.139	0.165	0.195	0.215	0.234	0.257	0.273
145	0.056	0.106	0.136	0.162	0.192	0.212	0.230	0.253	0.269
150	0.055	0.105	0.134	0.159	0.189	0.208	0.227	0.249	0.264
160	0.053	0.101	0.130	0.154	0.183	0.202	0.220	0.241	0.256
170	0.052	0.098	0.126	0.150	0.177	0.196	0.213	0.234	0.249
180	0.050	0.095	0.122	0.145	0.172	0.190	0.207	0.228	0.242
190	0.049	0.093	0.119	0.142	0.168	0.185	0.202	0.222	0.236
200	0.048	0.091	0.116	0.138	0.164	0.181	0.197	0.210	0.230

续表

$df = n-2$	α(双侧概率和单侧概率)								
	0.50	0.20	0.10	0.05	0.02	0.01	0.005	0.002	0.001
	0.25	0.10	0.05	0.025	0.01	0.005	0.0025	0.001	0.0005
250	0.043	0.081	0.104	0.124	0.146	0.162	0.176	0.194	0.206
300	0.039	0.074	0.095	0.113	0.134	0.148	0.161	0.177	0.188
350	0.036	0.068	0.088	0.105	0.124	0.137	0.149	0.164	0.175
400	0.034	0.064	0.082	0.098	0.116	0.128	0.140	0.154	0.164
450	0.032	0.060	0.077	0.092	0.109	0.121	0.132	0.145	0.154
500	0.030	0.057	0.074	0.088	0.104	0.115	0.125	0.138	0.146
600	0.028	0.052	0.067	0.080	0.095	0.105	0.114	0.126	0.134
700	0.026	0.048	0.062	0.074	0.088	0.097	0.106	0.116	0.124
800	0.024	0.045	0.058	0.069	0.082	0.091	0.099	0.109	0.116
900	0.022	0.043	0.055	0.065	0.077	0.086	0.093	0.103	0.109
1000	0.021	0.041	0.052	0.062	0.073	0.081	0.089	0.098	0.104

附表7 相关系数 r 的 Z_r 转换表

r	Z_r	r	Z_r	r	Z_r	r	Z_r	r	Z_r
0.000	0.000	0.150	0.151	0.300	0.310	0.450	0.485	0.600	0.693
0.005	0.005	0.155	0.156	0.305	0.315	0.455	0.491	0.605	0.701
0.010	0.010	0.160	0.161	0.310	0.321	0.460	0.497	0.610	0.709
0.015	0.015	0.165	0.167	0.315	0.326	0.465	0.504	0.615	0.717
0.020	0.020	0.170	0.172	0.320	0.332	0.470	0.510	0.620	0.725
0.025	0.025	0.175	0.177	0.325	0.336	0.475	0.517	0.625	0.733
0.030	0.030	0.180	0.182	0.330	0.343	0.480	0.523	0.630	0.741
0.035	0.035	0.185	0.187	0.335	0.348	0.485	0.530	0.635	0.750
0.040	0.040	0.190	0.192	0.340	0.354	0.490	0.536	0.640	0.758
0.045	0.045	0.195	0.198	0.345	0.360	0.495	0.543	0.645	0.767
0.050	0.050	0.200	0.203	0.350	0.365	0.500	0.549	0.650	0.775
0.055	0.055	0.205	0.208	0.355	0.371	0.505	0.556	0.655	0.784
0.060	0.060	0.210	0.213	0.360	0.377	0.510	0.563	0.660	0.793
0.065	0.065	0.215	0.218	0.365	0.383	0.515	0.570	0.665	0.802
0.070	0.070	0.220	0.224	0.370	0.388	0.520	0.576	0.670	0.811
0.075	0.075	0.225	0.229	0.375	0.394	0.525	0.583	0.675	0.820
0.080	0.080	0.230	0.234	0.380	0.400	0.530	0.590	0.680	0.829
0.085	0.085	0.235	0.239	0.385	0.406	0.535	0.597	0.685	0.838
0.090	0.090	0.240	0.245	0.390	0.412	0.540	0.604	0.690	0.848
0.095	0.095	0.245	0.250	0.395	0.418	0.545	0.611	0.695	0.858
0.100	0.100	0.250	0.255	0.400	0.424	0.550	0.618	0.700	0.867
0.105	0.105	0.255	0.261	0.405	0.430	0.555	0.626	0.705	0.877
0.110	0.110	0.260	0.266	0.410	0.436	0.560	0.633	0.710	0.887
0.115	0.116	0.265	0.271	0.415	0.442	0.565	0.640	0.715	0.897
0.120	0.121	0.270	0.277	0.420	0.448	0.570	0.648	0.720	0.908
0.125	0.126	0.275	0.282	0.425	0.454	0.575	0.655	0.725	0.918
0.130	0.131	0.280	0.288	0.430	0.460	0.580	0.662	0.730	0.929
0.135	0.136	0.285	0.293	0.435	0.466	0.585	0.670	0.735	0.940
0.140	0.141	0.290	0.299	0.440	0.472	0.590	0.678	0.740	0.950
0.145	0.146	0.295	0.304	0.445	0.478	0.595	0.685	0.745	0.962

续表

r	Z_r	r	Z_r	r	Z_r	r	Z_r	r	Z_r
0.750	0.973	0.800	1.099	0.850	1.256	0.900	1.472	0.950	1.832
0.755	0.984	0.805	1.113	0.855	1.274	0.905	1.499	0.955	1.886
0.760	0.996	0.810	1.127	0.860	1.293	0.910	1.528	0.960	1.946
0.765	1.008	0.815	1.142	0.865	1.313	0.915	1.557	0.965	2.014
0.770	1.020	0.820	1.157	0.870	1.333	0.920	1.589	0.970	2.092
0.775	1.033	0.825	1.172	0.875	1.354	0.925	1.623	0.975	2.185
0.780	1.045	0.830	1.188	0.880	1.376	0.930	1.658	0.980	2.298
0.785	1.058	0.835	1.204	0.885	1.398	0.935	1.697	0.985	2.443
0.790	1.071	0.840	1.221	0.890	1.422	0.940	1.738	0.990	2.647
0.795	1.085	0.845	1.238	0.895	1.447	0.945	1.783	0.995	2.994

附表8 等级相关系数临界值表

n	α(双侧概率和单侧概率)								
	0.50	0.20	0.10	0.05	0.02	0.01	0.005	0.002	0.001
	0.25	0.10	0.05	0.025	0.01	0.005	0.0025	0.001	0.0005
4	0.600	1.000	1.000						
5	0.500	0.800	0.900	1.000	1.000				
6	0.371	0.657	0.829	0.886	0.943	1.000	1.000		
7	0.321	0.571	0.714	0.786	0.893	0.929	0.964	1.000	1.000
8	0.310	0.524	0.643	0.738	0.833	0.881	0.905	0.952	0.976
9	0.267	0.483	0.600	0.700	0.783	0.833	0.867	0.917	0.933
10	0.248	0.455	0.564	0.648	0.745	0.794	0.830	0.879	0.903
11	0.236	0.427	0.536	0.618	0.709	0.755	0.800	0.845	0.873
12	0.217	0.406	0.503	0.587	0.678	0.727	0.769	0.818	0.846
13	0.209	0.385	0.484	0.560	0.648	0.703	0.747	0.791	0.824
14	0.200	0.367	0.464	0.538	0.626	0.679	0.723	0.771	0.802
15	0.189	0.354	0.446	0.521	0.604	0.654	0.700	0.750	0.779
16	0.182	0.341	0.429	0.503	0.582	0.635	0.679	0.729	0.762
17	0.176	0.328	0.414	0.485	0.566	0.615	0.662	0.713	0.748
18	0.170	0.317	0.401	0.472	0.550	0.600	0.643	0.695	0.728
19	0.165	0.309	0.391	0.460	0.535	0.584	0.628	0.677	0.712
20	0.161	0.299	0.380	0.447	0.520	0.570	0.612	0.662	0.696
21	0.156	0.292	0.370	0.435	0.508	0.556	0.599	0.648	0.681
22	0.152	0.284	0.361	0.425	0.496	0.544	0.586	0.634	0.667
23	0.148	0.278	0.353	0.415	0.486	0.532	0.573	0.622	0.654
24	0.144	0.271	0.344	0.406	0.476	0.521	0.562	0.610	0.642
25	0.142	0.265	0.337	0.398	0.466	0.511	0.551	0.598	0.630
26	0.138	0.259	0.331	0.390	0.457	0.501	0.541	0.587	0.619
27	0.136	0.255	0.324	0.382	0.448	0.491	0.531	0.577	0.608
28	0.133	0.250	0.317	0.375	0.440	0.483	0.522	0.567	0.598
29	0.130	0.245	0.312	0.368	0.433	0.475	0.513	0.558	0.589
30	0.128	0.240	0.306	0.362	0.425	0.467	0.504	0.549	0.580
31	0.126	0.236	0.301	0.356	0.418	0.459	0.496	0.541	0.571
32	0.124	0.232	0.296	0.350	0.412	0.452	0.489	0.533	0.563
33	0.121	0.229	0.291	0.345	0.405	0.446	0.482	0.525	0.554

续表

n	α(双侧概率和单侧概率)								
	0.50	0.20	0.10	0.05	0.02	0.01	0.005	0.002	0.001
	0.25	0.10	0.05	0.025	0.01	0.005	0.0025	0.001	0.0005
34	0.120	0.225	0.287	0.340	0.399	0.439	0.475	0.517	0.547
35	0.118	0.222	0.283	0.335	0.394	0.433	0.468	0.510	0.539
36	0.116	0.219	0.279	0.330	0.388	0.427	0.462	0.504	0.533
37	0.114	0.216	0.275	0.325	0.383	0.421	0.456	0.497	0.526
38	0.113	0.212	0.271	0.321	0.378	0.415	0.450	0.491	0.519
39	0.111	0.210	0.267	0.317	0.373	0.410	0.444	0.485	0.513
40	0.110	0.207	0.264	0.313	0.368	0.405	0.439	0.479	0.507
41	0.108	0.204	0.261	0.309	0.364	0.400	0.433	0.473	0.501
42	0.107	0.202	0.257	0.305	0.359	0.395	0.428	0.468	0.495
43	0.105	0.199	0.254	0.301	0.355	0.391	0.423	0.468	0.490
44	0.104	0.197	0.251	0.298	0.351	0.386	0.419	0.458	0.484
45	0.103	0.194	0.248	0.294	0.347	0.382	0.414	0.453	0.479
46	0.102	0.192	0.246	0.291	0.343	0.378	0.410	0.448	0.474
47	0.101	0.190	0.243	0.288	0.340	0.374	0.405	0.443	0.469
48	0.100	0.188	0.240	0.285	0.336	0.370	0.401	0.439	0.465
49	0.098	0.186	0.238	0.282	0.333	0.366	0.397	0.434	0.460
50	0.097	0.184	0.235	0.279	0.329	0.363	0.393	0.430	0.456

附表9 χ^2 分布临界值表

df	χ^2 大于表内所列 χ^2 值的概率												
	0.995	0.990	0.975	0.950	0.900	0.750	0.500	0.250	0.100	0.050	0.025	0.010	0.005
1	0.000 04	0.000 16	0.000 98	0.003 9	0.015 8	0.102	0.455	1.32	2.71	3.84	5.02	6.63	7.88
2	0.010 0	0.020 1	0.050 6	0.103	0.211	0.575	1.39	2.77	4.61	5.99	7.38	9.21	10.60
3	0.071 7	0.115	0.216	0.352	0.584	1.21	2.37	4.11	6.25	7.81	9.35	11.30	12.80
4	0.207	0.297	0.484	0.711	1.06	1.92	3.36	5.39	7.78	9.49	11.10	13.30	14.90
5	0.412	0.554	0.831	1.15	1.61	2.67	4.35	6.63	9.24	11.10	12.80	15.10	16.70
6	0.676	0.872	1.24	1.64	2.20	3.45	5.35	7.84	10.60	12.60	14.40	16.80	18.50
7	0.989	1.24	1.69	2.17	2.83	4.25	6.35	9.04	12.00	14.10	16.00	18.50	20.30
8	1.34	1.65	2.18	2.73	3.49	5.07	7.34	10.20	13.40	15.50	17.50	20.10	22.00
9	1.73	2.09	2.70	3.33	4.17	5.90	8.34	11.40	14.70	16.90	19.00	21.70	23.60
10	2.16	2.56	3.25	3.94	4.87	6.74	9.34	12.50	16.00	18.30	20.50	23.20	25.20
11	2.60	3.05	3.82	4.57	5.58	7.58	10.30	13.70	17.30	19.70	21.90	24.70	26.80
12	3.07	3.57	4.40	5.23	6.30	8.44	11.30	14.80	18.50	21.00	23.30	26.20	28.30
13	3.57	4.11	5.01	5.89	7.04	9.30	12.30	16.00	19.80	22.40	24.70	27.70	29.80
14	4.07	4.66	5.63	6.57	7.79	10.20	13.30	17.10	21.10	23.70	26.10	29.10	31.30
15	4.60	5.23	6.26	7.26	8.55	11.00	14.30	18.20	22.30	25.00	27.50	30.60	32.80
16	5.14	5.81	6.91	7.96	9.31	11.90	15.30	19.40	23.50	26.30	28.80	32.00	34.30
17	5.70	6.41	7.56	8.67	10.10	12.80	16.30	20.50	24.80	27.60	30.20	33.40	35.70
18	6.26	7.01	8.23	9.39	10.90	13.70	17.30	21.60	26.00	28.90	31.50	34.80	37.20
19	6.84	7.63	8.91	10.10	11.70	14.60	18.30	22.70	27.20	30.10	32.90	36.20	38.60
20	7.43	8.29	9.59	10.90	12.40	15.50	19.30	23.80	28.40	31.40	34.20	37.60	40.00
21	8.03	8.90	10.30	11.60	13.20	16.30	20.30	24.90	29.60	32.70	35.50	38.90	41.40
22	8.64	9.54	11.00	12.30	14.00	17.20	21.30	26.00	30.80	33.90	36.80	40.30	42.80
23	9.26	10.20	11.70	13.10	14.80	18.10	22.30	27.10	32.00	35.20	38.10	41.60	44.20
24	9.89	10.90	12.40	13.80	15.70	19.00	23.30	28.20	33.20	36.40	39.40	43.00	45.60
25	10.50	11.50	13.10	14.60	16.50	19.90	24.30	29.30	34.40	37.70	40.60	44.30	46.90
26	11.20	12.20	13.80	15.40	17.30	20.80	25.30	30.40	35.60	38.90	41.90	45.60	48.30
27	11.80	12.90	14.60	16.20	18.10	21.70	26.30	31.50	36.70	40.10	43.20	47.00	49.60
28	12.50	13.60	15.30	16.90	18.90	22.70	27.30	32.60	37.90	41.30	44.50	48.30	51.00
29	13.10	14.30	16.00	17.70	19.80	23.60	28.30	33.70	39.10	42.60	45.70	49.60	52.30
30	13.80	15.00	16.80	18.50	20.60	24.50	29.30	34.80	40.30	43.80	47.00	50.90	53.70

续表

df	χ^2 大于表内所列 χ^2 值的概率												
	0.995	0.990	0.975	0.950	0.900	0.750	0.500	0.250	0.100	0.050	0.025	0.010	0.005
40	20.70	22.20	24.40	26.50	29.10	33.70	39.30	45.60	51.80	55.80	59.30	63.70	66.80
50	28.00	29.70	32.40	34.80	37.70	42.90	49.30	56.30	63.20	67.50	71.40	76.20	79.50
60	35.50	37.50	40.50	43.20	46.50	52.30	59.30	67.00	74.40	79.10	83.30	88.40	92.00

参考文献

一、中文著作

1. 查尔斯.教育研究导论[M].张莉莉,张学文,赵振洲,等译.3版.北京:中国轻工业出版社,2003.

2. 格朗兰德.教学测量与评价[M].郑军,郭玉英,李登祥,等译.石家庄:河北教育出版社,1991.

3. 穆尔,诺茨.统计学的世界[M].郑惟厚,译.5版.北京:中信出版社,2003.

4. 纽曼.社会研究方法:定性和定量的取向[M].郝大海,等译.7版.北京:中国人民大学出版社,2021.

5. 布拉德伯恩,萨德曼,万辛克.问卷设计手册:市场研究、民意调查、社会调查、健康调查指南[M].赵锋,译.重庆:重庆大学出版社,2011.

6. 戴忠恒.教育统计、教育测量与评价[M].北京:中国科学技术出版社,1990.

7. 陈伟运.教育统计入门[M].上海:华东师范大学出版社,2021.

8. 风笑天.社会调查中的问卷设计[M].3版.北京:中国人民大学出版社,2014.

9. 风笑天.社会研究方法[M].5版.北京:中国人民大学出版社,2018.

10. 黄光扬.教育测量与评价[M].上海:华东师范大学出版社,2012.

11. 刘兰英.数学课堂对话分析[M].上海:上海教育出版社,2014.

12. 刘西川.实证论文写作八讲[M].北京:北京大学出版社,2020.

13. 刘凤芹.社会工作量化研究方法[M].北京:中国社会出版社,2020.

14. 卢纹岱,朱一力,沙捷,等.SPSS for Windows从入门到精通[M].北京:电子工业出版社,1997.

15. 裴娣娜.教育研究方法导论[M].合肥:安徽教育出版社,2000.

16. 邱皓政.量化研究与统计分析:SPSS(PASW)数据分析范例解析[M].重庆:重庆大学出版社,2013.

17. 瞿葆奎.教育研究方法[M].北京:人民教育出版社,1988.

18. 瞿海源,毕恒达,刘长萱,等.社会及行为科学研究法(一):总论与量化研究法[M].北京:社会科学文献出版社,2013.

19. 阮桂海,蔡建翎,佟福玲,等.SPSS for Windows 高级应用教程[M].北京:电子工业出版社,1998.

20. 王秀玲,刘兰英.教育统计的基本理论与 SPSS 操作技术[M].杭州:杭州出版社,2002.

21. 吴明隆.问卷统计分析实务:SPSS 操作与应用[M].重庆:重庆大学出版社,2010.

22. 吴明隆.SPSS 统计应用实务[M].北京:中国铁道出版社,2000.

23. 武松.SPSS 实战与统计思维[M].北京:清华大学出版社,2019.

24. 徐国兴.问卷设计[M].上海:华东师范大学出版社,2020.

25. 张伟豪,卓英洁,苏荣海.论文写作不求人:SPSS 数据分析指南[M].北京:中国石化出版社,2021.

26. 张文彤.SPSS 统计分析基础教程[M].3 版.北京:高等教育出版社,2017.

27. 张敏强.教育与心理统计学[M].3 版.北京:人民教育出版社,2010.

28. 朱德全.教育测量与评价[M].北京:高等教育出版社,2016.

二、中文期刊

1. 何珊云,李玥恣.中国基础教育跨国吸引力研究:基于四国 PISA 媒体报道的分析[J].全球教育展望,2022,51(11):3-17.

2. 孔企平.解决问题比单纯掌握知识技能更重要[N].光明日报,2017-1-26(14).

3. 陆宏.量化研究的理论、方法与案例[J].现代教育技术,2010,20(4):20-23.

4. 刘兰英.上海中小学课堂教学质量现状的调查研究[J].上海教育科研,2006(2):48-50,63.

5. 谢艳.教育研究的两大研究取向初探[J].云南电大学报,2004,6(3):31-33.

6. 赵茜,钱阿剑,辛涛.教师研训及其效用的中国经验:基于 PISA2018 教师问卷数据的分析[J],清华大学教育研究,2023(5):46-55.

7. 焦以璇.基础教育的深水突围:教育部基础教育综合改革实验区成果综述[N].中国教育报,2022-4-7(1).

三、英文文献

1. THORNDIKE E L. The seventeenth yearbook of the national society for the study of education, part Ⅱ[M]. Bloomington: Public School Publishing Co., 1918.

2. MCCALL W A. How to measure in education[M]. New York: The MacMillan Company, 1922.

3. STEVENS S S. Handbook of experimental psychology[M]. New York: John Wiley & Sons, Inc., 1951.

4. BROWN F G. Principles of educational and psychology testing[M]. New York: Holt, Rinehart and Winston, 1982.

5. ARY D, JACOBS L C, IRVINE C K S, et al. Introduction to research in education[M]. Boston: Cengage Learning, 2018.

6. BARTZ A E. Basic statistical concepts[M]. 3th ed. New York: MacMillan Publishing Company, 1988.

7. BEST J, KAHN J. Research in education[M]. 10th ed. New York: Pearson Education Limited, 2014.

8. CRESWELL J W. Research design: qualitative, quantitative, and mixed methods approaches[M]. Thousand Oaks: Sage, 2009.

9. MITCHELL M L, JOLLEY J M. Research design explained[M]. 8th ed. Belmont: Cengage Learning, 2013.

10. TYLER R W. Changing concepts of educational evaluation[J]. International Journal of Education Research, 1986, 10(1): 1-113.

11. STUFFLEBEAM D L. A depth study of the evaluation requirement[J]. Theory Into Practice, 1966, 5(3): 121-133.